코딩 인터뷰를 위한
알고리즘 치트시트

코딩 인터뷰를 위한 알고리즘 치트시트

1쇄 발행 2022년 10월 6일

지은이 푸둥라이
옮긴이 이춘혁
펴낸이 장성두
펴낸곳 주식회사 제이펍

출판신고 2009년 11월 10일 제406-2009-000087호
주소 경기도 파주시 회동길 159 3층 / **전화** 070-8201-9010 / **팩스** 02-6280-0405
홈페이지 www.jpub.kr / **원고투고** submit@jpub.kr / **독자문의** help@jpub.kr / **교재문의** textbook@jpub.kr

소통기획부 김정준, 이상복, 송영화, 권유라, 송찬수, 박재인, 배인혜
소통지원부 민지환, 이승환, 김정미, 서세원 / **디자인부** 이민숙, 최병찬

진행 및 교정·교열 권유라 / **내지디자인** 이민숙 / **내지편집** 성은경 / **표지디자인** 미디어픽스
용지 신승지류유통 / **인쇄** 해외정판사 / **제본** 일진제책사

ISBN 979-11-92469-27-0 (93000)
값 29,000원

제이펍은 독자 여러분의 아이디어와 원고 투고를 기다리고 있습니다. 책으로 펴내고자 하는 아이디어나 원고가 있는
분께서는 책의 간단한 개요와 차례, 구성과 저(역)자 약력 등을 메일(submit@jpub.kr)로 보내주세요.

코딩 인터뷰를 위한 알고리즘 치트시트

리트코드LeetCode 문제를 풀면서 배우는 코딩 테스트

푸둥라이 지음 / 이춘혁 옮김

CHAPTER **0**   언어 기초   1

CHAPTER **1**   핵심편   17

옮긴이 머리말 _____

알고리즘은 개발자의 기본기를 확인하는 중요한 수단 중 하나로 인식되고 있어 개발자 채용 시 상당수의 기업이 알고리즘 테스트를 진행합니다. 취업이나 이직을 준비하는 개발자 중 알고리즘 문제를 접해보지 않은 사람은 없을 것입니다. 구직 중인 개발자에게 알고리즘 테스트는 일하고 싶은 회사와 나를 가로막는 높은 벽이 될 수도 있고, 다른 개발자와 나의 차별점을 드러낼 좋은 무기가 될 수도 있습니다. 그렇다면 내 앞에 놓인 장벽을 제거할 무기는 어떻게 만들고, 이를 갈고 닦기 위해서는 어떻게 해야 할까요?

이 책의 목적은 알고리즘의 기초적인 지식을 설명하거나 전달하는 데 있지 않습니다. 이 책은 알고리즘 테스트에서 접할 수 있는 알고리즘의 문제 유형을 설명하고 해법을 제시하여 알고리즘 유형과 친해질 수 있는 길을 안내합니다. 유형 설명과 프레임을 통한 풀이 방법을 설명하여 문제가 변형되어도 독자가 자연스럽게 응용할 수 있도록 합니다.

알고리즘 테스트를 위한 다양한 사이트가 있지만 이 책은 많은 개발자가 추천하는 LeetCode(리트코드)를 사용합니다. 사용해본 독자는 알겠지만 LeetCode는 코드 작성 과정이 매우 편리하고 제공하는 문제가 다양하다는 것 외에도 많은 장점이 있습니다. 사이트의 언어와 문제가 모두 영어(또는 중국어)로 되어 있어 영어에 익숙하지 않은 독자라면 망설여질 수도 있지만 문제가 그렇게 복잡하지 않습니다. 또한 국내에서도 알고리즘 테스트를 영어로 내는 기업이 점점 많아지는 만큼 꼭 한 번은 접해보고 풀어볼 것을 권합니다. 개발자의 영어 실력이 늘어나는 만큼 좋은 기회도 더욱 늘어날 것이라고 생각합니다. 한국어판에는 한국어판에는 부록으로 LeetCode 가이드를 수록했으니, LeetCode를 처음 접하는 독자는 부록을 먼저 읽어주세요.

물론 알고리즘만으로 뛰어난 개발자를 가려낼 수는 없습니다. 알고리즘 이론과 풀이는 잘 몰라도 경이로운 결과물을 만들어내는 개발자도 많습니다. 따라서 알고리즘을 단순한 평가 기준의 하나로

만 볼 수도 있고 면접의 다음 단계를 위해 거치는 과정으로 볼 수도 있습니다. 하지만 다른 관점에서 보면, 알고리즘은 원하는 결과물을 만드는 데 드는 시간과 시행착오를 줄여주고 앞선 개발자들의 고민을 배우는 과정이 되기도 합니다. 이 때문에 많은 기업들이 알고리즘을 평가 기준의 하나로 삼는 것이 아닐까 생각합니다.

알고리즘 문제를 해결했을 때 느끼는 그 기쁨을 마음껏 누려 보시고 모두의 실력이 next level로 발전하기를, 그리고 원하는 꿈과 목표를 모두 이루시길 바랍니다.

끝으로 매일 저녁을 컴퓨터 앞에서 보내는 부족한 남편을 위해 응원과 영양분을 공급해주는 아내에게 무한한 감사를 보냅니다.

옮긴이 **이춘혁**

베타리더 후기

 김태근(연세대학교 대학원 물리학과)

알고리즘에 대한 서적은 서점의 한 코너 전체를 차지할 정도로 많습니다. 하지만 이 책은 수많은 책 속에서 굉장히 독보적인 책이 될 것입니다. 프로그래밍 언어의 문법에 초점을 맞추지 않고 알고리즘 문제 풀이에 초점을 맞췄으며, 답안만 제시하지 않고 답안으로 가는 모든 과정을 코드와 그림으로 전부 설명해놓았습니다. 어려워 보이는 문제를 앞서 다뤘던 문제들로 나누는 과정은 마치 마술과 같아서 단순한 설명서가 아닌 비법서에 가까운 책입니다.

 이석곤(아이알컴퍼니 빅데이터팀)

이름 있는 IT 회사에 입사하려면 코딩 인터뷰와 코딩 테스트를 통과해야 하는데, 개발자의 기본기를 확인하는 수단으로 가장 많이 보는 것이 알고리즘 테스트입니다. 이 책에서는 알고리즘의 문제 유형을 설명하고 어떻게 해결하는지 풀이 과정을 상세히 설명하고 있습니다. 이 책을 차근차근 학습하다 보면 문제가 변형되더라도 응용하여 풀 수 있는 실력을 얻을 수 있을 것입니다.

 김경민(현대오토에버)

코딩 테스트를 앞둔 분들에게 이 책을 추천합니다. 적정한 정도의 알고리즘 이론 소개와 다양한 난이도의 문제가 소개되어 있고, 문제의 풀이를 의사코드 수준이 아닌 실제 구현 코드(C++, 자바, 파이썬 중 하나)를 제공해 풀리지 않는 문제 때문에 시간 낭비하는 일을 최소화할 수 있습니다. 또한 LeetCode의 문제를 기반으로 서술되어 있어, 기존 우리나라 플랫폼에만 익숙한 분들에게는 영역을 확장할 좋은 기회가 될 것입니다.

김용회(숭실대학교 대학원 IT융합학과 박사과정)

기업에서 채용할 때 알고리즘을 테스트하는 건 단순히 개발 언어를 이해하는 것을 넘어서 개발자의 생각 크기를 가늠해볼 수 있기 때문입니다. 이 책은 알고리즘의 기초 지식을 친절하게 가르쳐주는 책이 아니라, 그것에 기초해 테스트에서 접할 수 있는 다양한 문제 유형을 통해 성장할 수 있도록 도움을 주는 책입니다. 특히 2장 동적 계획법은 최적화 분야까지 이어지는 방향을 제시하고 있어 근본적인 역량을 키우는 데 도움을 줄 것입니다.

 오동주(SW 개발자)

코딩 테스트 문제를 풀려면 알고리즘 사고와 접근법을 알아야 하는데, 이 책은 문제해결 아이디어를 그림과 함께 설명해 접근법을 쉽게 이해할 수 있습니다. 또한 코딩 테스트 문제를 풀다 보면 비슷한 유형의 문제를 만나게 됩니다. 이 책에서 정리한 틀을 바탕으로 반복적인 문제를 자신만의 핵심적인 코드로 정리한다면 코딩 테스트에 자신감을 얻을 수 있을 겁니다.

 김용현(Microsoft MVP)

이 책은 알고리즘 교과서로 알려진 《Introduction to Algorithms, 3판》(한빛아카데미, 2014)과 정반대의 콘셉트를 가지고 있습니다. 철저하게 실무적 관점에서 문제 해결 생각의 순서에 따라 머릿속의 과정을 글과 도형으로 표현하며 설명합니다. 문장 구성이나 진행이 고리타분하지 않아서, 특히 알고리즘 시험을 준비하는 예비 MZ 개발자에게 추천합니다.

머리말 _____

데이터 구조와 알고리즘은 컴퓨터 시스템에서 매우 중요한 역할을 하며 기본적인 알고리즘 교재에서
도 배울 수 있다. 그러나 우리가 자주 접하는 알고리즘은 기본 알고리즘 위에 또 한 층의 알고리즘이
더 쌓여 있어 이미 배운 데이터 구조와 알고리즘이라도 낯선 문제라는 생각이 들게 한다.

이런 상황에서 혹자는 두꺼운 이론서로 더 많은 알고리즘 이론을 접하는 것을 추천하기도 한다.

그러나 전통적인 방식의 알고리즘 서적을 접하기 전에 먼저 목적을 명확히 해야 좋다. 물론 알고리즘
에 관심이 많고 심도 있게 학습하고 싶은 독자는 전통적인 방식으로 알고리즘 이론부터 차근차근 공
부해도 좋다. 하지만 (나를 포함한) 대부분의 사람들은 시험과 면접이 목적이므로 두꺼운 알고리즘 이
론서보다는 문제를 직접 풀어보는 것이 훨씬 도움이 된다.

문제를 푸는 방식에도 노하우가 있다. 몇천 개의 문제를 풀어보고 각각의 해법을 모두 익힐 수는 없
으므로 문제를 풀면서 유형별로 요약하고 추상화해야 한다. 이와 같은 방식으로 해법을 익히면 하나
의 해법으로도 수천 가지 문제에 대응할 수 있다.

책의 구성

이 책을 통해 독자들은 알고리즘을 분석하고 사고방식을 훈련하여 시험에 대비하고 비법과 프레임을 사용하여 모든 문제를 해결할 수 있을 것이다.

1장에서는 동적 계획법dynamic programming, 역추적backtracking, 너비 우선 탐색breadth first search, 투 포인터two pointers, 슬라이딩 윈도sliding window 등을 포함해 자주 사용하는 알고리즘 유형과 문제 해결의 프레임을 확인한다.

2장에서는 동적 계획법에서 사용되는 사고의 프레임을 사용해 정규 표현식regular expression, 배낭 문제 등 10가지 이상의 기본적인 동적 계획법 문제를 해결한다. 상태 전이 방정식을 작성하고, 상태 압축을 진행하는 방법 등을 소개한다.

3장은 데이터 구조와 관련하여 이진 트리, LRU, LFU 등 면접 시 자주 접하는 알고리즘과 그 원리를 설명한다.

4장은 역추적 알고리즘, 너비 우선 탐색 알고리즘 등의 핵심 비법과 프레임을 자세히 알아본다.

5장은 앞에서 배운 알고리즘들을 응용하여 면접에 자주 나오는 문제를 설명한다. 다양한 알고리즘과 결합하여 문제를 설명하고 여러 가지 해법을 소개한다. 5장을 읽고 나서 문제의 바다를 항해해보자.

대상 독자

이 책은 알고리즘 문제 및 다양한 유형과 풀이 방법을 소개하여 빠르게 알고리즘 사고방식을 파악하고 IT 기업의 다양한 알고리즘 문제를 해결할 수 있게 한다.

입문자에게 이 책은 적합하지 않다. 만약 데이터 구조에 대한 지식이 없다면 큐queue, 스택stack, 배열array, 연결 리스트linked list 등 기초적인 데이터 구조를 학습하고 데이터 구조 관련 서적을 먼저 읽어야 한다. 구조의 특성과 용법에 대한 이해 정도면 충분하지만 대학에서 데이터 구조의 강의를 들은 적이 있는 독자라면 책을 이해하는 데 큰 문제가 없을 것이라 생각한다.

데이터 구조를 공부한 적이 있는 상태에서 취업 등 현실적인 이유로 알고리즘 문제를 접하기 시작했지만 문제에 손을 댈 수가 없는 상태라면 이 책은 큰 도움이 될 것이다.

책의 많은 문제는 LeetCode에서 선택했으며, 문제 해결 방식도 플랫폼 표준을 따른다. 완성한 코드는 플랫폼에 제출도 가능하다. 따라서 해당 플랫폼에서 알고리즘 문제를 풀어본 경험이 있다면 책을 읽는 것이 훨씬 쉬울 것이다. 물론 경험이 없다고 하더라도 알고리즘은 보편적인 룰을 따르므로 큰 문제는 없다.

그렇다면 LeetCode를 선택한 이유는 무엇일까? 이 플랫폼이 가장 익숙하며 입력과 출력을 따로 처리하지 않아도 된다는 점이다. 또한 헤더header, 패키지package, 네임스페이스namespace가 모두 준비되어 있어 알고리즘 학습에만 집중할 수 있기 때문이다.

따라서 책을 읽으면서 플랫폼의 문제 풀이를 진행할 수 있다. 책에서 제시하는 문제는 모두 무료이며, 가장 기본적이면서도 엄선된 문제들이다.

눈으로 읽기만 하는 것보다는 직접 문제를 풀어보는 것이 지식을 온전히 내 것으로 만드는 더 좋은 방법이다.

책의 특징

먼저 해법을 유형별로 추상화한 뒤 효율이 가장 높은 방식을 사용한다. 학습한 대로 적용해보고 복습하면 막힘없이 알고리즘을 익힐 수 있을 것이라 본다.

책의 목적

이 책은 데이터 구조와 알고리즘에 대한 입문서가 아니라 알고리즘 문제 해결을 위한 참고서다. 손으로 직접 문제를 풀어보고 하나의 장을 완료하면 같은 유형의 문제 해결 방안을 찾을 수 있게 된다.

감사의 말

필자의 위챗 공식 계정 labuladong 구독자의 관심과 성원이 없었다면 내용들을 정리하여 책으로 만들기 어려웠을 것이다.

LeetCode의 문제를 사용하도록 승인해준 Lingkou Network에 감사하며, Chengdou Daoran Technology의 야오신쥔姚新軍은 집필 방향과 디자인, 원고 검토에 많은 노력을 기울여준 최고의 파트너였다.

코딩 규약

이 책이 다른 책과 다른 점은 하나의 프로그래밍 언어를 사용하는 것이 아니라 많이 사용되는 세 가지 언어인 파이썬, C++, 자바를 혼합해서 사용하는 것이다.

예를 들어 하나의 문제를 파이썬으로 해결하면 다음 문제는 자바를 사용한다. 혹은 같은 문제에 대해 파이썬의 코드를 사용해 알고리즘을 설명하고 C++를 사용해 문제를 해결한다. 알고리즘은 각 프로그래밍 언어가 갖는 특성을 이용하는 것은 아니므로 특정 언어에 익숙하지 않더라도 걱정할 필요가 없다. 이 책은 언어별 특성을 피하려고 노력했으며, 본문 시작 전에 세 언어의 기본적인 조작 방식을 설명한다.

그렇다면 세 가지 언어를 사용하는 이유가 무엇일까? 알고리즘 문제를 푸는 것은 생각의 흐름을 훈련하는 것으로 특정 프로그래밍 언어에만 국한되지 않는 것이 좋다고 생각하기 때문이다. 모든 언어에는 각각의 장단점이 있으므로 모호한 특성을 피하고 분명하게 표현할 수 있는 점을 언어 선택의 근거로 삼았다.

예를 들어, 동적 계획법에서 하향식top-down 재귀의 해결 방안을 제시할 때 일부 문제는 해시 테이블 hash table(딕셔너리)을 사용해 2차원 배열에 문자열을 매핑한다.

이 경우 자바와 C++는 2차원 배열에 직접 해시 함수로 저장해야 하지만, 파이썬은 내장 튜플을 해시 테이블의 키로 사용할 수 있으므로 코드의 양은 적고 명확하고 알기 쉬운 알고리즘을 표현할 수 있다는 장점이 있다.

```
# 메모
memo = dict()
def dp(i, j):
    # 중복이 발생하면 직접 반환
    if (i, j) in memo:
        return memo[(i, j)]
    # ...
```

그렇다면 다른 언어도 함께 사용하는 이유가 무엇일까? 파이썬은 동적 언어로 코딩이 빠르지만, 디버깅이 까다롭고 타입 제약이 없어 코드가 복잡해지면 이해가 어렵다. 자바는 가장 많은 사람이 사용하지만 문자열 조작 등 일부 문법이 불편하고 일부 패키지 유형은 아주 모호하다. C++는 대부분의 작업이 편리하고 알고리즘 문제에도 적합하지만, 일부 특별한 문법은 사람들에게 혼란을 주기 쉽다.

이처럼 언어별로 단점이 있으므로 상황에 따라 각 언어의 단점과 특성에 영향을 받지 않도록 언어를 선택했다. 짧은 한 줄로 멋지게 해결하는 코드보다는 가독성을 최우선으로 했다.

LeetCode 데이터 구조

대부분의 내용이 LeetCode의 문제를 기반으로 하며, 해결한 문제를 LeetCode에 제출할 수도 있으므로 LeetCode의 기본 데이터 구조를 사용한다.

TreeNode는 바이너리 트리 노드 타입으로 구조는 다음과 같다.

```
public class TreeNode {
  int val;         // 노드 저장 데이터
  TreeNode left;   // 왼쪽 자식 노드 참조
  TreeNode right;  // 오른쪽 자식 노드 참조
  // 구조함수
  TreeNode(int val) {
    this.val = val;
    this.left = null;
    this.right = null;
  }
}
```

사용 방법은 다음과 같다.

```
// 바이너리 트리 노드 생성
TreeNode node1 = new TreeNode(2);
```

```
TreeNode node2 = new TreeNode(4);
TreeNode node3 = new TreeNode(6);
// 노드 데이터 변경
node1.val = 10;
// 노드 연결
node1.left = node2;
node1.right = node3;
```

ListNode는 단일 연결 리스트 노드 유형으로 구조는 다음과 같다.

```
class ListNode {
  int val;        // 노드 저장 데이터
  ListNode next; // 다음 노드 포인터
  ListNode(int val) {
    this.val = val;
    this.next = null;
  }
}
```

사용 방법은 다음과 같다.

```
// 단일 연결 리스트 생성
ListNode node1 = new ListNode(1);
ListNode node2 = new ListNode(3);
ListNode node3 = new ListNode(5);
// 노드 데이터 변경
node1.val = 9;
// 노드 연결
node2.next = node3;
node1.next = node2;
```

이외에도 LeetCode는 보통 Solution 클래스 내부에 해결 방안을 작성하도록 하며 다음과 같다.

```
// 자바
class Solution {
  public int solutionFunc(String text1, String text2) {
    // 문제 해결 코드 작성
  }
}

# 파이썬
class Solution:
  def solutionFunc(self, text1: str, text2: str) -> int:
```

책에서는 공간을 절약하고 알고리즘 로직의 이해가 더 쉽도록 Solution 클래스를 사용하지 않고 직접 함수를 만들어 사용한다. 자바와 C++의 public, private와 같은 키워드와 파이썬의 self 파라미터는 알고리즘과 관계가 없으므로 모두 생략하며, 이 책에서 사용하는 코드는 대부분 다음과 같다.

```java
// 자바
int solutionFunc(String text1, String text2) {
    // 문제 해결 코드 작성
}
```

```python
# 파이썬
def solutionFunc(text1: str, text2: str) -> int:
    # 문제 해결 코드 작성
```

문제를 푸는 과정에서 플랫폼이 요구하는 형식에 따라 코드를 제출해야 하는 경우 책에서 사용한 코드의 일부 사항을 수정해야 할 수도 있다.

언어 기초

이 책에서 사용하는 C++, 자바, 파이썬 3의 데이터 구조는 매우 간단한데, 크게 배열array, 리스트 list, 맵map, 스택stack, 큐queue가 있다.

각 언어의 특성을 최소화하는 원칙을 바탕으로 책에서 사용하는 데이터 구조와 API만을 소개한다. 따라서 어떠한 언어라도 배운 적이 있다면 쉽게 내용을 이해할 수 있을 것이다.

0.1 C++

먼저 쉽게 지나칠 수 있는 부분을 확인해보자. C++ 함수의 매개변수는 기본적으로 값을 전달하므로 배열과 같은 레퍼런스 형식을 전달할 때는 & 부호를 사용한다. 만약 & 부호를 생략하게 되면 값 전달을 의미하므로 데이터가 복사된다. 특히 재귀 함수는 호출될 때마다 복사가 진행되므로 시간이 많이 소요된다.

0.1.1 동적 배열 유형 vector

동적 배열은 표준 라이브러리로 캡슐화된 배열이다. C 언어에서 int[]로 선언한 배열보다 더 발전된 형태로 자동 확장과 축소가 가능하다.

책에서는 C 언어의 배열을 사용하거나 malloc과 같은 함수를 사용해 스스로 메모리를 관리하기보다 표준 라이브러리로 캡슐화된 배열의 사용을 권장한다. 수동 메모리 할당이 알고리즘의 효율을 향상 시키는 부분이 있지만 그보다는 알고리즘 사고에 집중하는 것이 더 효율적이기 때문이다.

초기화 방법은 다음과 같다.

```cpp
int n = 7, m = 8;
// int 타입 빈 배열 nums 초기화
vector<int> nums;

// 크기가 n인 nums 배열 요소의 기본값을 0으로 초기화
vector<int> nums(n);

// nums 배열의 요소를 1, 3, 5로 초기화
vector<int> nums{1, 3, 5};

// 크기가 n인 nums 배열 요소의 기본값을 2로 초기화
vector<int> nums(n, 2);

// 2차원 int 배열 dp 초기화
vector<vector<int>> dp;

// 크기가 m*n인 Boolean 배열 dp
// 값을 모두 true로 초기화
vector<vector<bool>> dp(m, vector<bool>(n, true));
```

이 책에서 사용하는 메서드는 다음과 같다.

```cpp
// 배열 null 여부 반환
bool empty();

// 배열의 요소 수 반환
size_type size();

// 배열의 마지막 요소의 참조 반환
reference back();

// 배열 끝에 val 요소 삽입
void push_back (const value_type& val);

// 배열 끝의 요소 제거
void pop_back();
```

샘플 코드는 다음과 같다.

```cpp
int n = 10;
// 배열 크기 10, 요소 기본값 0
```

```cpp
vector<int> nums(n);
// 출력:false
cout << nums.empty();
// 출력:10
cout << nums.size();

// 대괄호를 사용해 직접 값을 가져오거나 수정
int a = nums[4];
nums[0] = 11;

// 배열 끝에 요소 20 삽입
nums.push_back(20);
// 출력:11
cout << nums.size();

// 배열 마지막 요소의 참조 가져오기
int b = nums.back() ;
// 출력:20
cout << b;

// 배열의 마지막 요소 하나 삭제(값을 반환하지 않음)
nums.pop_back();
// 출력:10
cout << nums.size();

// nums[0]과 nums[1] 교환
swap(nums[0], nums[1]);
```

앞 내용은 책에서 자주 사용하는 방식의 C++ vector이다. index를 사용해 요소를 읽거나 push_back, pop_back 메서드 정도만 알면 충분하다.

배열 특성상 index를 사용하거나 배열의 끝에서부터 요소를 삭제하는 것이 효율적이다. 배열의 중간이나 앞부분의 요소를 삭제하게 되면 삭제된 부분을 채우기 위해 데이터를 앞으로 옮기는 작업이 필요하게 되어 효율이 떨어진다. 따라서 이를 피하도록 한다.

0.1.2 문자열 string

초기화는 다음의 방식만 기억하면 된다.

```cpp
// 빈 문자열 s
string s;
// s는 문자열 "abc"
string s = "abc";
```

책에서 사용하는 메서드는 다음과 같다.

```
// 문자열 길이 반환
size_t size();

// 문자열 null 여부 판단
bool empty();

// 문자열 끝에 문자 c 삽입
void push_back(char c);

// 문자열 끝의 문자 제거
void pop_back();

// pos에서 시작, 길이가 len인 문자열 반환
string substr (size_t pos, size_t len);
```

샘플 코드는 다음과 같다.

```
// 빈 문자열 s
string s;
// 문자열 s에 "abcd" 할당
s = "abcd";
// 출력:c
cout << s[2];
// 문자열 s 끝에 문자 e 삽입
s.push_back('e');
// 출력:abcde
cout << s;
// 출력:cde
cout << s.substr(2, 3);
// 문자열 s 끝에 문자열 "xyz" 삽입
s += "xyz";
// 출력:abcdexyz
cout << s;
```

문자열 string의 연산은 동적 배열 vector와 유사하다. 또한 C++에서 두 문자열의 비교는 등호 2개를 사용하여 if (s1 == s2)와 같이 사용한다.

0.1.3 해시 테이블 unordered_map

초기화 방법은 다음과 같다.

```
// key와 value가 int인 해시 테이블 초기화
unordered_map<int, int> mapping;
// key는 string, value는 int배열인 해시 테이블 초기화
unordered_map<string, vector<int>> mapping;
```

해시 테이블 데이터는 어떤 타입이라도 가능하지만 해시 테이블 키는 그렇지 않다. 알고리즘 문제를 해결할 때는 보통 int 또는 string 타입을 해시 테이블의 키로 사용한다.

이 책에서 사용하는 메서드는 다음과 같다.

```
// 해시 테이블의 키-값 세트 개수 반환
size_type size();

// 해시 테이블 null 여부 반환
bool empty();

// 해시 테이블의 키가 나타나는 횟수 반환
// 해시 테이블은 중복 키 값이 발생하지 않으므로 함수는 1 또는 0만 반환
// 해시 테이블에 키 값 존재 여부 확인
size_type count (const key_type& key);

// 키를 통해 해시 테이블의 키-값 세트 제거
size_type erase (const key_type& key);
```

unordered_map은 주로 다음과 같이 사용한다.

```
vector<int> nums{1, 1, 3, 4, 5, 3, 6};
// 카운터
unordered_map<int, int> counter;
for (int num : nums) {
  // 대괄호를 사용해 키에 직접 액세스 또는 수정
  counter[num]++;
}
// 해시 테이블 키-값 세트 탐색
for (auto& it : counter) {
  int key = it.first;
  int val = it.second;
  cout << key << ": " << val << endl;
}
```

대괄호 []를 사용해 key에 직접 액세스하는 경우 key값이 존재하지 않으면 key를 자동으로 생성하고 해당 값이 타입의 기본값을 결정한다.

예를 들어 앞 샘플에서 counter[num]++는 다음과 같다.

```
for (int num : nums) {
  if (!counter.count(num)) {
    // 키-값 세트 추가 num->0
    counter[num] = 0;
  }
  counter[num]++;
}
```

직접 counter[num]++[1]를 사용하는 것이 더 편리하지만, C++는 키를 자동으로 생성하는 특성이 있다. 때로는 count 메서드를 명시적으로 사용하여 키를 확인하는 경우도 있다.

0.1.4 해시 세트 unordered_set

초기화 방법은 다음과 같다.

```
// int를 저장하는 해시 세트 초기화
unordered_set<int> visited;

// string을 저장하는 해시 세트 초기화
unordered_set<string> visited;
```

이 책에서 사용하는 메서드는 다음과 같다.

```
// 해시 테이블 키-값 세트 수 반환
size_type size();

// 해시 테이블 null 여부 반환
bool empty();

// 해시 테이블과 유사하게 키 존재 여부에 따라 1 또는 0 반환
size_type count (const key_type& key);

// pair에 키 삽입
pair<iterator,bool> insert (const key_type& key);

// 해시 세트 키 제거
// 제거 성공 시 1, 존재하지 않으면 0 반환
```

---

1 [옮긴이] 전위연산자prefix operator와 후위연산자postfix operator 중 속도는 전위연산자가 빠르다. 하지만 용도에 따라 구분하여 사용해야 한다.

```
size_type erase (const key_type& key);
```

0.1.5 큐 queue

초기화 방법은 다음과 같다.

```
// int를 저장하는 큐 초기화
queue<int> q;

// string을 저장하는 큐 초기화
queue<string> q;
```

책에서 사용하는 메서드는 다음과 같다.

```
// 큐 null 여부 반환
bool empty();

// 큐의 요소 개수 반환
size_type size();

// 큐 끝에 요소 추가
void push (const value_type& val);

// 큐의 첫 번째 요소의 참조 반환
value_type& front();

// 큐 첫 번째 요소 제거
void pop();
```

큐 구조는 단순하므로 주의가 필요하다. C++에서 큐의 pop 메서드는 보통 void 타입이며, 다른 언어와 달리 삭제된 요소를 반환하지 않는다.

기본적인 사용 방법은 다음과 같다.

```
int e = q.front(); q.pop();
```

0.1.6 스택 stack

초기화 방법은 다음과 같다.

```
// int를 저장하는 스택 초기화
stack<int> stk;
// string을 저장하는 스택 초기화
stack<string> stk;
```

책에서 사용하는 메서드는 다음과 같다.

```
// 스택 null 여부 반환
bool empty();

// 스택의 요소 개수 반환
size_type size();

// 스택 제일 위에 요소 추가
void push (const value_type& val);

// 스택 제일 위 요소 참조 반환
value_type& top();

// 스택 제일 위 요소 제거
void pop();
```

0.2 자바

0.2.1 배열 Array

초기화 방법은 다음과 같다.

```
int m = 5, n = 10;

// 크기가 10인 int 배열의 초기화
// 요소의 기본값은 0으로 초기화
int[] nums = new int[n]

// m*n의 이차 Boolean 배열 초기화
// 요소의 기본값은 false로 초기화
boolean[][] visited = new boolean[m][n];
```

이와 같은 종류의 자바 배열은 C 언어와 유사하다. 일부 문제는 함수를 파라미터 형식으로 전달하며, 보통 함수 시작 부분에서 null 검사를 진행하고 인덱스를 사용해 요소에 액세스한다.

```
if (nums.length == 0) {
  return;
}
for (int i = 0; i < nums.length; i++) {
  // nums[i] 액세스
}//
```

0.2.2 문자열 String

자바는 []를 사용해 직접 문자에 액세스할 수 없으므로 문자열 처리가 매우 불편하다. 또한 직접 수정이 불가하며 char[] 유형으로 변환 후 수정이 가능하다.

다음은 책에서 사용하는 String의 몇 가지 특성이다.

```
String s1 = "hello world";
// s1[2] 문자 가져오기
char c = s1.charAt(2);

char[] chars = s1.toCharArray();
chars[1] = 'a';
String s2 = new String(chars);
// 출력:hallo world
System.out.println(s2);

// 문자열의 동일 여부 판단은 반드시 equals 메서드를 사용
if (s1.equals(s2)) {
  // s1과 s2는 같음
} else {
  // s1과 s2는 다름
}

// 문자열은 + 기호로 병합 가능
String s3 = s1 + "!";
// 출력:hello world!
System.out.println(s3);
```

자바 문자열은 직접 수정할 수 없으므로 toCharArray를 사용해 char[] 타입의 배열로 변환하여 수정한 뒤 다시 String 타입으로 변환한다.

또한 문자열 병합을 위해 + 기호를 지원하지만 비효율적이며 for 루프에서는 사용하지 않는 것을 권한다. 만약 문자열 병합을 자주 한다면 StringBuilder를 사용하는 것을 추천한다.

```
StringBuilder sb = new StringBuilder();

for (char c = 'a'; c <= 'f'; c++) {
  sb.append(c);
}

// append 메서드는 문자, 문자열, 숫자 등의 유형을 지원
sb.append('g').append("hij").append(123);

String res = sb.toString();
// 출력: abcdefghij123
System.out.println(res);
```

또 다른 중요한 문제는 문자열의 동일 비교이다. 이는 언어의 특성과 관련이 있으며, 두 문자열의 동일 여부는 equals 메서드를 사용해야 한다. == 비교를 사용하면 찾기 어려운 버그가 발생할 가능성이 있다.

0.2.3 동적 배열 ArrayList

C++의 vector와 유사하게 ArrayList는 자바에 내장된 배열 타입을 캡슐화한 것과 같으며, 초기화 방법은 다음과 같다.

```
// String 타입의 데이터를 저장하는 동적 배열 초기화
ArrayList<string> nums = new ArrayList<>();

// int 타입의 데이터를 저장하는 동적 배열 초기화
ArrayList<Integer> strings = new ArrayList<>();
```

자주 사용하는 메서드는 다음과 같다(E는 요소의 타입).

```
// 배열 null 여부 판단
boolean isEmpty()

// 배열의 요소 개수 반환
int size()

// index 요소 반환
E get(int index)

// 배열 끝에 요소 e 추가
boolean add(E e)
```

책에서는 이처럼 간단한 메서드만 사용하므로 쉽게 이해할 수 있을 것이다.

0.2.4 이중 연결 리스트 LinkedList

ArrayList의 내부는 배열이지만 LinkedList의 내부는 이중 연결 리스트로 구성된다. 초기화 방법은 유사하다.

```
// int 타입의 데이터를 저장하는 이중 연결 리스트 초기화
LinkedList<Integer> nums = new LinkedList<>();
// String 타입의 데이터를 저장하는 이중 연결 리스트 초기화
LinkedList<string> strings = new LinkedList<>();
```

이 책에서 사용하는 메서드는 다음과 같다(E는 요소의 타입).

```
// 연결 리스트 null 여부 판단
boolean isEmpty();

// 연결 리스트의 요소 개수 반환
int size()

// 연결 리스트 내 요소 o 존재 여부 확인
boolean contains(Object o)

// 연결 리스트 끝에 요소 e 추가
boolean add(E e)

// 연결 리스트 앞에 요소 e 추가
void addFirst(E e)

// 연결 리스트의 첫 번째 요소 제거
E removeFirst()

// 연결 리스트의 마지막 요소 제거
E removeLast()
```

이 책에서 사용하는 메서드는 매우 간단한 것으로 앞과 뒤 요소를 조작할 때는 Linkedlist를 더 많이 사용한다. 기본 데이터 구조가 연결 리스트이므로 직접 조작하는 것이 효율적이기 때문이다. 그중 contains 메서드의 시간 복잡도만 $O(N)$인데 이는 요소의 존재 여부 확인을 위해 전체 연결 리스트를 순회하기 때문이다. 함수의 반환값이 List 타입인 문제 유형이 많으며, ArrayList와 LinkedList는 모두 List 타입의 서브 클래스이다. 따라서 데이터 구조와 특성에 따라 사용할 배열 또는 LinkedList를 결정해야 하며 마지막에 값을 직접 반환한다.

0.2.5 해시 테이블 HashMap

초기화 방법은 다음과 같다.

```
// 정수를 문자열 해시 테이블로 매핑
HashMap<Integer, String> map = new HashMap<>();
// 문자열을 배열 해시 테이블로 매핑
HashMap<String, int[]> map = new HashMap<>();
```

이 책에서 사용하는 메서드는 다음과 같다(K는 테이블 키, V는 테이블 값)

```
// 해시 테이블 내 키 존재 여부 판단
boolean containsKey(Object key)

// 키 값을 가져오고, 존재하지 않으면 null 반환
V get(Object key)

// 키와 값 세트를 해시 테이블에 저장
V put(K key, V value)

// 키 존재 시 키 제거 후 해당 값 반환
V remove(Object key)

// 키 값을 가져오고 키가 존재하지 않으면 defaultValue를 반환
V getOrDefault(Object key, V defaultValue)

// 해시 테이블 내 모든 키 가져오기
Set<K> keySet()

// 키가 존재하지 않으면 키 값 세트를 해시 테이블에 저장
// 키가 존재하면 아무것도 하지 않음
V putIfAbsent(K key, V value)
```

0.2.6 해시 세트 HashSet

초기화 방법은 다음과 같다.

```
// String을 저장하는 해시 세트 생성
Set<string> set = new HashSet<>();
```

이 책에서 사용하는 메서드는 다음과 같다(E는 요소의 타입).

```
// e가 존재하지 않으면 해시 세트에 e 추가
boolean add(E e)

// 요소 o 해시 세트 내 존재 여부 판단
boolean contains(Object o)

// 요소 o 존재 시 제거
boolean remove(Object o)
```

0.2.7 큐 Queue

앞의 데이터 구조와 달리 Queue는 인터페이스이므로 초기화 방법이 조금 특별하다. 책에서는 다음과 같은 방법을 사용한다.

```
// String을 저장하는 큐 초기화
Queue<string> q = new LinkedList<>();
```

이 책에서 사용하는 메서드는 다음과 같다(E는 요소의 타입).

```
// 큐의 null 여부 판단
boolean isEmpty()

// 큐의 요소 개수 반환
int size()

// 큐의 요소 반환
E peek()

// 큐 제일 앞 요소 삭제 및 반환
E poll()

// 큐 제일 뒤 요소 추가
boolean offer(E e)
```

0.2.8 스택 Stack

초기화 방법은 다음과 같다.

```
Stack<Integer> s = new Stack<>();
```

이 책에서 사용하는 메서드는 다음과 같다(E는 요소의 타입).

```
// 스택의 null 여부 판단
boolean isEmpty()

// 스택의 요소 개수 반환
int size()

// 요소를 스택 제일 위로 푸시
E push(E item)

// 스택 요소 반환
E peek()

// 스택 제일 위 요소 제거 및 반환
E pop()
```

0.3 파이썬 3

이 책의 파이썬 3 코드는 대부분 문제 해결 아이디어를 이해하기 위한 코드로 실제 문제를 해결하는 코드는 많지 않다. 타입에 약한 언어에서는 감지할 수 없는 버그가 발생하기 쉽고, 언어 자체에도 기능이 많아 이 책의 목적에 부합하지 않는 부분이 있기 때문이다. 따라서 이 책에서 사용하는 파이썬의 데이터 구조인 리스트, 튜플tuple, 딕셔너리dictionary(해시 테이블hash table)만 확인하도록 하겠다.

list는 배열, 스택, 큐로 사용할 수 있다.

```
# 배열
arr = [1, 2, 3, 4]
# 출력:3
print(arr[2])
# 리스트 제일 끝에 요소 추가
arr.append(5)
# -1은 제일 끝의 인덱스를 의미. 출력: 5
print(arr[-1])

# 스택
stack = []
# 리스트 끝을 스택 제일 위로 추가
# 스택 제일 위에 요소 추가
stack.append(1)
stack.append(2)
# 스택 제일 위의 요소 삭제 및 반환
```

```
e1 = stack.pop()
# 스택 제일 위 요소 확인
e2 = stack[-1]
```

이외에도 자주 사용되는 데이터 구조는 tuple과 dict다. 이 책에서는 두 데이터 구조를 하향식top-down 동적 계획법의 메모memo 기능에 자주 사용한다.

```
memo = dict()
# 이차 동적 계획법의 dp 함수
def dp(i, j):
  # 튜플(i, j)를 해시 테이블의 키로 사용
  # in 키워드를 사용해 해시 테이블 내 키 존재 여부를 탐색
  if (i, j) in memo:
    # 키(i,j)에 해당하는 값 반환
    return memo[(i, j)]
  # 상태 전이 방정식
  memo[(i, j)] = ...

  return memo[(i, j)]
```

지금까지 이 책에서 사용하는 프로그래밍 언어의 기초를 확인했으니 지금부터 알고리즘의 여정을 시작하겠다.

1

핵심편

많은 사람이 알고리즘을 두려워하지만 그럴 필요가 없다. 몇 가지 방법만 익히고 알고리즘에 익숙해지면 간단하게 느껴질 것이다.

지금부터 알고리즘 문제를 추상화하고 해결 방안을 제시하여 하나의 문제가 수천 가지로 변형이 되더라도 핵심을 꿰뚫는 해법으로 같은 유형의 문제를 모두 해결할 수 있도록 한다.

이번 장은 책의 핵심이면서 자주 사용되는 해법을 설명하므로 자세히 읽어보자.

이번 장을 따라 문제를 풀어보면, 스스로 문제를 해결할 때 알고리즘 해법이 얼마나 중요한지 차츰 깨달을 것이다.

1.1 알고리즘 학습과 문제 해결 아이디어

우리는 문제의 유형을 파악하고 아이디어와 해법을 도출해내는 방식을 배울 것이다. 틀에서 벗어나 문제의 공통점과 본질을 파악하면 한 문제를 통해 비슷한 유형의 문제들을 풀 수 있다.

우리는 일반적인 데이터 구조를 다루는 것이지 알고리즘 대회를 준비하는 것이 아니다. 따라서 일반적인 문제만 풀면 된다. 설명과 함께 나의 개인적인 문제 풀이 경험도 공유한다. 따라서 독자는 나의 시점에서 이해해보는 것도 도움이 될 것이며 다른 세부 사항에는 신경 쓰지 않아도 된다. 이번 절에서 데이터 구조와 알고리즘에 대한 이해의 틀을 확립할 수 있기를 바란다.

전체에서 부분, 위에서 아래, 추상적인 부분에서 구체적인 부분으로의 사고는 데이터 구조와 알고리즘 외에 다른 학습을 위한 방법으로도 효율이 높다.

1.1.1 데이터 구조와 저장 방식

데이터 구조의 기본 저장 방법은 배열(순차 저장 방식)과 연결 리스트(체인 저장 방식)이다.

위 문장을 어떻게 이해해야 할까? 해시 테이블, 스택, 큐, 힙heap, 트리tree, 그래프graph 등도 데이터 구조가 아닌가?

문제를 분석할 때는 반드시 재귀, 하향식, 추상적인 방식에서 구체적인 방식으로 사고를 해야 한다. 앞에서 나열된 여러 데이터 구조는 구체적인 방식인 상부 구조에 속하며, 배열과 연결 리스트는 기초에 해당하는 하위 구조substructure이다. 이렇게 다양한 데이터 구조는 모두 연결 리스트 또는 배열로 이루어진 것으로 API의 특성만 다를 뿐이다.

예를 들어 큐, 스택의 두 데이터 구조는 연결 리스트를 사용해 구현할 수 있으며 배열을 사용해서도 구현할 수 있다. 배열로 구현하려면 확장과 축소의 문제를 다루어야 하고, 연결 리스트로 구현하려면 배열과 같은 문제는 없으나 더 많은 메모리 공간이 필요하다.

그래프의 두 표현 방법 중 인접 리스트adjacency list는 연결 리스트이며, 인접 행렬adjacency matrix은 이차 배열이다. 인접 행렬은 연결성을 빠르게 판단하는 데 사용되며, 행렬 연산은 일부 문제 해결에 사용할 수 있으나 그래프가 희소한 경우에는 많은 공간을 소모한다. 인접 리스트는 공간을 절약하지만 인접 행렬보다 효율이 높지 않다.

해시 테이블은 해시 함수를 통해 키를 하나의 큰 배열에 매핑한다. 해시 충돌을 해결하는 방법은 주로 개방 해싱open hashing과 폐쇄 해싱closed hashing이 있다. 개방 해싱은 연결 리스트 특성이 필요하고 조작이 간단하지만, 포인터 저장을 위한 추가 공간이 필요하다. 폐쇄 해싱은 배열 특성을 사용해 연속 주소를 지정하므로 포인터 저장 공간은 필요하지 않지만, 조작이 조금 복잡하다.

트리는 배열을 사용하여 힙을 구현할 수 있고, 힙은 완전 이진 트리이므로 배열을 사용하면 노드 포인터가 필요 없어 조작이 간단하다. 연결 리스트를 사용하면 일반적으로 사용하는 트리가 되지만 완전 이진 트리는 아니므로 배열 사용은 적합하지 않다. 따라서 이러한 연결 리스트 트리 구조를 기반으로 이진 탐색 트리, AVL 트리, 레드-블랙 트리, 간격 트리, B 트리 등 독창적인 설계가 파생되어 다양한 문제를 처리한다.

레디스Redis 데이터베이스 구조를 잘 아는 사람은 레디스가 리스트, 문자열, 컬렉션 등 자주 사용되는 데이터 구조를 제공함을 알 것이다. 각 데이터 구조는 기본 저장 방법이 적어도 두 가지 이상이므로 상황에 따라 적절한 방법을 사용해야 한다.

요약하면 데이터 구조는 많은 종류가 있고 심지어 스스로 데이터 구조를 만들어낼 수도 있지만 기본 저장 방식은 배열과 연결 리스트다. **두 방식의 장단점은 다음과 같다.**

배열은 끊어지지 않고 연속되는 저장 방식을 사용하므로 임의로 접근이 가능하고 인덱스를 통해 **빠르게** 요소를 찾을 수 있으며 저장 공간도 절약할 수 있다. 하지만 연속되는 저장 방식이므로 메모리 공간을 한 번에 할당해야 한다. 배열을 확장하는 경우에는 더 큰 배열을 새로 할당하고 복사를 진행해야 하므로 시간 복잡도는 $O(N)$이 된다.

만약 배열 중간에 요소를 삽입하거나 삭제하려면 연속성 유지를 위해 매번 뒤의 모든 데이터를 이동해야 하므로 시간 복잡도는 $O(N)$이 된다.

연결 리스트 요소는 연속되지 않고 다음 위치를 가리키는 포인터에 의존하므로 배열의 확장과 같은 문제는 발생하지 않는다. 요소의 선행, 후행 요소만 알면 포인터를 조작해 요소의 제거와 삽입이 가능기에 시간 복잡도는 $O(1)$이다. 그러나 저장 공간이 연속되지 않기에 인덱스를 사용한 요소의 위치는 계산할 수 없어 임의 접근이 불가능하다. 또한 각 요소에 반드시 선행과 후행 요소의 위치에 대한 포인터를 저장해야 하므로 상대적으로 더 많은 저장 공간이 필요하다.

1.1.2 데이터 구조의 기본 조작

모든 데이터 구조에서 기본 작업은 순회traversal와 접근이며, 보다 구체적으로는 추가, 삭제, 검색, 수정이다.

데이터 구조는 다양한 유형이 있지만 그 목적은 다양한 상황에서 데이터를 효율적으로 추가, 삭제, 검색, 수정하는 것이다. 이것이 데이터 구조의 사명이다.

그럼 데이터 구조를 순회하고 액세스하는 방법은 무엇일까? 추상적인 방법에서 구체적인 방법으로 분석을 진행해보자. 각 데이터 구조에 대한 순회와 액세스는 선형과 비선형 두 가지 방식이 있다.

선형 방식은 for/while 반복, 비선형 방식은 재귀가 대표적이다. 구체적으로 다음과 같다.

배열 순회는 전형적인 선형 반복 구조이다.

```
void traverse(int[] arr) {
  for (int i = 0; i < arr.length; i++) {
```

```
    // 반복 액세스 arr[i]
  }
}
```

연결 리스트는 순회와 반복 및 재귀 구조를 갖는다.

```
/* 기본 싱글 연결 리스트 노드 */
class ListNode {
  int val;
  ListNode next;
}

void traverse(ListNode head) {
  for (ListNode p = head; p != null; p = p.next) {
    // p.val 반복
  }
}

void traverse(ListNode head) {
  // 전위 순회 head.val
  traverse(head.next);
  // 후위 순회 head.val
}
```

이진 트리에 전위, 중위, 후위 순회가 있는 것처럼 연결 리스트에도 전위, 후위 순회가 있다. 예를 들어 전위 순회에서 head.val을 프린트하면 순서대로 리스트를 프린트하며, 후위 순회는 반대로 프린트한다.

별도로 웹 미들웨어middleware를 작성해본 사람은 미들웨어 호출이 사실 연결 리스트를 재귀적으로 순회하는 과정이라는 것을 알 것이다. 일부 전위 미들웨어before middleware(세션session 설정 등)는 앞에서 실행되고 일부 후위 미들웨어after middleware(error catch 등)는 뒤에서 실행되며, 일부 미들웨어(전체 소요 시간 계산 등)는 앞과 뒤에 모두 코드가 위치한다.

이진 트리 순회는 일반적인 비선형 재귀 순회 구조이다.

```
/* 기본적인 이진 트리 노드 */
class TreeNode {
  int val;
  TreeNode left, right;
}
```

```
void traverse(TreeNode root) {
  // 전위 순회
  traverse(root.left);
  // 중위 순회
  traverse(root.right);
  // 후위 순회
}
```

이진 트리의 재귀 순회 방식과 연결 리스트의 재귀 순회 방식은 비슷할까? 이진 트리 구조와 싱글 연결 리스트 구조는 비슷할까? 트리의 차수가 1 이상인 N항 트리n-ary tree를 모두 순회할 수 있을까?

이진 트리 순회는 N항 트리 순회로 확장이 가능하다.

```
/* 기본적인 N항 트리 노드 */
class TreeNode {
  int val;
  TreeNode[] children;
}

void traverse(TreeNode root) {
  for (TreeNode child : root.children)
    traverse(child);
}
```

N항 트리 순회는 그래프 순회로 확장할 수 있다. 그래프가 여러 N항 트리의 결합체이기 때문이다. 그러면 원 그래프는 어떨까? 원 그래프의 경우에는 Boolean 배열을 사용해 visited를 표시하면 된다. 실행 코드는 생략하겠다.

핵심은 프레임 사고이다. 추가, 삭제, 검색, 수정에 상관없이 프레임을 참고하고 프레임 구조를 기반으로 구체적인 문제에 코드를 추가하면 된다. 다음에서 구체적인 예를 확인해보자.

1.1.3 알고리즘 문제 해결 가이드

데이터 구조는 도구이며, 알고리즘은 적절한 도구를 사용해 특정 문제를 해결하는 방법이다. 따라서 알고리즘을 배우기 전에 먼저 데이터 구조의 특성과 단점을 이해해야 한다.

그렇다면 LeetCode의 문제는 어떻게 풀어야 할까? 여러 글에서는 주제별로 문제를 꾸준히 풀어보라는 단순한 조언을 하지만 이 책에서는 구체적인 방법에 대해 이야기하고자 한다.

먼저 이진 트리 문제를 풀어보자!

아래는 1년 동안 직접 문제를 풀어본 경험으로, 2019년 10월의 캡처다.

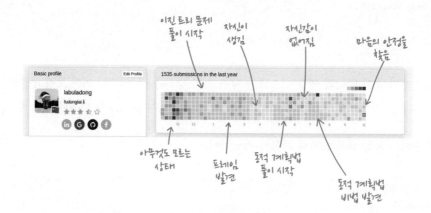

내가 느낀 것은 대부분의 사람이 데이터 구조와 관련된 알고리즘 관련 글에는 관심이 없고 동적 계획법, 역추적, 파티션과 같은 기법에 더 관심이 많다는 것이다. 하지만 이 책에서는 시험에 자주 나오는 기본기를 탄탄히 다룰 것이다. 어려워 보이는 부분도 잘 살펴보면 부분도 기본적으로는 N항 트리 순회 문제임을 알 수 있다. 책에서 소개하는 알고리즘 해법을 익히면 어렵지 않을 것이다.

그렇다면 왜 먼저 이진 트리 문제를 다룰까? 이진 트리는 프레임 사고를 가장 쉽게 키울 수 있는 알고리즘으로, 대부분의 문제가 기본적으로는 트리 순회 문제이기 때문이다.

이진 트리 문제를 접하고 풀이에 대한 아이디어가 안 떠오른다면 사실은 아이디어 문제가 아니라 책에서 말하는 프레임을 아직 이해하지 못한 것이다. 다음의 간단한 몇 줄의 코드에서 대부분의 이진 트리 문제가 파생되므로 이 코드를 가볍게 보지 말자.

```
void traverse(TreeNode root) {
  // 전위 순회
  traverse(root.left);
  // 중위 순회
  traverse(root.right);
  // 후위 순회
}
```

임의로 해법 코드를 가져와 구체적인 코드 로직이 아닌 프레임의 작동을 확인해보자.

'LeetCode 124번 난이도 Hard' 문제[2]에서 이진 트리의 최대 경로 합계를 구하는 코드는 다음과 같다.

```
int ans = INT_MIN;
int oneSideMax(TreeNode* root) {
  if (root == nullptr) return 0;

  int left = max(0, oneSideMax(root->left));
  int right = max(0, oneSideMax(root->right));

  /**** 후위 순회 ****/
  ans = max(ans, left + right + root->val);
  return max(left, right) + root->val;
  /***************/
}
```

이것은 후위 순회다. 그렇다면 왜 후위 순회를 사용할까? 문제는 최대 경로의 합을 구하는 것을 요구한다. 이진 트리 노드는 먼저 왼쪽 하위 트리와 오른쪽 하위 트리의 최대 경로 합을 구한 뒤 자신의 값을 더해 새로운 최대 경로의 합을 계산한다. 따라서 후위 순회가 필요하다.

'LeetCode 105번 난이도 Medium' 문제[3]는 전위 순회와 중위 순회의 결과를 기반으로 이진 트리를 복원하는 문제다. 아주 기본적인 문제로 코드는 다음과 같다.

```
TreeNode buildTree(int[] preorder, int preStart, int preEnd,
  int[] inorder, int inStart, int inEnd, Map<Integer, Integer> inMap) {

  if (preStart > preEnd || inStart > inEnd) return null;

  /**** 전위 순회  ****/
  TreeNode root = new TreeNode(preorder[preStart]);
  int inRoot = inMap.get(root.val);
  int numsLeft = inRoot - inStart;
  /***************/

  root.left = buildTree(preorder, preStart + 1, preStart + numsLeft,
                        inorder, inStart, inRoot - 1, inMap);
  root.right = buildTree(preorder, preStart + numsLeft + 1, preEnd,
                        inorder, inRoot + 1, inEnd, inMap);
  return root;
}
```

---

2   옮긴이 https://leetcode.com/problems/binary-tree-maximum-path-sum/
3   옮긴이 https://leetcode.com/problems/construct-binary-tree-from-preorder-and-inorder-traversal/

이 알고리즘은 전위 순회 알고리즘이며, 함수의 매개변수는 배열 인덱스를 제어하기 위한 것이므로 신경 쓸 필요가 없다.

'LeetCode 99번 난이도 Mideum' 문제[4]는 BST(완전 이진 트리) 복원 문제로 코드는 다음과 같다.

```
void traverse(TreeNode* node) {
  if (!node) return;

  traverse(node->left);

  /****중위 순회 ****/
  if (node->val < prev->val) {
    s = (s == NULL) ? prev : s;
    t = node;
  }
  prev = node;
  /***************/

  traverse(node->right);
}
```

규칙만 반복될 뿐이니 BST에 대해 중위 순회가 의미하는 것을 설명할 필요는 없을 것이다. 프레임을 작성하고 해당하는 위치에 추가만 하면 바로 프레임을 이용한 풀이가 가능하다.

이진 트리를 이해할 수 있으면 이진 트리 문제도 쉽게 이해할 수 있다. 따라서 알고리즘 문제에 대해 두려움을 가진 사람이라면 이진 트리부터 시작하는 것이 좋다. 처음 10개의 문제는 조금 어려울 수도 있지만 프레임을 사용해 20개 정도의 문제를 풀고 나면 조금 더 이해가 쉬울 것이다. 모든 문제를 풀고 난 뒤 다시 역추적, 동적 계획법, 파티션 등의 문제를 풀어보면 기본적으로 모든 문제가 트리 문제이자 재귀 문제인 것을 알게 될 것이다.

다시 뒤에서 확인할 예시 몇 가지를 살펴보자.

다음 **1.2절**에서는 동전 계산하기에 대해 설명한다. 무차별 대입brute force 방법은 N항 트리의 순회다.

```
def coinChange(coins: List[int], amount: int):

  def dp(n):
    if n == 0: return 0
```

---

4   [옮긴이] https://leetcode.com/problems/recover-binary-search-tree/

```
    if n < 0: return -1

    res = float('INF')
    for coin in coins:
      subproblem = dp(n - coin)
      # subproblem 미해결 시 건너뛰기
      if subproblem == -1: continue
      res = min(res, 1 + subproblem)
    return res if res != float('INF') else -1

  return dp(amount)
```

위와 같이 코드가 길어서 이해할 수 없으면 어떻게 할까? 프레임을 직접 추출하면 핵심 아이디어를 확인할 수 있다. 아래는 앞에서 이야기한 N항 트리 순회다.

```
def dp(n):
  for coin in coins:
    dp(n - coin)
```

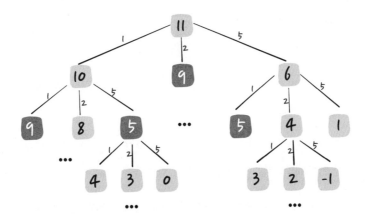

실제로 많은 동적 계획법 문제가 트리 순회다. 만약 트리 순회에 익숙하다면 최소한 아이디어를 코드로 변환하는 것과 다른 사람의 핵심 아이디어에 대한 이해가 가능할 것이다.

역추적backtracking 알고리즘도 확인해보자. **1.3절**에서도 예외 없이 역추적 알고리즘이 N항 트리의 전위+후위 순회 문제임을 알려준다. 배열 조합 문제와 기본 역추적 문제 샘플은 다음 코드와 같다.

```
void backtrack(int[] nums, LinkedList<Integer> track) {
  if (track.size() == nums.length) {
```

```
      res.add(new LinkedList(track));
      return;
  }

  for (int i = 0; i < nums.length; i++) {
    if (track.contains(nums[i]))
      continue;
    track.add(nums[i]);
    // 다음 의사 결정 트리로 진입
    backtrack(nums, track);
    track.removeLast();
  }
}

/* N항 트리 순회 프레임 추출 */
void backtrack(int[] nums, LinkedList<Integer> track) {
  for (int i = 0; i < nums.length; i++)
    backtrack(nums, track);
}
```

*N*항 트리 순회의 프레임을 확인해보자. 트리의 구조가 얼마나 중요할까?

알고리즘에 두려움이 있거나 여전히 요점을 놓치고 있다고 느끼는 독자는 먼저 트리와 관련된 문제를 프레임의 관점에서 풀어보고 세부 사항에 대해서는 신경 쓰지 않도록 하자.

세부 사항을 예로 들면 i를 n에 추가할지 아니면 n - 1에 추가해야 할지 또는 배열의 크기를 n으로 할지 아니면 n + 1로 할지 등이 있다.

프레임으로 문제를 보는 것은 프레임 기반으로 문제를 추출하고 확장하는 것이므로 다른 사람의 풀이를 볼 때 핵심 논리를 빠르게 이해할 수 있고, 자신의 해법을 작성할 때도 도움이 된다.

물론 세부 사항이 틀리면 정확한 답은 얻을 수 없지만, 프레임을 따라가면 올바른 방향으로 가고 있으므로 틀리지 않는다. 그러나 프레임이 없다면 문제를 풀 수가 없어 답을 찾을 수 없고 트리 순회 문제라는 것을 인식하지도 못한다.

프레임 사고는 매우 중요하다. 이 책에서 다루는 모든 알고리즘 관련 기법은 프레임 비법을 목표로 하며 때로는 프로세스에 따라 해법을 작성한다. 솔직히 말하면 나도 왜 이게 맞는지 잘 모르겠지만 어쨌든 맞는 방법이다.

사고의 아이디어가 명확하지 않은 경우에도 정확한 프로그램을 작성할 수 있도록 하는 것이 프레임의 힘이다.

1.1.4 마무리

데이터 구조의 기본 저장 방식은 연결 리스트(순차)와 배열(순차) 방식이다. 기본 조작은 추가, 삭제, 검색, 수정이며, 순회 방식은 반복과 재귀이다. 알고리즘 문제는 트리부터 시작하여 프레임 사고와 결합하면 수십 개의 문제를 풀면서 구조를 이해할 수 있다. 또한 역추적, 동적 계획법, 파티션 등 다양한 문제를 통해 알고리즘을 더 깊이 이해할 수 있다.

1.2 동적 계획법 문제 해결 방법

동적 계획법 문제는 많은 사람에게 골칫거리지만 가장 기술적이면서도 흥미로운 문제다. 이 책은 1장 전체를 동적 계획법만을 서술하는 데 할애했다. 그만큼 동적 계획법이 중요하다는 것이다.

더 많은 문제를 풀고 나면 알고리즘은 스킬 몇 가지에 불과하다는 것을 알게 된다. 이어지는 동적 계획법 관련 부분은 모두 이번 절의 문제 해결 프레임을 사용하므로 익혀두면 훨씬 편해질 것이다. 이번 절이 동적 계획법 해결을 위한 지침이 되기를 바라며 문제 해결을 위한 프레임을 만들어보고 아래에서 설명하겠다.

먼저, 동적 계획법 문제의 일반적인 형식은 최댓값을 구하는 것이다. 동적 계획법은 실제로 운영 연구operation research의 최적화 방법이지만 컴퓨터 문제에서 자주 사용된다. 예를 들어 최장 증가 부분 수열longest increasing subsequence, LIS을 구하거나 최소 편집 거리minimum edit distance 등을 구하는 데 사용한다.

그렇다면 최댓값 구하기에서 핵심 문제는 무엇일까? 동적 계획법의 핵심 문제를 해결하는 방법은 무차별 탐색brute force search(완전 탐색)이다. 왜냐하면 최댓값 구하기는 가능한 답을 모두 탐색한 뒤 그 중에서 최댓값을 찾는 것이기 때문이다. 따라서 이후 최댓값 구하기 문제가 나오면 먼저 가능한 모든 결과를 탐색하는 무차별 탐색을 반사적으로 떠올릴 수 있도록 하자.

그럼 무차별 탐색만 알면 간단하게 동적 계획법 문제를 풀 수 있을까? 내가 봐온 동적 계획법 문제는 그렇게나 어려웠는데 말이다.

먼저 동적 계획법의 무차별 탐색은 조금 특별하다. 왜냐하면 이 유형의 문제는 하위 중첩 문제가 있기 때문이다. 무차별 탐색은 효율이 매우 낮아 불필요한 계산을 피하기 위해서는 메모memo 또는 DP 테이블DP table을 사용한 최적화 과정이 필요하다.

이런 과정을 통해 동적 계획법 문제는 최적의 하위 구조를 가질 수 있으며, 하위 문제의 최댓값을 통해 상위 문제의 최댓값을 얻을 수 있다.

동적 계획법의 핵심 아이디어는 무차별 탐색을 통해 최댓값을 찾는 것이지만, 문제는 다양한 방식으로 변형될 수 있다. 무차별 탐색은 쉽지 않으며, 정확한 상태 전이 방정식을 통해서만 정확한 탐색이 가능하다.

앞에서 언급한 하위 중첩 문제, 최적 하위 구조, 상태 전이 방정식은 동적 계획법의 세 가지 요소다. 세 가지의 구체적인 의미는 아래에서 설명하지만, 실제 알고리즘 문제에서는 상태 전이 방정식을 작성하는 것이 제일 어렵다. 따라서 많은 사람이 동적 계획법 문제가 어렵다고 느낀다. 정확한 상태 전이 방정식의 작성을 위해서는 다음 부분을 생각해야 한다.

1. 이 문제에서 기저 케이스base case(가장 간단한 상황)는 무엇인가?
2. 이 문제는 어떤 '상태'를 갖고 있는가?
3. 각 '상태'는 어떤 '선택'을 통해 변화시킬 수 있는가?
4. 어떻게 DP 배열과 함수를 정의하여 '상태'와 선택을 표현하는가?

다시 말해 '상태', '선택', 'DP 배열의 정의' 세 가지가 있으며, 다음 코드로 이 프레임을 확인해보자.

```
# base case초기화
dp[0][0][...] = base case
# 상태 전이 진행
for 상태1 in 상태1의 모든 데이터:
  for 상태2 in 상태2의 모든 데이터:
    for ...
        dp[상태1][상태2][...] = 최댓값 구하기(선택1 , 선택2 , ...)
```

다음으로 피보나치 수열 문제[5]와 동전 계산하기 문제를 통해 동적 계획법의 기본 원리를 설명한다. 피보나치 수열 문제는 중첩 하위 문제(피보나치 수열은 최댓값 구하기 문제가 아니므로 엄격히 말해 동적 계획법 문제가 아니다)를 설명하고, 동전 계산하기 문제는 상태 전이 방정식을 표현하는 방법에 중점을 둔다.

1.2.1 피보나치 수열

간단한 문제를 통해 설명하면 알고리즘 아이디어와 기법에 집중할 수 있게 하고 세부 사항으로 인한

---

5   옮긴이 https://leetcode.com/problems/fibonacci-number/

혼동을 일으키지 않으므로, 간단한 예를 통해 확인해보자.

① 무차별 재귀

피보나치 수열의 수학 공식이 바로 재귀이며 다음 코드와 같다.

```
int fib(int N) {
  if (N == 0) return 0;
  if (N == 1 || N == 2) return 1;
  return fib(N - 1) + fib(N - 2);
}
```

길게 설명할 필요도 없이 학교에서 재귀를 설명할 때 사용하는 예와 같다. 이 방식으로 코드를 작성하는 것은 간단하고 이해가 쉽지만 효율이 낮다는 것을 알 수 있다. 예를 들어 $n = 20$이라고 할 때 재귀 트리를 그려보자.

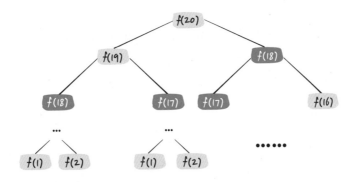

> **NOTE** 재귀 문제를 해결할 때는 재귀 트리를 그리는 것이 가장 좋다. 이는 알고리즘의 복잡도를 분석하고 비효율을 찾는 데 큰 도움이 된다.

이 재귀 트리는 어떻게 이해할까? 원래 문제 $f(20)$을 계산하려면 먼저 $f(19)$와 $f(18)$의 문제를 계산해야 하고, $f(19)$를 계산하려면 하위 문제인 $f(18)$과 $f(17)$을 계산해야 한다. 이와 같이 계속 진행하다가 마지막에 $f(1)$ 또는 $f(2)$를 만나면 결과를 직접 반환하며 재귀 트리는 더 이상 아래로 뻗어나가지 않는다.

재귀 알고리즘의 시간 복잡도는 어떻게 계산할까? 하위 문제 개수에 하위 문제 하나를 해결하는 데 걸리는 시간을 곱한다. 먼저 하위 문제 개수, 즉 재귀 트리의 총 노드의 수를 계산한다. 이진 트리 노드의 총 수는 지수로 나타내며, 하위 문제 개수의 시간 복잡도는 $O(2^n)$이다.

그 다음 하위 문제 하나를 해결하는 데 걸리는 시간을 계산한다. 이 알고리즘에서는 루프가 없고 $f(n$

- 1) + $f(n - 2)$의 덧셈 계산만 있으므로 시간 복잡도는 $O(1)$이다.

따라서 이 알고리즘의 시간 복잡도는 둘의 곱인 $O(2^n)$이다.

재귀 트리를 살펴보면 중복 계산이 많아 알고리즘이 비효율적임을 알 수 있다. 예를 들어 $f(18)$이 두 번 계산되면 재귀 트리의 크기가 매우 커지며, 한 번 계산하는 데 많은 시간이 소비된다. 게다가 $f(18)$ 노드 또한 중복으로 계산되므로 이 알고리즘은 매우 비효율적이다.

이것이 동적 계획법 문제의 첫 번째 속성인 하위 중첩 문제다. 이 문제를 해결하는 방법을 알아보자.

❷ 메모를 사용하는 재귀 해결 방법

문제가 명확해지면 절반은 해결된 것과 같다. 계산 시간이 오래 걸리는 이유는 중복 때문이므로 메모를 만들고 계산마다 하위 문제subproblem의 답을 계산하여 메모에 기록한 뒤 반환한다. 하위 문제를 만날 때마다 메모를 확인하여 이미 계산한 해답이 있으면 다시 계산할 필요가 없으므로 시간 소비를 줄일 수 있다.

일반적으로 배열을 메모로 사용할 수 있으며, 해시 테이블(딕셔너리)도 같은 방식으로 사용할 수 있다.

```
int fib(int N) {
  if (N == 0) return 0;
  // 메모를 모두 0으로 초기화
  vector<int> memo(N + 1, 0);
  // 메모를 갖는 재귀
  return helper(memo, N);
}

int helper(vector<int>& memo, int n) {
  // base case
  if (n == 1 || n == 2) return 1;
  // 이미 계산한 부분
  if (memo[n] != 0) return memo[n];
  memo[n] = helper(memo, n - 1) + helper(memo, n - 2);
  return memo[n];
}
```

이제 재귀 트리를 그리면 메모가 무엇을 의미하는지 알 수 있다.

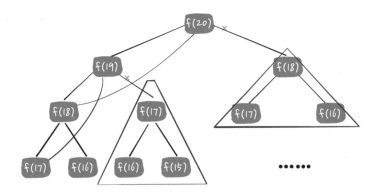

메모를 가진 재귀 알고리즘은 중복이 많은 재귀 트리를 '가지치기'하여 중복이 없는 재귀 그래프로 변환하는 것으로 하위 문제(재귀 그래프의 노드) 수를 크게 줄인다.

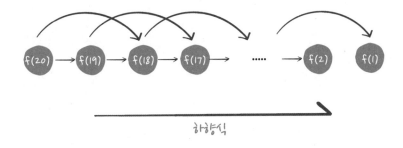

재귀 알고리즘의 시간 복잡도는 하위 문제 개수에 하위 문제 하나를 푸는 데 걸리는 시간을 곱하여 계산한다. 하위 문제 수는 그래프의 총 노드 수이며, 이 알고리즘에는 중복 계산이 없으므로 하위 문제는 $f(1)$, $f(2)$, $f(3)$, ..., $f(20)$이며, 하위 문제 수와 입력 크기 $N = 20$에 비례하므로 하위 문제 개수는 $O(N)$이다.

위와 같이 하위 문제를 하나 푸는 데 걸리는 시간은 루프를 포함하지 않으므로 시간 복잡도는 $O(1)$이다.

따라서 알고리즘의 시간 복잡도는 $O(N)$이며, 무차별 탐색과 비교하면 더 나은 결과를 보인다.

메모를 가진 재귀 해법의 효율은 반복되는 동적 계획법만큼이나 효율적이다. 사실 이 해법은 하향식이며 반복 동적 계획법은 상향식인 것만을 제외하고는 비슷하다.

하향식top-down은 무엇일까? 방금 그린 재귀 트리(또는 그래프)는 위에서 아래로 뻗어나가는 것으로 모두 크기가 비교적 큰 상위 문제다. 예를 들어 $f(20)$의 경우, $f(1)$과 $f(2)$가 base case가 될 때까지 분해한 뒤 계층별로 해답을 반환하는 방식을 하향식이라고 한다.

그럼 상향식bottom-up은 무엇일까? 하향식과는 반대로 가장 아래 제일 간단한 $f(1)$과 $f(2)$부터 시작하여 $f(20)$까지 올라가는 것으로, 이것은 동적 계획법의 개념이다. 상향식은 동적 계획법이 재귀가 아닌 루프 반복에 의해 계산을 완료하는 것이 핵심이다.

③ DP 배열의 반복 해법

앞의 메모에서 발전된 상태로 메모를 하나의 테이블로 만들 수 있으며, 이를 DP 테이블이라고 한다. 이 테이블에서 상향식 계산을 깔끔하게 만들 수 있다.

```
int fib(int N) {
  if (N == 0) return 0;
  if (N == 1 || N == 2) return 1;
  vector<int> dp(N + 1, 0);
  // base case
  dp[1] = dp[2] = 1;
  for (int i = 3; i <= N; i++)
    dp[i] = dp[i - 1] + dp[i - 2];
  return dp[N];
}
```

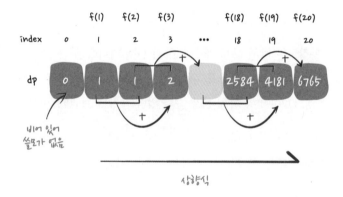

그림을 그리면 이해하기 쉽다. DP 테이블의 특성은 앞에서 본 '가지치기'의 결과와 비슷하며 단지 반대로 계산할 뿐이다. 실제로 메모를 사용하는 재귀 해법에서 메모는 궁극적으로 DP 테이블이므로 두 해법은 결국 비슷하며 대부분의 상황에서 효율이 같다.

이는 실제 문제 구조를 나타내는 수학식인 상태 전이 방정식과 연결된다.

$$f(n) = \begin{cases} 1, (n = 1,2) \\ f(n-1) + f(n-2), (n > 2) \end{cases}$$

왜 상태 전이 방정식이라고 할까? 이는 그저 고급스러운 표현일 뿐이다. $f(n)$을 상태 n으로 만들기 위해 n-1과 n-2를 서로 더하고 옮긴 것으로 이것을 상태 전이라고 한다.

앞의 몇 가지 해법에서 return f(n - 1)+f(n - 2), dp[i]= dp[i - 1]+dp[i - 2]와 같은 부분 이나 메모, DP 테이블의 초기화 작업 등을 확인할 수 있다. 이는 모두 이 방정식의 다른 표현 형식으로 상태 전이 방정식의 중요성을 보여준다. 상태 전이 방정식이 무차별 탐색을 대표하는 것을 쉽게 알수 있다.

동적 계획법 문제에서 가장 어려운 부분은 무차별 탐색, 즉 상태 전이 방정식을 사용하므로 무차별 탐색을 가볍게 여기지 말자. 무차별 탐색을 사용한 최적화는 메모 또는 DP 테이블을 사용하는 것에 불과하다.

세부적인 최적화에 대해 이야기해보자. 주의 깊은 독자는 피보나치 수열 상태 전이 방정식의 현재 상태는 앞의 두 가지 상태와 관련이 있다는 것을 알 수 있다. 사실 너무 긴 DP 테이블은 모든 상태를 저장할 필요가 없으며, 이전의 두 가지 상태만 저장하면 된다. 따라서 공간 복잡도를 $O(1)$로 최적화 할 수 있다.

```c
int fib(int N) {
  if (N == 0) return 0;
  if (N == 2 || N == 1)
    return 1;
  int prev = 1, curr = 1;
  for (int i = 3; i <= N; i++) {
    int sum = prev + curr;
    prev = curr;
    curr = sum;
  }
  return curr;
}
```

이 기법을 '상태 압축'이라고 한다. 각 상태 전이에서 DP 테이블의 일부분만 필요하다는 것을 알게되면, 상태 압축을 사용해 DP 테이블의 크기를 줄이고 필요한 데이터만 기록할 수 있다. 위의 예는 DP 테이블의 크기를 N에서 2로 줄이는 것과 같다. 뒤에서 동적 계획법을 다루면서 이러한 예를 다시 볼 수 있다. 보통 2차원 DP 테이블을 1차원으로 압축하며, 공간 복잡도는 $O(N^2)$을 $O(N)$으로 압축한다.

동적 계획법의 다른 중요한 특성 중 하나인 최적 하위 구조도 뒤에서 다룰 것이다. 피보나치 수열의 예는 최댓값 구하기를 포함하지 않으므로 엄밀히 말해 동적 계획법은 아니다. 뒤에서는 중첩 하위 문제 제거 방법을 설명하고 최적 해법을 위한 단계별 과정을 보여준다. 두 번째 문제인 동전 계산하기 문제를 확인해보자.

1.2.2 동전 계산하기 문제

먼저 문제[6]를 확인하자. c_1, c_2, ..., c_k까지 k종류의 동전이 있으며 종류별 동전의 수는 제한이 없다. 여기서 총금액인 amount를 알려주고 최소한 몇 개의 동전이 필요한지를 구하는 문제다. 동전의 구성이 불가하면 –1을 반환한다.

함수 시그니처는 다음과 같다.

```
// coins의 종류는 선택 가능, amount는 목표 금액
int coinChange(int[] coins, int amount);
```

예를 들어 k = 3, 동전의 액면가는 1, 2, 5일 때 금액이 amount = 11이 되도록 구성하려면 최소 3개의 동전이 필요하며 11 = 5 + 5 + 1이 된다.

컴퓨터는 이 문제를 어떻게 해결할까? 당연히 가능한 모든 결과를 찾은 뒤 필요한 최소한의 동전 수를 찾는다.

❶ 무차별 재귀

이 문제는 최적 하위 구조를 가지므로 동적 계획법 문제다. **최적 하위 구조는 하위 문제가 상호 독립적이어야 한다.** 상호 독립이란 무엇일까? 수학적 증명은 보고 싶지 않을 테니 직관적인 예를 통해 설명하겠다.

시험을 친다고 가정해보면 과목별로 성적은 상호 독립적이다. 당신의 상위 문제는 가장 좋은 성적을 받는 것이고 하위 문제는 언어 영역과 수학 영역에서 최고점을 얻는 것이다. 각 과목에서 최고점을 받으려면 주관식과 객관식에서 모두 최고점을 받아야 하며, 각 과목이 만점을 받으면 가장 좋은 성적을 얻을 수 있다.

6 　[옮긴이] https://leetcode.com/problems/coin-change/

따라서 가장 좋은 성적은 총점을 통해 알 수 있다. 이 과정이 최적 하위 구조에 부합하며 하위 문제인 과목별 최고점은 상호 독립적이므로 서로 간섭이 없다.

그러나 수학 성적이 높은데 언어 성적이 낮거나 그 반대 상황에서는 서로를 제약할 수 있다. 이러한 경우 총점이 최고점에 미치지 못할 것이고, 앞의 이론은 잘못된 결과가 발생한다. 하위 문제가 독립적이지 않고, 언어와 수학 성적이 동시에 최적일 수 없으므로 최적 하위 구조는 이루어지지 않는다.

동전 계산하기 문제는 왜 최적 하위 구조에 부합할까? 예를 들어 amount = 11를 만족하는 최소 동전 수를 구할 때(상위 문제)를 생각해보자. amount = 10을 만족하는 최소 동전 수(하위 문제)를 알고 있다면 하위 문제에 1을 더하면 상위 문제의 해답이 된다(1인 동전을 선택). 코인의 수는 제한이 없으므로 하위 문제는 서로 제약이 없으며 상호 독립적이다.

NOTE 최적 하위 구조 문제와 관련해 2.4절에서 예를 통해 설명한다.

그럼 동적 계획법 문제인 것을 알았으니 **상태 전이 방정식을 정확하게 나열하는 방법**에 대해 생각해보자.

1. base case를 결정하는 것은 매우 간단하다. 목표 금액 amount가 0일 때 동전을 계산할 필요가 없으므로 알고리즘은 0을 반환한다.

2. '상태'를 결정하는 것은 상위 문제와 하위 문제의 변수이다. 코인의 수가 무한하며 문제에 따라 동전의 금액이 정해지므로 목표 금액만 계속 base case에 가까워진다. 따라서 유일한 '상태'는 amount가 된다.

3. '선택'은 '상태'를 변화시키는 행위다. 목표 금액이 왜 변할까? 동전 하나를 선택할 때마다 목표 금액이 줄어들고, 동전의 액면가는 당신의 '선택'이기 때문이다.

4. dp 함수와 배열 정의를 명확히 한다. 하향식 해법에는 재귀의 dp 함수가 있다. 일반적으로 함수의 매개변수는 상태 전이의 변수, 즉 앞에서 이야기한 '상태'이다. 함수의 반환값은 문제에서 요구하는 계산된 수이다. 이 문제에서는 목표 금액이라는 하나의 상태만 있으며, 문제는 목표 금액 구성을 위해 필요한 최소 동전 수를 계산하는 것이므로 다음과 같이 dp 함수를 정의할 수 있다.

dp(n)의 정의: 목표 금액 n을 입력하고, 목표 금액 n을 구성하는 최소 동전의 수를 반환한다.

이러한 핵심을 이해한 뒤에 코드를 작성할 수 있다.

```
# 의사코드 프레임
def coinChange(coins: List[int], amount: int):
    # 정의: 금액 n은 최소 dp(n)개의 동전이 필요
    def dp(n):
```

```
    # 동전이 최소가 되는 결과를 선택
    for coin in coins:
        res = min(res, 1 + dp(n - coin))
    return res

# 문제가 요구하는 최종 결과는 dp(amount)
return dp(amount)
```

의사 코드pseudo code에 따라 **base case**를 추가하면 최종 해답을 얻을 수 있다. 목표 금액이 0일 때, 필요한 동전의 수는 0이다. 목표 금액이 0보다 작으면 결과가 없으므로 -1을 반환한다.

```
def coinChange(coins: List[int], amount: int):
    def dp(n):
        # base case
        if n == 0: return 0
        if n < 0: return -1
        # 최솟값을 구하고 양의 무한대로 초기화
        res = float('INF')
        for coin in coins:
            subproblem = dp(n - coin)
            # 하위 문제의 답이 없으면 건너뛰기
            if subproblem == -1: continue
            res = min(res, 1 + subproblem)

        return res if res != float('INF') else -1

    return dp(amount)
```

이것으로 상태 전이 방정식은 완료되었다. 알고리즘은 이미 무차별 대입이므로 이 코드의 수학식이 바로 상태 전이 방정식이다.

$$\mathrm{dp}(n) = \begin{cases} 0, \ (n = 0) \\ \mathrm{INF}, \ (n = 0) \\ \min\{\mathrm{dp}(n - \mathrm{coin}) + 1 \,|\, \mathrm{coin} \in \mathrm{coins}\}, \ (n = 0) \end{cases}$$

방정식에서 **INF**는 양의 무한대를 의미하며, 최솟값을 구할 때 이 값은 취할 수 없으므로 코드에서는 -1을 사용한다. 이는 하위 문제에 답이 없음을 나타낸다.

이것으로 문제는 해결되었지만 amount = 11, coins = {1, 2, 5}의 재귀 트리를 그린 것과 같이 하위 중첩 문제를 제거해야 한다.

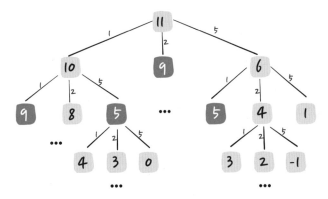

재귀 알고리즘의 시간 복잡도 = 하위 문제 총 수의 시간 복잡도 × 각 하위 문제의 시간 복잡도

하위 문제의 총 수는 재귀 트리 노드의 수와 같지만 이는 비교적 확인하기 어렵다. 시간 복잡도는 지수인 $O(n^k)$로 나타낸다. 각 하위 문제는 for 루프를 포함하므로 시간 복잡도는 $O(k)$이다. 따라서 전체 시간 복잡도는 $O(kn^k)$이다.

2 메모를 갖는 재귀

피보나치 수열의 예와 같이 조금만 수정하면 '메모'를 통해 하위 문제를 제거할 수 있다.

```
def coinChange(coins: List[int], amount: int):
  #'메모'
  memo = dict()
  def dp(n):
    # 메모를 확인하여 중복 계산 제거
    if n in memo: return memo[n]
    # base case
    if n == 0: return 0
    if n < 0: return -1
    res = float('INF')
    for coin in coins:
      subproblem = dp(n - coin)
      if subproblem == -1: continue
      res = min(res, 1 + subproblem)

    # 메모 기록
    memo[n] = res if res != float('INF') else -1
    return memo[n]

  return dp(amount)
```

그림을 그리지는 않지만 메모는 하위 문제의 수를 크게 줄이고 하위 문제의 중복을 완전히 제거하므로 하위 문제의 총 수는 금액 n을 초과하지 않는다. 따라서 하위 문제의 수는 $O(n)$이다. 하나의 하위 문제를 처리하는 시간은 여전히 $O(k)$이므로 총 시간 복잡도는 $O(kn)$이다.

③ DP 배열의 반복 해법

물론 상향식 DP 테이블을 사용해도 하위 중복 문제를 제거할 수 있으며, '상태', '선택', 'base case' 사이에는 차이가 없다. dp 배열의 정의는 앞의 dp 함수 정의와 유사하며 '상태'를 목표 금액의 변수로 한다. 그러나 dp 함수의 '상태'는 함수의 매개변수에 반영되며 dp 배열의 '상태'는 배열의 인덱스에 반영된다.

dp 배열의 정의: 목표 금액이 i일 때, 최소 dp[i]개 동전이 필요하다.

동적 계획법 코드는 다음과 같이 작성할 수 있다.

```cpp
int coinChange(vector<int>& coins, int amount) {
    // 배열의 크기 amount + 1, 초기화 amount + 1
    vector<int> dp(amount + 1, amount + 1);
    // base case
    dp[0] = 0;
    // 외부 for 루프는 모든 상태의 모든 값을 순환
    for (int i = 0; i < dp.size(); i++) {
        // 내부 for 루프는 모든 선택의 최솟값을 구함
        for (int coin : coins) {
            // 하위 문제에 답이 없으면 뛰어넘기
            if (i - coin < 0) continue;
            dp[i] = min(dp[i], 1 + dp[i - coin]);
        }
    }
    return (dp[amount] == amount + 1) ? -1 : dp[amount];
}
```

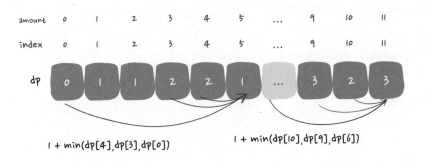

dp 배열을 amount + 1로 초기화하는 이유가 무엇일까? amount 금액을 구성하는 동전의 최대 수는 amount(전부 1원 동전인 경우)와 동일할 수 있으므로 amount + 1로 초기화하면 양의 무한대로 초기화하는 것과 같다. 이는 최솟값을 찾을 때 편리하다.

1.2.3 마무리

첫 번째 피보나치 수열 문제는 '메모'와 'DP 테이블'을 통해 재귀 트리를 최적화하는 방법을 설명했다. 두 방법은 본질적으로 동일하며 단지 상향식 또는 하향식의 차이만 있을 뿐이다.

두 번째 동전 계산하기 문제는 '상태 전이 방정식'의 프로세스와 상태 전이 방정식을 통한 무차별 재귀 해법을 보여준다. 재귀 트리를 최적화하고 하위 중복 문제를 제거한다.

동적 계획법에 대해 잘 이해하지 못했더라도 여기까지 온 독자에게 박수를 보내며, 이미 알고리즘의 설계 기법을 습득했다고 믿는다.

컴퓨터로 문제를 해결하는 방법에 특별한 기법은 없다. 유일한 해결 방법은 모든 가능성을 탐색하는 무차별 탐색 방법이다. 알고리즘 설계는 먼저 '무차별 탐색 방법을 고려'하고, '영리하게 무차별 탐색을 추구'하는 것에 불과하다.

상태 전이 방정식을 나열하는 것은 무차별 탐색 문제를 해결하는 것이다. 하지만 이것이 어려운 첫 번째 이유는 많은 무차별 탐색을 재귀로 실현하기 때문이며, 두 번째는 일부 문제의 풀이가 복잡하고 무차별 탐색을 완전하게 실현하기 어렵기 때문이다.

'메모'와 DP 테이블은 '영리하게 무차별 탐색을 추구'한다. 공간을 시간으로 교환하는 것이 시간 복잡도를 낮추는 유일한 방법이다. 이외에 어떤 방법을 쓸 수 있을까?

뒤에서 하나의 장을 통해 동적 계획법 문제에 대해 설명하지만 어떠한 문제를 만나든 이번 절로 다시 돌아와 내용을 복습해도 좋다. 독자가 각 문제와 해법을 읽을 때 '상태'와 '선택'에 더 집중하길 바라며 문제 해결을 위한 프레임을 스스로 이해하여 생성할 수 있게 되면 이를 자유롭게 사용할 수 있을 것이다.

1.3 역추적 알고리즘 문제 해결 방법

먼저 역추적 알고리즘을 설명하겠다. 이름은 고급스럽지만 이 알고리즘의 역할은 아주 기본적인 무차별 탐색이다. 동적 계획법 문제는 상태 전이 방정식을 찾고 '상태'를 무차별 탐색하지만, 역추적은 간단하고 직접적이다.

이번 절에서는 역추적 알고리즘의 프레임을 명확하게 설명한다. 역추적 알고리즘 유형의 문제는 모두 하나의 프레임을 사용해 문제 해결이 가능하다.

바로 역추적 알고리즘의 프레임을 확인해보자. 역추적 문제를 해결하는 것은 실제 의사 결정 트리의 순회 과정으로 다음의 세 가지를 고려해야 한다.

1. 경로: 이미 만들어진 선택

2. 선택 리스트: 현재 할 수 있는 선택

3. 종료 조건: 의사 결정 트리 하부에 도달하여 더 이상 선택할 수 없는 조건

만약 세 단어를 이해하지 못한다고 해도 문제는 없다. 뒤에서 기본 역추적 알고리즘 문제인 '순열'과 'N퀸 문제'를 통해 단어의 의미를 설명하므로 지금은 단어를 접한 것만으로도 충분하다.

코드를 통해 확인해보면 역추적 알고리즘은 다음과 같다.

```
result = []

def backtrack(경로, 선택 리스트):
    if 종료 조건 만족:
        result.add(경로)
        return
    for 선택 in 선택 리스트:
        선택하기
        backtrack(경로, 선택 리스트)
        선택 해제
```

핵심은 for 루프 내부의 재귀로, 재귀 호출 전 '선택하기'와 재귀 호출 후 '선택 해제'가 있으며 이는 매우 간단하다.

선택하기는 무엇이고 선택 해제는 무엇일까? 프레임의 기본 원리는 무엇일까? 다음에서 우리는 전체 배열 문제를 통해 궁금증을 풀어보도록 하겠다.

1.3.1 순열 문제

우리는 고등학교에서 순열과 배열 문제를 풀어봤으며, n개의 고유한 수의 순열이 총 $n!$개 있는 것을 알고 있다.

NOTE 단순하고 명확한 이해를 위해 이번 순열 문제는 중복되는 수를 다루지 않겠다.

우리는 어떻게 순열을 무차별 탐색할까? 예를 들어 3개의 수 [1, 2, 3]이 주어지면 무질서한 무차별 탐색은 할 수 없으므로 보통 다음과 같이 할 것이다.

먼저 첫 번째 숫자를 1로 고정하고 두 번째 숫자가 2가 되면 세 번째는 3이 된다. 두 번째 숫자가 3이 되면 세 번째 숫자는 2가 된다. 첫 번째 숫자를 2로 변경하면 뒤의 두 숫자는 앞과 같은 방법으로 진행된다.

이것이 바로 역추적 알고리즘으로, 고등학교에서 익히거나 다음과 같이 직접 역추적 트리의 그림을 그리기도 한다.

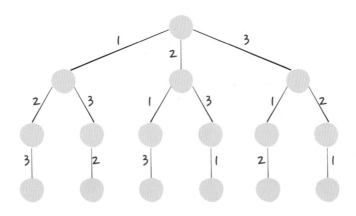

루트 노드에서 트리를 순회하고 경로를 숫자로 기록한다. 리프 노드로 이동하면 하나의 순열을 얻을 수 있으며, 전체 트리를 순회하면 전체 순열을 얻을 수 있다. 우리는 이 트리를 역추적 알고리즘의 의사 결정 트리라고 부를 수 있다.

왜 이것을 의사 결정 트리라고 할까? 모든 트리에서 의사 결정을 내리기 때문이다. 예를 들어 다음 그림에서 진한 색상의 노드 위에 서 있다고 가정해보자.

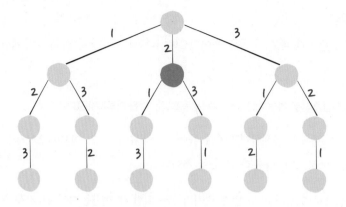

의사 결정을 통해 리프 1을 선택하거나 3을 선택할 수 있다. 왜 1과 3 중에서만 선택할까? 현재 2의 위치에 서 있기 때문이다. 이것은 이전에 선택한 것으로 순열은 중복을 허용하지 않는다.

이제는 시작 부분의 단어에 대해 답할 수 있다. [2]는 '경로'로, 이미 이루어진 선택이다. [1,3]은 '선택 리스트'로, 선택 가능한 것을 표시한다. '종료 조건'은 트리의 아래(리프 노드)로 이동하는 것으로 여기서는 선택 리스트가 비어 있을 때이다.

이 용어들을 이해했다면 '경로'와 '선택'을 의사 결정 트리의 각 노드 속성으로 볼 수 있다. 예를 들어 다음 그림은 몇 개 노드의 속성을 나타낸다.

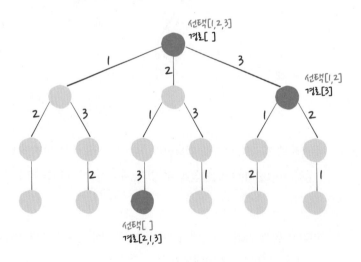

우리가 앞에서 정의한 backtrack 함수는 사실 포인터와 같다. 트리를 순회하면서 각 노드의 속성을 정확하게 유지한다. 트리의 아래로 갈 때마다 '경로'는 하나의 순열이다.

한 단계 더 나아가서 트리는 어떻게 순회할까? 이것은 어렵지 않다. **1.1절**에서 소개한 내용을 생각해보면 검색 문제는 실제로 트리 순회 문제다. N항 트리 순회 프레임은 다음과 같다.

```java
void traverse(TreeNode root) {
  for (TreeNode child : root.childern)
    // 전위 순회에 필요한 작업
    traverse(child);
    // 후위 순회에 필요한 작업
}
```

전위 순회와 후위 순회는 단지 두 가지 유용한 시점으로, 그림을 통해 쉽게 이해할 수 있다.

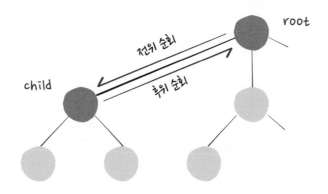

전위 순회 코드는 특정 노드에 진입하기 전에 실행하며 후위 순회 코드는 특정 노드를 떠난 뒤 실행한다.

방금 말한 것을 생각해보면 '경로'와 '선택'은 각 노드의 속성이다. 함수가 트리를 이동할 때 노드 속성을 적절하게 유지하려면 다음의 특수한 두 시점에 작업을 진행해야 한다.

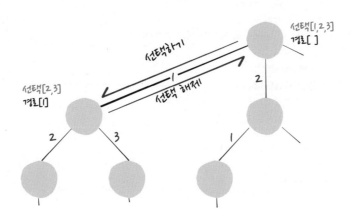

'선택하기'는 '선택 리스트'에서 '선택'을 가져와 '경로'에 넣는 것이다. '선택 해제'는 '경로'에서 '선택'을 가져와 '선택 리스트'로 복원하는 것이다.

이제 역추적 알고리즘의 핵심 프레임을 이해했을지 모르겠다.

```
for 선택 in 선택 리스트:
    # 선택하기
    선택 리스트에서 선택 제거
    경로.add(선택)
    backtrack(경로, 선택 리스트)
    # 선택 해제
    경로.remove(선택)
    선택을 선택 리스트로 복원
```

재귀 전에 선택하고 재귀 후에 선택을 취소하면 노드의 선택 리스트와 경로를 정확하게 유지할 수 있다.

아래에서 코드를 직접 확인해보자.

```java
List<List<Integer>> res = new LinkedList<>();

/* 주함수는 고유한 숫자 배열을 입력하고 순열을 반환 */
List<List<Integer>> permute(int[] nums) {
    // '경로' 기록
    LinkedList<Integer> track = new LinkedList<>();
    backtrack(nums, track);
    return res;
}

// 경로: track에 기록
// 선택 리스트: nums에 존재하지 않는 track의 요소
// 종료 조건: nums의 요소가 모두 track에 존재
void backtrack(int[] nums, LinkedList<Integer> track) {
    // 종료 조건 트리거
    if (track.size() == nums.length) {
        res.add(new LinkedList(track));
        return;
    }

    for (int i = 0; i < nums.length; i++) {
        // 부적절한 방법 제외
        if (track.contains(nums[i]))
            continue;
```

```
    // 선택하기
    track.add(nums[i]);
    // 다음 레벨의 의사 결정 트리로 이동
    backtrack(nums, track);
    // 선택 취소
    track.removeLast();
  }
}
```

여기서 약간의 해결 방법을 찾자면 선택 리스트에 기록이 없을 때 nums와 track을 통해 현재 선택 리스트를 추론한다.

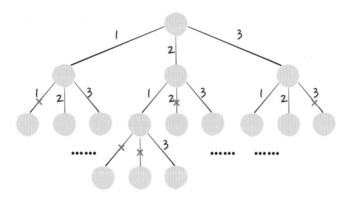

지금까지 순열 문제를 통해 역추적 알고리즘의 기본 원리를 자세히 설명했다. 물론 이 알고리즘 해법은 순열 문제에는 효율적이지 않다. 연결 리스트에 contains 메서드를 사용하면 $O(N)$의 시간 복잡도가 필요하기 때문이다. 요소를 교환해 목표를 달성하는 더 좋은 방법이 있지만 이해가 어려우므로 설명은 생략하겠다. 흥미가 있는 독자는 관련 정보를 찾아보길 바란다.

그러나 최적화를 어떻게 하든 역추적 프레임을 모두 준수하면 시간 복잡도는 $O(N!)$보다 낮을 수 없다. 의사 결정 트리의 무차별 탐색은 피할 수 없기 때문이다.

순열 문제를 이해하고 나면 역추적 알고리즘 프레임을 직접 작성할 수 있다. 다음으로 N퀸 문제를 확인해보자.

1.3.2 N퀸 문제

N퀸 문제[7]는 기본적인 알고리즘이며 간략히 설명하면 다음과 같다.

퀸은 체스판에서 같은 행, 같은 열 또는 왼쪽 위, 왼쪽 아래, 오른쪽 위, 오른쪽 아래의 네 방향 유닛을 모두 공격할 수 있다. 이와 같은 조건에서 $N \times N$ 체스판이 있을 때 서로 공격할 수 없도록 N개의 퀸을 배치하고 모든 유효한 결과를 반환한다.

함수 시그니처는 다음과 같다.

```
vector<vector<string>> solveNQueens(int n);
```

'.' 부호는 체스판의 공백을 나타내며, 'Q'는 퀸을 나타내므로 vector<string>는 하나의 체스판으로 볼 수 있다.

이 문제는 기본적으로 순열 문제와 비슷하며, 의사 결정 트리의 각 레이어가 체스판의 각 행을 나타낸다. 각 노드가 할 수 있는 선택은 임의의 열에 퀸을 배치하는 것이다.

프레임을 직접 적용해보자.

```cpp
vector<vector<string>> res;

/* 체스 길이 n을 입력하고, 유효한 배치 방법 반환 */
vector<vector<string>> solveNQueens(int n) {
  // '.'는 공백, 'Q'는 퀸, 빈 체스판으로 초기화
  vector<string> board(n, string(n, '''.'''));
  backtrack(board, 0);
  return res;
}

// 경로:board에서 row보다 작은 행은 퀸 배치 성공
// 선택 리스트:row 번째 행의 모든 열은 퀸 배치를 선택
// 종료 조건: row가 board의 마지막 행을 넘으면 체스판이 가득참을 나타냄
void backtrack(vector<string>& board, int row) {
  // 종료 조건 트리거
  if (row == board.size()) {
    res.push_back(board);
    return;
  }
```

---

7   [옮긴이] https://leetcode.com/problems/n-queens/

```
  int n = board[row].size();
  for (int col = 0; col < n; col++) {
    // 유효하지 않은 선택 제거
    if (!isValid(board, row, col))
      continue;
    // 선택하기
    board[row][col] = 'Q';
    // 다음 행 결정
    backtrack(board, row + 1);
    // 선택 해제
    board[row][col] = '.';
  }
}
```

주요 코드는 순열 문제와 비슷하며 isValid 함수의 구현도 매우 간단하다.

```
/* board[row][col]에 퀸을 배치할 수 있을까? */
bool isValid(vector<string>& board, int row, int col) {
  int n = board.size();
  // 열에 서로 충돌하는 퀸이 있는지 확인
  for (int i = 0; i < row; i++) {
    if (board[i][col] == 'Q')
      return false;
  }
  // 오른쪽 위 서로 충돌하는 퀸이 있는지 확인
  for (int i = row - 1, j = col + 1;
       i >= 0 && j < n; i--, j++) {
    if (board[i][j] == 'Q')
      return false;
  }
  // 왼쪽 위 서로 충돌하는 퀸이 있는지 확인
  for (int i = row - 1, j = col - 1;
       i >= 0 && j >= 0; i--, j--) {
    if (board[i][j] == 'Q')
      return false;
  }
  return true;
}
```

isValid 함수는 충돌을 검사할 때 약간의 최적화가 있다. 퀸을 배치할 때 한 행 한 행 위에서 아래로 배치하므로 바로 위, 왼쪽 위, 오른쪽 위 세 방향만 검사하며 현재 행과 아래 행은 검사하지 않는다.

`backtrack` 함수는 의사 결정 트리 위의 포인터와 같다. row와 col을 통해 함수 순회 위치를 표시할 수 있으며, `isValid` 함수를 통해 조건에 부합하지 않는 조건을 '가지치기'할 수 있다.

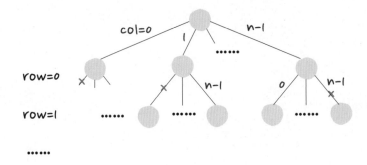

이렇게 많은 양의 해법 코드가 한 번에 주어지면 혼란스러울 수 있으나 역추적 알고리즘의 프레임을 이해한 상황에서 이해하기 어려운 부분은 없을 것이다. 단지 선택 방식을 바꾸고 유효하지 않은 방식을 제거하는 것에 불과하므로 프레임만 염두에 두면 세부적인 문제만 남는다.

n = 8이면 8퀸 문제다. 수학자 가우스는 평생 8퀸 문제의 배치 방법을 계산해본 적이 없겠지만 우리의 알고리즘은 1초 내 가능한 결과를 계산할 수 있다.

그러나 이 문제의 복잡도는 매우 높다. 우리의 의사 결정 트리를 보면 `isValid` 함수의 가지치기가 있지만 최악의 시간 복잡도는 여전히 $O(n^{n+1})$이며 최적화할 수 없다. n = 10이면 계산에 매우 많은 시간이 소요된다.

때때로 우리는 모든 유효한 답이 아닌 하나의 답만을 원한다. 이때는 어떻게 해야 할까? 예를 들어 스도쿠를 푸는 알고리즘에서 모든 해법을 찾는 복잡도는 매우 높지만 하나의 해법을 찾는 것은 그렇지 않다.

사실 역추적 알고리즘 코드를 조금만 수정하면 매우 간단하다.

```cpp
//함수가 답을 찾으면 true 반환
bool backtrack(vector<string>& board, int row) {
  if (row == board.size()) {
    res.push_back(board);
    return true;
  }
  int n = board[row].size();
  for (int col = 0; col < n; col++) {
    if (!isValid(board, row, col))
      continue;
```

```
    // 선택하기
    board[row][col] = 'Q';
    // 다음 행 이동
    if (backtrack(board, row + 1))
      return true;
    // 선택 해제
    board[row][col] = '.';
  }
  return false;
}
```

이러한 방식으로 코드 수정 후 답을 찾으면 즉시 함수를 반환하고 for 루프를 통한 재귀 탐색을 차단하므로 시간 복잡도가 크게 낮아진다. **4.2절**에서 이 기법을 사용하면 빠르게 답을 얻을 수 있다.

1.3.3 마무리

역추적 알고리즘은 N항 트리 순회 문제다. 핵심은 전위 순회와 후위 순회의 위치에서 일부 작업을 수행하는 것으로 프레임은 다음과 같다.

```
def backtrack(...):
  for 선택 in 선택 리스트:
    선택하기
    backtrack(...)
    선택 해제
```

backtrack 함수를 작성할 때 이동한 '경로'와 '선택 리스트'를 유지하는 것이 필요하며, '종료 조건'이 발생하면 '경로'를 결과 세트에 기록한다.

사실 생각해보면 역추적 알고리즘과 동적 계획법은 비슷하다. 동적 계획법에서 명확한 세 가지 '상태', '선택', 'base case'는 '경로', '선택 리스트', '종료 조건'에 대응한다고 볼 수 있지 않을까?

동적 계획법의 무차별 탐색 단계가 역추적 알고리즘이다. 일부 문제는 특정 정의를 통해 최적 하위 구조를 구성하고 하위 중복 문제를 찾을 수 있으며, DP 테이블 또는 메모를 통해 최적화하고 재귀 트리를 '가지치기'할 수 있다. 이것이 바로 동적 계획법 해법이다.

비교적 어려운 동적 계획법 문제를 만나거나 상태 전이 방정식을 생각하기 어려운 경우 역추적 알고리즘을 이용할 수 있다. 복잡도가 매우 높다고 해서 모든 테스트 케이스를 통과하는 것은 아니며 실제 면접에서는 무방비보다 하나의 아이디어라도 갖고 있는 것이 좋다. 3장에서는 역추적 알고리즘 관련 내용이 많으며 이번 절에서 설명한 내용의 알고리즘을 더 많이 연습할 수 있다.

1.4 BFS 알고리즘 문제 해결 방법

너비 우선 탐색breadth first search, BFS과 깊이 우선 탐색depth first search, DFS은 자주 사용되는 알고리즘으로 그중 DFS 알고리즘은 역추적 알고리즘으로 간주할 수 있다. **1.3절**에서 설명한 내용을 복습해보자.

이번 절에서는 BFS 알고리즘에 대해 설명한다. BFS 알고리즘의 핵심 사고는 이해하기 어렵지 않다. 그림으로 추상화하면 한 점에서 시작해 사방으로 확산하는 것이다. 일반적으로 BFS 알고리즘은 큐 데이터 구조를 사용하며 한 노드 주변의 모든 노드를 큐에 추가한다.

DFS와 비교했을 때 BFS는 찾는 경로가 최단 거리이지만, 대신 공간 복잡도가 DFS에 비해 매우 크다. 그 이유는 뒤에서 쉽게 이해할 수 있다.

이번 절에서는 BFS의 기본 문제인 '이진 트리의 최소 높이'와 '자물쇠를 여는 최소 단계'를 직접 작성해보자.

1.4.1 알고리즘 프레임

프레임에 대해 이야기하기 전에 BFS에서 자주 볼 수 있는 상황을 나열해보자. 문제의 의도는 하나의 그림에서 시작점 start부터 끝점 target까지 최단 거리를 찾도록 하는 것이다. 지루하게 들릴 수 있지만 이것이 BFS 알고리즘 문제가 하려는 일이다. 지루한 본질을 이해하고 다양하게 포장된 문제를 풀어보고 나면 자신감을 가질 수 있다.

이 넓은 의미의 표현은 여러 가지 변형이 있을 수 있다. 예를 들어 일부가 울타리로 막혀 있는 미로를 걸을 때 시작점에서 끝점까지 최단 거리는 얼마나 될까? 만약 특별한 장치를 이용해 미로에서 순간 이동을 할 수 있다면 어떨까?

다른 예로 두 단어에서 알파벳을 서로 교환하는데 한 번에 하나씩만 교환할 수 있다. 최소한 몇 번을 교환해야 할까?

또 다른 예로는 붙은 그림 찾기 게임이 있다. 두 개의 정사각형을 제거하기 위한 조건은 같으며 붙어 있는 정사각형은 최대 2개를 넘길 수 없을 때 두 좌표를 클릭하면 프로그램이 어떻게 가장 짧은 연결점을 찾을까? 연결점의 수를 판단하는 방법은 무엇일까?

이외에도 많은 예가 있다.

사실 이러한 문제는 마법 같은 것이 아니라 하나의 '그림'이다. 시작점에서 끝점을 찾을 수 있게 하고 최단 경로를 묻는 것이 바로 BFS의 본질이다.

프레임을 이해했으면 직접 작성해보자. 아래 코드를 기억하면 된다.

```
// 시작점 start에서 끝점 target의 최단 거리 계산
int BFS(Node start, Node target) {
  Queue<Node> q; // 핵심 데이터 구조
  Set<Node> visited; // 지나온 길 피하기

  q.offer(start); // 시작점 큐에 추가
  visited.add(start);
  int step = 0; // 확산 단계 수 기록

  while (q not empty) {
    int sz = q.size();
    /* 현재 큐에서 주위 모든 노드로 확산 */
    for (int i = 0; i < sz; i++) {
      Node cur = q.poll();
      /* 중점: 여기서 끝점 도달 여부 판단 */
      if (cur is target)
        return step;
      /* cur의 인접 노드 큐에 추가 */
      for (Node x : cur.adj())
        if (x not in visited) {
          q.offer(x);
          visited.add(x);
        }
    }
    /* 중점: 단계 수 갱신 */
    step++;
  }
}
```

큐인 q는 말할 것도 없이 BFS의 핵심 데이터 구조이다. cur.adj()는 일반적으로 cur에 인접한 노드이다. 예를 들어 2차원 배열에서 cur의 상하좌우는 인접 노드이다. visited의 주요 역할은 지나온 길을 피하는 것으로 대부분 필수적이지만, 일반 이차 트리 구조와 같이 자식 노드에 부모 노드 포인터가 없고 되돌아갈 수 없으면 visited는 필요하지 않다.

1.4.2 이진 트리의 최소 높이

간단한 문제를 통해 BFS 프레임을 확인해보자. 이진 트리의 최대 깊이를 계산하는 알고리즘 문제는 풀어보았으므로 이제 이진 트리의 최소 높이 문제[8]를 풀어보자. 이진 트리를 입력하고 최소 높이, 즉 루트 노드에서 리프 노드까지의 최단 거리를 계산해보자.

BFS 프레임을 어떻게 설정할까? 먼저 시작점 start와 끝점 target을 판단할 방법을 명확히 한다. 분명 시작점은 root 루트 노드이며, 끝점은 루트 노드에 가장 가까운 리프 노드이다. 리프 노드는 두개의 자식 노드가 모두 null인 노드이다.

```
if (cur.left == null && cur.right == null)
  // 리프 노드 도달
```

위 프레임을 약간 수정하여 해법을 작성할 수 있다.

```java
int minDepth(TreeNode root) {
  if (root == null) return 0;
  Queue<TreeNode> q = new LinkedList<>();
  q.offer(root);
  // root 자체는 레이어이며, depth를 1로 초기화
  int depth = 1;

  while (!q.isEmpty()) {
    int sz = q.size();
    /* 현재 큐의 모든 노드를 사방으로 확산 */
    for (int i = 0; i < sz; i++) {
      TreeNode cur = q.poll();
      /* 끝점에 도달 여부 판단 */
      if (cur.left == null && cur.right == null)
        return depth;
      /* cur의 인접 노드를 큐에 추가 */
      if (cur.left != null)
        q.offer(cur.left);
      if (cur.right != null)
        q.offer(cur.right);
    }
    /* 단계 추가 */
    depth++;
  }
  return depth;
}
```

---

8 [옮긴이] https://leetcode.com/problems/minimum-depth-of-binary-tree/

이진 트리는 매우 간단한 데이터 구조로 이 코드는 이해가 가능할 것이다. 사실 다른 복잡한 문제 역시 이 프레임의 변형이다. 복잡한 문제를 논하기 전에 먼저 다음 두 문제에 답해보자.

❶ 왜 DFS가 아닌 BFS만 최단 거리를 찾을 수 있을까?

먼저 BFS의 로직을 보면 depth가 증가할 때마다 큐의 모든 노드가 앞으로 한 단계씩 이동한다. 이 로직은 하나의 끝점을 찾으면 단계 수가 최소임을 보장한다. BFS 알고리즘의 시간 복잡도는 최악일 때 $O(N)$이다.

그렇다면 DFS는 최단 경로를 찾을 수 없을까? 실제로는 가능하며 시간 복잡도는 $O(N)$이지만 실제로 BFS와 비교하면 효율이 낮다. DFS는 실제로 재귀 스택이 이동 경로를 기록하며 최단 거리를 찾으려면 이진 트리의 모든 분기를 탐색하고 난 뒤 길이를 비교할 수 있다.

BFS는 큐를 사용해 한 단계씩 진행하므로 전체 트리의 순회를 완료하기 전에 최단 거리를 찾을 수 있다. 따라서 Big O에 따른 최악의 시간 복잡도는 같지만 BFS가 훨씬 효율적이다.

비유하자면 DFS는 선, BFS는 면과 같다. DFS는 혼자 행동하고 BFS는 단체로 행동한다고 보면 이해가 더 쉽다.

❷ BFS가 그렇게 좋다면 DFS는 왜 사용할까?

BFS는 최단 거리를 찾을 수 있지만 공간 복잡도가 높다. 하지만 DFS는 공간 복잡도가 비교적 낮은 장점이 있다.

방금 처리한 이진 트리의 예를 보자. 만약 주어진 이진 트리가 전 이진 트리full binary tree이며, 노드의 수가 N일 때 DFS 알고리즘은 공간 복잡도가 재귀 스택에 불과하다. 최악의 상황에서 높이는 트리의 높이로 $O(\log N)$이다. 그러나 BFS 알고리즘은 이진 트리의 첫 번째 계층 노드가 매번 큐에 저장되므로 최악의 상황의 공간 복잡도는 트리의 제일 아래 계층 노드의 수인 $N/2$이다. Big O에 따르면 $O(N)$이다.

이러한 관점에서 보면 BFS는 여전히 가치가 있다. 보통 BFS는 최단 경로를 찾을 때 사용하고 다른 경우에는 DFS를 더 많이 사용한다(재귀 코드 작성이 쉽다).

BFS에 대해 충분히 알아봤으니 이제 조금 더 어려운 문제를 통해 프레임을 깊이 이해해보자.

1.4.3 자물쇠를 여는 최소 단계

번호 자물쇠를 여는 흥미로운 문제[9]가 있다.

네 개의 원형 다이얼이 있는 자물쇠가 있다. 각 다이얼은 0~9까지 10개의 숫자를 갖고 있으며, 각 다이얼은 위아래로 회전이 가능하다. 예를 들어 "9"를 "0" 또는 "0"을 "9"로 변경할 수 있으며, 한 번에 하나의 다이얼만 회전할 수 있다.

네 다이얼이 초기에는 모두 0이며 문자열 "0000"으로 표시한다. deadends 리스트와 target 문자열을 사용해 target은 자물쇠를 여는 숫자, deadends는 더 이상 자물쇠를 열지 못하게 되는 숫자가 된다. 따라서 이 숫자에는 도달하지 않도록 해야 한다.

초기 상태 "0000"에서 target을 가져오는 최소 단계를 구하고 target을 가져올 수 없는 경우 -1을 반환하는 알고리즘을 작성해보자.

함수 시그니처는 다음과 같다.

```
int openLock(String[] deadends, String target);
```

예를 들어 deadends = ["1234", "5678"], target = "0009"일 때 알고리즘은 1을 반환해야 한다. 마지막 다이얼을 한 번만 돌리면 target을 얻을 수 있기 때문이다.

만약 deadends = ["8887", "8889", "8878", "8898", "8788", "8988", "7888", "9888"], target = "8888" 일 때는 -1을 반환해야 한다. "8888"에 도달할 수 있는 모든 과정이 deadends에 있어 target에 도달할 수 없기 때문이다.

문제에서 사용하는 자물쇠는 실생활에서 흔히 접하는 비밀번호 자물쇠로 아무런 제한이 없다면 우리가 평소 잠금을 해제하는 순서와 같이 최소 다이얼 회전 수를 계산하기 쉽다.

그러나 문제에서 deadends에 존재하는 숫자는 사용할 수 없으므로 이 부분이 어렵다. 어떻게 최소 회전 수를 계산할까?

첫 번째로 모든 제약 조건인 deadends와 target에 상관없이 다음을 고려한다.

문제: 무차별 탐색을 사용해 가능한 모든 비밀번호를 구성하는 알고리즘을 어떻게 설계할까?

---

9   [옮긴이] https://leetcode.com/problems/open-the-lock/

무차별 탐색을 조금 더 간단하게 해보자. 다이얼을 한 번만 돌릴 때 몇 가지 방법이 있을까? 총 네 개의 다이얼이 있고 각 다이얼은 위 또는 아래로 돌릴 수 있으므로 총 8가지 방법이 있다.

만약 "0000"부터 시작하여 다이얼을 한 번만 돌리면 "1000", "9000", "0100", "0900"... 등 총 8개의 비밀번호 후보가 있다. 그 후 8개의 비밀번호를 기반으로 각 비밀번호의 다이얼을 다시 한 번씩 더 돌리는 순서를 반복하여 모든 가능성을 탐색한다.

구체적으로 생각해보면 그래프로 추상화가 가능하다. 각 노드는 8개의 인접 노드가 있으며 최단 거리를 찾을 수 있다. 이것은 기본적인 BFS이므로 프레임을 사용할 수 있다.

먼저 간단한 BFS 코드를 작성해보자.

```java
// s[j]를 위로 한 번 돌리기
String plusOne(String s, int j) {
  char[] ch = s.toCharArray();
  if (ch[j] == '9')
    ch[j] = '0';
  else
    ch[j] += 1;
  return new String(ch);
}
// s[i]를 아래로 한 번 돌리기
String minusOne(String s, int j) {
  char[] ch = s.toCharArray();
    if (ch[j] == '0')
      ch[j] = '9';
    else
      ch[j] -= 1;
    return new String(ch);
}

// BFS 프레임 의사 코드, 모든 가능한 비밀번호 프린트
void BFS(String target) {
  Queue<string> q = new LinkedList<>();
  q.offer("0000");

  while (!q.isEmpty()) {
    int sz = q.size();
    /* 현재 큐의 모든 노드를 주위로 확산 */
    for (int i = 0; i < sz; i++) {
      String cur = q.poll();
      /* 끝점 도달 여부 판단 */
      System.out.println(cur);
```

```
        /* 노드의 근접 노드를 큐에 추가 */
        for (int j = 0; j < 4; j++) {
            String up = plusOne(cur, j);
            String down = minusOne(cur, j);
            q.offer(up);
            q.offer(down);
        }
    }
    /* 단계 추가 */
    }
    return;
}
```

> **NOTE** 물론 이 코드에는 많은 문제점이 있지만 한 번에 완전하게 작성하기는 어려우므로 간단한 것부터 시작해 하나씩 완성해가도록 하자.

이 BFS 코드는 가능한 모든 암호 조합을 탐색할 수는 있지만 문제를 해결할 수는 없다. 다음의 문제를 해결해야 한다.

1. 이미 했던 작업을 다시 진행할 가능성이 있다. "0000"에서 "1000"으로 다이얼을 돌린 뒤 큐에서 "1000"을 가져올 때 다시 "0000" 작업을 진행하게 되면 무한 루프가 발생할 수 있다.

2. 종료 조건이 없다. 문제의 요구에 따라 target을 찾으면 종료하고 다이얼 횟수를 반환해야 한다.

3. deadends를 처리하지 않으면 사용할 수 없는 숫자를 추출할 수 없고, 뛰어넘어야 하는 숫자를 확인할 수가 없으므로 작업의 진행이 불가능하다.

앞의 코드를 이해할 수 있다면 박수를 보내고 싶다. BFS 프레임에 따라 조금만 수정하면 문제를 해결할 수 있다.

```
int openLock(String[] deadends, String target) {
    // 건너뛸 필요가 있는 숫자 기록
    Set<string> deads = new HashSet<>();
    for (String s : deadends) deads.add(s);
    // 이미 탐색한 코드 기록, 완료 작업 재반복 방지
    Set<string> visited = new HashSet<>();
    Queue<string> q = new LinkedList<>();
    // 시작점에서 너비 우선 탐색 시작
    int step = 0;
    q.offer("0000");
    visited.add("0000");

    while (!q.isEmpty()) {
```

```
    int sz = q.size();
    /* 현재 큐의 모든 노드를 주위로 확산 */
    for (int i = 0; i < sz; i++) {
      String cur = q.poll();
      /* 비밀번호의 적합성과 종료 여부 판단 */
      if (deads.contains(cur))
        continue;
      if (cur.equals(target))
        return step;

      /* 노드에서 미순회 인접 노드를 큐에 추가 */
      for (int j = 0; j < 4; j++) {
        String up = plusOne(cur, j);
        if (!visited.contains(up)) {
          q.offer(up);
          visited.add(up);
        }
        String down = minusOne(cur, j);
        if (!visited.contains(down)) {
          q.offer(down);
          visited.add(down);
        }
      }
    }
    /* 단계 추가 */
    step++;
  }
  // 탐색 완료 후에도 목표 비밀번호를 찾을 수 없으면 못 찾은 것으로 처리
  return -1;
}
```

이것으로 문제를 해결했으나 작은 부분의 최적화가 남아 있다. deads 세트와 visited 세트는 모두 적절하지 않은 액세스를 기록한다. visited 해시 세트 없이 순회한 요소를 deads 세트에 추가하면 훨씬 더 깔끔할 수 있지만, Big O 표기법으로 볼 때 공간 복잡도는 같다. 따라서 이 최적화는 독자에게 맡기겠다.

BFS 알고리즘은 이것으로 끝일까? BFS 알고리즘 효율을 더 향상할 수 있는 양방향 BFS가 있다.

다만 공간의 제약으로 인해 차이점만 언급하겠다. 기존의 BFS 프레임은 시작점에서 주변으로 퍼져 끝점에서 멈춘다. 하지만 양방향 BFS는 시작점과 끝점에서 모두 확산을 시작해 양쪽이 만날 때 멈춘다.

이렇게 하면 효율이 올라가는 이유가 무엇일까? 사실 Big O 표기법에 알고리즘의 복잡도를 분석해보면 둘 다 최악의 복잡도는 $O(N)$이지만 실제로 양방향 BFS가 조금 더 빠르다. 이유는 다음 그림을 보면 쉽게 이해할 수 있다.

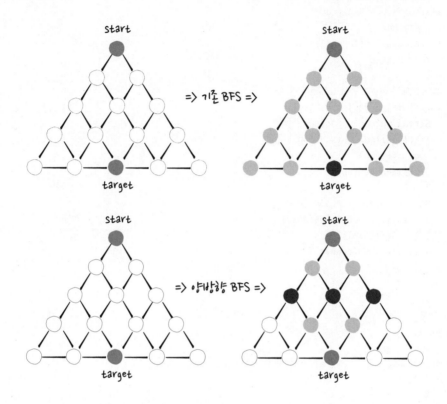

그림의 트리 구조에서 끝점이 아래에 있는 경우, 기존의 BFS 알고리즘을 사용해 전체 트리의 노드를 검색하여 최종적으로 target을 찾는다. 양방향 BFS는 트리의 절반만 순회하면 교차가 발생하므로 최단 거리를 찾을 수 있다. 이를 통해 양방향 BFS가 기존의 BFS보다 더 효율적이라는 것을 알 수 있다.

그러나 양방향 BFS도 끝점을 알아야 하므로 한계는 있다. 앞에서 설명한 이진 트리 최소 높이 문제에서도 시작 시 끝점의 위치를 모르기 때문에 양방향 BFS를 사용할 수 없다. 그러나 자물쇠 문제에서는 양방향 BFS를 사용해 효율을 높일 수 있으므로 코드를 조금만 수정하면 된다.

```
int openLock(String[] deadends, String target) {
  Set<string> deads = new HashSet<>();
  for (String s : deadends) deads.add(s);
  // 큐 대신 세트를 사용하면 요소의 존재 여부를 빠르게 판단할 수 있음
  Set<string> q1 = new HashSet<>();
```

```
    Set<string> q2 = new HashSet<>();
    Set<string> visited = new HashSet<>();
    // 시작점과 끝점 초기화
    q1.add("0000");
    q2.add(target);
    int step = 0;

    while (!q1.isEmpty() && !q2.isEmpty()) {
        // 순회 중 해시세트 수정 불가
        // temp를 사용해 q1의 확산 결과 저장
        Set<string> temp = new HashSet<>();

        /* q1의 모든 노드를 주위로 확산 */
        for (String cur : q1) {
            /* 끝점 도달 여부 판단 */
            if (deads.contains(cur))
                continue;
            if (q2.contains(cur))
                return step;
            visited.add(cur);

            /* 노드에서 미순회 인접 노드를 세트에 추가 */
            for (int j = 0; j < 4; j++) {
                String up = plusOne(cur, j);
                if (!visited.contains(up))
                    temp.add(up);
                String down = minusOne(cur, j);
                if (!visited.contains(down))
                    temp.add(down);
            }
        }
        /* 단계 추가 */
        step++;
        // temp는 q1과 같음
        // q1과 q2교환 시 다음 while에서 q2 확산
        q1 = q2;
        q2 = temp;
    }
    return -1;
}
```

양방향 BFS는 여전히 표준 BFS 알고리즘을 따르지만 큐를 사용하지 않고 HashSet를 편리하게 사용하여 두 세트의 교차 여부를 빠르게 판단한다.

또 다른 포인트는 while 반복 마지막에 q1과 q2를 교환하는 것이다. 이는 q1이 q1과 q2를 교대로 확산하는 것과 같다.

사실 양방향 BFS는 또 다른 최적화가 있다. while 반복 시작 시 하나의 판단문을 추가하는 것이다.

```
// ...
while (!q1.isEmpty() && !q2.isEmpty()) {
  if (q1.size() > q2.size()) {
    // q1과 q2 교환
    Set<string> tempForSwap = q1;
    q1 = q2;
    q2 = tempForSwap;
  }
// ...
```

이것이 왜 최적화일까?

BFS의 로직에 따르면 큐(세트)에 요소가 많을수록 확산 후 새로운 큐(세트)에는 요소가 더 많다. 따라서 양방향 BFS 알고리즘이 매번 비교적 작은 세트를 선택해 확산을 진행하면 공간을 차지하는 속도가 조금 늦춰진다. 따라서 최소 공간 비용으로 q1과 q2의 교차가 발생하게 할 수 있으므로 효율성을 조금 더 높일 수 있다.

그러나 기존의 BFS나 양방향 BFS 또는 최적화에 상관없이 Big O의 표준에 따르면 공간 복잡도는 모두 같다. 양방향 BFS는 하나의 스킬이며 능력을 향상하기 위한 기법이라고 보면 된다. 핵심은 BFS의 일반적인 프레임을 기억하는 것이다. BFS 알고리즘은 이 프레임을 사용해 변형된 형태도 풀 수 있을 것이다.

1.5 투 포인터 기법 프레임

투 포인터two pointers는 두 가지 유형이 있으며, 하나는 fast, slow 포인터 또 다른 하나는 left, right 포인터이다. 전자는 주로 연결 리스트 문제를 해결한다. 예를 들면 연결 리스트의 순환 포함 여부를 판단하는 문제다. 후자는 배열(또는 문자열) 문제를 해결하며 예를 들어 이진 검색이 있다.

1.5.1 자주 사용하는 fast, slow 포인터 알고리즘

fast, slow 포인터는 보통 연결 리스트를 가리키는 헤드 노드 head를 초기화한다. 앞으로 이동할 때 fast 포인터는 앞, slow 포인터는 뒤에 위치하여 연결 리스트 문제를 영리하게 해결한다.

1 연결 리스트의 순환 여부 판단

연결 리스트 문제[10]는 기본 문제다. 연결 리스트의 특징이 각 노드가 다음 노드만 알고 있는 것이기 때문에, 포인터는 연결 리스트의 순환 여부를 판단할 수 없다.

연결 리스트가 순환하지 않으면 포인터는 널 포인터 null을 만나고 이것은 연결 목록의 끝을 나타낸다. 이는 연결 리스트가 순환하지 않는다고 판단할 수 있다.

```java
boolean hasCycle(ListNode head) {
  while (head != null)
    head = head.next;
  return false;
}
```

그러나 연결 리스트가 순환하면 꼬리 노드를 만드는 null 포인터가 없으므로 위 코드는 무한 루프에 빠질 수 있다. 예를 들면 다음과 같은 상황이다.

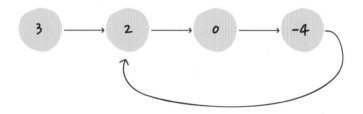

단일 연결 리스트의 순환 여부 판단을 위한 기본적인 알고리즘은 투 포인터로 하나는 fast, 하나는 slow이다. 순환하지 않으면 fast 포인터는 null을 만나 순환하지 않음을 나타낸다. 순환하면 fast 포인터는 한 바퀴를 돌아 slow 포인터를 만나게 되고 연결 리스트의 순환 상태를 나타낸다.

```java
boolean hasCycle(ListNode head) {
  ListNode fast, slow;
  // 헤드 포인터 노드를 가리키는 fast, slow 포인터 초기화
  fast = slow = head;
  while (fast != null && fast.next != null) {
    // fast 포인터는 두 단계씩 이동
    fast = fast.next.next;
    // slow 포인터는 한 단계씩 이동
    slow = slow.next;
```

---

10 (옮긴이) https://leetcode.com/problems/linked-list-cycle/
https://leetcode.com/problems/linked-list-cycle-ii/

```
        // 순환 시 fast, slow 포인터는 반드시 만남
        if (fast == slow) return true;
    }
    return false;
}
```

② 연결 리스트가 순환할 때 시작 위치 반환

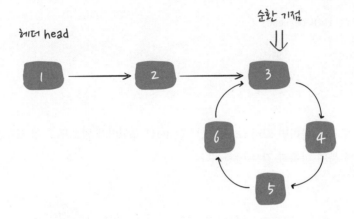

사실 이 문제는 조금도 어렵지 않으며 난센스 퀴즈와 비슷하다.

먼저 코드를 확인해보자.

```
ListNode detectCycle(ListNode head) {
    ListNode fast, slow;
    fast = slow = head;
    while (fast != null && fast.next != null) {
        fast = fast.next.next;
        slow = slow.next;
        if (fast == slow) break;
    }
    // 위 코드는 hasCycle 함수와 유사함
    // 먼저 하나의 포인터가 다시 head를 가리킴
    slow = head;
    while (slow != fast) {
        // 두 포인터는 같은 속도로 이동
        fast = fast.next;
        slow = slow.next;
    }
    // 두 포인터가 만나는 단일 연결 리스트 노드가 순환의 기점
    return slow;
}
```

fast 포인터와 slow 포인터가 만날 때 하나의 포인터가 헤드를 가리키도록 한 뒤 두 포인터의 속도를 같게 하여 이동시킨다. 그리고 다시 두 포인터가 만나는 노드 위치가 순환 기점이다. 이렇게 되는 이유가 무엇일까?

첫 번째 만날 때 slow 포인터가 k만큼 이동하면 fast 포인터는 2k만큼 이동한다. 따라서 slow보다 k만큼 더 이동한다(순환 길이의 정수 배수).

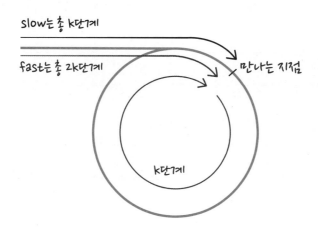

서로 만나는 지점과 순환 기점 사이의 거리를 m이라고 하면 순환 기점과 헤드 노드 head까지의 거리는 k-m이며 head가 k-m만큼 이동하면 순환 기점에 도달할 수 있음을 나타낸다.

공교롭게도 서로 만나는 지점에서 k-m만큼 이동하면 순환 기점에 도달한다.

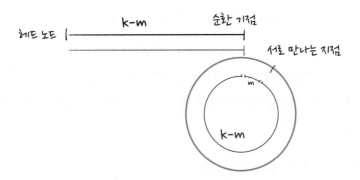

따라서 두 포인터 중 하나가 head를 가리키고 같은 속도로 이동한다면 k-m만큼 이동 후에는 서로 만나게 되므로 이 지점이 순환 기점이 된다.

❸ 순환하지 않는 단일 연결 리스트의 중간점 찾기

간단하게 생각할 수 있는 방법은 연결 리스트를 먼저 순회한 뒤 연결 리스트의 길이 n을 계산하는 것이다. 그 후 다시 연결 리스트를 순회하며 n/2만큼 이동하면 중간점이 된다.

이 방법은 아무 문제가 없지만 깔끔하지 않다. 조금 더 깔끔한 해법은 투 포인터 기법을 사용하는 것이다. fast 포인터는 두 단계, slow 포인터는 한 단계씩 이동하게 하여 fast 포인터가 연결 리스트의 끝에 도달했을 때 slow 포인터 위치가 연결 리스트의 중간점이 되는 것을 이용한다.

```
while (fast != null && fast.next != null) {
    fast = fast.next.next;
    slow = slow.next;
}
// slow는 중간에 위치
return slow;
```

연결 리스트의 길이가 홀수이면 slow는 중간점에 위치하며 연결 리스트의 길이가 짝수이면 slow의 최종 위치는 중간에서 약간 오른쪽이다.

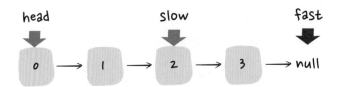

연결 리스트 중간점의 중요한 역할은 연결 리스트의 병합 정렬이다.

배열의 병합 정렬을 생각해보자. 재귀적으로 배열을 두 부분으로 나누고 정렬한 뒤 두 배열을 병합한다. 정렬된 연결 리스트 병합은 매우 간단하지만 두 부분으로 나누는 것은 어렵다. fast, slow 포인터를 사용해 중간점을 찾는 것을 배웠으니 배열의 병합 정렬 알고리즘을 참고해 연결 리스트의 정렬 알고리즘을 작성할 수 있다.

❹ 단일 연결 리스트의 역수 k번째 요소 찾기

단일 연결 리스트의 중간점을 찾는 것과 유사하게 fast, slow 포인터를 사용한다. fast 포인터를 먼저 k 단계만큼 이동하게 하고 fast, slow 포인터를 같은 속도로 이동한다. fast 포인터가 연결 리스트의 꼬리인 null까지 이동하면 slow 포인터의 위치는 역수로 k번째의 연결 리스트 노드이다(k는 연결 리스트의 길이를 초과하지 않는다고 가정한다).

```
ListNode slow, fast;
slow = fast = head;
while (k-- > 0)
  fast = fast.next;

while (fast != null) {
  slow = slow.next;
  fast = fast.next;
}
return slow;
```

1.5.2 자주 사용하는 left, right 포인터 알고리즘

left, right 포인터는 보통 배열 문제에서 사용한다. 실제로 두 인덱스를 가리키며 left = 0, right = len(nums) - 1로 초기화한다.

1 이진 탐색

이진 탐색에 대한 내용은 **1.6절**에서 자세히 설명하고 알고리즘의 프레임을 제공한다. 여기서는 투 포인터의 특성을 확인하기 위해 가장 간단한 이진 탐색 알고리즘을 작성해보자.

```
int binarySearch(int[] nums, int target) {
  // 배열 양 끝의 left, right 포인터 초기화
  int left = 0;
  int right = nums.length - 1;
  while (left <= right) {
    int mid = (right + left) / 2;
    if (nums[mid] == target)
      return mid;
    else if (nums[mid] < target)
      left = mid + 1;
    else if (nums[mid] > target)
      right = mid - 1;
  }
  return -1;
}
```

2 두 수의 합

알고리즘 문제를 하나 보자.

오름차순으로 정렬된 배열 nums와 목표값 target을 입력한다. nums에서 두 수의 합이 target이 되는 두 수를 찾고 두 수의 인덱스를 반환한다(이 두 수는 반드시 존재하며 인덱스는 1부터 시작한다).

함수 시그니처는 다음과 같다.

```
int[] twoSum(int[] nums, int target);
```

예를 들어 nums = [2, 7, 11, 15], target = 13을 입력하면 알고리즘은 [1, 3]을 반환한다.

배열 정렬 시 투 포인터를 생각해야 한다. 이 문제의 해법은 이진 탐색과 비슷하며, sum의 크기를 통해 left와 right의 움직임을 조정한다.

```
int[] twoSum(int[] nums, int target) {
  // 배열 양 끝 left, right 포인터 초기화
  int left = 0, right = nums.length - 1;
  while (left < right) {
    int sum = nums[left] + nums[right];
    if (sum == target) {
      // 문제에 필요한 인덱스는 1부터 시작
      return new int[]{left + 1, right + 1};
    } else if (sum < target) {
      left++; // sum을 조금 더 크게
    } else if (sum > target) {
      right--; // sum을 조금 더 작게
    }
  }
  return new int[]{-1, -1};
}
```

3 배열 뒤집기

프로그래밍 언어는 기본적으로 배열을 뒤집는 함수를 제공하지만 간단히 기능의 구현을 이해해보자.

```
void reverse(int[] nums) {
  int left = 0;
  int right = nums.length - 1;
  while (left < right) {
    // nums[left]와 nums[right] 교환
    int temp = nums[left];
    nums[left] = nums[right];
    nums[right] = temp;
    left++; right--;
  }
}
```

어쩌면 투 포인터 중 가장 높은 수준일 수 있다. 엄밀히 말하면 배열(문자열)의 fast, slow 포인터 응용이다. 슬라이딩 윈도sliding window 알고리즘을 익히면 많은 종류의 문자열 일치 문제를 해결할 수 있지만 이 알고리즘은 앞에서 설명한 알고리즘보다 조금 더 복잡하다.

다행히 이 알고리즘의 프레임 템플릿이 있으며 충분히 지면을 할애하여 설명할 가치가 있다. 다음 장에서는 문자열 일치 문제를 빠르게 해결하는 데 도움이 되는 슬라이딩 윈도 알고리즘을 설명한다.

1.6 눈을 감고도 이진 탐색 알고리즘을 작성할 수 있는 지침

재미있는 이야기를 하나 해보자.

어느 날 A가 도서관에서 N권의 책을 빌렸다. 도서관 문을 나설 때 경보가 울리자 경비원이 A를 가로막고 어느 책이 대여되지 않은 것인지 확인하고자 했다. A가 확인을 위해 책을 한 권씩 차례대로 내려놓으려 하자 경비원이 이진 탐색도 못 하냐고 했다.

경비원은 책을 두 더미로 나누고 첫 번째 더미를 경보기에 올리자 경보가 울렸다. 다시 이 더미를 두 더미로 나누고 같은 방식으로 확인했다. 같은 방식으로 $\log N$번 확인 후 문제가 되는 책을 찾은 뒤 경비원은 의기양양한 웃음을 지었다. A는 그 책만 남겨둔 채 다른 책들을 모두 챙겨 도서관을 떠났다.

그 후 도서관은 $N - 1$권의 책을 분실했다.

이진 탐색은 간단하지 않다. KMPKnuth-Morris-Pratt algorithm를 개발한 도널드 커누스Donald Knuth는 이진 탐색을 다음과 같이 평가한다.

> 이진 탐색의 기본 아이디어는 직관적일지라도 상세 내용은 매우 까다로울 수 있다.

기본 아이디어는 매우 간단하지만 세부 사항은 아주 복잡할 수 있다는 의미이다. 많은 사람이 정수의 오버플로 버그에 대해 이야기하는 것을 좋아한다. 하지만 이진 탐색의 문제는 이와 같은 세부 사항이 아니라 mid를 추가 또는 제거할지, while 내부에 <=를 사용할지 또는 <를 사용할지에 있다.

만약 이 세부 사항을 제대로 이해하지 못하면 이진 탐색 알고리즘은 현학적인 코드가 될 뿐이며 버그는 오직 하늘만이 알 것이다. 알고리즘의 지침을 하나 작성했으니 기억해두자.

이진 탐색은 기억하기 어렵고, 좌우 가장자리가 헷갈린다.

작거나 같으면 작아지고, mid는 하나를 더하고 하나를 뺀다.

아직 계산이 끝나지 않았으면 return은 하나를 더 빼야 할까?

자신만만한 LeetCode, 하지만 통과율은 21.

나는 밝은 달을 향하고 있는데 어찌 달은 도랑을 비추는가!

labuladong이 하늘에서 내려와 알고리즘 문제를 처리한다.

왼쪽이든 오른쪽이든 상관없이 검색 범위가 결정된다.

요소 검색 시 검색 구간의 양 끝이 닫힌다.

while 조건은 등호가 없으면 수정이 필요하다.

if는 서로 같으면 리턴하고 다른 건 신경 쓰지 않는다.

구간의 양 끝이 닫혀 있으므로 mid는 하나씩 더하고 뺀다.

while이 끝나면 그저 -1을 반환한다.

좌우 가장자리를 탐색할 때는 탐색 구간을 밝혀야 한다.

왼쪽을 닫고 오른쪽을 여는 것이 가장 기본이고 그 외 논리는 저절로 분명해진다.

while은 작음 기호를 사용해야 하나라도 놓치지 않는다.

if가 서로 같으면 반환하지 말고 mid를 사용해 가장자리를 확정한다.

mid는 하나를 더해야 할까 빼야 할까? 구간의 열림 또는 닫힘을 보면 된다.

while이 끝나도 완료되지 않은 건 리턴을 안 했기 때문이다.

if 검사를 통해 인덱스는 가장자리 밖으로 나올 수 있다.

왼쪽을 닫고 오른쪽을 여는 것이 기본인데 기본이 합리적이라고 할 수 있을까?

labuladong은 믿지 않고 양끝을 고치려 한다.

탐색 구간의 개방과 폐쇄의 차이를 마음에 새기자.

이진 탐색은 세 가지로 변형되며 논리는 하나로 기억하기 쉽다.

프레임의 두 행을 수정하는 것이 수천 마디의 말보다 낫다.

이번 절에서는 가장 일반적인 이진 탐색 시나리오인 숫자 찾기, 왼쪽 가장자리 찾기, 오른쪽 가장자리 찾기를 살펴보자. 그리고 부등호는 등호가 있어야 하는지, mid는 하나씩 더해야 하는지 등과 같은 세부 사항에 대해서도 확인한다. 이러한 세부 사항의 차이점과 원인을 분석하면 이진 탐색 알고리즘을 유연하고 정확하게 작성하는 데 도움이 된다.

---

11 [옮긴이] 원문은 한 구가 7글자로 이루어진 칠언고시 형태다.

1.6.1 이진 탐색 프레임

먼저 이진 탐색 프레임을 작성해보자. 뒤에서 확인할 몇 가지 이진 탐색의 변형은 모두 이 코드를 기반으로 한다.

```
int binarySearch(int[] nums, int target) {
  int left = 0, right = ...;
  while (...) {
    int mid = left + (right - left) / 2;
    if (nums[mid] == target) {
      ...
    } else if (nums[mid] < target) {
      left = ...
    } else if (nums[mid] > target) {
      right = ...
    }
  }
  return ...;
}
```

이진 탐색을 분석하는 한 가지 방법은 else 대신 else if로 모든 상황을 분명하게 작성하는 것이다. 이번 절에서는 명확히 이해할 수 있도록 else if를 사용할 것이므로 독자는 스스로 수정하거나 간략히 작성하면 된다.

여기서 ...로 표시된 부분은 세부적인 문제가 발생할 수 있는 부분이므로 이진 탐색 코드를 보게 되면 먼저 이 부분에 주의해야 한다. 다음 예는 이러한 부분이 어떻게 변화할 수 있는지를 확인한다.

또한 mid를 계산할 때는 오버플로를 방지해야 한다. 이번 코드의 left+(right-left)/2와 앞에서 본 코드의 (left+right)/2는 결과는 같지만, 앞의 코드는 left와 right가 너무 크면 덧셈 시 정수의 오버플로가 발생할 수 있다. 그러나 left+(right-left)/2를 사용하면 오버플로가 발생하지 않는다.

1.6.2 숫자 찾기(기본 이진 탐색)

이 시나리오[12]는 가장 간단한 것으로 모두에게 익숙할 것이다. 하나의 수를 탐색할 때 수가 존재하면 인덱스를 반환하고 아니면 -1을 반환한다.

---

12 [옮긴이] https://leetcode.com/problems/binary-search/

```
int binarySearch(int[] nums, int target) {
  int left = 0;
  int right = nums.length - 1; // 주의

  while (left <= right) {
    int mid = left + (right - left) / 2;
    if (nums[mid] == target)
      return mid;
    else if (nums[mid] < target)
      left = mid + 1; // 주의
    else if (nums[mid] > target)
      right = mid - 1; // 주의
  }
  return -1;
}
```

❶ 왜 while 반복문의 조건은 <가 아닌 <=일까?

답: right의 초기 할당은 nums.length - 1이기 때문이다. nums.length가 아니라 nums.length - 1
이 요소의 마지막 인덱스이다.

이 둘은 서로 다른 기능의 이진 탐색에서 나타날 수 있으며 차이점은 다음과 같다.

전자는 양 끝이 모두 닫힌 구간인 [left, right]이며, 후자는 왼쪽이 닫히고 오른쪽이 열린 [left,
right)이다. 따라서 인덱스의 크기가 nums.length가 되면 범위를 벗어난다.

이 알고리즘은 전자인 [left, right]를 사용하므로 양 끝이 닫힌 구간이다. 이 구간은 실제로 매번
탐색을 진행하는 구간이다.

언제 탐색을 멈춰야 할까? 목푯값을 찾으면 탐색을 멈출 수 있다.

```
if (nums[mid] == target)
  return mid;
```

그러나 목푯값을 찾지 못하면 while 루프를 종료하고 -1을 반환한다. while 루프는 언제 종료해야 할
까? 탐색 구간이 비어 있을 때 종료해야 하며 결과가 없는 것은 찾지 못했다는 것이다.

while(left <= right)의 종료 조건은 left == right + 1이다. 구간 형식은 [right + 1, right]
로 작성한다. 구체적인 숫자를 사용해보면 [3, 2]가 된다. 이는 구간이 비어 있는 것으로 볼 수 있
다. 왜냐하면 3보다 크거나 같으면서 2보다 작거나 같은 숫자가 없기 때문이다. 따라서 이때는 while

을 멈추는 것이 맞으며 직접 -1을 반환하면 된다.

while(left < right)의 종료 조건은 left == right이다. 구간 형식은 [left, right]로 작성한다. 구체적인 숫자를 사용해보면 [2, 2]가 된다. 구간이 비어 있지 않고 2가 하나 있지만 while 순환은 종료된다. 즉, [2, 2] 구간을 놓치면 인덱스 2는 검색되지 않으므로 이때 -1을 반환하면 문제가 발생할 수 있다.

물론 while(left < right)을 사용하지 않아도 된다. 문제가 발생하는 이유는 하나를 덜 탐색하기 때문이라는 것을 알기 때문에 이 요소 탐색만 추가하여 해당 부분을 보완하면 된다.

```
int binarySearch(int[] nums, int target) {
    int left = 0;
    int right = nums.length - 1;
    while (left < right) {
        // ...
    }
    // while 순환의 종료 조건 left == right
    return nums[left] == target ? left : -1;
}
```

2 왜 left = mid + 1, right = mid - 1일까? right = mid 또는 left = mid로 더하기 빼기가 없는 코드와 차이는 무엇일까?

답: 이진 탐색의 어려운 점이지만 앞의 내용을 이해하면 쉽게 판단할 수 있다.

탐색 구간의 개념을 방금 이해했으며 알고리즘의 탐색 구간은 양 끝이 닫힌 [left, right]이다. 따라서 mid가 target이 아닌 것을 알았을 때 다음은 어디를 탐색해야 할까?

당연히 [left, mid - 1] 또는 [mid + 1, right]이다. mid는 이미 탐색했으므로 탐색 구간에서 제외시켜야 한다.

3 알고리즘에 어떤 결함이 있을까?

답: 여기까지 알고리즘의 세부 사항부터 처리 방법의 이유를 파악했을 것이다. 그러나 이 알고리즘에서 주의해야 할 것이 있다.

예를 들어 정렬된 배열 nums = [1, 3, 3, 3, 4]가 있고 target = 3일 때, 알고리즘이 반환하는 중간 인덱스는 2이며 이는 틀리지 않다. 그러나 target의 왼쪽 인덱스 1이나 오른쪽 인덱스 3을 가져오려고 할 때는 이 알고리즘이 처리할 수 없다.

이러한 요구 사항은 자주 접하는 것이다. 하나의 **target**을 찾고 왼쪽 또는 오른쪽으로 선형 탐색을 진행하면 되지 않을까? 가능하긴 하지만 좋지는 않다. 이진 탐색의 log 수준의 복잡도를 보장하기 어렵기 때문이다.

뒤에서 두 종류의 이진 탐색 알고리즘의 변형에 대해 설명한다.

1.6.3 왼쪽 가장자리를 찾는 이진 탐색
다음은 기본 코드 형식으로 주의해야 할 부분이 있다.

```java
int left_bound(int[] nums, int target) {
  if (nums.length == 0) return -1;
  int left = 0;
  int right = nums.length; // 주의

  while (left < right) { // 주의
    int mid = (left + right) / 2;
    if (nums[mid] == target) {
      right = mid;
    } else if (nums[mid] < target) {
      left = mid + 1;
    } else if (nums[mid] > target) {
      right = mid; // 주의
    }
  }
  return left;
}
```

❶ 왜 while은 <= 이 아니라 <일까?

답: 기본 이진 탐색과 유사하게 `right = nums.length - 1`이 아닌 `right = nums.length`이다. 따라서 각 루프의 탐색 구간은 `[left, right)`로 왼쪽 닫힘, 오른쪽 열림이다. `while(left < right)`의 종료 조건은 `left == right`이며 이때 탐색 구간 `[left, left)`이 비어 있으므로 정확하게 종료할 수 있다.

NOTE 왼쪽과 오른쪽 가장자리를 탐색하는 이진 탐색 알고리즘과 기본적인 이진 탐색 알고리즘의 차이를 먼저 알아보자. 앞에서는 `right`를 `nums.length - 1`로 초기화했으나 왜 여기서는 `nums.length`로 초기화를 하고 탐색 구간을 왼쪽 닫힘, 오른쪽 열림으로 할까?

이러한 작성 방식은 좌우 가장자리를 찾는 이진 탐색에서 비교적 일반적이므로 앞으로는 이와 같은 예를 통해 이런 유형의 코드를 이해할 수 있을 것이다. 쉽게 양쪽 끝을 닫을 수 있으며 작성 방법도 간단하다. 뒤에서 세 가지 이진 탐색 방법을 사용한 관련 코드를 작성하도록 하겠으며 모두 양쪽 끝을 닫는 방법을 사용하겠다. 이 내용은 뒤에서 살펴보자.

2 왜 -1을 반환하는 조작이 없을까? 만약 nums에 target이 없다면 어떻게 해야 할까?

답: 사실 가장자리를 찾는 이진 탐색은 기본적으로 -1을 반환할 필요가 없다. target의 존재와 상관없이 알고리즘 호출자는 결과를 얻은 뒤 스스로 비교하고 판단해야 한다. 그러나 -1을 반환하는 기능은 어렵지 않다. 먼저 왼쪽 가장자리의 특수한 의미를 이해해야 한다.

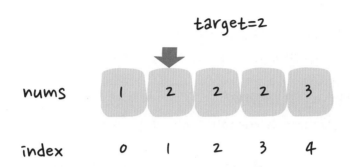

이 배열에 대해 알고리즘은 1을 반환한다. 1의 의미는 nums에 2보다 작은 요소가 1개 있다는 의미이다.

예를 들어 정렬된 배열 nums = [2, 3, 5, 7], target = 1의 경우 알고리즘은 0을 반환하며, nums에 1보다 작은 요소는 0개라는 의미이다.

다른 예로 nums = [2, 3, 5, 7], target = 8의 경우 알고리즘은 4를 반환하며, nums에 8보다 작은 요소가 4개라는 의미이다.

요약하면 함수의 반환값(left 변수의 값)은 닫힌 구간 [0, nums.length]이므로 간단하게 두 행을 추가하여 적절한 타이밍에 -1을 반환하는 코드를 추가하면 된다.

```
while (left < right) {
  // ...
}
// target은 모든 수보다 크므로 존재하지 않음
if (left == nums.length) return -1;
// 앞의 알고리즘 처리 방식과 유사함
return nums[left] == target ? left : -1;
```

3 왜 left = mid + 1, right = mid일까? 앞의 알고리즘과 다른 것일까?

답: 탐색 구간의 문제로, 탐색 구간이 [left, right)이므로 왼쪽이 닫히고 오른쪽이 열린 상태이다. 따라서 nums[mid]를 찾은 후 다음 탐색 간격은 mid를 제거하고 두 구간으로 나누어야 한다. 따라서 [left, mid) 또는 [mid + 1, right)이다.

4 이 알고리즘이 왼쪽 가장자리를 탐색할 수 있는 이유가 무엇일까?

답: 핵심은 nums[mid] == target의 처리다.

```
if (nums[mid] == target)
  right = mid;
```

target을 찾았을 때 바로 반환하지 않고 탐색 구간의 상한인 right를 좁히고 [left ,mid)에서 계속 탐색하면 왼쪽으로 축소되어 왼쪽 가장자리를 확정할 수 있다.

5 왜 right가 아닌 left를 반환할까?

답: while의 종료 조건이 left == right이므로 어느 쪽이든 같다.

6 right를 nums.length - 1로 변경하여 양쪽이 모두 닫힌 탐색 구간으로 계속 사용할 수 있을까?

답: 물론 가능하다. 탐색 구간의 개념만 알고 있으면 요소의 누락을 효과적으로 방지할 수 있으며 임의로 변경할 수도 있다. 다음에서는 엄격하게 논리를 기반으로 수정한다.

탐색 구간의 양 끝을 닫아야 하므로 right를 nums.length - 1로 초기화해야 한다. while의 종료 조건은 left == right + 1이 되어야 하며 <=를 사용해야 한다.

```
int left_bound(int[] nums, int target) {
  // 탐색 구간 [left, right]
  int left = 0, right = nums.length - 1;
  while (left <= right) {
    int mid = left + (right - left) / 2;
    // if else ...
  }
}
```

탐색 구간의 양쪽 끝이 닫혀 있고 현재는 왼쪽 가장자리를 탐색하므로 left와 right의 업데이트는 다음과 같다.

```
if (nums[mid] < target) {
  // 탐색 구간 변경 [mid+1, right]
  left = mid + 1;
} else if (nums[mid] > target) {
  // 탐색 구간 변경 [left, mid-1]
```

```
    right = mid - 1;
} else if (nums[mid] == target) {
    // 오른쪽 가장자리 축소, 왼쪽 가장자리 확정
    right = mid - 1;
}
```

while의 종료 조건은 `left == right + 1`이므로 target이 nums의 모든 요소보다 클 때 다음은 인덱스 범위를 벗어난다.

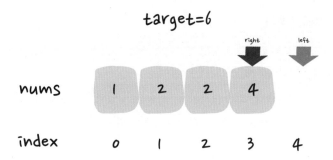

따라서 마지막 결과를 반환하는 코드는 범위를 벗어나는 조건을 확인해야 한다.

```
if (left >= nums.length || nums[left] != target)
    return -1;
return left;
```

알고리즘의 모든 코드가 완성되었으며 코드는 다음과 같다.

```
int left_bound(int[] nums, int target) {
    int left = 0, right = nums.length - 1;
    // 탐색구간 [left, right]
    while (left <= right) {
        int mid = left + (right - left) / 2;
        if (nums[mid] < target) {
            // 탐색 구간 변경 [mid+1, right]
            left = mid + 1;
        } else if (nums[mid] > target) {
            // 탐색 구간 변경 [left, mid-1]
            right = mid - 1;
        } else if (nums[mid] == target) {
            // 오른쪽 가장자리 축소
            right = mid - 1;
```

```
    }
  }
  // 범위를 벗어나는 상황 체크
  if (left >= nums.length || nums[left] != target)
    return -1;
  return left;
}
```

이렇게 하면 첫 번째 이진 탐색 알고리즘과 같이 양 끝이 모두 닫힌 탐색 구간이 되며, 마지막으로 반환하는 것은 left 변수의 값이다. 탐색 구간의 업데이트를 잘 이해하고 나면 두 가지 방법 중 자신이 좋아하는 방법을 사용하면 된다.

1.6.4 오른쪽 가장자리를 찾는 이진 탐색

왼쪽 가장자리를 찾는 알고리즘과 같이 여기서도 두 종류의 방법을 제공한다. 먼저 더 일반적인 왼쪽 닫힘, 오른쪽 열림 방법을 작성해보자. 왼쪽 가장자리 탐색과 두 부분만 다르며 다음과 같다.

```
int right_bound(int[] nums, int target) {
  if (nums.length == 0) return -1;
  int left = 0, right = nums.length;

  while (left < right) {
    int mid = (left + right) / 2;
    if (nums[mid] == target) {
      left = mid + 1; // 주의
    } else if (nums[mid] < target) {
      left = mid + 1;
    } else if (nums[mid] > target) {
      right = mid;
    }
  }
  return left - 1; // 주의
}
```

1 이 알고리즘이 오른쪽 가장자리를 찾기에 충분할까?

답: 핵심은 여기에 있다.

```
if (nums[mid] == target) {
  left = mid + 1;
```

nums[mid] == target 일 때 즉시 반환하지 않고 탐색 구간의 하한인 left를 늘려 오른쪽 가장자리를 향해 계속 축소시킨다. 이를 통해 오른쪽 가장자리를 정할 수 있다.

❷ 왼쪽 가장자리를 찾는 탐색처럼 left를 반환하지 않고 왜 left - 1을 반환할까? 오른쪽 가장자리 탐색은 right 반환이 맞지 않을까?

답: 먼저 while 루프의 종료 조건은 left == right이므로 left와 right는 같다. 따라서 오른쪽 가장자리의 특성을 반영해 right - 1을 반환하면 된다.

1을 빼는 이유는 오른쪽 가장자리의 특수한 점을 탐색하는 것으로 핵심은 이 조건문이다.

```
if (nums[mid] == target) {
    left = mid + 1;
    // 다음과 같다고 생각함: mid = left - 1
```

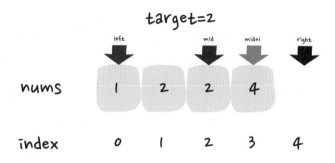

left의 업데이트는 반드시 left = mid + 1이어야 하므로 while 루프가 종료될 때 nums[left]는 반드시 target과 달라야 하며 nums[left-1]는 target과 같을 수 있다.

left의 업데이트가 left = mid + 1이어야 하는 이유는 왼쪽 가장자리를 찾는 이진 탐색과 같이 탐색 구간의 업데이트에 있으며 여기서 추가적으로 설명하지는 않겠다.

❸ 왜 -1을 반환하는 조작이 없을까? nums에 target 값이 없으면 어떻게 해야 할까?

답: 앞의 왼쪽 가장자리 탐색과 유사하게 while의 종료 조건은 left == right이며 left의 값 범위는 [0, nums.length]이기 때문에 left가 0이 되면 left - 1은 인덱스의 범위를 벗어난다. 따라서 두 행의 코드를 추가하여 바르게 -1을 반환할 수 있다.

```
while (left < right) {
  // ...
}
if (left == 0) return -1;
return nums[left-1] == target ? (left-1) : -1;
```

4 알고리즘의 탐색 구간을 양쪽 끝이 닫힌 형태로 만들 수 있을까? (이 방식으로 양쪽 끝을 작성하면 나중에 눈을 감고도 작성할 수 있을 것이다.)

답: 당연히 가능하다. 왼쪽 가장자리를 탐색하는 방법과 유사하며 두 곳만 변경하면 된다.

```
int right_bound(int[] nums, int target) {
  int left = 0, right = nums.length - 1;
  while (left <= right) {
    int mid = left + (right - left) / 2;
    if (nums[mid] < target) {
      left = mid + 1;
    } else if (nums[mid] > target) {
      right = mid - 1;
    } else if (nums[mid] == target) {
      // 여기서 왼쪽 가장자리 축소가 가능
      left = mid + 1;
    }
  }
  // 여기서 right의 경계를 확인하도록 수정, 아래 그림 참조
  if (right < 0 || nums[right] != target)
    return -1;
  return right;
}
```

target이 전체의 요소보다 작으면 right가 -1이 되므로 마지막 경계를 벗어나는 것을 방지해야 한다.

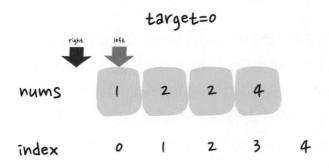

오른쪽 가장자리의 이진 탐색 방법 두 가지가 완성되었으나 탐색 구간 양 끝이 모두 닫힘 상태라면 더 기억하기 쉬울 것이다.

1.6.5 논리 통일하기

다음에서 세부적인 차이의 인과 관계를 정리해보자.

첫 번째는 가장 기본적인 이진 탐색 알고리즘이다.

```
right = nums.length - 1로 초기화를 하므로
탐색 구간은 [left, right]이다.
따라서 while (left <= right)이다.
또한 left = mid + 1, right = mid - 1이 된다.

target의 인덱스만 찾으면 되므로
nums[mid] == target일 때 즉시 반환할 수 있다.
```

두 번째는 왼쪽 가장자리를 찾는 이진 탐색이다.

```
right = nums.length로 초기화를 하므로
탐색 구간은 [left, right)이다.
따라서 while (left < right)이다.
또한 left = mid + 1, right = mid가 된다.

target의 왼쪽 끝 인덱스만 찾아야 하므로
nums[mid] == target일 때 즉시 반환하지 않고
오른쪽 가장자리를 축소하여 왼쪽 가장자리를 정한다.
```

세 번째는 오른쪽 가장자리를 찾는 이진 탐색이다.

```
right= nums.length로 초기화를 하므로
탐색 구간은 [left, right)이다.
따라서 while (left < right)이다.
또한 left = mid + 1, right = mid이다.

target의 오른쪽 끝 인덱스를 찾아야 하므로
nums[mid] == target일 때 즉시 반환하지 않고
왼쪽 가장자리를 축소하여 오른쪽 가장자리를 확정한다.

왼쪽 가장자리를 축소할 때는 반드시 left = mid + 1이어야 하므로
left, right 어느 쪽을 반환하든 1을 빼야 한다.
```

왼쪽과 오른쪽의 가장자리를 찾는 이진 탐색의 일반적인 방법은 왼쪽 닫힘, 오른쪽 열림의 탐색 구간을 사용하는 것이다. 논리에 따라 탐색 구간 양 끝을 닫힌 상태로 하면 기억하기 쉽다. 두 곳만 변경하면 세 종류의 방법이 나온다.

```java
int binary_search(int[] nums, int target) {
  int left = 0, right = nums.length - 1;
  while (left <= right) {
    int mid = left + (right - left) / 2;
    if (nums[mid] < target) {
      left = mid + 1;
    } else if (nums[mid] > target) {
      right = mid - 1;
    } else if (nums[mid] == target) {
      // 바로 반환
      return mid;
    }
  }
  // 바로 반환
  return -1;
}

int left_bound(int[] nums, int target) {
  int left = 0, right = nums.length - 1;
  while (left <= right) {
    int mid = left + (right - left) / 2;
    if (nums[mid] < target) {
      left = mid + 1;
    } else if (nums[mid] > target) {
      right = mid - 1;
    } else if (nums[mid] == target) {
      // 반환하지 않고 오른쪽 가장자리를 축소하여 왼쪽 가장자리 확정
      right = mid - 1;
    }
  }
  // 마지막으로 left의 경계 확인
  if (left >= nums.length || nums[left] != target)
    return -1;
  return left;
}

int right_bound(int[] nums, int target) {
  int left = 0, right = nums.length - 1;
  while (left <= right) {
    int mid = left + (right - left) / 2;
    if (nums[mid] < target) {
      left = mid + 1;
```

```
    } else if (nums[mid] > target) {
      right = mid - 1;
    } else if (nums[mid] == target) {
      // 반환하지 않고 왼쪽 가장자리를 축소하여 오른쪽 가장자리 확정
      left = mid + 1;
    }
  }
  // 마지막으로 right의 경계 확인
  if (right < 0 || nums[right] != target)
    return -1;
  return right;
}
```

만약 위 내용을 모두 이해했다면 이진 탐색 알고리즘의 세부 내용을 모두 이해한 것이다.

이번 절을 통해 배운 내용은 다음과 같다.

1. else를 사용하지 않고 else if로만 나타내면 이진 탐색 코드 분석 시 이해가 쉽다.

2. 탐색 구간과 while 종료 조건에 주의해야 한다. 탐색 구간의 닫힘과 열림은 매우 중요하다. `left`와 `right`의 업데이트는 완전히 탐색 구간에 달려 있다. 만약 누락된 요소가 있으면 마지막 요소의 검사를 잊지 않도록 한다.

3. 왼쪽 닫힘, 오른쪽 열림으로 탐색 구간을 정의하고 좌우 가장자리를 탐색하는 경우 `nums[mid] == target`일 때만 수정하면 되며 오른쪽 가장자리 탐색 시 1을 빼면 된다.

4. 탐색 구간 양 끝이 모두 닫히면 기억하기 쉽다. `nums[mid] == target` 일 때의 코드와 함수가 반환하는 코드의 로직만 조금 변경하면 된다. 이 내용을 이진 탐색 템플릿으로 기록해두면 좋다.

1.7 슬라이딩 윈도 알고리즘을 받아쓰기 문제로 변경하기

1.6절에 소개한 시는 인터넷에서 좋은 반응을 얻어 널리 퍼졌다. 이제 슬라이딩 윈도 알고리즘의 위대함에 관해서도 시를 한번 써보겠다.

투 포인터의 fast, slow 포인터와 left, right 포인터의 사용법은 **1.5절**을 참조할 수 있다. 이번 절에서는 투 포인터 중 가장 어려운 유형의 기법인 슬라이딩 윈도를 해결해보자. 프레임을 정리해두면 정확한 해법 작성에 도움이 된다.

슬라이딩 윈도 알고리즘에 대해 이야기하면 많은 독자들이 머리가 아플 것이다. 그러나 이 알고리즘의 기법은 매우 간단하다. 하나의 윈도를 유지하고 계속 슬라이딩하여 답을 업데이트하는 것이다. LeetCode에는 슬라이딩 윈도 알고리즘 문제가 10개 이상 있으며 난이도는 중급과 고급이다.

알고리즘의 논리는 다음과 같다.

```
int left = 0, right = 0;

while (right < s.size()) {
  // 윈도 확대
  window.add(s[right]);
  right++;

  while (window needs shrink) {
    // 윈도 축소
    window.remove(s[left]);
    left++;
  }
}
```

이 알고리즘의 시간 복잡도는 $O(N)$으로 문자열의 무차별 탐색 알고리즘보다 훨씬 효율적이다.

알고리즘 자체는 어렵지 않지만 각종 세부 사항은 어렵다. 예를 들어 윈도에 새 요소를 추가하거나 윈도를 축소하는 방법, 슬라이딩 윈도의 어떤 단계에서 업데이트할지 등이 있다. 이와 같은 세부 사항을 이해하더라도 버그는 발생하기 쉽다. 버그 찾는 방법을 모르면 답답할 때가 많다.

따라서 슬라이딩 윈도 알고리즘에 대한 코드 프레임을 작성하여 디버깅을 위한 출력 코드도 추가했다. 나중에 이와 관련된 문제를 풀게 되면 다음 코드에서 두 곳만 변경하면 되고 버그도 발생하지 않는다.

```cpp
/* 슬라이딩 윈도 알고리즘 프레임 */
void slidingWindow(string s, string t) {
  unordered_map<char, int> need, window;
  for (char c : t) need[c]++;

  int left = 0, right = 0;
  int valid = 0;
  while (right < s.size()) {
    // c는 윈도로 이동하는 문자
    char c = s[right];
    // 윈도 오른쪽으로 이동
    right++;
    // 윈도 내 데이터 업데이트 진행
    ...

    /*** 디버깅 출력 위치 ***/
    printf("window: [%d, %d)\n", left, right);
    /*******************/

    // 왼쪽 윈도 축소 여부 판단
    while (window needs shrink) {
      // d는 윈도 밖으로 이동하는 문자
      char d = s[left];
      // 윈도 왼쪽으로 이동
      left++;
      // 윈도 내 데이터 업데이트 진행
      ...
    }
  }
}
```

... 두 곳은 윈도 데이터가 업데이트되는 곳을 나타내며 직접 특정 로직을 안에 채워 넣으면 된다. ... 두 곳은 오른쪽과 왼쪽으로 이동하는 윈도의 데이터 업데이트 작업이며 나중에는 이 작업이 완전 대칭인 것을 알 수 있다.

외형에 집착하지 말고 문제의 본질을 더 깊이 이해하길 바란다. 예를 들어 인터넷에서 사람들이 나의 프레임을 보고 해시 테이블이 느리므로 배열로 바꾸는 것이 좋겠다는 댓글이 많았다. 또한 많은 사람이 짧은 코드를 좋아해서 나의 코드에는 군더더기가 많고 컴파일 속도에도 영향을 미치며 일부 플랫폼에서는 실행 속도가 느리다고 한다.

알고리즘은 시간 복잡도를 통해 시간 복잡도가 최적인지 확인할 수 있다. 일부 플랫폼에서 속도가 매우 느리지 않는 한 문제가 없으며 컴파일 과정에서 최적화는 가치가 없으므로 주객전도되지 않도록 하자.

이 책은 알고리즘 사고에 초점을 맞추고 있으므로 프레임 사고를 최우선으로 생각하자.

본론으로 들어가서 LeetCode 문제와 프레임을 확인해보자. 첫 번째 문제는 슬라이딩 윈도 알고리즘의 원리에 대해 설명한다. 나머지 문제는 눈을 감고도 풀 수 있도록 해보자.

참고로 C++는 대괄호를 사용해 map[key]로 해시 테이블의 키에 해당하는 값에 액세스할 수 있다. key가 존재하지 않으면 C++는 자동으로 key를 생성하고 map[key]를 0으로 할당한다.

코드에서 여러 번 나타나는 map[key]++는 자바의 map.put(key, map.getOrDefault(key, 0) + 1) 과 같다.

1.7.1 최소 문자열

'최소 조각 하부문자열minimum window substring' 문제[13]의 난이도는 Hard이며 다음과 같다.

두 문자열 S와 T가 주어지면 T의 모든 문자를 포함하는 S의 가장 짧은 하부 문자열을 찾는다. S에 이 문자열이 없으면 빈 문자열을 반환하고 문자열이 있으면 이 결과를 유일한 것으로 본다.

예를 들어 S = "ADBECFEBANC", T = "ABC"일 때 알고리즘은 "BANC"를 반환한다.

만약 무차별 대입을 사용하면 대략적인 코드는 다음과 같다.

```
for (int i = 0; i < s.size(); i++)
  for (int j = i + 1; j < s.size(); j++)
    if s[i:j] t의 모든 문자 포함:
      결과 업데이트
```

---

13 [옮긴이] https://leetcode.com/problems/minimum-window-substring/

아이디어는 매우 간단하지만 알고리즘 복잡도는 크므로 좋지 않다.

슬라이딩 윈도 알고리즘의 아이디어는 다음과 같다.

1. 문자열 S에 `left`, `right` 투 포인터를 사용하며 `left = right = 0`으로 초기화한다. 인덱스의 왼쪽 닫힘, 오른쪽 열림 구간 `[left, right)`를 윈도라고 한다.

2. 먼저 `right` 포인터를 계속 증가시켜 윈도의 문자열이 요구 사항(T의 모든 문자 포함)을 충족할 때까지 `[left, right)` 윈도를 확장한다.

3. `right` 포인터 증가를 멈추고 `left` 포인터를 계속 증가시켜 윈도의 문자열이 요구 사항(T의 모든 문자 미포함)을 충족하지 않을 때까지 `[left, right)` 윈도를 축소한다. 동시에 `left`가 증가할 때마다 한 라운드의 결과를 갱신한다.

4. `right`가 문자열 S의 끝에 도착할 때까지 두 번째와 세 번째 단계를 반복한다.

이 방법은 어렵지 않다. 두 번째 단계는 가능한 해답을 찾는 것에 해당하며 세 번째 단계는 해답의 최적화이다. 마지막은 최적의 답인 가장 짧은 문자열을 찾는다. `left`, `right` 포인터가 차례로 움직이며 윈도의 크기가 커지거나 줄어들며 윈도가 오른쪽으로 계속 미끄러지는 것이 슬라이딩 윈도 이름의 유래이다.

다음은 방법을 이해하기 위한 그림이다. `needs`와 `window`는 카운터에 해당하며 T에 나타나는 문자 횟수와 윈도에 나타나는 문자 횟수를 각각 기록한다.

초기 상태는 다음과 같다.

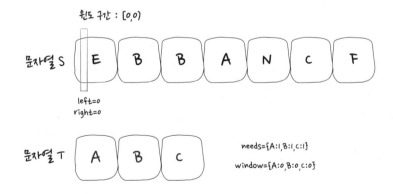

`[left, right)` 윈도가 T의 모든 문자를 포함할 때까지 `right`를 증가시킨다.

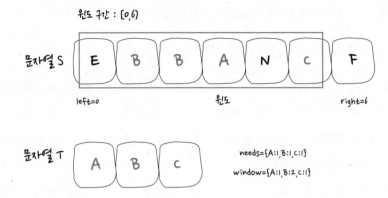

left를 증가시켜 [left, right) 윈도를 축소시킨다.

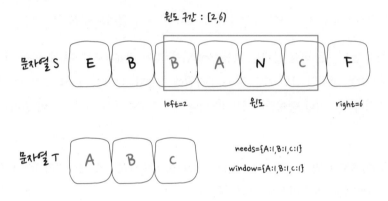

윈도의 문자열이 요구 사항을 충족하지 않으면 left는 이동을 멈춘다.

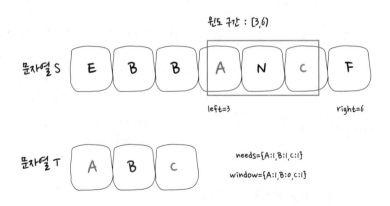

그리고 이 과정을 반복한다. right 포인터를 이동하고 left 포인터를 이동하여 right 포인터가 문자열 S의 끝에 도달하면 알고리즘이 종료된다.

이 과정을 이해할 수 있다면 이미 슬라이딩 윈도 알고리즘을 완전히 이해한 것과 같다. 슬라이딩 윈도의 코드 프레임을 확인해보자.

먼저 window와 need 해시 테이블을 초기화하여 윈도의 문자와 조합하는 문자를 기록한다.

```cpp
unordered_map<char, int> need, window;
for (char c : t) need[c]++;
```

left, right 변수를 사용해 윈도의 양 끝을 초기화한다. [left, right)는 왼쪽 닫힘, 오른쪽 열림이므로 초기 윈도는 어떠한 요소도 포함하지 않는다는 것을 기억해야 한다.

```cpp
int left = 0, right = 0;
int valid = 0;
while (right < s.size()) {
  // 슬라이딩 시작
}
```

valid 변수는 윈도에서 need 조건을 만족하는 문자의 수를 나타내며, valid와 need.size의 크기가 같으면 윈도가 조건을 만족하여 문자열 T를 완전히 포함하는 것을 의미한다.

프레임을 세팅하려면 아래 네 가지 문제만 고려하면 된다.

1. right를 이동하여 윈도를 확장(문자를 추가)할 때 어떤 데이터를 업데이트해야 할까?
2. 어떤 조건에서 윈도는 확장을 멈추고 left를 이동해 윈도를 축소해야 할까?
3. left를 이동하여 윈도를 축소(문자를 밖으로 이동)할 때 어떤 데이터를 업데이트해야 할까?
4. 우리가 원하는 결과의 업데이트는 윈도 확장/축소 중 언제 진행해야 할까?

일반적으로 하나의 문자가 윈도에 들어오면 window 카운터가 증가해야 하며, 하나의 문자가 윈도 밖으로 나가면 window 카운터가 감소해야 한다. valid가 need를 만족하면 윈도를 축소해야 하며 축소시 최종 결과를 업데이트해야 한다.

다음은 완전한 코드이다.

```cpp
string minWindow(string s, string t) {
  unordered_map<char, int> need, window;
  for (char c : t) need[c]++;

  int left = 0, right = 0;
  int valid = 0;
  // 가장 작은 크기의 문자열의 인덱스와 길이를 기록
  int start = 0, len = INT_MAX;
  while (right < s.size()) {
    // c는 윈도로 이동하는 문자
    char c = s[right];
    // 윈도 오른쪽으로 이동
    right++;
    // 윈도 내 데이터 업데이트
    if (need.count(c)) {
      window[c]++;
      if (window[c] == need[c])
        valid++;
    }

    // 윈도 왼쪽 축소 여부 결정
    while (valid == need.size()) {
    // 이곳에서 최소 포함 문자열 업데이트
    if (right - left < len) {
      start = left;
      len = right - left;
    }
    // d는 윈도 밖으로 이동하는 문자
    char d = s[left];
    // 윈도 왼쪽으로 이동
    left++;
    // 윈도 내 데이터 업데이트
    if (need.count(d)) {
      if (window[d] == need[d])
        valid--;
      window[d]--;
    }
  }
}
  // 가장 작은 크기의 문자열 반환
  return len == INT_MAX ?
    "" : s.substr(start, len);
}
```

윈도 내 특정 문자의 수가 need를 만족하면 valid를 업데이트하여 하나의 문자가 요구를 충족했음을 표시해야 한다. 또한 윈도 내 두 번의 데이터 업데이트는 완전 대칭이라는 것을 알 수 있다.

Valid == need.size()는 T의 모든 문자가 포함되어 후보 문자열에 올랐음을 나타낸다. 따라서 이제는 윈도를 축소하여 가장 짧은 문자열을 얻을 수 있다.

left를 이동하여 윈도를 축소할 때 윈도 내 문자열은 모두 답이 될 수 있다. 따라서 윈도 축소 시 가장 작은 문자열을 업데이트하여 답 중에서 가장 짧은 최종 결과를 찾는다.

이제 슬라이딩 윈도의 프레임은 모두 이해했을 것이다. 슬라이딩 윈도는 어렵지 않으나 세부 사항이 귀찮을 수 있다. 이후 슬라이딩 윈도 알고리즘 문제를 접하게 되면 이 프레임 코드를 사용하여 버그 없이 간단하게 해결할 수 있을 것이다.

아래에서 이 프레임을 사용해 몇 가지 문제를 풀어볼 텐데, 쉽게 이해할 수 있을 것이다.

1.7.2 문자열 배열

'문자열 배열' 문제[14]는 난이도 Medium 문제다.

두 개의 문자열 S와 T를 입력하고 알고리즘을 사용해 S가 T를 포함하는지 확인해보자. T의 전체 배열이 S에 포함되어 있는지를 확인하는 것이다.

예를 들어 S = "helloworld", T = "oow"를 입력하면 true를 반환한다. S에 있는 문자열 "owo"가 T의 순열이기 때문이다.

T의 순열을 모두 탐색한 뒤 S를 탐색하는 것은 불가능하다. 전체 수열을 계산하는데 지수 수준의 시간 복잡도가 필요하므로 너무 느리기 때문이다.

이 문제는 슬라이딩 윈도 알고리즘의 핵심 문제다. S와 T가 주어지고 T의 모든 문자를 포함하면서 다른 문자는 포함하지 않는 문자열이 S에 존재할까?

먼저 앞의 알고리즘 프레임 코드를 복사하여 붙여 넣고 방금 제기한 네 가지 문제를 명확히 한 뒤 질문에 대한 답을 작성해보자.

```
/* s에 t 순열 존재 여부 판단 */
bool checkInclusion(string t, string s) {
  unordered_map<char, int> need, window;
  for (char c : t) need[c]++;
```

---

14   [옮긴이] https://leetcode.com/problems/permutation-in-string/

```
int left = 0, right = 0;
int valid = 0;
while (right < s.size()) {
  char c = s[right];
  right++;
  // 윈도 내 데이터 업데이트
  if (need.count(c)) {
    window[c]++;
    if (window[c] == need[c])
      valid++;
  }

  // 윈도 왼쪽 축소 여부 판단
  while (right - left >= t.size()) {
    // 유효 문자열을 찾았는지 판단
    if (valid == need.size())
      return true;
    char d = s[left];
    left++;
    // 윈도 내 데이터 업데이트
    if (need.count(d)) {
      if (window[d] == need[d]) valid--;
      window[d]--;
    }
  }
}
// 일치하는 문자열이 없음
return false;
}
```

이 문제의 해법 코드는 기본적으로 최소 문자열 코드와 동일하며 두 부분만 다르다.

1. 이 문제에서 left를 이동해 윈도를 축소하는 시기는 윈도 크기가 t.size()보다 클 때이다. 왜냐하면 각 배열의 길이는 같아야 하기 때문이다.

2. valid == need.size()일 때 윈도의 데이터가 유효한 배열을 의미하므로 true를 반환한다.

윈도의 확장과 축소를 처리하는 방법은 최소 문자열의 방법과 완전히 동일하다.

1.7.3 모든 애너그램 찾기

'문자열의 모든 애너그램anagram 찾기' 문제[15]의 난이도는 Medium이다. 다음 문제를 확인해보자.

문자열 S와 비어 있지 않은 문자열 T가 주어지고 S에서 T의 애너그램인 모든 문자열을 찾고 이 문자열의 시작 인덱스를 반환한다.

애너그램은 사실 완전한 순열이다. 따라서 이 문제는 S에서 T의 모든 순열을 찾고 시작 인덱스를 반환하는 것과 같다.

예를 들어 S = "cbaebabacd", T = "abc"일 때 알고리즘은 [0, 6]을 반환한다.

S의 두 문자열 "cba"와 "abc"는 T의 순열로, 시작 인덱스가 0과 6이기 때문이다.

직접 프레임을 작성하고 앞에서 언급한 네 가지 문제를 명확히 하면 이 문제를 풀 수 있다.

```cpp
vector<int> findAnagrams(string s, string t) {
  unordered_map<char, int> need, window;
  for (char c : t) need[c]++;

  int left = 0, right = 0;
  int valid = 0;
  vector<int> res; // 결과 기록
  while (right < s.size()) {
    char c = s[right];
    right++;
    // 윈도 내 데이터 업데이트
    if (need.count(c)) {
      window[c]++;
      if (window[c] == need[c])
        valid++;
    }
    // 윈도 왼쪽 축소 여부 판단
    while (right - left >= t.size()) {
      // 윈도가 조건을 충족할 때 시작 인덱스를 res에 추가
      if (valid == need.size())
      res.push_back(left);
      char d = s[left];
      left++;
      // 윈도 내 데이터 업데이트
      if (need.count(d)) {
        if (window[d] == need[d])
```

---

15 [옮긴이] https://leetcode.com/problems/find-all-anagrams-in-a-string/

```
            valid--;
            window[d]--;
        }
    }
}
    return res;
}
```

문자열의 순열을 찾는 것과 같이 유효한 애너그램(순열)을 찾은 뒤 시작 인덱스를 res에 추가하면 된다.

1.7.4 반복되지 않는 가장 긴 문자열

'반복되지 않는 가장 긴 문자열' 문제[16]는 난이도 Medium이다. 다음 문제를 확인해보자.

문자열 s가 주어지면 s에서 반복되지 않는 가장 긴 문자열의 길이를 계산한다.

예를 들어 s = "aabab"이면 알고리즘은 2를 반환한다. 반복되지 않는 문자열은 "ab" 또는 "ba"로, 길이가 2이기 때문이다.

이 문제에서 마침내 새로운 부분이 나왔다. 하나의 프레임으로 바로 답이 나오는 것은 아니지만 더욱 간단하게 해결할 수 있다. 프레임을 조금만 변경하면 된다.

```
int lengthOfLongestSubstring(string s) {
  unordered_map<char, int> window;
  int left = 0, right = 0;
  int res = 0; // 결과 기록
  while (right < s.size()) {
    char c = s[right];
    right++;
    // 윈도 내 데이터 업데이트
    window[c]++;
    // 윈도 왼쪽 축소 여부 판단
    while (window[c] > 1) {
      char d = s[left];
      left++;
      // 윈도 내 데이터 업데이트
      window[d]--;
    }
    // 해답 업데이트
```

---

16 [옮긴이] https://leetcode.com/problems/longest-substring-without-repeating-characters/

```
      res = max(res, right - left);
  }
  return res;
}
```

need와 valid 모두 필요하지 않을 정도로 매우 간단하다. 윈도 내 데이터 업데이트도 간단하게 window 카운터만 업데이트하면 된다.

window[c]의 값이 1보다 크면 윈도에 중복 문자가 있는 것으로 조건이 맞지 않으면 left를 이동해 윈도를 축소한다.

유일하게 주의할 점은 res의 업데이트 위치이다. 우리가 원하는 것은 반복되지 않는 가장 긴 문자열이다. 어느 단계에서 윈도 내 문자열의 중복이 없음을 보장할 수 있을까? 이전과는 다르게 윈도를 축소한 뒤 res를 업데이트한다. 왜냐하면 윈도를 축소하는 while 조건문에는 중복 요소가 존재하므로 축소 완료 후에는 반드시 윈도 내 중복이 없어야 하기 때문이다.

이번 절 시작 부분에 있는 시를 참고하면서 프레임을 익히는 것을 추천한다. 문자열과 부분 배열 subarray 문제는 두렵지 않을 것이다.

CHAPTER 2

동적 계획법

동적 계획법dynamic programming 문제는 어렵지만 재미있으며 면접에서 자주 접하는 문제이기도 하다. 동적 계획법을 좋아하지 않더라도 이번 장을 통해 동적 계획법 문제를 좋아하게 될 것이다.

동적 계획법이란 다음의 세 단계를 말하는 것이라고 생각하면 이해하기 쉬울 것이다.

'상태'와 '선택' 찾기 → dp 배열/함수의 정의 명확히 하기 → '상태' 간의 관계 찾기

이것이 사고 모형의 프레임이다. 이번 장은 위 모형에 따라 문제를 해결하고 이를 통해 독자의 사고 모형 개발에 도움을 준다. 방향만 제대로 잡으면 문제가 발생해도 대부분의 문제를 해결할 수 있다.

2.1 동적 계획법: 최장 증가 부분 수열

일부 독자는 **1.2절**의 루틴을 통해 문제의 '상태'를 찾아내고 dp 배열/함수의 의미를 명확히 하여 base case를 정의할 수 있을 것이다. 그러나 어떻게 '선택'을 결정하는지 모르고 상태 전이의 관계도 아직 모르므로 동적 계획법의 해법을 작성할 수 없다. 어떻게 해야 할까?

동적 계획법의 어려운 점은 정확한 상태 전이 방정식을 찾는 것이다. 이번 절에서는 기본적인 '최장 증가 부분 수열' 문제[17]를 사용해 동적 계획법에서 사용되는 수학적 귀납법을 설명하겠다.

---

17   옮긴이 https://leetcode.com/problems/longest-increasing-subsequence/

최장 증가 부분 수열longest increasing subsequence, LIS은 아주 기본적인 알고리즘 문제로 동적 계획법을 생각하기 쉬우며 시간 복잡도는 $O(n^2)$이다. 이 문제를 통해 상태 전이 방정식을 찾는 방법과 동적 계획법을 사용한 해법을 알아보자. 이진 탐색을 생각하기는 더 어렵고 시간 복잡도는 $O(n\log n)$이 된다. 독창적인 해법을 이해하기 위해 간단한 카드 게임을 활용해보자.

문제는 이해하기 쉽다. 정렬되지 않은 정수 배열을 입력하고 가장 긴 증가 부분 수열을 찾는다. 함수 시그니처는 다음과 같다.

```
int lengthOfLIS(int[] nums);
```

예를 들어 nums = [10, 9, 2, 5, 3, 7, 101, 18]에서 최장 증가 수열은 [2, 3, 7, 101]이다. 따라서 알고리즘은 4를 반환한다.

부분 수열과 하위 문자열의 차이점에 주의해야 한다. 하위 문자열은 연속적이어야 하지만 부분 수열은 반드시 연속적일 필요는 없다. 먼저 동적 계획법 알고리즘을 작성해보자.

2.1.1 동적 계획법 해법

동적 계획법의 핵심은 수학적 귀납법이다.

모두가 학교에서 배운 수학적 귀납법에 익숙할 것이다. 이는 매우 간단하다. 수학적 결론을 증명하려면 먼저 k<n일 때 성립한다고 가정하고 이 가정에 따라 k=n일 때도 이 결론이 성립하도록 유도하여 증명할 방법을 생각한다. 증명할 수 있으면 이 결론은 k와 같은 어떠한 임의의 수도 성립함을 의미한다.

마찬가지로 동적 계획법 알고리즘을 만들 때 dp 배열이 필요하므로 dp[0...i-1]이 계산되었다고 가정하고 어떻게 dp[i]의 결과가 나왔는지 스스로 생각해보자.

최장 증가 수열의 문제를 예로 들면 이해할 수 있을 것이다. 그러나 먼저 dp 배열, dp[i]의 값의 의미를 정의해야 한다.

정의는 다음과 같다.

dp[i]는 숫자 nums[i]로 끝나는 최장 증가 수열의 길이를 나타낸다.

> **NOTE** 왜 이렇게 정의할까? 이것은 부분 수열의 문제를 풀기 위한 루틴으로 2.7절에 몇 개의 루틴이 정리되어 있다. 이번 절의 모든 동적 계획법 문제를 읽고 나면 dp 배열의 정의 방법도 몇 가지에 불과한 것을 알 수 있다.

이 정의에 따라 base case를 추론할 수 있다.

dp[i]의 초깃값은 1이다. nums[i]로 끝나는 최장 증가 수열은 최소 자신을 포함하기 때문이다.

다음 두 예시를 보자.

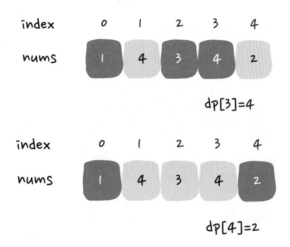

알고리즘의 발전 과정은 i = 0에서 시작해 dp 배열을 순회하고 dp[0…i-1]을 통해 dp[i]를 유도해 내는 것이다.

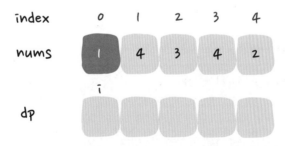

이 정의에 따르면 최종 결과(부분 수열의 최대 길이)는 dp 배열의 최댓값이어야 한다.

```
int res = 0;
for (int i = 0; i < dp.size(); i++) {
  res = Math.max(res, dp[i]);
}
return res;
```

앞에서 확인한 알고리즘 발전 과정의 각 dp[i] 결과는 눈으로 볼 수 있다. 그러나 각 dp[i]를 정확하게 계산하기 위한 알고리즘의 로직은 어떻게 짜야 할까?

이것이 동적 계획법의 가장 중요한 부분이다. 적절하게 실행되도록 상태 전이를 수행하는 알고리즘 로직의 설계 방법에 대해 생각해야 한다. 이 부분에서 수학의 귀납법을 사용할 수 있다.

dp[0..4]의 모든 결과를 안다고 가정하면 이 결과로부터 dp[5]를 어떻게 가져올 수 있을까?

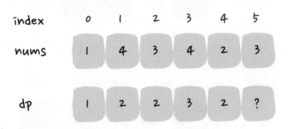

앞의 dp 배열의 정의에 따라 nums[5]로 끝나는 최장 증가 부분 수열, dp[5]의 값을 찾는다.

nums[5] = 3이고 증가 부분 수열이므로 앞에서 3보다 작은 수를 찾아 3을 이어 붙이면 새로운 증가 부분 수열을 만들 수 있다. 새로운 수열의 길이에 1이 늘어난다.

많은 종류의 새로운 부분 수열을 생성할 수 있지만 가장 긴 하나만 선택하므로 가장 긴 부분 수열은 dp[5]의 값이 될 수 있다.

```
for (int j = 0; j < i; j++) {
  if (nums[i] > nums[j])
    dp[i] = Math.max(dp[i], dp[j] + 1);
}
```

i = 5일 때 이 코드는 결과로 dp[5]를 계산할 수 있다. 사실 여기서 알고리즘의 기본은 모두 작성되었다.

어쩌면 방금 dp[5]를 계산했으니 dp[4], dp[3]는 어떻게 구하면 될지 묻는 독자가 있을 수도 있다. 유사하게 수학적 귀납법을 사용하면 된다. 이미 dp[5]를 구했으므로 다른 것도 계산할 수 있다.

```
for (int i = 0; i < nums.length; i++) {
  for (int j = 0; j < i; j++) {
    if (nums[i] > nums[j])
```

```
      dp[i] = Math.max(dp[i], dp[j] + 1);
  }
}
```

앞에서 이야기한 base case와 결합하면 다음과 같이 코드가 완성된다.

```
int lengthOfLIS(int[] nums) {
  int[] dp = new int[nums.length];
  // base case: dp 배열을 모두 1로 초기화
  Arrays.fill(dp, 1);
  for (int i = 0; i < nums.length; i++) {
    for (int j = 0; j < i; j++) {
      if (nums[i] > nums[j])
        dp[i] = Math.max(dp[i], dp[j] + 1);
    }
  }
  int res = 0;
  // 배열을 다시 순회하려면 최장 증가 부분 수열의 길이를 찾음
  for (int i = 0; i < dp.length; i++) {
    res = Math.max(res, dp[i]);
  }
  return res;
}
```

이것으로 문제가 해결되었으며 시간 복잡도는 $O(n^2)$이다.

다음은 동적 계획법의 상태 전이 관계를 찾는 방법이다.

1. dp 배열에 저장된 데이터의 의미를 명확히 한다. 이 단계는 어떠한 동적 계획법 문제를 풀더라도 매우 중요하며 이 부분이 명확하지 않으면 이후 단계에 영향을 끼칠 수 있다.

2. dp 배열의 정의에 따라 수학적 귀납법의 개념을 사용해 dp[0..i-1]을 알고 있다고 가정하고 dp[i]를 구할 방법을 생각한다. 이 단계가 완료되면 전체 문제의 기본은 해결된 것이다.

그러나 이 단계를 완료할 수 없으면 dp 배열의 정의가 적절하지 않아 dp 배열을 재정의해야 할 가능성이 높다. 또는 dp 배열에 저장된 정보가 충분하지 않아 해답을 추론하기 어렵다면 dp 배열을 2차원 또는 3차원 배열로 확장해야 한다.

2.1.2 이진 탐색 해법

이 해법의 시간 복잡도는 $O(n\log n)$이지만 사실 보통 사람이 이 해법을 생각하는 것은 쉽지 않다.

카드 게임을 해본 사람은 알 수 있을 것이다. 따라서 확인해두고 일반적인 상황에서는 동적 계획법을 사용할 수 있으면 매우 좋다.

이 장의 문제에 따르면 최장 증가 부분 순열 문제가 이진 탐색과 관련이 있다고 생각하기 어렵다. 사실 최장 증가 부분 순열은 솔리테어solitaire 또는 페이션스patience 카드 게임과 관련 있으며, patience sorting(인내심 정렬)이라는 정렬 방법도 있다.

간단하게 살펴보기 위해 수학적 증명은 생략하고 예를 사용해 알고리즘 개념을 이해해보자. 먼저 한 줄의 트럼프 카드가 주어지고 배열을 순회하는 것처럼 왼쪽에서 오른쪽으로 한 장씩 처리하고 마지막으로 더미로 나눈다.

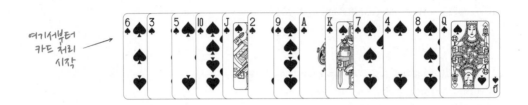

트럼프 카드 처리는 다음의 규칙이 적용된다.

점수가 낮은 카드만 그보다 점수가 높거나 같은 카드 위에 놓을 수 있다. 만약 현재 카드의 점수가 높아서 카드를 놓을 수 있는 더미가 없으면 새로운 더미를 하나 만들어서 카드를 놓는다. 현재 카드를 놓을 수 있는 더미가 여러 개인 경우에는 가장 왼쪽 더미에 놓는다.

예를 들어 앞에서 제시한 카드는 최종적으로 다음과 같이 5가지 더미로 나눌 수 있다(카드 중 A를 제일 큰 수, 2를 제일 작은 수로 간주한다).

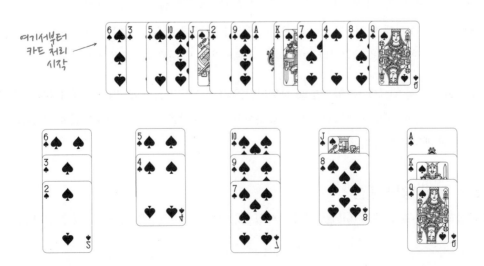

카드를 놓을 수 있는 더미가 여러 개인 경우에는 왜 가장 왼쪽에 놓을까? 이렇게 하면 제일 위에 놓이는 카드는 순서대로 (2, 4, 7, 8, Q)가 되기 때문이다. 증명은 생략하겠다.

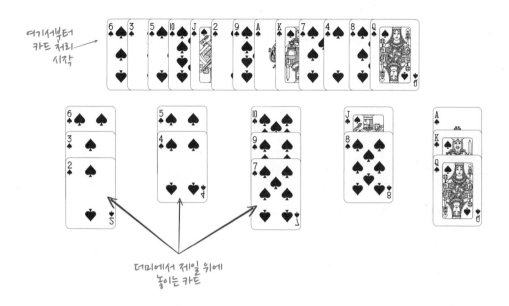

위 규칙에 따라 최장 증가 부분 수열을 구할 수 있으며 카드 더미의 수는 최장 증가 부분 수열의 길이와 같다. 증명은 생략하겠다.

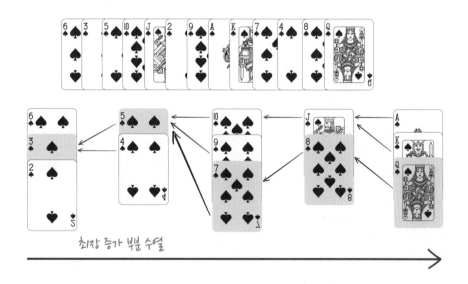

카드를 처리하는 과정만 프로그래밍하면 된다. 카드는 처리할 때마다 적합한 더미를 찾아 제일 위에 놓으면 되고 더미의 제일 위는 순서대로 놓이므로 이진 탐색을 사용할 수 있다. 이진 탐색을 사용하면 카드를 놓을 위치를 탐색할 수 있다.

> **NOTE** 1.6절에서 이진 탐색의 세부 사항과 변형을 자세하게 소개했으므로 여기서는 완벽하게 응용해보겠다.

```java
int lengthOfLIS(int[] nums) {
  int[] top = new int[nums.length];
  // 카드 더미 수 초기화 = 0
  int piles = 0;
  for (int i = 0; i < nums.length; i++) {
    // 처리가 필요한 카드
    int poker = nums[i];

    /***** 왼쪽 가장자리를 탐색하는 이진 탐색 *****/
    int left = 0, right = piles;
    while (left < right) {
      int mid = (left + right) / 2;
      if (top[mid] > poker) {
        right = mid;
      } else if (top[mid] < poker) {
        left = mid + 1;
      } else {
        right = mid;
      }
    }
    /****************************/

    // 적합한 더미를 못 찾으면 새로운 더미 생성
    if (left == piles) piles++;
    // 더미 제일 위에 놓기
    top[left] = poker;
  }
  // 카드 더미의 수는 LIS의 길이
  return piles;
}
```

이진 탐색의 해법에 대해 설명했다.

이 해법은 생각해내기가 정말 어렵다. 수학적 증명과 관련된 규칙에 따르면 최장 증가 부분 수열을 얻을 수 있으리라 누가 생각할 수 있겠는가? 또한 이진 탐색의 사용은 세부 사항을 자세히 알지 못하면 개념을 알더라도 적절하게 사용하기 어렵다.

따라서 이 방법의 개념이 확장되었다. 그러나 동적 계획법의 설계 방법은 완전히 이해해야 한다. 앞의 답을 알고 있는 경우 수학적 귀납법을 사용해 정확하게 상태 전이를 추론하고 최종 답안을 얻을 수 있다.

2.2 2차원 증가 부분 수열: 봉투 중첩 문제

많은 알고리즘 문제는 정렬 기법이 필요하다. 정렬 자체가 어려운 것은 아니지만 알고리즘 문제를 변환하고 후속 작업 기반을 위한 전처리 과정이 어렵다.

봉투 중첩 문제는 실제로 최장 증가 부분 수열 문제로 2차원이 된다. 해법은 먼저 특정 규칙에 따라 정렬한 뒤 1차원의 최장 증가 수열로 변환한다. 마지막으로 **1.6.1절**의 기법을 사용한다.

2.2.1 문제 개요

'마트료시카 인형' 문제[18]는 봉투 중첩 문제의 하나로 볼 수 있다. 문제를 확인해보자.

주어진 각 봉투는 너비와 높이의 정수 세트 (w, h)로 표시된다. A 봉투의 너비와 높이가 B 봉투보다 크면 마트료시카 인형과 같이 B를 A에 넣을 수 있다. 여기서 마트료시카를 구성할 수 있는 최대 봉투의 수(최대 레이어의 수)를 계산해보자.

함수 시그니처는 다음과 같다.

```
int maxEnvelopes(int[][] envelopes);
```

예를 들어 envelopes = [[5,4], [6,4], [6,7], [2,3]]일 때 중첩 가능한 봉투는 [2,3] => [5,4] => [6,7] 총 3개이므로 알고리즘은 3을 반환한다.

이 문제는 사실 최장 증가 부분 수열의 변형이다. 유효한 중첩은 큰 것이 작은 것을 감싸고 있는 것으로 최장 증가 부분 수열을 찾는 것과 같고 길이는 중첩이 가능한 최대 봉투의 수이다.

그러나 표준 LIS(longest increasing subsequence) 알고리즘은 1차 배열에서만 최장 부분 수열을 찾을 수 있으며 우리가 사용하는 봉투는 (w, h)와 같이 2차원 숫자 세트로 표시된다. LIS 알고리즘을 어떻게 사용할 수 있을까?

---

18 [옮긴이] https://leetcode.com/problems/russian-doll-envelopes/

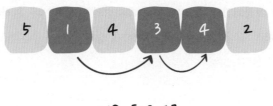

$$LIS=[1,3,4]$$
$$len(LIS)=3$$

간단하게 생각할 수 있는 방법은 w × h로 면적을 계산하고 해당 면적에 대해 표준 LIS 알고리즘을 사용하는 것이다. 그러나 조금만 생각해보면 이 방법은 불가능한 것을 알 수 있다. 예를 들어 1 × 10 은 3 × 3보다 크지만 두 봉투는 중첩될 수 없다.

2.2.2 아이디어 분석

이 문제에 대한 해법은 기술적이다.

먼저 너비 w를 오름차순으로 정렬하고 w와 같은 값을 만나면 높이 h를 기준으로 내림차순으로 정렬한다. 모든 h를 배열로 만들고 이 배열에서 계산된 LIS의 길이가 답이 된다.

자세히 생각해보면 이해하기 어렵지 않다. 그림을 통해 확인해보자.

먼저 2차원 세트를 정렬한다.

너비 w   높이 h

오름차순
[1, 8]
[2, 3]
[5, 4] 내림차순
[5, 2]
[6, 7] 내림차순
[6, 4]

그리고 h에서 최장 증가 부분 수열을 찾는다.

너비 w 높이 h

```
[ 1,8 ]
[ 2, 3 ]
[ 5, 4 ]
[ 5,2 ]
[ 6, 7 ]
[ 6,4 ]
```

부분 수열은 최적 중첩 방식으로 너비인 w가 같은 세트는 높이 h에 대해 내림차순으로 정렬하는 것이 핵심이다.

동일한 w의 봉투는 서로를 포함할 수 없고 w가 같으면 h의 역순으로 정렬된다. 이 역순 h 중 최대 1개만 증가 부분 순열에 포함되어 최종적으로는 중복되는 w가 없음을 보장한다.

물론 반대도 가능하다. 높이 h를 정렬하고 h가 같으면 너비 w를 역순으로 정렬하여 w에서 증가 부분 순열을 찾는다. 앞의 방법과 같다.

코드를 확인해보자.

```java
// envelopes = [[w1, h1], [w2, h2]...]
int maxEnvelopes(int[][] envelopes) {
  int n = envelopes.length;
  Arrays.sort(envelopes, new Comparator<int[]>()
  {
    // 너비를 오름차순으로 정렬하고 너비가 같으면 높이를 내림차순으로 정렬
    public int compare(int[] a, int[] b) {
      return a[0] == b[0] ?
        b[1] - a[1] : a[0] - b[0];
    }
  });
  // 높이 배열에서 LIS 찾기
  int[] height = new int[n];
  for (int i = 0; i < n; i++)
    height[i] = envelopes[i][1];

  return lengthOfLIS(height);
}
```

`lengthOfLIS` 함수를 사용해 최장 증가 부분 순열을 찾는 과정은 **2.1절**에서 동적 계획법과 이진 탐색을 통해 상세히 설명했으므로 여기서는 생략한다.

명확히 하기 위해 코드를 두 개의 함수로 나누었다. 두 함수를 결합하면 `height` 배열의 공간을 절약할 수 있다.

LIS의 정렬과 계산에 $O(n\log n)$의 시간이 걸리므로 알고리즘의 시간 복잡도는 $O(n\log n)$이다. LIS를 계산하는 함수는 `top` 배열이 필요하므로 공간 복잡도는 $O(n)$이다.

2.2.3 마무리

이 문제는 Hard 난이도로 특히 정렬이 어렵다. 정렬한 뒤 표준 LIS 문제로 변환하면 쉽게 해결할 수 있다.

사실 이런 종류의 문제는 3차원으로 확장될 수도 있다. 예를 들어 봉투 대신 상자를 중첩할 수도 있다. 각 상자는 길이, 너비, 높이의 3차원을 가지므로 이를 토대로 최대 개수를 구할 수 있다.

먼저 앞의 2차원(길이와 너비)에서 중첩의 순열을 찾고 세 번째 차원인 높이에서 LIS를 찾으면 답을 얻을 수 있다.

그러나 사실 이 방법은 잘못되었다. 이 유형을 부분 순서partial ordering 문제라고 하며 3차원으로 차수를 올리면 난도가 크게 올라간다. 고급 데이터 구조인 트리 배열이 필요하므로 흥미가 있는 독자는 스스로 해결책을 찾아보도록 하자.

정렬 후 처리해야 하는 문제가 많지만 문제의 처리 방법이 생각나지 않을 때는 배열을 정렬해보면 해결 방법이 생길 수 있다.

2.3 최대 부분 배열 문제

최대 부분 배열 문제[19]는 2.1절에서 설명한 것과 유사하며 특수한 동적 계획법 문제 중 대표적인 문제다.

문제는 매우 간단하다.

정수 배열 `nums`를 입력하고 가장 큰 합계를 가진 부분 배열을 찾아 이 부분 배열의 합을 반환한다.

---

19 옮긴이 https://leetcode.com/problems/maximum-subarray/

함수 시그니처는 다음과 같다.

```
int maxSubArray(int[] nums);
```

예를 들어 nums = [-3,1,3,-1,2,-4,2]를 입력하면 알고리즘은 5를 반환한다. 최대 부분 배열 [1, 3, -1, 2]의 합이 5이기 때문이다.

2.3.1 아이디어 분석

이 문제를 처음 봤을 때 1.7절에서 소개한 슬라이딩 윈도 알고리즘이 먼저 떠올랐다. 앞에서 언급한 대로 슬라이딩 윈도 문제가 부분 문자열/부분 배열 문제를 주로 다루며 이것도 부분 배열 문제로 보이기 때문이다.

그러나 조금만 분석해보면 배열 내 음수가 있으므로 슬라이딩 윈도 알고리즘은 사용할 수 없는 것을 알 수 있다.

슬라이딩 윈도 알고리즘은 투 포인터를 사용해 전체 배열/부분 문자열을 스캔하는 것으로 핵심은 right 포인터를 이동해 윈도를 확장하는 시점과 left 포인터를 이동해 윈도를 축소하는 시점을 명확히 이해하는 것이다.

이 문제에 대해 생각해보자. 윈도가 확대될 때 음수를 만날 수 있고 윈도의 값이 증가하거나 감소할 수 있다. 이 상황에서는 언제 왼쪽을 축소해야 할지 알 수 없고 최대 부분 배열의 합계도 구할 수 없다.

이 문제를 해결하려면 동적 계획법이 필요하며 dp 배열의 정의는 조금 특별하다. 기존 동적 계획법의 dp 배열 정의는 다음과 같다.

nums[0..i]의 최대 부분 배열의 합은 dp[i]이다.

이렇게 정의되면 전체 nums 배열의 최대 부분 배열의 합계는 dp[n-1]이다. 상태 전이 방정식은 어떻게 찾을까? 수학적 귀납법에 따라 dp[i-1]을 알고 있는 경우 dp[i]를 어떻게 추론할까?

다음 그림과 같이 방금 말한 dp 배열의 정의에 따르면 dp[i] = 5이며 nums[0..i]의 최대 부분 배열의 합과 같다.

이 상황에서 수학적 귀납법을 사용해 dp[i]로 dp[i+1]을 추론할 수 있을까?

실제로는 불가능하다. 부분 배열이 연속적이어야 하기 때문이다. dp 배열의 정의에 따르면 nums[0..i]에서 최대 부분 배열이 nums[i+1]에 인접한다는 보장이 없으므로 dp[i]에서 dp[i+1]을 추론할 방법이 없다.

따라서 이와 같이 dp 배열을 정의하면 정확하지 않으므로 적절한 상태 전이 방정식을 얻을 방법이 없다. 이러한 유형의 부분 배열 문제는 dp 배열을 재정의해야 한다.

nums[i]로 끝나는 최대 부분 배열의 합은 dp[i]이다.

이 정의에서 전체 nums 배열의 최대 부분 배열의 합을 구하려면 직접 dp[n-1]을 반환할 수 없으므로 전체 dp 배열을 순회해야 한다.

```
int res = Integer.MIN_VALUE;
for (int i = 0; i < n; i++) {
  res = Math.max(res, dp[i]);
}
return res;
```

수학적 귀납법을 사용해 상태 전이 관계를 찾는다.

dp[i-1]이 이미 계산되었다고 할 때 dp[i]은 어떻게 추론할까?

dp[i]는 두 가지 '선택'이 있다. 앞의 인접 부분 배열과 연결하여 더 큰 부분 배열을 형성한다. 또는 앞의 부분 배열과 연결하지 않고 스스로 하나의 부분 배열이 된다.

그럼 어떻게 선택해야 할까? 물론 최대 부분 배열의 합이 필요하므로 당연히 결과가 더 큰 것을 선택한다.

```
// 스스로 배열을 만들거나 또는 앞의 부분 배열과 병합
dp[i] = Math.max(nums[i], nums[i] + dp[i - 1]);
```

요약하자면, 우리는 이미 상태 전이 방정식을 작성했으며 해법을 다음과 같이 작성할 수 있다.

```java
int maxSubArray(int[] nums) {
  int n = nums.length;
  if (n == 0) return 0;
  int[] dp = new int[n];
  // base case
  // 첫 번째 요소 앞에는 부분 배열이 없음
  dp[0] = nums[0];
  // 상태 전이 방정식
  for (int i = 1; i < n; i++) {
    dp[i] = Math.max(nums[i], nums[i] + dp[i - 1]);
  }
  // nums의 최대 부분 배열 가져오기
  int res = Integer.MIN_VALUE;
  for (int i = 0; i < n; i++) {
    res = Math.max(res, dp[i]);
  }
  return res;
}
```

위 해법의 시간 복잡도는 $O(n)$이며, 공간 복잡도 역시 $O(n)$으로 무차별 대입보다 우수하다. dp[i]가 dp[i-1]의 상태와 관련이 있는 것을 쉽게 발견할 수 있고, 상태 압축을 통해 공간 복잡도를 줄일 수 있다.

```java
int maxSubArray(int[] nums) {
  int n = nums.length;
  if (n == 0) return 0;
  // base case
  int dp_0 = nums[0];
  int dp_1 = 0, res = dp_0;

  for (int i = 1; i < n; i++) {
    // dp[i] = max(nums[i], nums[i] + dp[i-1])
    dp_1 = Math.max(nums[i], nums[i] + dp_0);
    dp_0 = dp_1;
    // 최대의 결과를 계산
    res = Math.max(res, dp_1);
  }
  return res;
}
```

2.3.2 마무리

동적 계획법을 통한 상태 전이 방정식은 기술적이지만 대부분 규칙이 있다.

이번 절에서 살펴본 최대 부분 배열의 합과 최장 증가 부분 배열은 매우 유사하며, 'nums[i]로 끝나는 최대 부분 배열의 합, 최장 증가 하부 순열 dp[i]'로 dp 배열을 정의할 수 있다. 이 정의만이 dp[i+1]과 dp[i]의 관계를 설정할 수 있고, 수학적 귀납법을 사용해 상태 전이 방정식을 작성할 수 있기 때문이다.

2.4 동적 계획법 Q&A: 최적 하위 구조와 dp 순회 방향

이번 절에서는 주로 다음 두 가지를 설명한다.

1. 최적 하위 구조는 무엇이며 동적 계획법과 어떤 관계가 있을까?
2. 동적 계획법이 dp 배열을 정방향, 역방향, 기울어진 방향 등 다양한 방법으로 순회하는 이유는 무엇일까?

2.4.1 최적 하위 구조 상세

최적 하위 구조는 일부 문제의 특정한 속성으로 동적 계획법만의 문제는 아니다. 많은 문제가 최적 하위 구조를 갖지만, 대부분은 중첩 문제가 없으므로 동적 계획법 문제로 분류하지 않는다.

이해하기 쉬운 예부터 확인해보자. 학교에 10개의 학급이 있고 학급별로 최고 시험 성적을 안다고 가정한다. 여기서 가장 높은 성적의 계산은 쉽다. 전교생의 성적을 모두 비교할 필요 없이 학급 10개의 최고 성적에서 가장 높은 성적만 선택하면 된다.

앞에서 제시한 문제는 최적 하위 구조와 같다. 더 큰 문제에 대한 최적의 결과는 하위 문제의 최적의 결과에서 추론할 수 있다. 학급별로 최고의 성적을 계산하는 것이 하위 문제이며, 모든 하위 문제에 대한 답을 알면 이를 통해 전교생 중의 최고 성적을 구하는 더 큰 문제에 대한 답을 추론할 수 있다.

이렇게 간단한 문제는 모두 최적 하위 구조의 속성을 갖고 있다. 중첩되는 하위 문제가 없기 때문에 간단하게 최댓값을 구할 수 있으므로 동적 계획법이 필요하지 않다.

또 다른 예를 확인해보자. 학교에 10개의 학급이 있고 학급별 최대 점수의 차이(최고점과 최저점의 차잇값)를 알고 있다고 가정할 때 학교 전체에서 최대 점수의 차이를 구한다. 계산은 가능하지만 이미 알려진 10개의 최대 점수 차이로는 알 수 없다. 10개의 학급의 최대 점수의 차이가 반드시 전교생의 최대 점수의 차이를 포함하는 것은 아니기 때문이다. 예를 들어 전교의 최대 점수의 차이는 3반의 최고 점과 6반의 최저점의 차가 될 수 있다.

이번에 제시한 문제는 최적 하위 구조에 부합하지 않는다. 각 학급의 최적값을 통해 전교의 최적값을 유추할 방법이 없기 때문이다. 앞의 동적 계획법 문제 해결에서 언급한 대로 최적 하위 구조를 만족하기 위해서는 문제가 상호 독립적이어야 한다. 전교생의 최대 점수의 차는 두 학급 사이에서 나타날 수 있으며 하위 문제는 독립적이지 않으므로 이 문제는 최적 하위 구조에 부합하지 않는다.

그렇다면 이와 같이 최적 하위 구조가 성립하지 않으면 어떻게 해야 할까? 해결 방법은 문제를 변환하는 것이다. 최대 점수 차이 문제는 각 학급의 알려진 점수의 차이를 이용하는 것이 불가능하므로 다음과 같이 무차별 대입을 사용할 수밖에 없다.

```
int result = 0;
for (Student a : school) {
  for (Student b : school) {
    if (a is b) continue;
      result = max(result, |a.score - b.score|);
  }
}
return result;
```

문제의 변환은 문제를 동등한 값으로 변환하는 것이다. 최대 점수의 차이는 최대 점수와 최저 점수의 차이이며 최고점과 최저점이 필요하다. 이는 우리가 말하는 첫 번째 문제이며 최적 하위 구조를 가진다. 바꿔서 생각해보면 최적 하위 구조로 최댓값 문제를 해결한 뒤 최대 점수 차이의 문제를 해결하는 것이 더 효율적일까?

물론 위의 예는 매우 간단하지만, 독자는 우리가 동적 계획법 문제를 풀 때마다 계속 최댓값을 구했는지 생각해봐야 한다. 핵심은 여기서 제시한 예시와 차이가 없으며 중첩 문제만 처리하면 된다.

뒤에서 확인할 다양한 정의는 다양한 해법과 기본적인 동적 계획법을 생성한다. 고층에서 계란 던지기 문제로 문제를 어떻게 변형시키는지 확인할 수 있다. 다른 최적 하위 구조는 다른 해법과 효율성으로 해결할 수 있다.

다른 예로 이진 트리의 최댓값을 찾는 것이 있으며 이는 어렵지 않다(노드의 값은 모두 음수가 아니라고 가정한다).

```
int maxVal(TreeNode root) {
  if (root == null)
    return -1;
  int left = maxVal(root.left);
  int right = maxVal(root.right);
  return max(root.val, left, right);
}
```

이 문제도 최적 하위 구조에 부합하는 것을 알 수 있다. root에 기반한 트리의 최댓값은 양 끝의 하부 트리(하위 문제)의 최댓값으로부터 도출할 수 있으므로 이해하기가 쉽다.

물론 이것도 동적 계획법 문제가 아니다. 위 내용은 최적 하위 구조가 동적 계획법의 고유한 속성이 아니며 최댓값을 구할 수 있는 문제는 대부분 해당 속성을 갖고 있음을 설명한다. 역으로 최적 하위 구조의 속성은 동적 계획법 문제의 필요조건이며 반드시 최댓값을 구하게 된다. 이후 최댓값 문제를 만나게 되면 먼저 무차별 대입의 복잡도를 생각해보고 복잡도가 기하급수적으로 증가하게 되면 동적 계획법으로 가는 것이 좋다. 이것이 비법이다.

동적 계획법은 가장 간단한 base case에서 파생된 것이므로 작은 것에서부터 커지는 연쇄반응을 생각할 수 있다. 그러나 최적 하위 구조에 부합하는 문제만 이와 같은 연쇄반응의 성질을 갖는다.

최적 하위 구조를 찾는 과정은 실제로 상태 전이 방정식의 정확성을 증명하는 과정으로 방정식이 최적 하위 구조에 부합하면 무차별 해법을 사용할 수 있다. 무차별 해법을 사용하면 중첩 하위 문제를 확인할 수 있고 이를 최적화할 수 있다. 이 비법 역시 자주 문제를 풀어보면 익힐 수 있다.

여기서는 전형적인 동적 계획법의 예를 들지는 않지만, 뒤에서 상태 전이가 어떻게 최적 하위 구조를 따르는지 확인할 수 있다.

2.4.2 dp 배열의 순회 방향

동적 계획법 문제를 풀 때 dp 배열의 순회 순서에 대해 고민할 수 있다. 정방향으로 순회하는 2차 dp 배열의 예를 확인해보자.

```
int[][] dp = new int[m][n];
for (int i = 0; i < m; i++)
  for (int j = 0; j < n; j++)
    dp[i][j] = ...
```

역방향 순회는 다음과 같다.

```
for (int i = m - 1; i >= 0; i--)
  for (int j = n - 1; j >= 0; j--)
    dp[i][j] = ...
```

대각선 방향의 순회는 다음과 같다.

```
// 대각선으로 배열 순회
for (int l = 2; l <= n; l++) {
  for (int i = 0; i <= n - l; i++) {
    int j = l + i - 1;
    dp[i][j] = ...
  }
}
```

더욱 혼란스러운 것은 때때로 정방향과 역방향 순회 모두 정확한 답을 얻을 수 있는 것이다. 자세히 살펴보면 이유를 알 수 있다.

다음 두 가지만 파악하면 된다.

1. 순회 과정에서 필요한 상태는 이미 계산되어 있어야 한다.
2. 순회의 끝은 결과가 저장되는 위치여야 한다.

다음은 위 두 가지 원칙에 대한 구체적인 설명이다.

예를 들어 편집 거리edit distance의 기본 문제에서(상세 내용은 2.6절 참조) dp 배열을 정의하면서 base case는 dp[..][0]과 dp[0][..], 최종 해답은 dp[m][n]로 확정한다. 그리고 상태 전이 방정식을 통해 dp[i][j]는 dp[i-1][j], dp[i][j-1], dp[i-1][j-1]로부터 전이되는 것을 알 수 있으며 다음 그림과 같다.

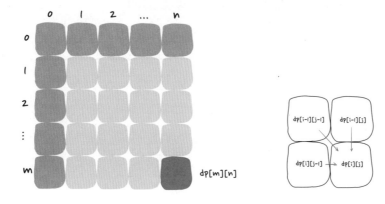

방금 이야기한 두 가지 원칙을 참고하면 dp 배열을 어떻게 순회하는 것이 좋을까? 정방향으로 순회하는 것이 좋다.

```
for (int i = 1; i < m; i++)
  for (int j = 1; j < n; j++)
    // dp[i-1][j], dp[i][j-1], dp[i-1][j-1]을 통해
    // dp[i][j] 계산
```

이와 같이 각 반복의 왼쪽, 위쪽 그리고 왼쪽의 위쪽 위치는 모두 base case 또는 이전에 계산한 것이므로 최종적으로는 원하는 답인 dp[m][n]에 도달한다.

또 다른 예는 회문palindrome 수열 문제로 2.7절을 참조하자.

dp 배열의 정의를 통해 base case를 중간의 대각선으로 정한다. dp[i][j]는 dp[i+1][j], dp[i][j-1], dp[i+1][j-1]에서 전이되며 필요한 최종 답안은 dp[0][n-1]이다. 다음 그림과 같다.

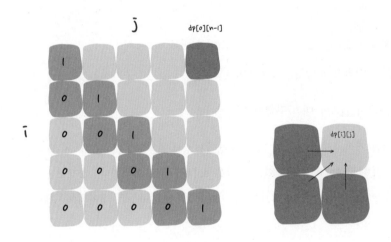

이 경우 앞의 두 원칙에 따라 정확한 두 가지의 순회 방법이 있다.

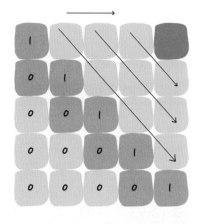 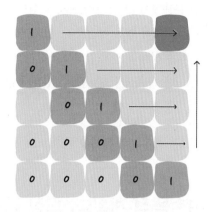

왼쪽에서 오른쪽의 대각선으로 이동하거나 아래에서 위 또는 왼쪽에서 오른쪽으로 순회하여 각 dp[i][j]의 왼쪽과 아래쪽 그리고 왼쪽 아래쪽의 계산이 맞는지 확인하여 정확한 결과를 얻을 수 있다.

예를 들어 역방향으로 순회하는 코드는 다음과 같다.

```
for (int i = n - 2; i >= 0; i--)
  for (int j = i + 1; j < n; j++)
    // dp[i+1][j], dp[i][j-1], dp[i+1][j-1]을 통해
    // dp[i][j] 계산
```

만약 대각선으로 배열을 순회하려면 코드는 다음과 같아야 한다.

```
// 변수 l을 사용해 대각선 방향 순회
for (int l = 2; l <= n; l++) {
  for (int i = 0; i <= n - l; i++) {
    int j = l + i - 1;
    // dp[i+1][j], dp[i][j-1], dp[i+1][j-1]을 통해
    // dp[i][j] 계산
  }
}
```

이제 두 원칙을 이해해야 한다. 주로 base case와 최종 결과의 저장 위치를 보고 순회 과정에서 사용된 데이터가 모두 계산되었는지 확인해야 한다. 때로는 답을 얻는 방법이 여러 가지일 수 있으며 좋아하는 방식을 선택하면 된다.

동적 계획법 문제에서 가장 어려운 것은 상태 전이 방정식을 이끌어 내는 것으로 base case와 최종 상태의 위치는 비교적 쉽게 확인할 수 있다. 역으로 생각해보면 상태 전이 방정식을 생각하기에 앞서 base case와 최종 상태를 먼저 결정하고 상대적인 위치에 따라 상태 전이 방정식을 생각해낼 수 있다. dp[i][j]는 어떤 상태에서 전이될 수 있는지 추측하고 생각이 여기까지 이루어지면 상태 전이의 관계를 찾아낼 가능성이 높다.

요약하면 해법은 배우고 사용해야 하며 모로 가도 서울만 가면 된다.

2.5 기본 동적 계획법: 최장 공통 부분 순열

최장 공통 부분 순열longest common subsequence, LCS 문제[20]는 아주 기본적인 면접 문제다. 해법은 전형적인 2차원 동적 계획법으로 대부분의 어려운 문자열 문제는 해법이 유사하다. 예를 들면 편집 거리가 있다. 이 알고리즘은 약간만 수정하면 다른 문제 해결에도 사용할 수 있으므로 LCS 알고리즘은 충분히 배울 가치가 있다.

'최장 공통 부분 순열' 문제는 두 문자열의 LCS 길이를 구하는 것이다.

예를 들어 str1 = "abcde", str2 = "aceb"이 있을 때 str1과 str2의 최장 공통 부분 순열은 "ace", 길이는 3이므로 알고리즘은 3을 반환한다.

일부 독자는 이 문제가 왜 동적 계획법을 사용하는 것인지 궁금해할 수도 있다. 부분 순열의 문제는 무차별 방법으로 가능한 모든 결과를 확인하는 것이 쉽지 않으며 동적 계획법은 무차별 + 가지치기의 방법을 사용하므로 자연스러운 세트가 된다. 따라서 부분 순열 문제의 90%는 동적 계획법을 사용해야 하며 이 방식을 사용하는 것이 맞다.

동적 계획법 사고

첫 번째는 dp 배열의 정의를 명확히 한다.

두 문자열의 동적 계획법 문제는 보통 2차 dp 배열이 필요하다. 예를 들어 문자열 s1과 s2는 다음과 같은 DP table을 구성한다.

---

20 옮긴이 https://leetcode.com/problems/longest-common-subsequence/

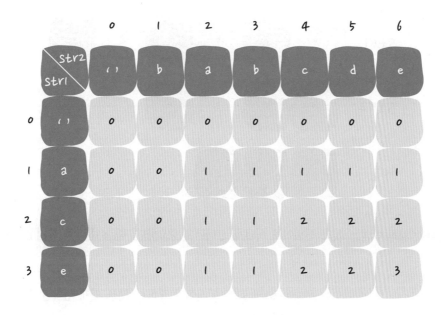

dp[i][j]는 s1[0..i-1], s2[0..j-1]일 때 LCS 길이가 dp[i][j]임을 의미한다.

예를 들어 dp[2][4] = 2는 "ac"와 "babc"의 LCS 길이가 2를 의미한다. 최종으로 얻는 답은 dp[3][6]이 된다.

두 번째는 base case를 정의한다.

인덱스가 0인 행과 열이 빈 문자열을 나타내도록 하고 dp[0][..]와 dp[..][0]은 모두 0으로 초기화한다. 이것이 base case이다.

예를 들어 앞의 dp 배열의 정의에 따라 dp[0][3]= 0은 빈 문자열 ""와 "bab"의 LCS 길이가 0임을 의미한다. 하나의 문자열이 비어 있으므로 공통 부분의 길이는 0이 되기 때문이다.

세 번째는 상태 전이 방정식을 찾는다.

이것은 실제로 동적 계획법 해법에서 언급한 '선택'이다. 구체적으로 말하면 lcs라고 부를 수 있는 s1과 s2의 가장 긴 공통 부분 순열을 찾는 것이다. s1과 s2의 각 문자열에는 어떤 선택이 있을까?

간단하다. lcs가 있거나 없는 두 가지 선택이다.

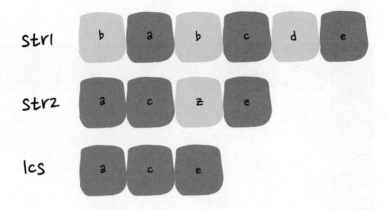

존재하거나 존재하지 않는 것의 선택이며 어떻게 선택할지 중요하다. 즉, s1[i]와 s2[j]에 대해 lcs 의 존재 여부를 어떻게 알 수 있을까?

어떤 문자가 lcs에 존재하면 이 문자는 s1와 s2에 동시에 존재하는 것을 쉽게 생각할 수 있다. 재귀 방법을 사용해 앞에서 정의한 dp 배열을 dp 함수로 정의할 수 있다.

dp(i,j)는 s1[0..i]와 s2[0..j]에서 최장 공통 하부 순열의 길이를 나타내므로 이를 통해 상태 전 이의 관계를 찾을 수 있다.

만약 s1[i] == s2[j]이면 공통 문자가 lcs에 반드시 있어야 한다. 만약 s1[0..i-1]과 s2[0..j-1] 의 lcs 길이를 알면 1을 더한 것이 s1[0..i]와 s2[0..j]의 lcs 길이이다. dp 함수의 정의에 따르면 로직은 다음과 같다.

```
if str1[i] == str2[j]:
dp(i, j) = dp(i - 1, j - 1) + 1
```

만약 s1[i] != s2[j]이면 s1[i]와 s2[j]중 적어도 하나는 lcs에 없음을 의미한다. 그렇다면 어떤 문자가 존재하지 않을까? dp 함수의 정의에 따르면 로직은 다음과 같다.

```
if str1[i] != str2[j]:
dp(i, j) = max(dp(i - 1, j), dp(i, j -1))
```

상태 전이 방정식을 이해하면 직접 해법을 작성할 수 있다.

```
def longestCommonSubsequence(str1, str2) -> int:
  def dp(i, j):
```

```
    # 빈 문자열 base case
    if i == -1 or j == -1:
      return 0

    if str1[i] == str2[j]:
      # lcs의 요소 찾기
      return dp(i - 1, j - 1) + 1
    else:
      # 적어도 하나의 문자가 lcs에 존재하지 않음
      # lcs를 가장 길게 할 수 있는 상황 찾기
      return max(dp(i-1, j), dp(i, j-1))

  # str1[0..end]와 str2[0..end]에서 lcs 길이 계산
  return dp(len(str1)-1, len(str2)-1)
```

이 코드는 무차별 방식을 사용한 해법이며 메모 또는 DP table을 통해 시간 복잡도를 최적화할 수 있다. 예를 들면 앞에서 서술한 DP table을 통해 해결할 수 있다.

```
int longestCommonSubsequence(string str1, string str2) {
  int m = str1.size(), n = str2.size();
  // 정의:s1[0..i-1]와 s2[0..j-1]의 lcs 길이는 dp[i][j]
  vector<vector<int>> dp(m + 1, vector<int>(n + 1, 0));
  // base case:dp[0][..] = dp[..][0] = 0 초기화
  for (int i = 1; i <= m; i++) {
    for (int j = 1; j <= n; j++) {
      // 상태 전이
      if (str1[i - 1] == str2[j - 1]) {
        dp[i][j] = dp[i - 1][j - 1] + 1;
      } else {
        dp[i][j] = max(dp[i][j - 1], dp[i - 1][j]);
      }
    }
  }
  return dp[m][n];
}
```

배열 인덱스는 0부터 시작하므로 dp 배열의 정의와 dp 함수는 약간 다르다. 하지만 상태 전이의 개념은 완전히 같다.

s1[i]과 s2[j]가 같지 않은 상황에서 적어도 하나의 문자가 lcs에 없다면 둘 다 없을 수도 있지 않을까? 다음과 같은 상황을 생각할 수 있다.

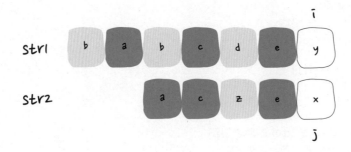

따라서 상태 전이 코드는 이 상황을 고려해서 다음과 같이 변경해야 한다.

```
if str1[i-1] == str2[j - 1]:
  dp[i][j] = 1 + dp[i-1][j-1]
else:
  dp[i][j] = max(
    dp[i-1][j], # s1[i]이 lcs에 없음
    dp[i][j-1], # s2[j]가 lcs에 없음
    dp[i-1][j-1] # 둘 다 lcs에 없음
  )
```

이와 같이 변경도 가능하며 변경 후 답을 얻을 수 있다. 그러나 실제로 dp[i-1][j-1]는 항상 셋 중 가장 작으므로 max는 이 값을 얻을 수 없다.

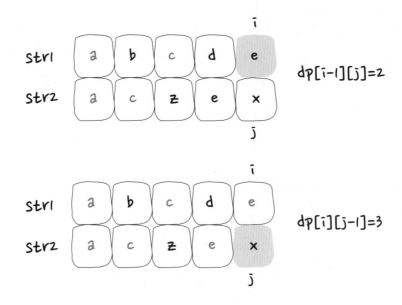

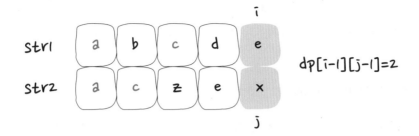

이와 같이 dp[i-1][j-1]에 대응하는 s1과 s2는 가장 짧다. 이 상황에서 lcs의 길이는 앞의 두 경우보다 클 수 없다. 따라서 가장 큰 데이터를 가져오면 비교할 필요가 없다.

두 문자열의 동적 계획법 문제에서 보통 DP table은 이번 절의 정의와 같으며 dp[i][j]의 상태는 이전 상태에서 유추할 수 있다.

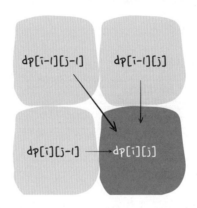

이러한 상태 전이 상황에서 실제로 2차 dp 배열은 1차원 배열로 상태 압축이 가능하며 상태 압축 기법은 뒤에서 알아볼 것이다.

상태 전이 방정식을 찾는 방법은 각 상태에 대한 '선택'을 생각해보는 것이며, 정확한 로직으로 정확한 선택을 한다면 알고리즘은 제대로 작동한다.

2.6 기본 동적 계획법: 편집 거리

이전에 한 회사의 면접 문제를 본 적이 있는데 알고리즘 파트는 절반이 동적 계획법 문제였으며 마지막 문제는 편집 거리 계산 함수였다. 이번 절에서는 이 문제에 대해 알아보자.

개인적으로 편집 거리 문제를 좋아한다. 매우 어려워 보이지만 해법은 간단하고 아름답다고 생각하기 때문이다. 또한 몇 안 되는 실용적인 문제이기 때문이기도 하다(많은 알고리즘 문제가 실용적이지 않은 것은 인정한다).

편집 거리 문제[21]의 난이도는 Hard이다. 문제를 확인해보자.

하나의 문자열에 대해 문자 삽입, 문자 삭제, 문자 변경의 조작이 가능하다. 주어진 문자열 s1과 s2 중 s1을 s2로 변환하는 데 필요한 최소 조작 수를 구한다.

함수 시그니처는 다음과 같다.

```
def minDistance(s1: str, s2: str) -> int:
```

예를 들어 s1 = '"intention", s2 = '"execution" 일 때 알고리즘은 5를 반환한다. s1에서 s2로 변환은 최소 5단계가 필요하기 때문이다.

1. 't'를 삭제한다. intention → inention
2. 'i'를 'e'로 변경한다. inention → enention
3. 'n'을 'x'로 변경한다. enention → exention
4. 'n'을 'c'로 변경한다. exention → exection
5. 'u'를 삽입한다. exection → execution

s1을 s2로 변경 완료했다. 동적 계획법이 익숙하지 않으면 이 문제가 어렵게 느껴질 수 있다.

그런데 왜 이것이 실용적일까? 며칠 전에 일상생활에서 이 알고리즘을 이용한 적이 있었다. 얼마 전 공식 트위터 계정에서 실수로 일부 내용을 잘못 작성하여 이 부분을 논리적으로 수정하기로 했다. 이미 전달한 트윗은 20글자까지만 수정할 수 있으며 삽입, 삭제, 변경만 가능하므로(편집 거리 문제와 동일) 알고리즘을 사용해 최적 방안을 찾아 16단계만 사용해 수정을 완료할 수 있었다.

또 다른 예로 조금 더 고급스럽게 응용할 수도 있다. DNA 서열은 A, G, C, T로 이루어진 염기 서열이므로 문자열과 유사하게 비교할 수 있다. 편집 거리로 두 DNA 서열의 유사도를 비교할 수 있으며 편집 거리가 작을수록 DNA도 유사하다. 유사한 DNA를 가진 사람은 먼 옛날 친척이었을지

21　[옮긴이] https://leetcode.com/problems/edit-distance/

도 모른다.

이제 본론으로 들어가서 편집 거리 계산 방법을 설명하겠다.

2.6.1 개념 분석

편집 거리 문제는 두 문자열 s1과 s2가 주어지면 세 가지 조작을 사용해 s1을 s2로 변경하는 데 필요한 최소 조작 수를 구한다. s1을 s2로 변경한 결과와 s2를 s1으로 변경한 결과는 모두 같다. 다음에서 s1를 s2로 변경하는 예를 확인해보자.

두 문자열을 동적 계획법으로 해결하기 위해 보통 투 포인터 i, j를 사용해 두 문자열의 끝을 가리키고 한 단계씩 앞으로 이동하면서 크기를 줄여간다.

두 문자열을 "rad"와 "apple"이라고 할 때 s1을 s2로 변경하기 위한 알고리즘은 다음과 같다.

편집 거리를 계산할 수 있는 이 과정을 기억하자. 핵심은 정확하게 조작하는 것이다.

위 단계에 따르면 세 가지 작업 이외에 아무것도 하지 않는 작업(skip)도 있다. 다음과 같은 상황이다.

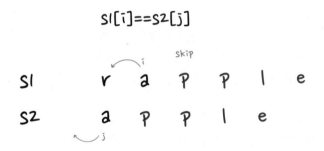

이 두 문자는 동일하므로 편집 거리를 최소화하기 위해 이들에 대한 조작이 없어야 한다. i, j를 직접 앞으로 이동시키면 된다.

처리하기 쉬운 상황도 있다. j가 s2를 완료했을 때 s1이 아직 완료되지 않았다면 삭제만 사용해 s1을
s2로 축소할 수 있다. 다음과 같다.

만약 i가 s1을 완료했을 때 s2가 아직 완료되지 않은 경우 삽입 조작만을 사용해 s2에 남은 문자를
모두 s1에 삽입한다. 이 두 가지 상황이 알고리즘의 base case이며 아래에서 확인할 수 있다.

이제 아이디어를 코드로 변경하는 상세 설명을 시작하겠다.

2.6.2 코드 상세

먼저 지금까지의 아이디어를 정리해보자.

base case는 i가 s1 또는 s2를 완료하면 다른 문자열의 남은 길이를 반환한다.

s1[i]과 s2[j]의 각 문자 세트에 대해 4가지 작업이 가능하다.

```
if s1[i] == s2[j]:
   아무것도 하지 않음 (skip)
   i, j 동시에 앞으로 이동
else:
   셋 중 하나 선택:
      삽입 (insert)
      삭제 (delete)
      변경 (replace)
```

이 프레임을 사용하면 문제가 해결된다. 앞서 소개한 동적 계획법에 따르면 동적 계획법 문제는 '상태'
와 '선택'을 찾는 것이다.

'상태'는 알고리즘 진행 과정에서 변경되는 변수이며 여기가 포인터 i와 j의 위치이다.

'선택'은 각 상태에 대한 선택이며, 방금 분석한 skip, insert, delete, replace의 4 가지 조작이다.

코드를 확인해보자. 재귀가 필요하며 뒤에서 자세히 설명한다.

```
def minDistance(s1, s2) -> int:
  # dp 함수 정의:
  # s1[0..i]과 s2[0..j]의 최소 편집 거리는 dp(i, j)
  def dp(i, j) -> int:
    # base case
    if i == -1: return j + 1
    if j == -1: return i + 1
    # 선택
    if s1[i] == s2[j]:
      return dp(i - 1, j - 1)  # 아무것도 하지 않음
    else:
      return min(
        dp(i, j - 1) + 1,    # 삽입
        dp(i - 1, j) + 1,    # 삭제
        dp(i - 1, j - 1) + 1 # 변경
      )

  # i, j는 마지막 인덱스를 가리키도록 초기화
  return dp(len(s1) - 1, len(s2) - 1)
```

base case는 설명할 필요가 없으므로 다음에서 재귀 부분에 대해 자세히 설명한다. 재귀 코드는 가독성이 좋으므로 함수의 정의 부분만 이해하면 알고리즘의 로직을 명확히 이해할 수 있다. dp(i, j) 함수의 정의는 다음과 같다.

dp(i,j)의 반환값은 s1[0..i]와 s2[0..j]의 최소 편집 거리이다.

이 정의를 기억하고 다음 코드를 확인해보자.

```
if s1[i] == s2[j]:
  return dp(i - 1, j - 1)  # 아무것도 하지 않음
# 해석:
# 동일하면 아무것도 하지 않음
# s1[0..i]과 s2[0..j]의 최소 편집 거리가
# s1[0..i-1]과 s2[0..j-1]의 최소 편집 거리와 같으면
# dp(i, j)와 dp(i-1, j-1)은 같다.
```

만약 s1[i]!= s2[j]이면 세 가지 조작을 재귀적으로 해야 하며 약간의 아이디어가 필요하다.

```
dp(i, j - 1) + 1,  # 삽입
# 해석:
# s1[i]에 s2[j]와 같은 문자 하나를 삽입
# s2[j]가 일치하면 j를 앞으로 이동해 i와 비교
# 조작 수 추가
```

$$S1[i]!=S2[j]$$

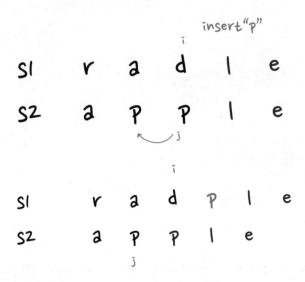

```
dp(i - 1, j) + 1,  # 삭제
# 해석:
# s[i]의 문자 직접 제거
# i를 앞으로 이동해 j와 비교
# 조작 수 추가
```

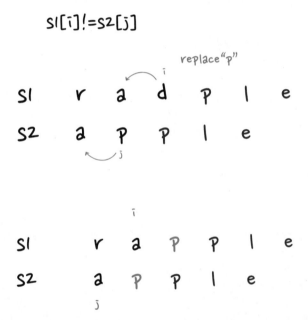

```
dp(i - 1, j - 1) + 1  # 변경
# 해석:
# s1[i]를 s2[j]로 변경하면 둘은 일치
# i,j를 동시에 앞으로 이동하며 비교
# 조작 수 추가
```

이제 짧고 간결한 코드를 완전히 이해할 수 있을 것이다. 하지만 이것은 무차별 해법이므로 하위 중복 문제가 존재한다. 따라서 동적 계획법을 사용한 최적화가 필요하다.

하위 중복 문제를 어떻게 확인할 수 있을까? 이 알고리즘의 재귀 프레임을 추상화해야 한다.

```
def dp(i, j):
  dp(i - 1, j - 1)  #1
```

```
  dp(i, j - 1)      #2
  dp(i - 1, j)      #3
```

하위 문제 dp(i-1, j-1)는 어떻게 원 문제 dp(i, j)를 통해서 얻을 수 있을까?

dp(i,j) -> #1과 dp(i, j) -> #2 -> #3과 같이 멈추지 않는 경로가 있다. 하나의 중복 경로를 찾으면 많은 수의 중복 경로가 있는 것이므로 중복 문제가 존재하는 것이다.

2.6.3 동적 계획법 최적화

중복 하위 문제는 앞의 동적 계획법 상세에서도 소개했으며, 최적화는 메모 또는 DP table을 사용하는 것에 불과하다.

메모는 코드를 조금만 수정하면 추가하기 쉽다.

```python
def minDistance(s1, s2) -> int:

  memo = dict() # 메모
  def dp(i, j):
    # 먼저 메모 확인 후 중복 계산을 피함
    if (i, j) in memo:
      return memo[(i, j)]
    # base case
    if i == -1: return j + 1
    if j == -1: return i + 1

    if s1[i] == s2[j]:
      memo[(i, j)] = dp(i - 1, j - 1)
    else:
      memo[(i, j)] = min(
        dp(i, j - 1) + 1,      # 삽입
        dp(i - 1, j) + 1,      # 삭제
        dp(i - 1, j - 1) + 1 # 변경
      )
    return memo[(i, j)]

  return dp(len(s1) - 1, len(s2) - 1)
```

다음은 DP table 알고리즘에 대한 설명이다.

먼저 dp 배열의 의미를 명확히 한다. dp 배열은 이차 배열로 다음과 같다.

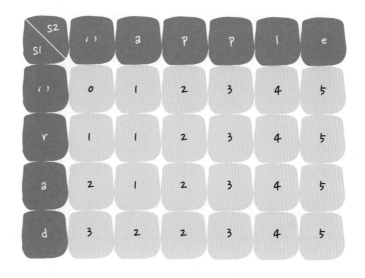

앞에서 재귀 해법의 이야기가 나왔으니 위 내용은 쉽게 이해할 수 있을 것이다. dp[..][0]과 dp[0][..]는 base case에 해당하며 dp[i][j]의 의미와 앞의 dp 함수는 유사하다.

```
def dp(i, j) -> int
# s1[0..i]과 s2[0..j]의 최소 편집 거리 반환

dp[i][j]
#s1[0..i-1]과 s2[0..j-1]의 최소 편집 거리 저장
```

dp 함수의 base case는 i, j가 -1이며 배열 인덱스는 제일 작은 수가 0이므로 dp 배열은 한 자리씩 이동할 수 있다.

dp 배열과 재귀 dp 함수는 같은 의미이므로 앞의 아이디어를 사용하면 코드를 작성할 수 있다. 유일한 차이점은 DP table은 상향식, 재귀는 하향식이라는 것이다.

```java
int minDistance(String s1, String s2) {
  int m = s1.length(), n = s2.length();
  int[][] dp = new int[m + 1][n + 1];
  // base case
  for (int i = 1; i <= m; i++)
    dp[i][0] = i;
  for (int j = 1; j <= n; j++)
    dp[0][j] = j;
  // 상향식 해결
  for (int i = 1; i <= m; i++)
    for (int j = 1; j <= n; j++)
```

```
      if (s1.charAt(i-1) == s2.charAt(j-1))
        dp[i][j] = dp[i - 1][j - 1];
      else
        dp[i][j] = min(
          dp[i - 1][j] + 1,
          dp[i][j - 1] + 1,
          dp[i-1][j-1] + 1
        );
    // s1과 s2의 전체 최소 편집 거리 저장
    return dp[m][n];
}
int min(int a, int b, int c) {
  return Math.min(a, Math.min(b, c));
}
```

2.6.4 확장

일반적으로 두 문자열을 처리하는 동적 계획법 문제는 앞의 아이디어에 따라 DP table을 생성한다. 이유가 무엇일까? 편집 거리의 DP table과 같이 상태 전이 관계를 쉽게 찾을 수 있기 때문이다.

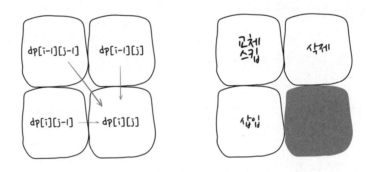

추가로, 각 dp[i][j]는 왼쪽, 위쪽, 왼쪽 위쪽의 세 가지 상태만 관련이 있으므로 공간 복잡도는 $O(\min(M,N))$(M,N은 두 문자열의 길이)로 압축할 수 있지만, 가시성이 떨어지므로 스스로 최적화를 시도해볼 수도 있다.

최소 편집 거리만 구한다면 구체적인 작업이 무엇인지 궁금할 수 있다. 하나의 최소 편집 거리만으로는 충분하지 않고 구체적인 수정 방법도 알아야 한다.

실제로는 매우 간단하다. 코드를 조금만 수정하여 dp 배열에 정보를 추가하면 된다.

```
// int[][] dp;
Node[][] dp;
```

```
class Node {
  int val;
  int choice;
  // 0 은 아무것도 하지 않음을 의미
  // 1 삽입을 의미
  // 2 삭제를 의미
  // 3 교환을 의미
}
```

val 속성은 앞 dp 배열의 값, choice 속성은 작업을 나타낸다. 최선의 선택을 할 때 작업을 기록하고 결과로부터 구체적인 작업을 추론한다.

최종 결과는 dp[m][n]이다. 여기서 val은 최소 편집 거리를 저장하고 choice는 삽입 작업과 같은 마지막 작업을 저장한 뒤 왼쪽으로 한 칸 이동한다.

dp[m][n]

이 과정을 반복하면 조금씩 시작점 dp[0][0]에 돌아가는 경로를 형성할 수 있다. 이 경로의 작업에 따라 편집을 진행하는 것이 최선의 방안이다.

dp[m][n]

아이디어를 이해하면 다음 코드를 살펴볼 수 있다. 간단하게 int형 dp 배열을 정의할 수 없으므로 새로운 Node 구조를 만들어 dp[i][j]의 최소 편집 거리와 현재 선택을 기록한다.

```
/*
val 현재 작업 차수를 기록
choice 선택 사항 기록:
  0 아무것도 하지 않음을 의미
  1 삽입을 의미
  2 삭제를 의미
  3 교환을 의미
*/
class Node {
  int val;
  int choice;
  Node(int val, int choice) {
    this.val = val;
    this.choice = choice;
  }
}
```

그리고 앞의 코드를 약간 수정하여 int[][] dp를 Node[][] dp로 업그레이드한다.

```
int minDistance(String s1, String s2) {
  int m = s1.length(), n = s2.length();
  Node[][] dp = new Node[m + 1][n + 1];
  // base case
  for (int i = 0; i <= m; i++) {
    // s1에서 s2로 변경은 하나의 문자만 삭제하면 됨
    dp[i][0] = new Node(i, 2);
  }
  for (int j = 1; j <= n; j++) {
    // s1에서 s2로 변경은 하나의 문자만 추가하면 됨
    dp[0][j] = new Node(j, 1);
  }
  // 상태 전이 방정식
  for (int i = 1; i <= m; i++)
    for (int j = 1; j <= n; j++)
      if (s1.charAt(i-1) == s2.charAt(j-1)){
        // 두 문자가 같으면 아무것도 하지 않음
        Node node = dp[i - 1][j - 1];
        dp[i][j] = new Node(node.val, 0);
      } else {
        // 그렇지 않으면 가장 비용이 적게 드는 작업을 기록
        dp[i][j] = minNode(
```

```
                dp[i - 1][j],
                dp[i][j - 1],
                dp[i-1][j-1]
            );
            // 편집 거리 추가
            dp[i][j].val++;
        }
    // dp table에 따라 구체적인 작업 과정 추론하여 프린트
    printResult(dp, s1, s2);
    return dp[m][n].val;
}
```

minNode 메서드는 직접 작성한 것으로 세 개의 Node에서 val이 가장 작은 것을 반환하고 choice를 기록한다.

```
// delete, insert, replace 중 비용이 가장 작은 작업 계산
Node minNode(Node a, Node b, Node c) {
    Node res = new Node(a.val, 2);

    if (res.val > b.val) {
        res.val = b.val;
        res.choice = 1;
    }
    if (res.val > c.val) {
        res.val = c.val;
        res.choice = 3;
    }
    return res;
}
```

마지막 printResult 함수는 결과를 추론하여 구체적인 작업을 프린트한다.

```
void printResult(Node[][] dp, String s1, String s2) {
    int rows = dp.length;
    int cols = dp[0].length;
    int i = rows - 1, j = cols - 1;
    System.out.println("Change s1=" + s1 + " to s2=" + s2 + ":\n");
    while (i != 0 && j != 0) {
        char c1 = s1.charAt(i - 1);
        char c2 = s2.charAt(j - 1);
        int choice = dp[i][j].choice;
        System.out.print("s1[" + (i - 1) + "]:");
        switch (choice) {
            case 0:
```

```
                // 스킵, 두 포인터가 동시에 앞으로
                System.out.println("skip '" + c1 + "'");
                i--; j--;
                break;
            case 1:
                // s2[j]를 s1[i]에 삽입. s2 포인터가 앞으로 이동
                System.out.println("insert '" + c2 + "'");
                j--;
                break;
            case 2:
                // s1[i] 삭제. s1 포인터가 앞으로 이동
                System.out.println("delete '" + c1 + "'");
                i--;
                break;
            case 3:
                // s1[i]을 s2[j]로 변경. 두 포인터가 앞으로 이동
                System.out.println(
                    "replace '" + c1 + "'" + " with '" + c2 + "'");
                i--; j--;
                break;
        }
    }
    // s1이 완료되지 않으면 나머지는 삭제
    while (i > 0) {
        System.out.print("s1[" + (i - 1) + "]:");
        System.out.println("delete '" + s1.charAt(i - 1) + "'");
        i--;
    }
    // s2가 완료되지 않으면 나머지는 s1에 삽입
    while (j > 0) {
        System.out.print("s1[0]:");
        System.out.println("insert '" + s2.charAt(j - 1) + "'");
        j--;
    }
}
```

편집 거리 문제는 이것으로 해결되었다. 삭제와 삽입 작업의 가중치가 2이고 교환의 가중치가 1일 때처럼 작업의 편집 거리 가중치가 다른 경우 편집 거리를 어떻게 계산해야 할까? 만약 인접한 두 문자를 교환하는 것과 같이 일부 작업이 추가되면 편집 거리는 어떻게 계산해야 할까?

2.7 부분 수열 문제 해결 템플릿: 최장 회문 부분 수열

부분 수열 문제는 자주 접하는 알고리즘 문제이지만 풀기가 쉽지 않다.

먼저 부분 수열 문제 자체는 부분 문자열이나 부분 배열보다 더 어렵다. 부분 문자열은 연속되지 않는 수열이며 부분 배열은 연속된다. 따라서 공부하더라도 관련된 알고리즘 문제를 해결하지 못할 수도 있다.

또한 부분 수열 문제는 앞의 최장 공통 부분 수열과 같이 두 문자열을 포함할 가능성이 높다. 처리 경험이 없으면 생각해내기가 쉽지 않다. 따라서 이번 절에서는 부분 수열 문제에 대해 설명하겠다. 사실 두 가지 템플릿 종류가 있으며 관련 문제는 이 두 가지 아이디어로 접근하면 대부분 해결할 수 있다.

보통 이 종류의 문제는 최장 부분 수열을 찾는 것이다. 최단 부분 수열은 문자 한 개이기 때문에 문제로 내지 않는다. 부분 수열과 최댓값은 동적 계획법을 고려하는 것이 대부분이며, 시간 복잡도는 보통 $O(n^2)$이다.

이유는 매우 간단하다. 하나의 문자열은 부분 수열이 몇 가지나 될까? 최소한 지수 수준이므로 이런 상황에서는 동적 계획법을 사용할 수밖에 없다.

동적 계획법을 사용하려면 먼저 dp 배열을 정의하고 상태 전이 관계를 찾아야 한다. 두 가지 아이디어 템플릿은 dp 배열을 정의하는 것이다. 각각의 문제는 각각 dp 배열의 정의가 필요하다.

2.7.1 두 가지 아이디어

1 첫 번째 아이디어 템플릿은 1차 dp 배열

```
int n = array.length;
int[] dp = new int[n];

for (int i = 1; i < n; i++) {
  for (int j = 0; j < i; j++) {
    dp[i] = 극값 (dp[i], dp[j] + ...)
  }
}
```

예를 들어 **최장 증가 부분 수열**에서 dp 배열의 정의는 다음과 같다.

부분 배열 array[0..i]에서 array[i]로 끝나는 최장 증가 부분 수열의 길이는 dp[i]가 된다.

왜 최장 증가 부분 수열은 이와 같은 아이디어가 필요할까? 앞의 설명대로 이는 귀납법에 부합하며 상태 전이 관계를 찾을 수 있기 때문이다. 구체적인 내용은 생략하겠다.

2 두 번째 아이디어 템플릿은 2차 dp 배열

```
int n = arr.length;
int[][] dp = new dp[n][n];

for (int i = 0; i < n; i++) {
  for (int j = 0; j < n; j++) {
    if (arr[i] == arr[j])
      dp[i][j] = dp[i][j] + ...
    else
      dp[i][j] = 극값 (...)
  }
}
```

이 아이디어는 앞에서 언급한 최장 공통 부분 수열과 편집 거리와 같은 두 문자열/배열의 부분 수열에서 특히 더 많이 사용된다. 이 아이디어에서 dp 배열의 의미는 하나의 문자열만 포함하는 것과 두 개의 문자열을 포함하는 경우로 나뉜다.

1. 두 개의 문자열/배열(최장 공통 부분 수열 등)에 대한 dp 배열의 의미는 다음과 같다.
   부분 배열 arr1[0..i]와 부분 배열 arr2[0..j]에서 필요한 부분 수열(최장 공통 부분 수열)의 길이는 dp[i][j]이다.

2. 하나의 문자열/배열(이후 설명할 최장 회문 부분 수열 등)에 대한 dp 배열의 의미는 다음과 같다.
   부분 배열 arr[i..j]에서 필요한 부분 수열(최장 회문 부분 수열)의 길이는 dp[i][j]이다. 다음에서 최장 회문 부분 수열 문제를 사용해 두 번째 경우에 사용하는 동적 계획법 문제를 설명하겠다.

2.7.2 최장 회문 부분 수열

회문 문자열 문제는 면접에서 자주 접하는 문제로 이번 절에서는 난이도를 높여 최장 회문 부분 수열longest palindromic subsequence 문제[22]를 설명하겠다. 문제 자체는 이해하기 쉽다.

문자열 s에서 최장 회문 부분 수열의 길이를 찾는다.

22 　[옮긴이] https://leetcode.com/problems/longest-palindromic-subsequence/

예를 들어 s = "aecda"가 있을 때 알고리즘은 3을 반환한다. 최장 회문 부분 수열은 "aca"이며 길이가 3이기 때문이다.

이 문제에 대한 dp 배열의 정의는 다음과 같다.

문자열 s[i..j]에서 최장 회문 부분 수열의 길이는 dp[i][j]이다. 이 정의를 반드시 기억해야 알고리즘을 이해할 수 있다.

왜 2차 dp 배열로 정의할까? 앞에서 여러 차례 이야기한 것처럼 상태 전이를 찾는 것은 귀납적 사고가 필요하다. 쉽게 말해 알려진 결과를 사용해 알려지지 않은 부분을 추론하는 것이다. 이와 같이 정의하면 귀납이 쉽고 상태 전이 관계도 찾기 쉽다.

만약 dp[i][j]를 찾을 때 하위 문제 dp[i+1][j-1]의 결과(s[i+1 .. j-1]에서 최장 회문 부분 수열의 길이)를 알고 있다고 가정하면 dp[i][j]의 값(s[i..j]에서 최장 회문 부분 수열의 길이)을 계산하는 방법을 찾을 수 있을까?

가능하다. s[i]와 s[j]의 문자가 이를 결정한다.

만약 두 개가 같으면 둘을 더한 s[i+1…j-1]의 최장 회문 부분 수열은 s[i..j]의 최장 회문 부분 수열이다.

만약 두 개가 같지 않으면 동시에 s[i..j]의 최장 회문 부분 수열에 나타날 수 없다. 각각 s[i+1..j-1]을 추가하고 어떤 문자열이 더 긴 회문 부분 수열을 만드는지 확인한다.

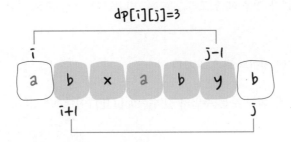

두 상황에 대해 코드를 작성하면 다음과 같다.

```
if (s[i] == s[j])
    // 두 문자는 반드시 최장 회문 부분 수열에 있어야 함
    dp[i][j] = dp[i + 1][j - 1] + 2;
else
    // s[i+1..j]과 s[i..j-1] 중 어느 쪽 회문 부분 수열의 길이가 더 길까?
    dp[i][j] = max(dp[i + 1][j], dp[i][j - 1]);
```

이것으로 상태 전이 방정식이 작성되었으며, dp 배열의 정의에 따르면 우리가 원하는 것은 dp[0]
[n-1]이다. 이는 s에서 최장 회문 부분 수열의 길이이다.

2.7.3 코드 구현

먼저 기본 상황을 명확히 한다. 만약 하나의 문자만 있다면 당연히 최장 회문 부분 수열의 길이는 1
로 dp[i][j] = 1 (i == j)이다.

i는 분명 j보다 작거나 같으므로 i > j인 위치는 어떤 부분 수열도 없다. 따라서 0으로 초기화해야
한다.

방금 작성한 상태 전이 방정식을 보자. dp[i][j]를 구하려면 dp[i+1][j-1], dp[i+1][j], dp[i]
[j-1]의 세 가지 위치를 알아야 한다. 우리가 정한 기본 상황을 다시 보자. dp 배열을 채우면 다음과
같다.

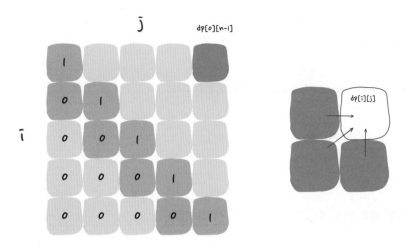

매번 dp[i][j]를 계산할 때마다 왼쪽과 그 아래 그리고 그 오른쪽 방향의 위치가 계산되며 대각선 방향 또는 역방향으로만 순회할 수 있다.

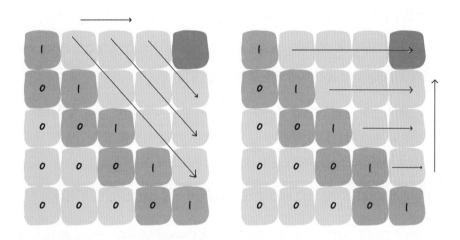

역방향 순회 코드는 다음과 같다.

```
int longestPalindromeSubseq(string s) {
  int n = s.size();
  // dp 배열을 모두 0으로 초기화
  vector<vector<int>> dp(n, vector<int>(n, 0));
  // base case
  for (int i = 0; i < n; i++)
    dp[i][i] = 1;
  // 역방향 순회는 정확한 상태 전이를 보장
  for (int i = n - 2; i >= 0; i--) {
```

```
      for (int j = i + 1; j < n; j++) {
        // 상태 전이 방정식
        if (s[i] == s[j])
          dp[i][j] = dp[i + 1][j - 1] + 2;
        else
          dp[i][j] = max(dp[i + 1][j], dp[i][j - 1]);
      }
    }
    // s의 최장 회문 부분 수열 길이
    return dp[0][n - 1];
}
```

이것으로 최장 회문 부분 수열의 문제가 모두 해결되었다.

2.8 상태 압축: 동적 계획법 차원 축소

동적 계획법은 알고리즘의 효율을 크게 향상시킬 수 있다. 일반적으로 지수 및 계승의 시간 복잡도를 갖는 알고리즘은 $O(N^2)$로 최적화할 수 있다.

그러나 동적 계획법 자체도 단계적으로 최적화가 가능하다. 예를 들어 자주 듣는 상태 압축 기법은 여러 동적 계획법 알고리즘의 공간 복잡도를 줄일 수 있다.

상태 압축 기법을 사용한 동적 계획법 문제는 모두 2차 DP 문제다. 상태 전이 방정식을 보면 dp[i][j] 상태를 계산할 때 dp[i][j]의 인접 상태가 필요하다. 따라서 상태 압축 기법을 사용해 2차 dp 배열을 1차원으로 전환하여 공간 복잡도를 $O(N^2)$에서 $O(N)$으로 낮춘다.

dp[i][j]와 인접한 상태는 무엇일까? 예를 들어 **2.7절**에서 최종 코드는 다음과 같다.

```
int longestPalindromeSubseq(string s) {
  int n = s.size();
  // dp 배열 모두 0으로 초기화
  vector<vector<int>> dp(n, vector<int>(n, 0));
  // base case
  for (int i = 0; i < n; i++)
    dp[i][i] = 1;
  // 역방향 순회는 정확한 상태 전이를 보장
  for (int i = n - 2; i >= 0; i--) {
    for (int j = i + 1; j < n; j++) {
      // 상태 전이 방정식
      if (s[i] == s[j])
        dp[i][j] = dp[i + 1][j - 1] + 2;
```

```
        else
            dp[i][j] = max(dp[i + 1][j], dp[i][j - 1]);
    }
}
// s의 최장 회문 부분 수열 길이
return dp[0][n - 1];
}
```

> **NOTE** 이번 절은 상태 전이 방정식을 추론하는 방법에 대해 설명하지 않고 2차 DP 문제에 대한 상태 압축 기법만 설명한다. 상태 전이 방정식에 대한 의문은 앞 장에서 확인할 수 있다.

코드에서 for 반복문의 순회 순서에 따르면 dp[i][j]에 대한 업데이트는 dp[i+1][j-1], dp[i][j-1], dp[i+1][j]의 세 가지 상태에만 의존한다.

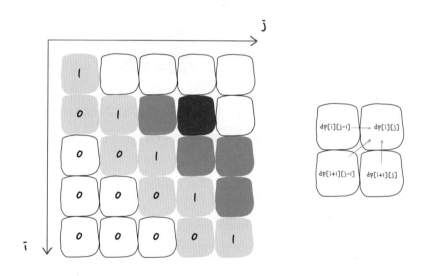

이것을 dp[i][j]에 인접한다고 한다. dp[i][j]를 계산하려면 이 세 가지의 인접 상태에 있으면 된다. 사실 그렇게 큰 2차 dp table이 필요하지 않다. 상태 압축의 핵심 아이디어는 2차 배열을 1차 배열에 투영하는 것이다.

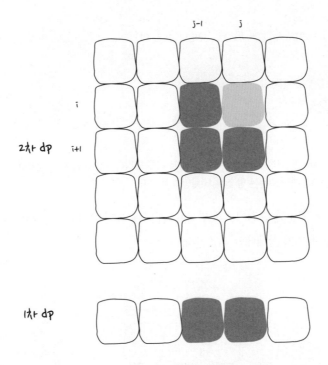

아이디어는 직관적이지만 분명히 문제가 있다. 그림에서 dp[i][j-1]과 dp[i+1][j-1]의 두 상태는 같은 열에 있고 1차 배열에는 하나의 열만 있다. 따라서 dp[i][j]를 계산할 때 하나가 다른 하나를 덮어쓰게 된다. 이때는 어떻게 해야 할까?

이것이 상태 압축의 어려운 부분이다. 다음에서 이 문제를 해결해보자. 최장 회문 부분 수열 문제의 상태 전이 방정식의 주요 로직은 다음 코드와 같다.

```
for (int i = n - 2; i >= 0; i--) {
  for (int j = i + 1; j < n; j++) {
    // 상태 전이 방정식
    if (s[i] == s[j])
      dp[i][j] = dp[i + 1][j - 1] + 2;
    else
      dp[i][j] = max(dp[i + 1][j], dp[i][j - 1]);
  }
}
```

2차 dp 배열을 1차원으로 압축할 때 보통 하나의 차원 i를 제거하면 j 차원만 남는다. 압축된 1차 dp 배열은 앞의 2차 dp 배열의 d[i][..] 행이다.

먼저 앞의 코드를 수정해보자. i 차수를 제거하고 dp 배열을 1차원으로 만든다.

```
for (int i = n - 2; i >= 0; i--) {
  for (int j = i + 1; j < n; j++) {
    // 여기서 1차 dp 배열의 수는 무엇일까?
    if (s[i] == s[j])
      dp[j] = dp[j - 1] + 2;
    else
      dp[j] = max(dp[j], dp[j - 1]);
  }
}
```

위 코드의 1차 dp 배열은 2차 dp 배열의 한 행 dp[i][..]만 나타낸다. 상태 전이를 위해 필요한 dp[i+1][j-1], dp[i][j-1], dp[i+1]의 값은 어떻게 얻을 수 있을까?

코드의 주석 위치에서 상태 전이가 수행되고 dp[j]를 업데이트한다. 그리고 두 가지 문제를 고려해야 한다.

1. dp[j]에 새로운 값을 할당하기 전에 dp[j]는 2차원 dp 배열에서 어느 위치에 해당할까?
2. dp[j-1]은 2차 dp 배열에서 어느 위치에 해당할까?

1번 문제는 dp[j]에 새 값을 할당하기 전 dp[j]의 값은 외부 for 루프 반복 후 계산된 값으로 2차 dp 배열에서 dp[i+1]의 위치에 해당한다.

2번 문제인 dp[j-1]의 값은 내부 for 루프 순회 후 계산된 값으로 2차 dp 배열에서 dp[i][j-1]의 위치에 해당한다.

이제 문제의 반이 해결되었으며 남은 2차 dp 배열의 dp[i+1][j-1] 상태는 1차 dp 배열에서 바로 얻을 수 없다.

```
for (int i = n - 2; i >= 0; i--) {
  for (int j = i + 1; j < n; j++) {
    if (s[i] == s[j])
      // dp[i][j] = dp[i+1][j-1] + 2;
      dp[j] = ?? + 2;
    else
      // dp[i][j] = max(dp[i+1][j], dp[i][j-1]);
      dp[j] = max(dp[j], dp[j - 1]);
  }
}
```

i와 j를 순회하는 for 루프는 왼쪽에서 오른쪽, 아래에서 위쪽으로 이동하므로 1차 dp 배열을 업데이트할 때 dp[i+1][j-1]이 dp[i][j-1]로 대체되는 것을 알 수 있다. 그림은 네 가지 위치의 순회 순서를 나타낸다.

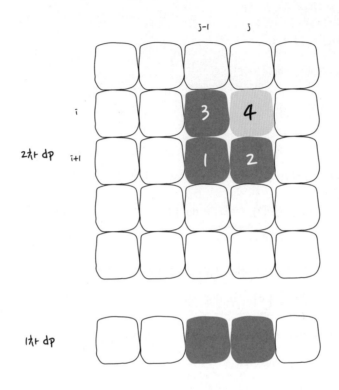

dp[i+1][j-1]을 구하고 싶다면 덮어쓰기 전에 임시 변수 temp에 값을 저장하여 dp[i][j]를 계산할 때까지 값을 유지한다. 위 그림과 결합하여 다음과 같이 코드를 작성할 수 있다.

```
for (int i = n - 2; i >= 0; i--) {
  // dp[i+1][j-1] 변수 저장
  int pre = 0;
  for (int j = i + 1; j < n; j++) {
    int temp = dp[j];
    if (s[i] == s[j])
      // dp[i][j] = dp[i+1][j-1] + 2;
      dp[j] = pre + 2;
    else
      dp[j] = max(dp[j], dp[j - 1]);
    // 다음 루프에서 pre는 dp[i+1][j-1]
    pre = temp;
  }
}
```

이 코드를 과소평가하지 말자. 이 코드는 1차 dp에서 가장 섬세한 부분으로 알고 나면 어렵지 않다. 명확히 이해하기 위해 다음에서 구체적인 데이터를 사용해 로직을 분석해보자.

i = 5, j = 7, s[5] == s[7]일 때 다음과 같은 로직이 된다.

```
if (s[5] == s[7])
  // dp[5][7] = dp[i+1][j-1] + 2;
  dp[7] = pre + 2;
```

pre 변수는 무엇일까? for 루프 내부에서 반복되는 temp 값이다. for 루프 내부에서 반복되는 temp 값은 무엇일까? dp[j-1]이며 dp[6]이기도 하다. dp[6]는 for 루프 순환 후 외부의 값이며 2차 dp 배열에서 dp[i+1][6]= dp[6][6]이기도 하다.

pre 변수는 dp[i+1][j-1] = dp[6][6]이며 이것이 우리가 원하는 결과이다. 이제 상태 전이 방정식에 대한 차원 축소가 성공했으므로 핵심 부분을 해결한 것이다. 이제 base case의 처리가 남았다.

```
// 2차 dp 배열을 모두 0으로 초기화
vector<vector<int>> dp(n, vector<int>(n, 0));
// base case
for (int i = 0; i < n; i++)
  dp[i][i] = 1;
```

base case를 1차원으로 만드는 방법은 무엇일까? 매우 간단하다. 상태 압축은 투영이므로 base case를 1차원으로 투영한다.

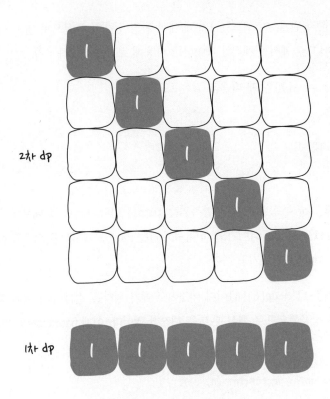

2차 dp 배열의 base case는 모두 1차 dp 배열에 속하며 충돌이나 덮어쓰기가 없으므로 다음과 같이 코드를 작성할 수 있다.

```cpp
// 1차 dp 배열을 모두 1로 초기화
vector<int> dp(n, 1);
```

지금까지 base case와 상태 전이 방정식으로 차원을 줄이고 완전한 코드를 작성했다.

```cpp
int longestPalindromeSubseq(string s) {
  int n = s.size();
  // base case:1차 dp 배열을 모두 1로 초기화
  vector<int> dp(n, 1);
   for (int i = n - 2; i >= 0; i--) {
     int pre = 0;
     for (int j = i + 1; j < n; j++) {
       int temp = dp[j];
       // 상태 전이 방정식
       if (s[i] == s[j])
         dp[j] = pre + 2;
       else
```

```
        dp[j] = max(dp[j], dp[j - 1]);
      pre = temp;
    }
  }
  return dp[n - 1];
}
```

이것으로 이번 절을 마무리한다. 상태 압축 기법 역시 기존의 동적 계획법 아이디어 기반이다.

상태 압축 기법을 사용해 2차 **dp** 배열의 차원을 줄이면 코드의 가독성이 나빠져 누가 보더라도 혼란스러울 수 있다. 알고리즘의 최적화는 이러한 과정이다. 먼저 가독성이 좋은 무차별 재귀 알고리즘을 작성하고 동적 계획법을 사용해 하위 중첩 문제를 최적화한 뒤 마지막으로 상태 압축 기법을 사용해 공간 복잡도를 최적화한다.

1.2절에서 설명한 방법을 사용해 상태 전이 방정식을 찾고 정확한 동적 계획법 해법을 작성한 뒤, 상태 전이 상황을 관찰하고 상태 압축 기법의 최적화 가능 여부를 분석할 수 있다.

독자는 차근차근 학습을 진행하면 되고 이와 같은 극한의 최적화는 진행하지 않아도 좋다. 방법만 염두에 두면 어떤 문제도 두렵지 않을 것이다.

2.9 최소 삽입 횟수로 회문 문자열 구성

회문 문자열은 앞에서 읽는 것과 뒤에서 읽는 것이 똑같은 문자열이다. 이 책에는 회문 문자열 문제를 다루는 내용이 있는데, 회문 문자열을 판단하거나 최장 회문 문자열/부분 수열을 찾는 것이다. 이번 절에서는 최소 삽입 횟수로 회문 문자열을 구성하는 문제[23]를 확인해보자.

문자열 s가 있으며, 어떤 위치에 어떤 문자라도 삽입이 가능하다. s를 회문 문자열로 만들고 싶을 때 필요한 최소 삽입 횟수는 몇 회일까?

함수 시그니처는 다음과 같다.

```
int minInsertions(string s);
```

---

23 [옮긴이] https://leetcode.com/problems/minimum-insertion-steps-to-make-a-string-palindrome/

예를 들어 s = "abcea"이 있으면 알고리즘은 2를 반환한다. s에 2개의 문자를 삽입하면 "abeceba" 또는 "aebcbea"가 될 수 있기 때문이다. 만약 s = "aba"이면 알고리즘은 0을 반환한다. s가 이미 회문 문자열이므로 문자를 삽입할 필요가 없기 때문이다.

2.9.1 아이디어 분석

먼저 최소 삽입 횟수를 구하려면 무차별 대입이 필요하다. 무차별 대입 알고리즘을 사용하여 모든 삽입 방법을 구하면 시간 복잡도는 어떻게 될까?

매번 두 문자 사이에 임의의 문자를 삽입하여 회문 문자열 여부를 판단하려면 시간 복잡도는 지수 수준으로 증가한다.

그렇다면 고민할 필요 없이 문제를 동적 계획법으로 해결해야 한다. 회문 문자열 문제는 보통 문자열 가운데에서부터 양 끝으로 진행되며 구조는 유사하다.

2차 dp 배열을 다음과 같이 정의한다.

문자열 s[i..j]는 최소 d[i][j]회 삽입을 통해 회문 문자열이 될 수 있다.

만약 s 전체에서 최소 삽입 횟수를 찾으려면 이 정의에 따라 dp[0][n-1]의 크기를 구해야 한다(n은 s의 길이).

동시에 base case도 생각하기 쉽다. i == j일 때 dp[i][j] = 0이다. i == j일 때 s[i..j]는 하나의 문자이며 자체로 회문 문자열이므로 아무런 삽입 작업이 필요하지 않기 때문이다.

다음은 동적 계획법의 중요한 부분인 수학적 귀납법 개념을 사용한 상태 전이 방정식이다.

2.9.2 상태 전이 방정식

상태 전이는 작은 크기 문제의 해답에서 더 큰 크기 문제의 해답을 도출하는 것으로 base case에서 다른 상태를 도출하는 것이다. 만약 dp[i][j]의 값을 계산하고 싶은 상황에서 이미 하위 문제 dp[i+1][j-1]의 값을 계산했다면 dp[i][j]의 값을 도출할 수 있을까?

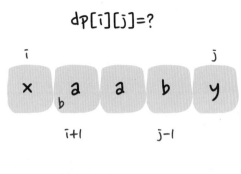

$$dp[i][j]=?$$

$$dp[i+1][j-1]=1$$

dp[i+1][j-1]이 계산되어 s[i+1..j-1]이 회문 문자열이 되기 위한 최소 삽입 횟수가 되므로 s[i+1..j-1]은 이미 회문 문자열이라고 생각할 수 있다. 따라서 dp[i+1][j-1]에서 dp[i][j]를 도출하는 핵심은 s[i]와 s[j] 두 문자이다.

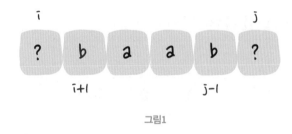

그림1

s[i] == s[j]일 때 삽입이 필요하지 않은 경우 s[i+1..j-1]을 회문 문자열로 바꾸는 방법만 알면 된다.

$$dp[i][j]=?$$

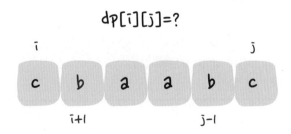

코드로 나타내면 다음과 같다.

```
if (s[i] == s[j]) {
  dp[i][j] = dp[i + 1][j - 1];
}
```

s[i] != s[j]이면 번거로워진다. 예를 들면 다음과 같은 상황이다.

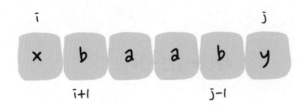

가장 간단한 아이디어는 s[j]를 s[i]의 오른쪽에 삽입하고 동시에 s[i]를 s[j] 오른쪽에 삽입하는 것이다. 이 구조는 회문 문자열이 된다.

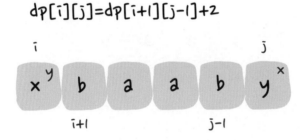

NOTE 물론 s[j]를 s[i]의 왼쪽에 삽입하고 s[i]를 s[j]의 왼쪽에 삽입해도 같다. 뒤에서 분석하겠다.

이것을 그대로 코드로 작성하면 될까?

```
if (s[i] != s[j]) {
  // s[j]를 s[i]의 오른쪽에 삽입, s[i]를 s[j]의 오른쪽에 삽입
  dp[i][j] = dp[i + 1][j - 1] + 2;
}
```

이는 정확하지 않다. 예를 들어 다음 상황에서 하나의 문자만 삽입하면 s[i..j]를 회문 문자열로 변형이 가능하다.

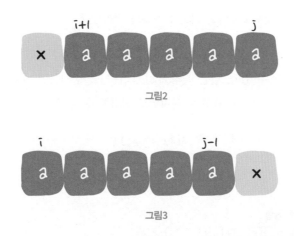

그림2

그림3

따라서 s[i] != s[j]일 때 문자를 두 번 삽입하면 s[i..j]를 회문 문자열로 변형할 수 있지만 반드시 삽입 횟수가 최소라고 할 수 없다. 최적의 삽입 방식은 다음과 같은 과정으로 분해해야 한다.

1단계로 '선택'을 통해 s[i..j-1] 또는 s[i+1..j]를 회문 문자열로 만든다. 선택 방법은 무엇일까? 최소 삽입 횟수를 갖는 것을 선택하면 된다.

예를 들어 그림2의 상황에서 s[i+1..j]를 회문 문자열로 변형하는 비용은 적다. 그 자체가 회문 문자열이므로 삽입이 필요하지 않기 때문이다. 같은 원리로 그림3도 s[i..j-1]를 회문 문자열로 변형하는 비용이 적다.

그러나 s[i+1..j]와 s[i..j-1]은 모두 회문 문자열이 아니므로 최소 하나 이상의 문자를 삽입해야 한다. 따라서 선택 결과는 어느 것이나 동일하다.

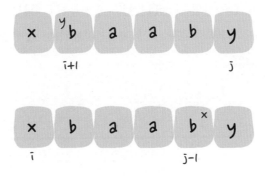

s[i+1..j]와 s[i..j-1] 중 어느 것의 비용이 더 적을까? dp 배열의 정의를 생각해보자. dp[i+1]과 dp[i][j-1]을 회문 문자열로 바꾸는 비용이다.

2단계는 1단계의 선택에 따라 s[i..j]를 회문 문자열로 변형한다.

1단계에서 s[i+1..j]를 선택한 경우 s[i+1..j]의 오른쪽에 하나의 문자인 s[i]를 삽입하면 s[i..j]를 회문 문자열로 변형할 수 있다. 같은 원리로 s[i..j-1]을 선택하면 s[i..j-1]의 왼쪽에 하나의 문자인 s[j]를 삽입하여 s[i..j]를 회문 문자열로 변경할 수 있다.

그 후 dp 배열의 정의와 앞의 분석에 따르면 s[i] != s[j]일 때 코드는 다음과 같다.

```
if (s[i] != s[j]) {
  // 1단계에서 비용이 적은 것을 선택
  // 2단계에서 반드시 한 번 삽입
  dp[i][j] = min(dp[i + 1][j], dp[i][j - 1]) + 1;
}
```

종합해보면 상태 전이 방정식은 다음과 같다.

```
if (s[i] == s[j]) {
  dp[i][j] = dp[i + 1][j - 1];
} else {
  dp[i][j] = min(dp[i + 1][j], dp[i][j - 1]) + 1;
}
```

이것이 동적 계획법 알고리즘의 핵심이며 해법 코드를 직접 작성할 수 있다.

2.9.3 코드 구현

먼저 base case를 생각해보자. i == j일 때 dp[i][j] = 0이다. s[i..j]는 단일 문자이며 자체로 회문 문자열이기 때문에 삽입이 필요하지 않다. 최종 해답은 dp[0][n-1]이다(n은 문자열 s의 길이). dp table은 다음과 같다.

상태 전이 방정식에서 dp[i][j]는 d[i+1][j], dp[i][j-1], dp[i+1][j-1] 세 가지 상태와 관련이 있다. dp[i][j]가 계산될 때마다 세 가지 상태가 계산되는 것을 보장하려면 보통 아래에서 위로, 왼쪽에서 오른쪽으로 dp 배열을 순회한다.

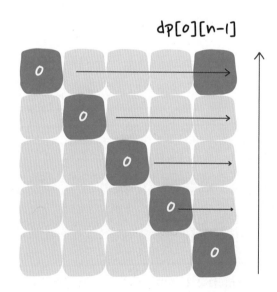

완전한 코드는 다음과 같다.

```cpp
int minInsertions(string s) {
  int n = s.size();
  // 정의: s[i..j]는 최소 dp[i][j]번 삽입 해야 회문 문자열이 될 수 있음
  vector<vector<int>> dp(n, vector<int>(n, 0));
  // base case:i == j일 때 dp[i][j] = 0이며 단일 문자 자체가 회문 문자열이 됨
  // dp 배열은 모두 0으로 초기화 0, base case도 초기화

  // 아래에서 위로 순회
  for (int i = n - 2; i >= 0; i--) {
    // 왼쪽에서 오른쪽으로 순회
    for (int j = i + 1; j < n; j++) {
      // s[i]와 s[j]에 따라 상태 전이
      if (s[i] == s[j]) {
        dp[i][j] = dp[i + 1][j - 1];
      } else {
        dp[i][j] = min(dp[i + 1][j], dp[i][j - 1]) + 1;
      }
    }
  }
  // dp 배열의 정의에 따라 문제가 요구하는 해답은 dp[0][n-1]
  return dp[0][n - 1];
}
```

이것으로 문제가 해결되었으며 시간과 공간 복잡도는 모두 $O(n^2)$이다. 작은 부분의 최적화도 있다. dp 배열의 상태 합이 인접 상태와 관련이 있는 것을 알 수 있으므로 dp 배열을 1차원으로 압축할 수 있다.

```cpp
int minInsertions(string s) {
  int n = s.size();
  vector<int> dp(n, 0);

  int temp = 0;
  for (int i = n - 2; i >= 0; i--) {
    // dp[i+1][j-1] 기록
    int pre = 0;
    for (int j = i + 1; j < n; j++) {
      temp = dp[j];

      if (s[i] == s[j]) {
        // dp[i][j] = dp[i+1][j-1];
        dp[j] = pre;
      } else {
```

```
        // dp[i][j] = min(dp[i+1][j], dp[i][j-1]) + 1;
        dp[j] = = min(dp[j], dp[j - 1]) + 1;
    }

    pre = temp;
    }
  }

  return dp[n - 1];
}
```

상태 압축 방법은 **2.8절**에서 자세히 설명하므로 여기서는 설명을 생략한다.

2.10 동적 계획법의 정규 표현식

정규 표현식regular expression[24]은 매우 강력한 도구이다. 이번 절에서는 "."와 "*" 와일드카드를 포함해 간단한 정규식 일치 알고리즘을 구현한다. 두 와일드카드가 가장 많이 사용되며 마침표 "."는 모든 문자와 일치할 수 있고 별표 "*"는 이전 문자를 원하는 만큼(0을 포함) 반복할 수 있다.

예를 들어 패턴 문자열 ".a*b"는 텍스트 "zaaab" 또는 "cb"와 일치할 수 있다. 패턴 문자열 "a..b"는 "amnb"와 일치할 수 있다. ".*"는 더 강력하며 모든 텍스트와 일치할 수 있다.

문제에서 두 개의 문자열인 s와 p가 입력될 때 s는 텍스트, p는 패턴 문자열을 의미한다. 패턴 문자열 p가 텍스트 s와 일치하는지 판단한다. 패턴 문자열은 소문자와 위 두 종류의 와일드카드만 포함해야 하며 *a 또는 b**와 같이 잘못된 패턴 문자열이 없다고 가정한다.

함수 시그니처는 다음과 같다.

```
bool isMatch(string s, string p);
```

마침표 와일드카드는 구현하기 쉽다. s의 모든 문자는 마침표 와일드카드를 만나면 모두 일치한다. 중요한 부분은 별표 와일드카드로 이는 구현이 쉽지 않다. 별표 와일드카드를 만나면 앞의 문자가 한 번 또는 여러 번 반복되거나 한 번도 반복되지 않을 수도 있다.

---

24 [옮긴이] https://leetcode.com/problems/regular-expression-matching/

2.10.1 아이디어 분석

먼저 s와 p가 서로 일치하는 과정은 대략 두 포인터 i와 j가 각각 s와 p로 이동하고 마지막 두 포인터가 문자열의 끝으로 이동할 수 있으면 일치하는 것이고 그렇지 않으면 일치하지 않는 것이다.

만약 * 와일드카드를 생각하지 않으면 두 개의 일치하는 문자 s[i]와 p[j]에 대해 할 수 있는 일은 일치 여부를 확인하는 것뿐이다.

```
bool isMatch(string s, string p) {
  int i = 0, j = 0;
  while (i < s.size() && j < p.size()) {
    // "."는 만능의 와일드카드
    if (s[i] == p[j] || p[j] == '.') {
      // 일치. s[i+1..]과 p[j+1..]가 이어서 일치
      i++; j++;
    } else {
      // 불일치
      return false;
    }
  }
  return i == j;
}
```

만약 별표 와일드카드를 붙이면 상황은 조금 복잡해지지만 상황별로 분석해보면 이해는 어렵지 않다.

p[j+1]이 별표 와일드카드인 경우 논의를 위해 몇 가지 상황으로 나눈다.

1. s[i]== p[j]일 때 두 가지 상황이 있다.

   1-1. p[j]는 s = "aaa", p = "a*"와 같이 여러 문자와 일치할 수 있으며, p[0]은 *를 통해 3개의 "a" 문자와 일치한다.

   1-2. p[i]는 s = "aa", p = "a*aa"와 같이 0개의 문자와 일치할 수 있다. 뒤의 문자가 s와 일치하므로 p[0]은 0이 되기 때문이다.

2. s[i] != p[j]일 때는 한 가지 상황이 있다.

p[j]는 0번 일치할 수 있으며, 다음 문자가 s[i]와 일치하는지 확인한다. 예를 들어 s = "aa", p = "b*aa"일 때 p[0]은 0번 일치한다.

위 상황을 종합하여 앞의 코드를 다음과 같이 수정할 수 있다.

```
if (s[i] == p[j] || p[j] == '.') {
  // 일치
  if (j < p.size() - 1 && p[j + 1] == '*') {
    // 0번 이상 일치할 수 있는 별표 와일드카드가 있음
  } else {
    // 별표 와일드카드가 없으므로 정확히 1번만 일치
    i++; j++;
  }
} else {
  // 불일치
  if (j < p.size() - 1 && p[j + 1] == '*') {
    // 별표 와일드카드가 있으므로 0회만 일치
  } else {
    // 별표 와일드카드가 없으므로 계속 진행할 수 없음
    return false;
  }
}
```

전체 아이디어는 명확하다. 하지만 별표 와일드카드를 만날 때는 몇 번 일치해야 할까? 0번 일치해야 할까? 또는 여러 번 일치해야 할까?

이것은 '선택'의 문제로 가능한 선택을 모두 탐색해보고서야 결과를 얻을 수 있다. 동적 계획법 알고리즘의 핵심은 '상태'와 '선택'이다. '상태'는 i와 j의 포인터 위치이며 선택은 p[j]가 선택하는 일치 문자 몇 개이다.

2.10.2 동적 계획법 알고리즘

'상태'에 따라 dp 함수를 설계할 수 있다.

```
bool dp(string& s, int i, string& p, int j);
```

dp 함수의 의미는 다음과 같다.

dp(s, i, p, j) = true이면 s[i..]가 p[j..]와 일치할 수 있음을 의미한다. dp(s, i, p, j) = false이면 s[i..]는 p[j..]와 일치할 수 없음을 의미한다.

이 정의에 따르면 원하는 답은 i = 0, j = 0일 때 dp 함수의 결과이다. 따라서 다음과 같이 dp 함수를 사용할 수 있다.

```
bool isMatch(string s, string p) {
  // i, j 포인터는 인덱스 0부터 이동
  return dp(s, 0, p, 0);
}
```

앞의 코드에 따라 dp 함수의 주요 부분을 작성할 수 있다.

```
bool dp(string& s, int i, string& p, int j) {
  if (s[i] == p[j] || p[j] == '.') {
    // 일치
    if (j < p.size() - 1 && p[j + 1] == '*') {
      // 1-1 와일드카드는 0번 이상 일치
      return dp(s, i, p, j + 2)
          || dp(s, i + 1, p, j);
    } else {
      // 1-2 기본 일치 1번
      return dp(s, i + 1, p, j + 1);
    }
  } else {
    // 불일치
    if (j < p.size() - 1 && p[j + 1] == '*') {
      // 2-1 와일드카드 0번 일치
      return dp(s, i, p, j + 2);
    } else {
      // 2-2 비교를 계속할 수 없음
      return false;
    }
  }
}
```

dp 함수의 정의에 따라 다음과 같은 상황을 이해할 수 있다.

1 - 1 와일드카드는 0번 이상 일치

j에 2를 추가해도 i가 변하지 않으면 p[j]와 바로 뒤 와일드카드는 건너뛴다. 따라서 일치는 0번이다.

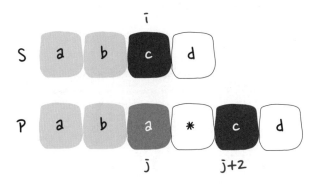

i에 1을 추가해도 j가 변하지 않으면 p[j]는 s[i]와 일치한다. 그러나 p[j]는 계속 일치할 수 있으므로 와일드카드는 여러 번 일치한다.

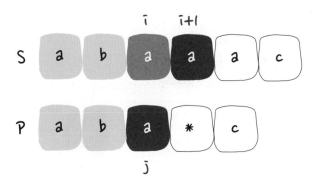

두 경우 중 하나만 일치하면 되므로 두 상황에 대해 OR 연산을 진행한다.

1 - 2 기본 일치 1번

이 조건 분기는 *가 없는 기본 일치이므로 s[i] == p[j]일 때 i와 j는 1씩 증가한다.

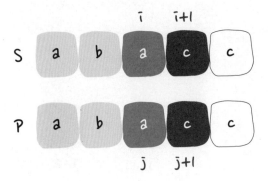

2-1 와일드카드 0번 일치

상황 1-1과 유사하게 j에 2를 추가해도 i가 변하지 않는다.

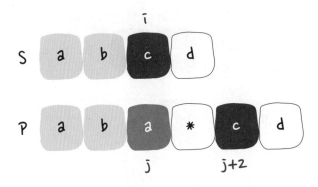

2-2 * 와일드카드가 없으면 일치할 수 없으므로 실패를 의미한다.

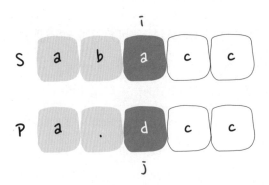

그림을 보면 쉽게 이해할 수 있다. dp 함수의 base case를 생각해보자.

base case가 j == p.size()일 때, dp 함수의 정의에 따르면 패턴 문자열 p가 일치함을 의미하며 텍스트 문자열 s가 일치하는 위치를 확인해야 한다. 만약 s도 일치하면 일치에 성공한 것이다.

```
if (j == p.size()) {
  return i == s.size();
}
```

또 다른 base case는 i == s.size()일 때, dp 함수의 정의에 따르면 이 상황은 텍스트 문자열 s가 모두 일치함을 의미한다. 그러나 이때 j와 p.size()의 일치 여부에 따라 일치를 판단할 수 없으며 p[j..]가 빈 문자열과 일치할 수 있으면 일치하는 것으로 생각할 수 있다.

예를 들어 s = "a", p = "ab*c*"일 때, i가 s의 끝으로 가도 j는 p의 끝으로 가지 않지만 p는 여전히 s와 일치할 수 있으므로 다음과 같은 코드를 작성할 수 있다.

```
if (i == s.size()) {
  // 빈 문자열과 일치할 수 있으면 문자와 *는 세트가 되어야 함
  if ((p.size() - j) % 2 == 1) {
    return false;
  }
  // x*y*z의 형식인지 확인
  for (; j + 1 < p.size(); j += 2) {
    if (p[j + 1] != '*') {
      return false;
    }
  }
  return true;
}
```

앞의 아이디어에 따라 다음과 같이 완전한 코드를 작성할 수 있다.

```
unordered_map<string, bool> memo;
/* p[j..]가 s[i..]와 일치하는지 계산 */
bool dp(string& s, int i, string& p, int j) {
  int m = s.size(), n = p.size();
  // base case
  if (j == n) {
    return i == m;
  }
  if (i == m) {
```

```
  if ((n - j) % 2 == 1) {
    return false;
  }
  for (; j + 1 < n; j += 2) {
    if (p[j + 1] != '*') {
      return false;
    }
  }
  return true;
}

// 상태(i,j) 기록, 하위 중첩 문제 삭제
string key = to_string(i) + "," + to_string(j);
if (memo.count(key)) return memo[key];

bool res = false;
if (s[i] == p[j] || p[j] == '.') {
  if (j < n - 1 && p[j + 1] == '*') {
    res = dp(s, i, p, j + 2)
       || dp(s, i + 1, p, j);
  } else {
    res = dp(s, i + 1, p, j + 1);
  }
} else {
  if (j < n - 1 && p[j + 1] == '*') {
    res = dp(s, i, p, j + 2);
  } else {
    res = false;
  }
}
// 현재 결과를 메모에 기록
memo[key] = res;

return res;
}
```

동적 계획법의 시간 복잡도는 '전체 상태의 수' × '재귀에 소요된 시간'이다. 이번 문제에서 전체 상태의 수는 i와 j의 조합으로, M * N(M은 s의 길이, N은 p의 길이)이다. 재귀 함수 dp는 루프가 없으므로 (base case는 트리거 수가 유한하므로 고려하지 않음) 재귀의 소요 시간은 일정하다.

이 둘을 곱하면 전체 시간 복잡도는 $O(MN)$이며, 공간 복잡도는 메모의 크기인 $O(MN)$이다.

2.11 다른 정의에 따른 다른 해법

4-key 키보드 문제[25]는 흥미로우면서도 명확하다. dp 배열의 다른 정의는 완전히 다른 로직이므로 새로운 해법이 필요하다.

먼저 문제를 확인해보자.

4개의 키만 있는 특수한 키보드가 있다.

1. A키: 화면에 A를 표시
2. Ctrl-A키: 전체 영역을 선택
3. Ctrl-C키: 선택한 영역을 버퍼에 복사
4. Ctrl-V키: 버퍼의 내용을 화면 위치로 출력

우리가 평소에 사용하는 전체 선택, 복사, 붙여넣기 기능과 완전히 동일하며, 문제에서는 Ctrl키와 결합한 키를 하나의 키로 본다. 이제 N번의 작업만을 통해 화면에 표시할 수 있는 A의 최대 수를 구한다.

```
int maxA(int N);
```

예를 들어 N = 3을 입력하면 알고리즘은 3을 반환한다. 연속해서 A를 3번 누르는 것이 최선의 방법이기 때문이다.

N = 7을 입력하면 알고리즘은 9를 반환한다. 작업 순서는 다음과 같다.

    A, A, A, Ctrl-A, Ctrl-C, Ctrl-V, Ctrl-V

위와 같은 방법으로 9개의 A를 얻을 수 있다.

N번 작업 후 가장 많은 A를 얻는 방법은 무엇일까? 각 작업에 대해 네 가지 방법이 있으며, 이 문제는 동적 계획법 문제로 볼 수 있다.

---

25 [옮긴이] 현재 LeetCode의 4-key 키보드 문제는 유료 회원만 이용이 가능하며 유사 문제인 2-key 키보드 문제(https://leetcode.com/problems/2-keys-keyboard/)는 무료로 이용할 수 있다.

2.11.1 첫 번째 아이디어

이 방법은 쉽게 이해할 수 있지만 효율성이 낮다. 직접 프로세스를 확인해보자. 동적 계획법 문제는 먼저 '상태'와 '선택'을 이해해야 한다.

이 문제에 대해 각 입력에 대해 사용할 수 있는 '선택'이 명확하다. 앞에서 언급한 4개의 키 유형으로 A, C-A, C-C, C-V(Ctrl키를 C로 표기)이다.

다음으로 어떤 '상태'가 있는지 생각해보자. 다른 말로 하면 키보드를 입력할 때 변화하는 양은 무엇일까?

화면에서 A의 수는 증가하고 남은 입력은 감소하며 클립보드의 A의 수는 변한다. 따라서 다음의 세 가지 상태를 정의할 수 있다.

첫 번째 상태는 남은 키 입력 수로, n으로 표시한다. 두 번째 상태는 현재 화면에 출력되는 A의 수로, a_num로 표시한다. 세 번째 상태는 클립보드의 A의 수로, copy로 표시한다.

이와 같이 '상태'를 정의하면 base case를 알 수 있다.

현재 남은 수 n이 0일 때 a_num이 원하는 답이 된다.

앞에서 말한 네 가지 '선택'을 결합하여 상태 전이로 나타낼 수 있다.

```
dp(n - 1, a_num + 1, copy),      # A
설명 : A키를 눌러 화면에 문자를 추가
동시에 1개의 작업 수 소비


dp(n - 1, a_num + copy, copy), # C-V
설명 : C-V를 눌러 붙여 넣으면 클립보드의 문자를 화면에 추가
동시에 1개의 작업 수 소비


dp(n - 2, a_num, a_num)          # C-A C-C
설명 : 전체 선택 및 복사를 함께 사용
클립보드의 A 수가 화면의 A의 수가 됨
동시에 2개의 작업 수 소비
```

이 방식으로 문제의 스케일 n이 계속 감소하면 n = 0의 base case에 도달할 수 있으므로 이 아이디어는 옳은 방법이라고 볼 수 있다.

```
def maxA(N: int) -> int:

    # (n, a_num, copy)의 상태는
    # 화면에 최대 dp(n, a_num, copy)개의 A가 존재
    def dp(n, a_num, copy):
        # base case
        if n <= 0: return a_num
        # 몇 가지 선택을 모두 시도하고 가장 큰 결과를 선택
        return max(
            dp(n - 1, a_num + 1, copy),    # A
            dp(n - 1, a_num + copy, copy), # C-V
            dp(n - 2, a_num, a_num)        # C-A C-C
        )

    # N번 버튼을 누를 수 있으며, 화면과 클립보드에는 아직 A가 없음
    return dp(N, 0, 0)
```

이 해법은 명확하므로 이해하기 쉽다. 다음은 메모를 사용해 하위 중첩 문제를 제거하는 프로세스이다.

```
def maxA(N: int) -> int:
    # 메모
    memo = dict()
    def dp(n, a_num, copy):
        if n <= 0: return a_num
        # 하위 중첩 문제 계산 건너뛰기
        if (n, a_num, copy) in memo:
            return memo[(n, a_num, copy)]

        memo[(n, a_num, copy)] = max(
            dp(n - 1, a_num + 1, copy),    # A
            dp(n - 1, a_num + copy, copy), # C-V
            dp(n - 2, a_num, a_num)        # C-A C-C
        )
        return memo[(n, a_num, copy)]

    return dp(N, 0, 0)
```

이 방식으로 코드를 최적화하면 하위 문제가 중복되지 않지만 수는 여전히 많다.

이 알고리즘의 시간 복잡도를 계산하려면 분석이 쉽지 않다는 것을 알 수 있다. 우리는 dp 함수를 dp 배열로 만들 수 있다.

```
dp[n][a_num][copy]
# 상태의 총 수(시간 복잡도)는 3차 배열의 부피
```

변수 n은 최대 N이지만 a_num과 copy의 최댓값을 계산하기 어렵고, 복잡도는 적어도 $O(N^3)$이다. 복잡도가 너무 크고 최적화가 불가능하므로 이 알고리즘은 좋지 않다.

이것은 우리가 '상태'를 정의하는 방법이 좋지 않다는 것을 의미하므로 dp의 정의 방법을 바꿔 보자.

2.11.2 두 번째 아이디어

이 아이디어는 조금 더 복잡하지만 효율적이다. '선택'은 여전히 네 가지이지만 이번에는 남은 입력 수인 '상태' 하나만 정의한다.

이 알고리즘은 최적 키 입력 시퀀스가 두 가지만 있어야 한다는 사실에 기반한다.

하나는 A를 계속 누르는 것으로 다음과 같다.

    A, A, ..., A (N이 작은 경우)

다른 하나는 다음 형식과 같다.

    A, A, ..., C-A, C-C, C-V, C-V, ..., C-A, C-C, C-V, C-V... (N이 큰 경우)

문자 수가 적을 때는(N이 비교적 작을 때) C-A, C-C, C-V 세트 작업은 비교적 비용이 높고 A를 하나씩 누르는 것만큼 좋지 않을 수 있다. N이 비교적 클 때는 C-V의 이득이 더 크므로 처음에는 몇 개의 A를 입력한 뒤 C-A, C-C의 조합을 C-V에 연결하고 다시 C-A, C-C를 C-V에 연결하는 순환 구조를 만든다.

즉, 마지막 키 입력은 A 또는 C-V이다. 이를 통해 '선택'을 두 가지로 줄일 수 있다.

```
int[] dp = newint[N + 1];
// 정의: dp[i]는 i번 작업 후 최대 표시 가능한 A의 수
for (int i = 0; i <= N; i++)
  dp[i] = max(
    A키를 입력 ,
    C-V키를 입력
  )
```

i번째 키를 누를 때 A키를 누르면 상태 i-1의 화면에 A가 추가되며 쉽게 결과를 얻을 수 있다.

```
// A키를 누르면 앞의 입력보다 A가 하나 더 증가함
dp[i] = dp[i - 1] + 1;
```

i번째 키를 누를 때 C-V를 누르면 클립보드 데이터를 화면에 붙여 넣는다. 이때 클립보드의 데이터는 무엇일까? 앞서 C-A, C-C를 누른 타이밍에 따라 결정되므로 확실하지 않다.

앞에서 C-A, C-C를 누른 것은 언제일까? 변수 j를 사용해 C-A, C-C를 누른 타이밍을 표시할 수 있으므로 이때 클립보드에 있는 a의 수는 dp[j-2]이다.

```
for (int i = 1; i <= N; i++) {
    // A키를 누르면 앞의 입력보다 A가 하나 더 증가
    dp[i] = dp[i - 1] + 1;
    // C-A, C-C를 입력한 뒤 C-V를 입력
    for (int j = 2; j < i; j++) {
        // 이 타이밍에 C-A, C-C 입력을 완료하면
        // i번째 키 입력에서 클립보드의 A 개수는 dp[j-2]
    }
}
```

문제는 화면에서 A의 최대 수를 찾도록 요청한다. 앞에서 이미 클립보드의 상황을 모두 나열했으므로 무차별 탐색을 통해 최댓값을 알 수 있다.

```
public int maxA(int N) {
    int[] dp = new int[N + 1];
    dp[0] = 0;
    for (int i = 1; i <= N; i++) {
        // A키 입력
        dp[i] = dp[i - 1] + 1;
        // C-V키 입력
        for (int j = 2; j < i; j++) {
            // 전체 선택하여 dp[j-2] 복사, 연속으로 i-j번 붙여넣기
            // 화면에 총 dp[j - 2] * (i - j + 1)개의 A가 있음
            dp[i] = Math.max(dp[i], dp[j - 2] * (i - j + 1));
        }
    }
    // N번 입력 후에는 A가 최대 몇 개일까?
    return dp[N];
}
```

그림을 보면 알 수 있다.

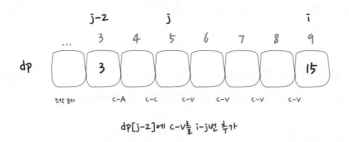

dp[j-2]에 c-v를 i-j번 추가

이렇게 하면 알고리즘이 완성된다. 시간 복잡도는 $O(N^2)$이며, 공간 복잡도는 $O(N)$이다. 이와 같은 알고리즘은 효율이 좋다.

2.11.3 마무리

동적 계획법은 상태 전이를 찾는 것이 어렵다. 다른 정의는 다른 상태 전이 로직을 생성할 수 있다. 비록 정확한 결과를 얻을 수 있더라도 효율성에서는 큰 차이가 날 수 있다.

첫 번째 해법은 하위 중첩 문제는 제거했지만 효율성이 낮다. 어느 부분의 효율성이 낮을까? 다음은 재귀 프레임을 추상화한 것이다.

```
def dp(n, a_num, copy):
  dp(n - 1, a_num + 1, copy),    # A
  dp(n - 1, a_num + copy, copy), # C-V
  dp(n - 2, a_num, a_num)        # C-A C-C
```

이와 같은 무차별 로직에서는 C-A, C-C, C-A, C-C… 또는 C-V, C-V,…와 같은 작업 순서를 갖는다. 분명 이런 작업 순서의 결과는 최적이 아니며 이러한 상황의 발생을 피하지 않았으므로 불필요한 하위 문제 계산이 늘어난다.

물론 앞에서 말한 상황은 피할 수 있지만 경험에 비춰보면 이 해법은 논리적인 결함이 있다. 보통 이런 상황에서는 생각을 바꿔 상태 전이 방정식을 재정의하여 문제를 피할 수 있다.

두 번째 해답을 다시 생각해보면 최적의 시퀀스는 A, A, ..., C-A, C-C, C-V, C-V, ..., C-A, C-C, C-V...이 되어야 한다고 생각할 수 있다. 이 사실을 통해 상태를 재정의하고 상태 전이를 재탐색하여 논리적으로 유효하지 않은 하위 문제 수를 줄이고 효율을 높일 수 있다.

2.12 기본 동적 계획법: 고층에서 계란 던지기

이번 절에서는 기본적인 알고리즘 문제에 대해 알아보자. 고층 건물과 계란이 있고 계란을 떨어뜨렸을 때 깨지지 않는 층을 찾기 위한 최소한의 시도를 계산하는 것이다. 국내는 물론 구글, 페이스북 등 여러 기업 면접에서 이 문제를 자주 사용하지만 계란 대신 컵, 깨진 그릇 등을 사용하기도 한다.

구체적인 문제는 뒤에서 논의하겠지만 이 문제는 많은 해법이 있고 동적 계획법도 효율이 다른 몇 가지 방법이 있다. 또한 수학적으로도 매우 효율적인 해법이 있다. 하지만 우리는 평소의 습관에 따라 낯설거나 이상한 방법은 거부한다. 이런 방법은 응용성이 낮아 배울 가치가 없다고 생각하기 때문이다.

계란 던지기 문제[26]는 Hard 난이도이다. 이때까지 강조한 동적 계획법 개념을 사용해보자.

2.12.1 문제 해석

문제를 이해하려면 약간의 인내가 필요하다.

1층부터 시작해 N층까지 있는 건물과 K개의 계란이 주어진다(K는 최소 1). 이 건물의 0 <= F <= N층에서 계란을 던져도 계란은 깨지지 않는다(F층보다 높으면 깨지지만, F층보다 낮으면 깨지지 않는다). 계란을 바닥에 던져도 깨지지 않는 F층을 확인하기 위해서는 적어도 몇 번의 계란을 던져야 할까?

물론 계란이 깨지면 더 이상 사용할 수 없고 깨지지 않으면 다시 사용할 수 있다. 문제는 계란이 깨지지 않는 최고층 F를 찾는 것으로, 최악의 상황에서 적어도 계란을 최소 몇 번을 던져야 할까? 이해를 위해 예를 들어보자.

계란 개수에 제한 없이 7층 건물에서 계란이 깨지지 않는 최고층을 어떻게 찾을까? 가장 원시적인 방법은 선형 탐색이다. 먼저 1층에서 깨지지 않으면 2층에서 던지고 2층에서 깨지지 않으면 계속 층수를 높여간다.

이 방법에서 최악의 상황은 7층에서도 계란이 깨지지 않는 것(F = 7)으로 이때는 계란을 7번 던지게 된다. 이제 최악의 상황을 이해해야 한다. 무차별 탐색을 진행할 때 계란이 1층에서 깨지는 것은 운이 좋은 것으로 최악의 상황은 아니다.

이제 '최소'의 의미를 알아보자. 계란의 수를 고려하지 않고 7층 높이의 건물에서 해답을 구하는 방법을 최적화할 수 있다.

---

26 [옮긴이] https://leetcode.com/problems/super-egg-drop

가장 좋은 방법은 이진 탐색을 사용하는 것으로, 먼저 (1 + 7) / 2 = 4층에서 던진다.

만약 계란이 깨지면 F는 4보다 작으므로 (1 + 3) / 2 = 2층으로 가서 다시 던진다.

깨지지 않으면 F는 4보다 크거나 같으므로 (5 + 7) / 2 = 6층으로 가서 다시 던진다.

이 방법을 사용하면 최악의 경우는 7층(F= 7) 또는 1층(F= 0)까지 시도하는 것이다. 따라서 어느 쪽이든 log7을 반올림한 3번이 되므로 앞에서 시도한 7번보다 적다. 이것이 적어도 던져야 하는 횟수이다.

사실 계란의 수를 제한하지 않으면 이진 방법을 사용해 최소 시도 횟수를 구할 수 있다. 그러나 문제는 계란의 수가 K개로 제한되어 있으므로 이진 방법을 사용할 수 없다.

예를 들어 계란이 1개, 건물이 7층일 때 이진 탐색을 사용할 수 있을까? 4층에서 계란을 던져 깨지지 않으면 괜찮지만, 깨지면 테스트를 계속할 계란이 없다. 따라서 계란이 깨지지 않는 최고층 F를 찾을 수 없다. 이 경우에는 선형 탐색 방법만 사용할 수 있으며 알고리즘의 반환 결과는 7이 된다.

일부 독자는 다음과 같이 생각할 수도 있다. 이진 탐색은 층을 제외하는 속도가 가장 빠르므로 먼저 이진 탐색을 사용하고 1개의 계란이 남았을 때 선형 탐색을 사용하면 계란을 던지는 횟수가 가장 적은 것이 아닐까?

유감스럽지만 그렇지 않다. 예를 들어 100층에 계란이 2개만 주어지고 50층에서 던져 깨진다면 1층에서 49층까지 선형 스캔을 해야 하므로 최악의 경우 50회를 던지게 된다.

그러나 이진이 아닌 오진, 십진의 경우에는 최악의 경우에도 시도 횟수를 크게 줄일 수 있다. 예를 들어 첫 번째 계란은 10층 간격으로 던지고 계란이 깨지면 두 번째 계란은 선형 탐색에 사용하면 총 횟수는 20회를 넘지 않는다.

최적의 해법은 14회이다. 최적화 방법은 많지만 정해진 규칙은 없다.

문제의 의미를 이해하고 문제가 복잡하므로 손으로 계산하기가 쉽지 않다는 것을 알아야 한다. 그렇다면 어떻게 알고리즘을 사용해 해결할 수 있을까?

2.12.2 아이디어 분석

동적 계획법 문제는 앞에서 여러 번 강조한 프레임을 사용하는 것으로 충분하다. 문제의 '상태'와 '선택'이 무엇인지 확인하고 (무차별) 탐색을 진행한다.

'상태'는 변경되는 양이다. 이는 두 종류가 있으며 현재 가지고 있는 계란의 수 K와 확인할 층수 N이다. 층수를 확인하면서 계란의 수는 줄어들 수 있고 탐색 범위도 줄어들게 된다. 이것이 바로 상태의 변화이다.

'선택'은 실제로 계란을 던지는 층을 선택하는 것이다. 선형 탐색과 이진 탐색을 생각해보면 이진 탐색은 매번 중간 구간을 선택해서 계란을 던지고 선형 탐색은 한 층씩 위로 이동한다. 각각의 선택에 따라 각각의 상태 전이가 발생한다.

'상태'와 '선택'이 명확해지면 동적 계획법의 기본 아이디어가 형성된다. 2차 dp 배열 또는 두 상태 매개변수를 갖는 dp 함수로 상태 전이를 표시한다. for 루프를 추가하여 모든 선택을 반복하고 최적의 선택을 하여 상태를 업데이트한다.

```
# 현재 상태는 N 층, K개의 계란
# 이 상황에서 최적의 결과를 반환
def dp(K, N):
  int res
  for 1 <= i <= N:
    res = min(res, i층에서 계란 던지기)
  return res
```

이 의사 코드는 아직 재귀와 상태 전이를 나타내지 않지만 알고리즘의 프레임은 완성되었다.

i층에서 계란을 던지기로 선택한 뒤에는 계란이 깨지거나 깨지지 않는 두 가지 상황이 있을 수 있다. 여기서 상태 전이가 발생한다.

만약 계란이 깨졌다면 계란 K의 개수를 1개 줄이고 검색 구간은 [1..N]에서 [1..i-1]으로 변경되어 총 i-1층이 된다.

만약 계란이 깨지지 않았다면 계란의 수는 그대로 유지되며, 검색 구간은 [1..N]에서 [i+1..N]로 총 N-i층이 된다.

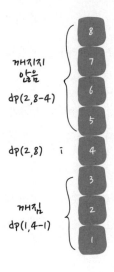

> **NOTE** 세심한 독자는 i층에서 계란이 깨지지 않으면 검색 구간이 위로 좁혀지는데 i층을 포함해야 할지 궁금할 수 있다. 답은 이미 포함되어 있으므로 포함할 필요가 없다. 앞에서 언급한 대로 F는 0과 동일할 수 있고 위쪽으로 재귀를 진행하면 i층은 0층에 해당하므로 문제가 없다.

최악의 경우에서 던지는 계란의 수가 필요하므로 i번째 층에서 계란이 깨졌는지 여부에 따라 결과가 달라진다.

```
def dp(K, N):
  for 1 <= i <= N:
    # 최악의 상황에서 최소의 계란 던지기 수
    res = min(res,
      max(
        dp(K - 1, i - 1), # 깨짐
        dp(K, N - i)      # 깨지지 않음
      ) + 1 # i층에서 한 번 던지기
    )
  return res
```

base case의 재귀는 이해하기 쉽다. 층의 수 N이 0일 때 계란을 던질 필요가 없다. K가 1일 때는 선형 탐색으로 모든 층을 확인해야 한다.

```
def dp(K, N):
  if K == 1: return N
  if N == 0: return 0
  ...
```

문제는 이것으로 사실 해결되었다. 중첩 하위 문제 제거를 위한 메모만 추가하면 된다.

```
def superEggDrop(K: int, N: int):

  memo = dict()
  def dp(K, N) ->int:
    # base case
    if K == 1: return N
    if N == 0: return 0
    # 중복 계산 피하기
    if (K, N) in memo:
      return memo[(K, N)]

    res = float('INF')
    # 가능한 모든 선택 무차별 탐색
    for i in range(1, N + 1):
      res = min(res,
        max(
          dp(K, N - i),
          dp(K - 1, i - 1)
        ) + 1
      )
    # 메모 추가
    memo[(K, N)] = res
    return res

  return dp(K, N)
```

이 알고리즘의 시간 복잡도는 얼마일까? 동적 계획법 알고리즘의 시간 복잡도는 하위 문제 수 × 함수 자체의 복잡도이다.

함수 자체의 복잡도는 재귀 부분의 복잡도를 무시하는 것으로 dp 함수에 for 루프가 있으므로 함수 자체의 복잡도는 $O(N)$이다.

하위 문제의 수는 서로 다른 상태 조합의 총 수로 이는 두 상태의 곱이며 $O(KN)$이다.

따라서 알고리즘의 총 시간 복잡도는 $O(KN^2)$이며, 공간 복잡도는 $O(KN)$이다.

2.12.3 문제 해결

문제는 매우 복잡하지만 알고리즘 코드는 간단한 것이 동적 계획법의 특징이다. 무차별 탐색과 메모/DP table 최적화는 새로울 게 없다.

일부 독자는 코드에서 왜 for 루프를 사용해 [1..N]층을 순회하는지 이해하지 못할 수 있다. 이 논리는 앞에서 논의한 선형 탐색과 혼동할 수 있지만 사실 이것은 하나의 '선택'이다.

예를 들어 10층의 건물에 계란이 2개 있다면 횟수를 최소화하기 위해서는 몇 층을 선택해야 할까? 잘 모르겠다면 10개 층을 모두 시도해보고 비교해보면 된다. 다음을 어떻게 선택할지는 신경 쓸 필요가 없다. 정확한 상태 전이가 있으면 재귀가 각 선택의 비용을 계산한다. 따라서 가장 최적의 것을 선택하면 최적의 해답이 된다.

이외에도 이 문제에 대해 더 나은 해법이 있다. 예를 들어 코드의 for 루프를 이진 탐색으로 수정하면 시간 복잡도를 $O(KN\log N)$으로 줄일 수 있다. 동적 계획법의 알고리즘을 개선하면 $O(KN)$로 줄일 수 있다. 수학적 방법을 사용하면 시간 복잡도는 $O(KN\log N)$에 도달할 수 있고 공간 복잡도는 $O(1)$이 된다.

이진 탐색 알고리즘은 약간 오해의 소지가 있다. 이진 탐색 알고리즘과 이진 방법을 사용한 계란 던지기는 관계가 있는 것으로 생각할 수 있지만 실제는 아무 관계가 없다. 이진 탐색은 상태 전이 방정식 함수가 단조롭기 때문에 이진 탐색을 사용해 빠르게 최댓값을 찾을 수 있는 것이다.

이번 절은 알고리즘을 이해하는 것으로 충분하다고 생각한다. 상태를 찾고 선택을 하는 것은 명확하고 이해하기 쉬워 프로세스화가 가능하며 다른 부분에도 응용할 수 있다.

여기서는 다른 해법으로 확장하지 않고 다음 절로 넘어가겠다.

2.13 기본 동적 계획법: 고층에서 계란 던지기(심화)

앞 장에서는 고층에서 계란을 던지는 문제에 대해 이야기하고 효율이 높지는 않지만 이해하기 쉬운 동적 계획법 알고리즘에 대해 설명했다. 이번 절에서는 문제를 최적화하는 두 가지 아이디어인 이진 탐색 최적화와 상태 전이의 재정의에 대해 설명한다. 이번 절은 앞 장의 내용에 기반하므로 앞의 내용에 대한 이해가 필요하다.

이진 탐색 최적화 아이디어는 생각대로 작성할 수 있을지 모르지만, 상태 전이 알고리즘은 쉽지 않을 수 있다. 동적 계획법 알고리즘의 심오함을 통해 생각의 폭을 넓혀보도록 하자.

2.13.1 이진 탐색 최적화

앞에서 이 해법에 대해 설명했지만 핵심은 상태 전이 방정식의 단순함에 있다. 구체적으로 확인해보자.

먼저 동적 계획법 아이디어에 대해 간략하게 확인해보자.

1. 무차별 탐색 방법으로 모든 층 1 <= i <= N에서 계란을 던져보고 시도 횟수가 가장 적은 층을 선택한다.

2. 계란을 던질 때마다 깨지거나 깨지지 않는 두 가지 가능성이 있다.

3. 계란이 깨지면 F는 i의 아래쪽이며 그렇지 않으면 F는 i의 위쪽이다.

4. 계란이 깨졌는지 안 깨졌는지는 어떤 경우에 더 많이 시도하는가에 따라 달라진다. 최악의 경우에서의 결과가 필요하기 때문이다.

상태 전이 코드의 핵심은 다음과 같다.

```python
# 현재 상태는 N층, K개의 계란
# 이 상태에서 최적의 결과 반환
def dp(K, N):
  for 1 <= i <= N:
    # 최악의 상황에서 최소의 계란을 던지는 횟수
    res = min(res,
      max(
        dp(K - 1, i - 1), # 깨짐
        dp(K, N - i)      # 안깨짐
      ) + 1 # i층에서 계란 한 번 던지기
    )
  return res
```

여기서 for 루프는 다음 상태 전이 방정식의 구체적인 구현이다.

$$dp(K, N) = \min_{0<=i<=N}\{\max\{dp(K-1, i-1), dp(K, N-i)\} + 1\}$$

만약 이 상태 전이 방정식을 이해할 수 있으면 이진 탐색의 최적화 아이디어를 이해하기 쉽다.

먼저 dp(K, N) 배열의 정의에 따라(N층에 대해 K개의 계란이 주어지고 최소 몇 번은 던져야 함) K가 고정되면 이 함수는 N이 증가함에 따라 단조롭게 증가해야 함을 알 수 있다. 아무리 좋은 방법이라도 층수가 증가하면 테스트 횟수도 증가한다.

그리고 dp(K-1, i-1)과 dp(K, N-i)의 두 함수에 주의해야 한다. 여기서 i는 1부터 N까지 단조롭게 증가한다. K와 N이 고정되어 있고 두 함수가 i의 함수로 간주되면 전자는 단조롭게 증가해야 하고 후자는 i의 증가에 따라 단조롭게 감소해야 한다.

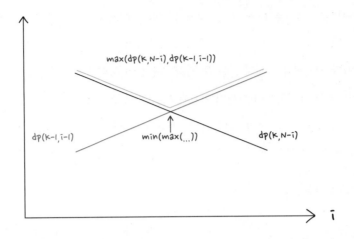

이때 둘 중 더 큰 값을 찾고 최댓값들 중에서 최솟값을 찾는다. 이는 실제로 두 직선의 교차점을 찾는 것으로, 꺾은선의 가장 낮은 점을 구하는 것이다.

후자의 이진 탐색은 요소를 찾는 것에만 사용할 수 있다. 이진 탐색은 다음의 for 루프와 같이 단조로움을 갖는 상황에서 매우 널리 사용된다.

```
for (int i = 0; i < n; i++) {
  if (isOK(i))
    return i;
}
```

선형 탐색의 복잡도를 최적화하기 위해 이진 탐색을 사용할 가능성이 높다. 두 dp 함수의 곡선을 확인해보면 찾는 최저점은 다음과 같다.

```
for (int i = 1; i <= N; i++) {
  if (dp(K - 1, i - 1) == dp(K, N - i))
    return dp(K, N - i);
}
```

이진 탐색에 익숙하다면 '이것은 Valley 값을 구하는 것이니 이진 탐색을 이용하면 빠르게 이 지점을 찾을 수 있고, 코드의 전체 아이디어는 동일하니 탐색 속도만 빨라지겠다'고 생각할 수 있다.

```
def superEggDrop(K: int, N: int) -> int:

  memo = dict()
```

```
def dp(K, N):
    if K == 1: return N
    if N == 0: return 0
    if (K, N) in memo:
        return memo[(K, N)]

    # for 1 <= i <= N:
    #   res = min(res,
    #     max(
    #       dp(K - 1, i - 1),
    #       dp(K, N - i)
    #     ) + 1
    #   )

    res = float('INF')
    # 선형 탐색 대신 이진 탐색 사용
    lo, hi = 1, N
    while lo <= hi:
        mid = (lo + hi) // 2
        broken = dp(K - 1, mid - 1) # 깨짐
        not_broken = dp(K, N - mid) # 깨지지 않음
        # res = min(max( 깨짐, 깨지지 않음 ) + 1)
        if broken > not_broken:
            hi = mid - 1
            res = min(res, broken + 1)
        else:
            lo = mid + 1
            res = min(res, not_broken + 1)

    memo[(K, N)] = res
    return res
return dp(K, N)
```

이 알고리즘의 시간 복잡도는 얼마일까? 재귀 알고리즘의 시간 복잡도는 하위 문제의 수에 함수 자체의 복잡도를 곱한 것이다.

함수 자체의 복잡도는 재귀 부분의 복잡도를 무시하는 것으로 여기서 dp 함수는 이진 탐색을 사용하므로 함수 자체의 복잡도는 $O(\log N)$이다.

하위 문제의 수는 다른 상태 조합의 총 수로, 두 상태의 곱이며 $O(KN)$이다.

따라서 알고리즘의 총 시간 복잡도는 $O(K \log N)$이며 공간 복잡도는 $O(KN)$이다. 시간 복잡도는 앞의 알고리즘 복잡도인 $O(KN^2)$보다 효율이 좋다.

2.13.2 상태 전이 재정의

동적 계획법의 상태 전이를 찾는 것은 사람마다 의견이 달라 명확하게 설명하기 어렵다. 다른 상태 정의는 다른 해법을 도출할 수 있으며 해법에 따라 복잡도는 큰 차이를 보일 수 있다. 여기 좋은 예가 있다.

dp 함수의 의미를 다시 확인해보자.

```
def dp(k, n) ->int
# 현재 상태는 n층, K개의 계란
# 이 상태에서 던지는 계란의 최소 개수 반환
```

dp 배열을 사용해도 동일하다.

```
dp[k][n] = m
# 현재 상태는 n층, K개의 계란
# 이 상태에서 던지는 계란의 최소 개수는 m
```

이 정의에 따라 현재 계란의 수와 층의 수를 결정하면 던지는 최소 개수를 알 수 있다. 따라서 원하는 해답은 dp(K, N)의 결과이다.

이런 방식으로 생각하면 무차별 탐색으로 모든 방법을 탐색해야 한다. 이진 탐색의 최적화는 검색 공간을 줄이는 '가지치기'이지만 본질적인 아이디어는 변하지 않는 무차별 탐색이다.

dp 배열의 정의를 약간 수정하여 현재 계란 수와 최대 계란의 수를 결정하여 F의 최고 층수를 결정할 수 있다. 구체적으로 다음을 의미한다.

```
dp[k][m] = n
# 현재 k개 계란, 최대 m번 던질 수 있음
# 최악의 경우 최대 n층까지 테스트 가능

# dp[1][7] = 7은 다음을 의미
# 현재 1개 계란이 있고 7번까지 던질 수 있음
# 이 상태에서 최대 7층까지 테스트
# 계란을 던져도 깨지지 않는 F층 결정
# (층별 선형 탐색)
```

이것은 원래 아이디어를 반대로 한 것이다. 이 아이디어의 상태 전이를 어떻게 작성하든 이 정의에 따른 최종 해답이 무엇인지 생각해야 한다.

최종 요구 사항은 실제로 던진 계란의 수 m이지만 m은 dp 배열의 결과가 아니라 '상태'이므로 다음과 같이 처리할 수 있다.

```
int superEggDrop(int K, int N) {
  int m = 0;
  while (dp[K][m] < N) {
    m++;
    // 상태 전이……
  }
  return m;
}
```

문제에서는 K개의 계란과 N층을 제공하지 않고 최악의 상황에서 최소 테스트 횟수 m을 요구한다. while 루프의 종료 조건은 dp[K][m] == N이며, K개의 계란을 주고 m번 테스트하여 최악의 상황에서 최대 N층까지 테스트할 수 있다.

이 두 설명은 완전히 동일하므로 이와 같은 방식으로 코드를 구성하는 것이 정확하며 핵심은 상태 전이 방정식을 찾는 방법이다. 원래 아이디어에서 시작해보자. 앞의 해법에는 상태 전이의 이해를 돕는 다음 그림이 포함되어 있다.

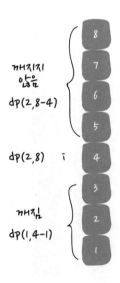

이 그림은 특정 i층만 설명하고 원래 해법은 선형 또는 이진 탐색으로 모든 층을 탐색하여 최댓값과 최솟값을 구한다. 그러나 이제는 다음 두 가지 사실에 따라 이와 같은 dp 정의도 필요 없다.

1. 어느 층에서 계란을 던지든 계란은 깨지거나 깨지지 않으므로 깨지면 아래, 깨지지 않으면 위를 확인하면 된다.

2. 위, 아래에 상관없이 전체 층수 = 위층 수 + 아래층 수 + 1(현재 층)이다.

이 특성에 따라 다음과 같은 상태 전이 방정식을 작성할 수 있다.

```
dp[k][m] = dp[k][m - 1] + dp[k - 1][m - 1] + 1
```

여기서 dp[k][m]은 분명 총 층수이다.

dp[k][m-1]은 위층 수이며, 계란이 깨지지 않으면 위로 올라갈 수 있으므로 계란의 수 k는 변하지 않고 던지는 계란의 수 m은 하나씩 줄어든다.

dp[k-1][m-1]은 아래층 수이며, 계란이 깨지면 아래로 내려갈 수 있으므로 계란의 수 k는 1개 줄어들고 던지는 계란의 수 m도 1개 줄어든다.

[NOTE] m에 1을 더하는 것이 아니라 빼는 이유가 무엇일까? 앞에서 정의한 대로 m은 계란을 던질 수 있는 횟수의 상한선으로 던진 횟수가 아니기 때문이다.

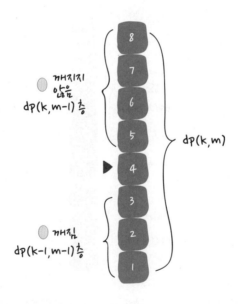

이것으로 전체 아이디어는 완성되었으며, 상태 전이 방정식을 프레임에 넣으면 된다.

```
int superEggDrop(int K, int N) {
    // m은 최대 N회를 초과할 수 없음(선형 스캐닝)
    int[][] dp = new int[K + 1][N + 1];
    // base case:
    // dp[0][..] = 0
    // dp[..][0] = 0
    // 자바는 기본적으로 배열을 모두 0으로 초기화
    int m = 0;
    while (dp[K][m] < N) {
        m++;
        for (int k = 1; k <= K; k++)
            dp[k][m] = dp[k][m - 1] + dp[k - 1][m - 1] + 1;
    }
    return m;
}
```

이 코드가 아직 이해하기 어렵다면 다음과 같이 작성하는 것이라고 생각해볼 수 있다.

```
for (int m = 1; dp[K][m] < N; m++)
    for (int k = 1; k <= K; k++)
        dp[k][m] = dp[k][m - 1] + dp[k - 1][m - 1] + 1;
```

이 코드의 형식은 익숙할 것이다. 요구하는 것이 dp 배열의 값이 아니라 조건을 만족하는 특정 인덱스 m이므로 while 루프를 통해 m을 찾는다.

이 알고리즘의 시간 복잡도는 얼마일까? 두 중첩 루프의 복잡도는 $O(KN)$이다.

또한 dp[k][m]의 전이와 왼쪽, 왼쪽 위의 두 상태는 관련이 있는 것을 알 수 있으므로 1차 배열로 최적화할 수 있다. 독자가 스스로 시도해보자.

2.13.3 추가 최적화

다음은 수학적인 방법을 사용한다. 세부 내용까지는 들어가지 않고 간단하게 아이디어만 제시하겠다.

방금 소개한 아이디어에서 함수 dp(m, k)는 m에 따라 단방향으로 증가한다. 계란 k의 수가 일정하면 허용된 테스트 횟수가 많을수록 테스트할 수 있는 층수가 높아지기 때문이다.

여기서 이진 탐색 알고리즘으로 더 빠르게 dp[K][m] == N의 종료 조건에 접근할 수 있으며, 시간 복잡도는 $O(K \log N)$로 낮아지고 g(k, m) = ...

여기서 잠깐! 우리가 $O(K \log N)$의 시간 복잡도를 갖는 이진 탐색 최적화 알고리즘을 작성할 수 있으면 그것으로 충분하다고 생각한다. 뒤의 해법은 한번 확인해보는 것으로 충분하고 어렵더라도 좌절할 필요가 없다.

그러나 확실한 것은 선형 탐색 대신 이진 탐색으로 m의 값을 가져오면 코드 프레임은 m을 무차별 탐색하는 for 루프를 수정해야 한다.

```
// 선형 탐색을 이진 탐색으로 변경
// for (int m = 1; dp[K][m] < N; m++)
int lo = 1, hi = N;
while (lo < hi) {
  int mid = (lo + hi) / 2;
  if (... < N) {
    lo = ...
  } else {
    hi = ...
  }

for (int k = 1; k <= K; k++)
  // 상태 전이 방정식
}
```

간단히 요약해서 첫 번째 이진 탐색의 최적화는 dp 함수의 단순함을 활용하고 이진 탐색 기법을 사용해 답안을 신속하게 찾는 것이다. 두 번째 최적화는 상태 전이 방정식을 수정하여 해법 프로세스를 단순화하는 것이지만 이에 따른 해법 논리는 어려워진다. 계속해서 수학적인 방법과 이진 탐색의 두 가지 방법을 사용해 더욱 최적화할 수 있다. 그러나 전체적인 내용만 확인하고 나머지는 잊어버려도 된다.

2.14 기본 동적 계획법: 풍선 터트리기 문제

이번 절의 풍선 터트리기 문제[27]는 **2.12절**에서 분석한 문제와 비슷하다. 잘 알려졌지만 어렵기도 하다. 따라서 이번 절에서는 문제를 자세히 살펴보고 얼마나 어려운지 알아보자.

음수를 포함하지 않는 정수 배열 nums는 풍선의 열을 나타낸다. nums[i]는 i개 풍선의 점수를 나타낸다. 이제 모든 풍선을 터트리면 몇 점을 얻을 수 있을까?

점수의 계산 규칙은 조금 특별하다. i번째 풍선을 터트리면 nums[left]*nums[i]*nums[right]의

---

27 [옮긴이] https://leetcode.com/problems/burst-balloons/

점수를 얻을 수 있으며, nums[left]와 nums[right]는 풍선 i의 좌우 인접 풍선의 점수이다.

주의할 점은 nums[left]는 반드시 nums[i-1]이 아니고 nums[right]도 반드시 nums[i+1]이 아니다. 예를 들어 num[3]이 터지면 nums[4]의 왼쪽은 nums[2]와 접한다.

또한 nums[-1]과 nums[len(nums)]는 가상의 풍선으로 둘 다 모두 1이라고 가정할 수 있다.

이 문제의 상태 전이 방정식은 기발하므로 문제를 보고 아무런 아이디어가 떠오르지 않아도 이상하지 않다. 최적의 답을 찾는 것은 쉽지 않지만 기본적인 아이디어를 분석하려고 노력해야 한다. 따라서 이번 절에서는 먼저 기존 아이디어를 분석한 뒤 동적 계획법 해법을 소개한다.

2.14.1 역추적 아이디어

먼저 문제 해결 방법을 돌이켜보자.

앞에서도 여러 차례 강조한 대로 최댓값을 구하는 것은 특별한 기법이 없고 무차별 탐색을 통해 가능한 모든 결과를 탐색한 뒤 비교하여 최댓값을 구한다.

따라서 최댓값을 찾는 알고리즘 문제를 만나면 가장 먼저 고려할 것은 가능한 결과를 어떻게 모두 탐색하느냐다. 무차별 탐색을 위한 주요 알고리즘은 역추적 알고리즘과 동적 계획법 두 가지로 나뉜다. 전자는 무차별 대입이고 후자는 상태 전이 방정식에 따라 '상태'를 도출한다.

풍선 터트리기 문제를 역추적 알고리즘으로 변환하는 방법은 무엇일까? 이것을 생각하는 것은 어렵지 않다. 무차별 탐색을 통해 풍선을 터트리는 순서를 구할 수 있으며 풍선을 터트리는 순서에 따라 점수가 달라질 수 있다. 따라서 가능한 점수 중 가장 높은 점수를 찾아야 한다.

그렇다면 이것은 '전체 순열' 문제다. **1.3절**에 전체 순열 알고리즘에 대한 자세한 설명과 코드가 있으며 로직을 조금만 변경하면 된다. 의사 코드는 다음과 같다.

```java
int res = Integer.MIN_VALUE;
/* 풍선 세트 입력, 터트리면 얻는 최대 점수 반환 */
int maxCoins(int[] nums) {
  backtrack(nums, 0);
  return res;
}
/* 역추적 알고리즘의 의사 코드 해법 */
void backtrack(int[] nums, int socre) {
  if (nums가 빈 값이 됨 ) {
    res = max(res, score);
    return;
```

```
  }
  for (int i = 0; i < nums.length; i++) {
    int point = nums[i-1] * nums[i] * nums[i+1];
    int temp = nums[i];
    // 선택
    nums에서 nums[i] 요소 제거
    // 재귀 역추적
    backtrack(nums, score + point);
    // 선택 해제
    temp를 nums[i]로 복원
  }
}
```

역추적 알고리즘은 간단하고 다듬어지지 않은 만큼 효율이 매우 낮다. 이 해법은 전체 순열과 동일하므로 시간 복잡도는 계승 수준으로 높다. 문제에서 nums의 크기 n은 최대 500이므로 역추적 알고리즘이 모든 테스트를 통과할 수는 없다.

2.14.2 동적 계획법 아이디어

이번 동적 계획법 문제는 앞의 동적 계획법 문제에 비해 왜 더 특별히 어려울까?

이유는 풍선 nums[i]이 터질 때마다 얻는 점수가 인접한 풍선 nums[left], nums[right]와 연관이 있기 때문이다.

1.2절에서 동적 계획법 알고리즘을 사용하기 위한 중요 조건은 하위 문제가 독립적이어야 한다는 것을 보았다. 따라서 풍선 문제에 대해 동적 계획법을 사용하고 싶다면 dp 배열의 의미를 영리하게 정의하여 하위 문제의 상관 관계를 피해야 합리적인 상태 전이 방정식을 도출할 수 있다.

dp 배열을 어떻게 정의할까? 문제에 대한 간단한 변환이 필요하다. 문제는 nums[-1] = nums[n] = 1 이라고 말한다. 따라서 먼저 두 경계를 추가하여 새로운 배열 points를 형성한다.

```
int maxCoins(int[] nums) {
  int n = nums.length;
  // 양 끝에 두 개의 가상 풍선 추가
  int[] points = new int[n + 2];
  points[0] = points[n + 1] = 1;
  for (int i = 1; i <= n; i++) {
    points[i] = nums[i - 1];
  }
  // ...
}
```

이제 풍선은 1에서 n까지 인덱싱되었으므로 points[0]과 points[n+1]을 두 개의 가상 풍선으로 생각할 수 있다.

이제 문제를 변경할 수 있다.

한 줄의 풍선 points에서 0과 n+1 사이에 있는 모든 풍선(0과 n+1은 제외)을 터트려 0과 n+1 풍선 두 개만 남았을 때 얻을 수 있는 최대 점수는 몇 점일까?

이제 dp 배열을 정의할 수 있다.

dp[i][j] = x는 풍선 i와 풍선 j(열린 구간, i와 j 미포함) 사이에 있는 모든 풍선을 터트렸을 때 얻을 수 있는 최대 점수가 x임을 의미한다.

이 정의에 따르면 문제에서 요구하는 결과는 dp[0][n+1]의 값이며 base case는 dp[i][j]= 0이다. 여기서 0 <= i <= n+1, j <= i+1이다. 이 상황에서는 열린 구간(i, j)의 사이에 터트릴 풍선이 없기 때문이다.

```
// base case는 모두 0으로 초기화
int[][] dp = new int[n + 2][n + 2];
```

이제 dp 배열을 기반으로 상태 전이 방정식을 도출해야 한다. 앞에서 소개한 방법에 따르면 상태 전이 방정식의 도출은 실제로 선택 방법에 대해 생각하는 것으로 이 문제에서 가장 기술적인 부분이다.

풍선 i와 풍선 j의 사이의 최고점을 구할 때 기본적인 아이디어는 역추적 알고리즘만 사용할 수 있다. 하지만 반대로 생각해서 풍선 i와 j의 사이에서 마지막으로 터지는 풍선은 어떤 것일지 생각해볼 필요가 있다.

사실 풍선 i와 j 사이의 모든 풍선이 마지막으로 터진 풍선이 될 수 있으며, 이를 k로 가정할 수 있다.

동적 계획법 방법을 생각해보면 여기서 이미 '상태'와 '선택'을 찾을 수 있다. i와 j는 두 개의 '상태'이며, 마지막으로 터지는 풍선 k는 '선택'이다.

앞의 dp 배열의 정의에 따라 마지막 터지는 풍선이 k라면 dp[i][j]의 값은 다음과 같아야 한다.

```
dp[i][j] = dp[i][k] + dp[k][j] + points[i]*points[k]*points[j]
```

풍선 k를 마지막에 터트리고 싶다면 먼저 열린 구간(i, k)의 모든 풍선을 터트린 뒤 다시 열린 구간 (k, j)의 모든 풍선을 터트린다. 마지막으로 남은 풍선 k와 인접한 풍선은 i와 j이며 이때 k를 터트리면 얻는 점수는 points[i]*points[k]*points[j]이다.

그렇다면 열린 구간(i, k)와 열린 구간(k, j)의 풍선을 터트려 얻을 수 있는 최대 점수는 얼마일까? 바로 dp[i][k]와 dp[k][j]이며, 이것이 dp 배열에 대한 정의이다.

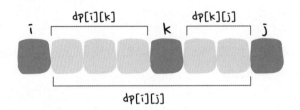

이 그림과 결합하면 dp 배열 정의의 절묘함을 느낄 수 있다. 열린 구간이므로 dp[i][k]와 dp[k][j]는 풍선 k에 영향을 미치지 않으며 k를 터트릴 때 인접한 것은 풍선 i와 j이다. 마지막으로 남는 것도 i와 j이며 이는 dp 배열의 열린 구간 정의를 만족한다.

주어진 집합인 i와 j는 i < k < j인 풍선 k를 모두 탐색하여 가장 높은 점수를 가진 풍선을 dp[i][j]로 선택할 수 있으며 이것이 상태 전이 방정식이다.

```
// 마지막에 터트리는 풍선은 어떤 것일까?
for (int k = i + 1; k < j; k++) {
  // 최선의 선택을 통해 dp[i][j]를 가장 크게 만듦
  dp[i][j] = Math.max(
    dp[i][j],
    dp[i][k] + dp[k][j] + points[i]*points[j]*points[k]
  );
}
```

상태 전이 방정식을 작성하면 문제의 대부분은 완성되지만 아직 문제가 남아 있다. k의 무차별 탐색은 '선택'이지만 어떻게 i와 j의 '상태'를 완전히 탐색할까?

```
for (int i = ...; ; )
  for (int j = ...; ; )
    for (int k = i + 1; k < j; k++) {
      dp[i][j] = Math.max(
        dp[i][j],
        dp[i][k] + dp[k][j] + points[i]*points[j]*points[k]
```

```
    );
return dp[0][n+1];
```

2.14.3 코드 작성

'상태'의 무차별 탐색에 대해 가장 중요한 점은 상태 전이가 의존하는 상태를 미리 계산해야 하는 것이다.

이 문제를 예로 들어 dp[i][j]가 의존하는 상태는 dp[i][k]와 dp[k][j]이며 dp[i][j]를 계산할 때 dp[i][k]와 dp[k][j]는 이미 계산되어 있어야 한다(i < k < j).

그렇다면 위 내용을 지키기 위해 i와 j의 순회 순서를 어떻게 배치해야 될까? **2.4절**에서 문제 해결 방법을 소개했으며 base case 및 최종 상태를 기반으로 방법을 도출한다.

NOTE 최종 상태는 문제가 요구하는 결과이며, 이 문제에서도 dp[0][n+1]이다.

먼저 base case와 최종 상태를 DP table에 그린다.

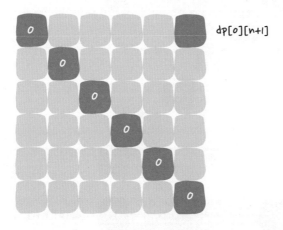

모든 dp[i][j]에 대해 모든 dp[i][k]와 dp[k][j]는 이미 계산되어 있기를 바라며 이를 그림으로 나타내면 다음과 같다.

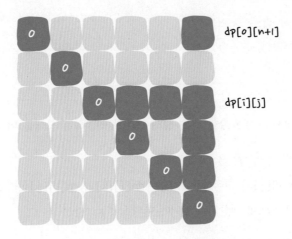

dp[0][n+1]

dp[i][j]

그런 다음은 요구 사항을 달성하기 위한 두 가지 순회 방법이 있다. 하나는 대각선으로 순회하는 것이고 하나는 아래에서 위로, 왼쪽에서 오른쪽으로 순회하는 것이다.

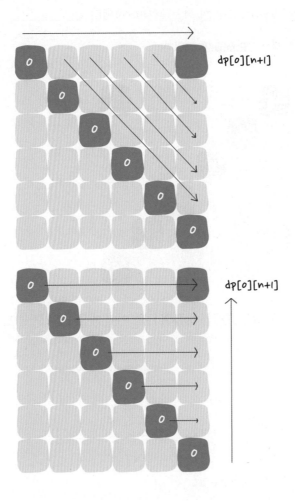

dp[0][n+1]

dp[0][n+1]

대각선으로 순회하는 방법은 작성하기가 조금 어렵다. 따라서 일반적으로는 아래에서 위로, 왼쪽에서 오른쪽으로 순회하며, 코드는 다음과 같다.

```java
int maxCoins(int[] nums) {
  int n = nums.length;
  // 양쪽에 가상 풍선 추가
  int[] points = new int[n + 2];
  points[0] = points[n + 1] = 1;
  for (int i = 1; i <= n; i++) {
    points[i] = nums[i - 1];
  }
  // base case는 이미 0으로 초기화
  int[][] dp = new int[n + 2][n + 2];
  // 상태 전이 시작
  // i는 아래에서 위로
  for (int i = n; i >= 0; i--) {
    // j는 좌에서 우로
    for (int j = i + 1; j < n + 2; j++) {
      // 가장 마지막에 터지는 풍선은 어떤 것일까?
      for (int k = i + 1; k < j; k++) {
        // 최선의 선택
        dp[i][j] = Math.max(
          dp[i][j],
          dp[i][k] + dp[k][j] + points[i]*points[j]*points[k]
        );
      }
    }
  }
  return dp[0][n + 1];
}
```

이것으로 문제가 완전히 해결되었다. 독창적이긴 하지만 그렇게 어렵지는 않다.

핵심은 dp 배열의 정의에 있다. 서로 영향을 주는 하위 문제를 피해야 하므로 반대로 생각해야 한다. dp[i][j]의 정의를 열린 구간으로 설정하고 마지막으로 터지는 풍선이 어떤 것인지 고려하여 상태 전이 방정식을 구성한다.

'상태'의 완전 탐색은 base case와 최종 상태를 사용하여 i,j의 순회 방향을 추론한다. 이를 통해 정확한 상태 전이를 보장한다.

2.15 기본 동적 계획법: 0-1 배낭 문제

배낭 문제는 사실 어렵지 않다. 앞의 동적 계획법과 관련된 부분을 읽었다면 프레임을 통해 배낭 문제를 쉽게 해결할 수 있다. 문제는 상태 + 선택에 지나지 않으며 특별한 부분은 없다.

이제 가장 자주 언급되는 0-1 배낭 문제knapsack problem를 확인해보자. 문제는 다음과 같다.

무게를 W만큼 담을 수 있는 배낭과 N 개의 물건이 있다. 물건은 무게와 가치라는 두 가지 속성이 있다. i 번째 물건의 무게는 wt[i], 가치는 val[i]이다. 이때 배낭에 물건을 넣을 수 있는 최댓값은 얼마일까?

간단한 예를 들면 다음과 같다.

```
N = 3, W = 4
wt = [2, 1, 3]
val = [4, 2, 3]
```

알고리즘은 6을 반환한다. 앞의 두 물건을 선택해 배낭에 넣으면 무게 3은 W보다 작으므로 최댓값 6을 얻을 수 있다.

문제는 간단한 기본 동적 계획법 문제다. 물건은 가방에 넣거나 **빼도** 나눌 수 없다. 0-1 배낭이라는 용어는 여기서 유래했다.

이 문제의 해결은 정렬과 같은 특별한 방법이 아니라 무차별 탐색으로 모든 가능성을 탐색하는 것이다. **1.2절**에 따라 진행하면 된다.

❶ 동적 계획법 표준 방법

동적 계획법 문제는 모두 다음 방법을 참고한다. 첫 번째는 '상태'와 선택' 두 가지를 명확히 한다.

먼저 '상태'에 대해 알아보자. 하나의 문제 상황을 어떻게 설명할 수 있을까? 분명 몇 가지 물건과 하나의 배낭 용량의 제한이 주어지면 배낭 문제가 발생한다. 따라서 '배낭의 용량'과 '선택 가능한 물건'이라는 두 가지 상태가 있다.

'선택'도 생각하기 쉽다. 각 물건에 대해 어떤 것을 선택할까? 선택은 '배낭에 넣기' 또는 '배낭에 넣지 않기' 두 가지 선택이다.

상태와 선택을 이해하면 동적 계획법 문제는 기본적으로 해결되며 프레임으로 마무리할 수 있다.

```
for 상태 1 in 상태 1의 모든 값:
  for 상태 2 in 상태 2의 모든 값:
    for ...
      dp[상태 1][상태 2][...] = 최선의 선택 (선택1, 선택2...)
```

두 번째 단계는 dp 배열의 정의를 명확히 하는 것이다.

앞에서 찾은 '상태'는 2 가지이며 2차 dp 배열이 필요하다.

dp[i][w]의 정의는 다음과 같다.

앞의 i개의 물건은 현재 배낭의 용량이 w이므로 이 상황에서 넣을 수 있는 최댓값은 dp[i][w]이다.

예를 들어 dp[3][5]= 6은 다음과 같은 의미이다.

주어진 물건에 대해 앞 3개 항목만 선택하면 배낭 용량이 5일 때 넣을 수 있는 값은 6이다.

[NOTE] 왜 이렇게 정의할까? 이것은 상태 전이를 편하게 하기 위해 또는 배낭 문제의 전형적인 방법이기 때문이므로 외워 두면 된다. 나중에 이와 관련된 문제가 나오면 모두 이 방법을 사용한다.

이 정의에 따르면 우리가 원하는 최종 해답은 dp[N][W]이다. base case는 dp[0][..] = dp[..][0]

= 0이다. 물건이 없거나 배낭에 공간이 없으면 넣을 수 있는 최댓값이 0이기 때문이다.

위의 방법을 세분화해보자.

```
int dp[N+1][W+1]
dp[0][..] = 0
dp[..][0] = 0

for i in [1..N]:
  for w in [1..W]:
    dp[i][w] = max(
      물건 i를 배낭에 넣기,
      물건 i를 배낭에 넣지 않기
    )
return dp[N][W]
```

세 번째는 '선택'에 따라 상태 전이 로직을 생각하는 것이다.

간단히 말해 앞의 의사 코드에서 '물건 i를 배낭에 넣기'와 '물건 i를 배낭에 넣지 않기'는 어떻게 코드로 구현할까?

이것은 dp 배열의 정의와 알고리즘 논리를 결합해서 분석해야 한다.

먼저 dp 배열의 정의를 다시 확인해보자.

dp[i][w]는 앞 i개 물건에 대해 현재 배낭의 용량이 w일 때 넣을 수 있는 최댓값이 dp[i][w]이다.

i번째 물건이 배낭에 들어가지 않은 경우 최댓값 dp[i][w]는 앞의 결과를 이어받아 dp[i-1][w]와 같다.

만약 i번째 물건이 배낭에 들어가면 dp[i][w]는 dp[i-1][w-wt[i-1]]+val[i-1]과 같다.

i는 1부터 시작하므로 val과 wt의 인덱스가 i-1일 때 i번째 물건의 가치와 무게를 나타낸다.

dp[i-1][w-wt[i-1]]도 쉽게 이해할 수 있다. i번째 물건을 넣으면 남은 무게 w-wt[i-1]의 제한적인 최댓값에 i번째 물건의 가치인 val[i-1]을 더한다.

두 가지 선택이 모두 분석 완료되어 상태 전이 방정식이 작성되었다. 다음과 같이 코드를 더 세분화할 수 있다.

```
for i in [1..N]:
  for w in [1..W]:
    dp[i][w] = max(
      dp[i-1][w],
      dp[i-1][w - wt[i-1]] + val[i-1]
    )
return dp[N][W]
```

마지막 단계는 의사 코드를 코드로 변환하여 일부 상황을 처리한다.

C++를 사용해 위 아이디어를 작성했으며 w-wt[i-1]이 0보다 작은 경우 발생하는 배열 인덱스 문제를 처리한다.

```
int knapsack(int W, int N, vector<int>& wt, vector<int>& val) {
  // base case 초기화
  vector<vector<int>> dp(N + 1, vector<int>(W + 1, 0));
  for (int i = 1; i <= N; i++) {
    for (int w = 1; w <= W; w++) {
      if (w - wt[i-1] < 0) {
        // 배낭 용량이 충분하지 않음. 이 경우 물건을 넣지 않음
        dp[i][w] = dp[i-1][w];
      } else {
        // 배낭에 넣거나 넣지 않음. 최선의 선택을 함
        dp[i][w] = max(dp[i-1][w - wt[i-1]] + val[i-1],
          dp[i-1][w]);
      }
    }
  }
  return dp[N][W];
}
```

이것으로 배낭 문제는 해결되었다. 비교적 간단한 동적 계획법 문제다. 상태 전이의 도출이 자연스럽고 dp 배열의 정의가 명확하므로 자연스럽게 상태가 전이되는 것을 알 수 있다.

2.16 기본 동적 계획법: 하부 집합 배낭 문제

2.15절에서 기본적인 0-1 배낭 문제를 자세히 설명했다. 이번 절에서는 배낭 문제의 개념을 다른 알고리즘 문제에 적용하는 방법을 알아보자.

어떻게 2차 동적 계획법을 1차 동적 계획법으로 압축할까? 해답은 상태 압축을 사용하는 것이다. 이는 매우 쉬우므로 이번 절에서 알아보자.

2.16.1 문제 분석

먼저 문제를 살펴보자.

양의 정수만 포함하고 비어 있지 않은 배열 nums가 있다. 이 배열을 서로 요소의 합이 같은 하위 두 집합으로 나눌 수 있는지 판단하는 알고리즘을 작성한다.

알고리즘 함수 시그니처는 다음과 같다.

```
// 집합을 입력하고 합이 동일한 두 집합으로 나눌 수 있는지 여부를 반환
bool canPartition(vector<int>& nums);
```

예를 들어 nums = [1,5,11,5]에 대해 알고리즘은 true를 반환한다. nums를 [1,5,5]와 [11] 두 집합으로 나눌 수 있기 때문이다.

nums = [1,3,2,5]에 대해서 알고리즘은 false를 반환한다. nums를 요소의 합이 동일한 두 개의 집합으로 나눌 수 없기 때문이다.

이 문제는 배낭 문제와 아무런 관련이 없는 것 같은데 왜 배낭 문제라고 할까? 먼저 배낭 문제의 일반적인 설명을 살펴보자.

무게를 W만큼 담을 수 있는 배낭과 N개의 물건이 있다. 물건은 무게와 가치라는 두 가지 속성이 있다. i번째 물건의 무게는 wt[i], 가치는 val[i]이다. 이 배낭에 물건을 넣을 수 있는 최댓값은 얼마일까?

이 문제는 집합의 합인 sum을 구하고 문제를 변형하면 배낭 문제가 된다. 넣을 수 있는 무게가 sum / 2인 배낭과 N개의 물건이 있으며 각 물건의 무게는 nums[i]이다.

이제 물건을 넣어보자. 배낭을 정확하게 채울 방법이 있을까?

이것은 기본적인 배낭 문제보다 더 간단한 문제다.

다음에서 직접 배낭 문제로 변환하고 배낭 문제의 프레임을 적용해보자.

2.16.2 아이디어 분석

첫 번째는 '상태'와 '선택'을 명확히 한다.

2.15절에서 자세히 설명했으며, 상태는 '배낭의 용량'과 '선택 가능한 물건'이다. 선택은 '배낭에 넣기' 또는 '배낭에 넣지 않기'이다.

두 번째는 dp 배열의 정의를 명확히 한다.

배낭 문제의 해결 방법에 따라 다음과 같이 정의할 수 있다.

dp[i][j]= x는 i개 물건에 대해 배낭의 용량이 j일 때 x가 true면 배낭을 정확하게 채울 수 있음을 의미하고 false면 배낭을 정확히 채울 수 없음을 나타낸다.

예를 들어 dp[4][9]= true는 용량이 9인 배낭에 4개의 물건만 사용하면 배낭을 정확히 채울 수 있음을 의미한다.

또는 주어진 집합에 대해 4개의 숫자를 선택하면 하부 집합의 합이 9가 될 수 있음을 의미한다.

이 정의에 따르면 원하는 최종 답안은 dp[N][sum/2]이며 base case는 dp[..][0] = true, dp[0][..] = false이다. 배낭에 공간이 없으면 배낭이 꽉 찬 것이고, 선택할 물건이 없으면 배낭을 채울 방법이 없기 때문이다.

세 번째 단계는 '선택'에 따라 상태 전이 논리에 대해 고려한다.

앞의 dp 배열의 정의를 생각해보면 dp[i][j]에 대해 '선택'에 따라 다음과 같은 상태 전이를 얻을 수 있다.

nums[i]가 하부 집합에 포함되지 않거나 i번째 물건을 배낭에 넣지 않은 경우 배낭을 정확하게 채울 수 있는지는 앞의 결과를 상속하는 이전 상태 dp[i-1][j]에 따라 달라진다.

nums[i]가 하부 집합에 포함되거나 i번째 물건이 배낭에 들어가면 배낭을 정확하게 채울 수 있는지는 dp[i-1][j-nums[i-1]]의 상태에 따라 달라진다.

어떤 의미일까? 먼저 i는 1부터 시작하고 배열의 인덱스는 0부터 시작한다. 따라서 i번째 물건의 무게는 nums[i-1]이므로 주의해야 한다.

dp[i-1][j-nums[i-1]]도 쉽게 이해할 수 있다. i번째 물건을 가방에 넣을 때 배낭의 남은 용량인 j-nums[i-1]은 제한되어 있으므로 정확히 채울 수 있는지 살펴봐야 한다.

즉, j-nums[i-1]의 무게를 정확히 채울 수 있다면 i번째 물건을 넣어 용량을 가득 채울 수 있다. 그렇지 않으면 용량 j를 가득 채울 수 없다.

마지막으로 의사 코드를 코드로 변환하여 일부 상황을 처리한다.

다음은 C++로 전체 아이디어를 작성하고 일부 상황을 처리하는 코드이다.

```cpp
bool canPartition(vector<int>& nums) {
  int sum = 0;
  for (int num : nums) sum += num;
  // 합이 홀수일 때 동일한 두 집합으로 나눌 수 없음
  if (sum % 2 != 0) return false;
  int n = nums.size();
  sum = sum / 2;
  // dp 배열 생성(C++에서 vector를 초기화하는 코드)
  vector<vector<bool>>
    dp(n + 1, vector<bool>(sum + 1, false));
  // base case
  for (int i = 0; i <= n; i++)
    dp[i][0] = true;
  // 상태 전이 시작
  for (int i = 1; i <= n; i++) {
    for (int j = 1; j <= sum; j++) {
      if (j - nums[i - 1] < 0) {
        // 배낭 용량 부족. i번째 물건을 넣을 수 없음
        dp[i][j] = dp[i - 1][j];
      } else {
        // 배낭에 넣거나 넣지 않음
        // 정확히 채울 수 있는지 확인
        dp[i][j] = dp[i - 1][j] || dp[i - 1][j-nums[i-1]];
      }
    }
  }
  return dp[n][sum];
}
```

2.16.3 상태 압축 진행

한 단계 더 나아가서 이 코드를 최적화할 수 있을까? dp[i][j]는 모두 앞 행의 dp[i-1][..]을 통해 전달되었으므로 앞의 데이터는 다시 사용할 수 없는 것을 알 수 있다.

따라서 상태 압축을 진행하여 2차 dp 배열을 1차원으로 압축하여 공간 복잡도를 줄일 수 있다.

```cpp
bool canPartition(vector<int>& nums) {
  int sum = 0, n = nums.size();
  for (int num : nums) sum += num;
  if (sum % 2 != 0) return false;
  sum = sum / 2;
  vector<bool> dp(sum + 1, false);
  // base case
  dp[0] = true;

  for (int i = 0; i < n; i++)
    for (int j = sum; j >= 0; j--)
      if (j - nums[i] >= 0)
        dp[j] = dp[j] || dp[j - nums[i]];

  return dp[sum];
}
```

이것이 상태 압축이며 사실 이 코드와 앞의 해법은 완전히 동일하다. 한 행의 dp 세트에서만 동작하므로 i가 한 루프를 돌 때마다 dp[j]는 dp[i-1][j]와 같다. 따라서 1차 배열만으로도 충분하다.

주의할 점은 j가 방향을 뒤에서 앞으로 순회해야 한다는 것이다. 각 물건(또는 숫자)는 한 번만 사용할 수 있으므로 앞의 결과가 다른 결과에 영향을 미치지 않도록 해야 하기 때문이다.

여기까지 하부 집합을 나누는 문제는 모두 해결되었으며, 시간 복잡도는 $O(n \times sum)$, 공간 복잡도는 $O(sum)$이다.

2.17 기본 동적 계획법: 완전한 배낭 문제

'동전 교환2' 문제[28]는 배낭 문제의 또 다른 변형이다. 이번 절에서는 배낭 문제 해법에 따라 변형을 계속 확인한다.

이번 절은 '동전 교환2'에 관한 것으로 난이도는 Medium이다. 문제는 다음과 같다.

다른 종류의 동전 coins와 총 금액 amount가 주어지면 총 금액을 구성하는 동전 조합의 수를 계산하는 함수를 작성하며 각 동전 개수는 무한대로 가정한다.

함수 시그니처는 다음과 같다.

```
int change(int amount, int[] coins);
```

예를 들어 amount = 5, coins = [1,2,5]를 입력하면 알고리즘은 4를 반환한다. 목표 금액을 구성하는 방법이 4가지가 있기 때문이다.

```
5=5
5=2+2+1
5=2+1+1+1
5=1+1+1+1+1
```

만약 amount = 5, coins = [3]이면 알고리즘은 0을 반환한다. 액면가가 3인 동전으로는 5를 만들 수 없기 때문이다.

이것이 '동전 문제1'이며, **1.2절**에서 설명한 내용이다. 문제는 목표 금액을 만들기 위한 최소 동전의 수를 계산하는 것이며 문제의 목표 금액을 얻는 방법은 몇 가지가 있다.

이 문제를 배낭 문제 형식으로 변형할 수 있다.

최대 용량이 amount인 배낭에 물건 coins가 있으며 각 물건의 중량은 coins[i], 물건의 수는 무한하다. 이때 배낭을 채우는 방법은 몇 가지가 있을까?

이 문제와 앞에서 언급한 두 배낭 문제의 큰 차이점은 항목 수의 무한함에 있다. 이것이 바로 '완전한 배낭 문제'이며 큰 차이점은 없고 단지 상태 전이 방정식에 약간의 변화만 있을 뿐이다.

28　(옮긴이) https://leetcode.com/problems/coin-change-2/

다음은 배낭 문제에 대한 설명으로, 과정에 따라 분석해보자.

1 문제 해결 아이디어

첫 번째는 '상태'와 '선택' 두 가지를 명확히 한다.

상태는 두 가지로 '배낭의 용량'과 '선택할 수 있는 물건'이다. 선택은 '배낭에 넣기' 또는 '배낭에 넣지 않기'이며 이것이 배낭 문제다.

상태와 선택을 이해하면 동적 계획법 문제는 기본적으로 해결이 되며 프레임으로 마무리할 수 있다.

```
for 상태 1 in 상태 1 의 모든 값:
  for 상태 2 in 상태 2의 모든 값:
    for ...
      dp[상태 1][상태 2][...] = 계산 (선택1, 선택2...)
```

두 번째 단계는 dp 배열의 정의를 명확히 한다.

앞에서 찾은 '상태'는 2가지이며, 2차 dp 배열이 필요하다.

dp[i][j]의 정의는 다음과 같다.

i개 물건만 사용하면 배낭 용량이 j일 때 dp[i][j] 종류의 배낭을 채우는 방법이 있다.

의미를 풀어보면 다음과 같다.

coins에서 i개 동전만 사용해서 금액 j를 만드는 방법은 dp[i][j]의 종류가 있다.

이 정의를 통해 다음을 알 수 있다.

base case는 dp[0][..] = 0, dp[..][0] = 1이다. 만약 어떠한 동전도 사용하지 않으면 어떤 금액도 만들 수 없고 목표 금액이 0이면 아무것도 하지 않는 것이 유일한 방법이기 때문이다.

원하는 최종 답안은 dp[N][amount]이다. 여기서 N은 coins 배열의 크기이다. 일반적인 의사 코드는 다음과 같다.

```
int dp[N+1][amount+1]
dp[0][..] = 0
dp[..][0] = 1

for i in [1..N]:
```

```
    for j in [1..amount]:
       dp[i][j] = 계산 ( 물건 i를 배낭에 넣기 ,
          물건 i를 배낭에 넣지 않기)
return dp[N][amount]
```

세 번째 단계는 '선택'에 따라 상태 전이 로직에 대해 고려한다.

이 문제의 특수한 부분은 물건의 수가 무한대라는 점에서 앞의 배낭 문제와는 다르다.

만약 i번째 물건을 가방에 넣지 않은 경우, 즉 coins[i] 동전을 사용하지 않으면 j를 구성하는 방법의 수 dp[i][j]는 앞의 결과를 상속하는 dp[i-1][j]와 같아야 한다.

만약 i번째 물건을 배낭에 넣은 경우, 즉 coins[i] 동전을 사용했다면 dp[i][j]는 dp[i][j-coins[i-1]]과 같아야 한다. i가 1부터 시작하므로 coins의 인덱스는 i-1일 때 i개 동전의 금액을 나타낸다.

dp[i][j-coins[i-1]]도 이해가 어렵지 않다. 만약 이 금액의 동전을 사용하기로 했다면 j-coins[i-1]의 금액을 어떻게 구성하는지 주목해야 한다.

예를 들어 금액이 2인 동전으로 5를 만들려면 3을 만드는 방법을 알고 이에 2를 더해 5를 만들 수 있다.

요약하자면 두 가지 선택이 있으며 dp[i][j]는 '모두 몇 가지의 방법이 있는지'이다. 따라서 dp[i][j]의 값은 앞의 두 선택 결과의 합이다.

```
for (int i = 1; i <= n; i++) {
  for (int j = 1; j <= amount; j++) {
    if (j - coins[i-1] >= 0)
      dp[i][j] = dp[i - 1][j]
        + dp[i][j-coins[i-1]];
  }
}
return dp[N][W]
```

마지막으로 의사 코드를 코드로 변환하여 일부 상황을 처리한다.

다음은 자바로 전체 아이디어를 작성하고 일부 상황을 처리하는 코드이다.

```
int change(int amount, int[] coins) {
  int n = coins.length;
  int[][] dp = new int[n + 1][amount + 1];
  // base case
  for (int i = 0; i <= n; i++)
    dp[i][0] = 1;

  for (int i = 1; i <= n; i++) {
    for (int j = 1; j <= amount; j++) {
      if (j - coins[i-1] >= 0) {
        dp[i][j] = dp[i - 1][j]
          + dp[i][j-coins[i-1]];
      } else {
        dp[i][j] = dp[i - 1][j];
      }
    }
  }
  return dp[n][amount];
}
```

또한 dp 배열의 전이는 dp[i][..]와 dp[i-1][..]과 관련이 있으므로 상태 압축을 통해 알고리즘의 공간 복잡도를 낮출 수 있다.

```
int change(int amount, int[] coins) {
  int n = coins.length;
  int[] dp = new int[amount + 1];
  dp[0] = 1; // base case
  for (int i = 0; i < n; i++)
    for (int j = 1; j <= amount; j++)
      if (j - coins[i] >= 0)
        dp[j] = dp[j] + dp[j-coins[i]];

  return dp[amount];
}
```

이 해법은 앞의 아이디어와 완전히 동일하다. 2차 dp 배열을 1차원으로 압축하며 시간 복잡도는 $O(N \times \text{amount})$이며, 공간 복잡도는 $O(\text{amount})$이다.

이것으로 동전 교환 문제도 배낭 문제 프레임을 통해 해결했다.

2.18 문제는 변해도 방법은 변하지 않는다

이번 절에서는 세 가지 유사한 문제를 설명한다. 이 문제들은 플랫폼에서 '좋아요'를 많이 받았으며, 대표적이고 기술적인 동적 계획법 문제다.

세 가지 문제의 난이도 설계는 매우 합리적이고 단계적이다. 첫 번째는 표준 동적 계획법 문제이며, 두 번째는 원형 배열 조건을 포함한다. 세 번째는 더 극단적으로 동적 계획법의 상향식, 하향식 해법과 이진 트리를 결합한 도전적인 문제다.

첫 번째 문제를 분석해보자.

2.18.1 선형 배열

먼저 선형 배열 문제[29]를 확인해보자.

길에 늘어선 집들을 음수가 아닌 정수를 포함하는 배열 nums로 표시한다. 각 요소 nums[i]는 i번째 집의 현금 액수를 나타낸다. 한 집에서 돈을 꺼내면 **인접한 집에서는 돈을 꺼낼 수 없는 조건**이 있으며, **가능한 많은 액수**를 꺼내야 한다. 조건을 만족하는 상황에서 꺼낼 수 있는 최대 금액을 계산하는 알고리즘을 작성해보자.

함수 시그니처는 다음과 같다.

```
int rob(int[] nums);
```

예를 들어 nums = [2,1,7,9,3,1]이 있을 때 알고리즘은 12를 반환한다. nums[0], nums[3], nums[5] 세 집의 돈을 꺼내면 총 금액은 2 + 9 + 1 = 12가 되므로 최선의 선택이기 때문이다.

문제는 이해하기 쉽고 동적 계획법의 특징은 분명하다. 동적 계획법에서 정리한 대로 **동적 계획법** 문제는 '상태'와 '선택'을 찾는 것이 전부다.

늘어선 집들을 왼쪽에서 오른쪽으로 걸어가는 상상을 해보자. 집마다 돈을 꺼내거나 또는 꺼내지 않는 두 가지 '선택'이 있다.

1. 만약 한 집에서 돈을 꺼내면 그다음 집에서는 돈을 꺼낼 수 없으므로 그다음 집을 건너뛰고 다시 선택을 시작할 수 있다.

---

29 옮긴이 https://leetcode.com/problems/house-robber/

2. 한 집에서 돈을 꺼내지 않으면 다음 집에서 계속 선택을 할 수 있다.

마지막 집을 지나면 선택의 여지가 없으므로 얻을 수 있는 금액은 0이다(base case).

위 로직은 매우 간단하며 '상태'와 '선택'이 이미 명확하다. 집의 인덱스는 '상태'이며, 돈을 꺼내거나 꺼내지 않는 것은 '선택'이다.

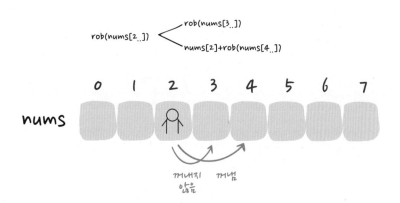

두 선택 중 더 큰 결과를 선택할 때마다 마지막에 얻는 금액이 최대로 얻을 수 있는 금액이 된다.

다음과 같이 dp 함수를 정의할 수 있다.

dp(nums, start) = x는 nums[start]부터 선택을 시작하여 얻을 수 있는 최대 금액이 x임을 의미한다.

정의에 따라 해법을 작성할 수 있다.

```java
// 주함수
int rob(int[] nums) {
  return dp(nums, 0);
}
// nums[start..]가 얻을 수 있는 최댓값 반환
int dp(int[] nums, int start) {
  if (start >= nums.length) {
    return 0;
  }

  int res = Math.max(
      // 돈을 꺼내지 않고 한 집 옆으로 이동
      dp(nums, start + 1),
      // 돈을 꺼내고 두 집 옆으로 이동
      nums[start] + dp(nums, start + 2)
  );
```

```
    return res;
}
```

상태 전이를 명확히 하면 같은 start 위치에 하위 중복 문제가 있음을 알 수 있다. 다음 그림과 같다.

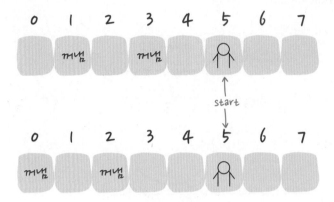

이 위치로 이동할 수 있는 여러 가지 선택 방법이 있으며 nums[5..] 집에서 가져오는 값의 최댓값은 고정된 값이다. dp(nums, 0)를 실행할 때마다 재귀를 사용하면 시간 낭비가 아닐까? 하위 중복 문제는 메모를 사용해 최적화할 수 있다.

```java
int[] memo;
// 주함수
int rob(int[] nums) {
  // 메모 초기화
  memo = new int[nums.length];
  Arrays.fill(memo, -1);
  // 0번째 집부터 선택 시작
  return dp(nums, 0);
}

// dp[start..]가 얻을 수 있는 최대 금액 반환
int dp(int[] nums, int start) {
  if (start >= nums.length) {
    return 0;
  }
  // 중복 계산 피하기
  if (memo[start] != -1) return memo[start];

  int res = Math.max(dp(nums, start + 1),
    nums[start] + dp(nums, start + 2));
  // 메모 기록
```

```
  memo[start] = res;
  return res;
}
```

이것은 하향식 동적 계획법 해법으로 조금만 수정하면 상향식으로 만들 수 있다.

```
int rob(int[] nums) {
  int n = nums.length;
  // dp[i] = x 의미:
  // i번째 집에서 선택 시작, 얻을 수 있는 최대 금액 x
  // base case: dp[n] = 0
  int[] dp = new int[n + 2];
  for (int i = n - 1; i >= 0; i--) {
    dp[i] = Math.max(dp[i + 1], nums[i] + dp[i + 2]);
  }
  return dp[0];
}
```

상태 전이가 dp[i]와 가장 가까운 두 상태인 dp[i+1], dp[i+2]에만 관련이 있는 것을 알 수 있다. 따라서 최적화를 통해 공간 복잡도를 $O(1)$로 낮출 수 있다.

```
int rob(int[] nums) {
  int n = nums.length;
  // dp[i+1]과 dp[i+2] 기록
  int dp_i_1 = 0, dp_i_2 = 0;
  // dp[i] 기록
  int dp_i = 0;
  for (int i = n - 1; i >= 0; i--) {
    dp_i = Math.max(dp_i_1, nums[i] + dp_i_2);
    dp_i_2 = dp_i_1;
    dp_i_1 = dp_i;
  }
  return dp_i;
}
```

위 과정은 동적 계획법에 상세하게 설명되어 있으니 누구나 쉽게 이해할 수 있다고 생각한다. 뒤에 이어지는 문제는 흥미로우며 현재 개념에 대한 약간의 응용이 필요하다.

2.18.2 원형 배열

LeetCode 213번 문제[30]로 앞의 문제와 기본적인 부분은 같다. 여전히 배열을 입력하고 인접한 집의 돈은 꺼낼 수 없지만, 집들은 일렬이 아니라 연속되는 원형이다.

즉, 첫 번째 집과 마지막 집이 서로 인접하고 있으므로 동시에 돈을 꺼낼 수 없다. 예를 들어 nums[2,3,2]이면 알고리즘은 4가 아닌 3을 반환한다. 시작과 끝에서 동시에 돈을 꺼낼 수 없기 때문이다.

이 조건은 이해하기 어렵지 않다. **3.7.1절**에서 원형 배열의 해법을 설명한다.

이 문제는 어떻게 해결해야 할까?

첫 번째 집과 마지막 집은 동시에 돈을 꺼낼 수 없으므로 다음과 같은 세 가지 상황만 있다.

1. 첫 번째 집과 마지막 집에서는 돈을 꺼내지 않는다.
2. 첫 번째 집에서 돈을 꺼내면 마지막 집에서는 돈을 꺼내지 않는다.
3. 마지막 집에서 돈을 꺼내면 첫 번째 집에서는 돈을 꺼내지 않는다.

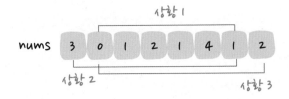

간단하게 세 가지 상황에서 가장 큰 결과가 답이 된다. 그러나 세 가지 상황을 모두 비교할 필요 없이 두 번째와 세 번째만 비교하면 된다. 그림을 통해 쉽게 알 수 있듯이 상황 2와 상황 3을 선택하면 남는 선택은 상황 1을 선택할 수 없다. 꺼내는 금액은 모두 음수가 아니므로 선택 사항이 많을수록 최적 의사 결정 결과도 커지기 때문이다.

앞의 해법을 조금만 수정하면 재사용할 수 있다.

```
// 닫힌 구간 [start, end]에 대한 최적의 결과 계산
int robRange(int[] nums, int start, int end) {
  int n = nums.length;
```

---

30   [옮긴이] https://leetcode.com/problems/house-robber-ii/

```
    int dp_i_1 = 0, dp_i_2 = 0;
    int dp_i = 0;
    for (int i = end; i >= start; i--) {
      dp_i = Math.max(dp_i_1, nums[i] + dp_i_2);
      dp_i_2 = dp_i_1;
      dp_i_1 = dp_i;
    }
    return dp_i;
}

// nums 배열을 원형 배열로 간주
int rob(int[] nums) {
  int n = nums.length;
  if (n == 1) return nums[0];
  return Math.max(robRange(nums, 0, n - 2),
          robRange(nums, 1, n - 1));
}
```

이것으로 두 번째 문제를 해결했다.

2.18.3 트리 배열

또 변형이 되어 이제는 선형이나 원형이 아니라 이진 트리 문제[31]다. 집은 이진 트리 노드 위에 있으며 동시에 인접한 두 집에서 돈을 꺼낼 수 없다. 어떻게 해야 할까?

함수의 시그니처는 다음과 같다.

```
int rob(TreeNode root);
```

예를 들어 입력 값은 다음과 같은 이진 트리이다.

```
    3
   / \
  2   3
   \   \
    3   1
```

---

31 [옮긴이] https://leetcode.com/problems/house-robber-iii/

알고리즘은 7을 반환한다. 1층과 3층에 있는 집에서 돈을 꺼낼 수 있으므로 얻을 수 있는 최대 금액은 3 + 3 + 1 = 7이다.

다음과 같은 이진 트리도 있다.

```
        3
      /   \
     4     5
   /  \     \
  1    3     1
```

알고리즘은 9를 반환한다. 2 층의 집에서 돈을 꺼내면 최대 금액은 4 + 5 = 9가 되기 때문이다.

전반적인 아이디어는 전혀 변경되지 않았다. '꺼내기' 또는 '꺼내지 않기'의 선택을 하며 더 큰 이점을 찾는 선택을 한다.

따라서 다음 코드를 작성할 수 있다.

```java
// 메모, 노드의 최적 선택 기록
Map<TreeNode, Integer> memo = new HashMap<>();

int rob(TreeNode root) {
  if (root == null) return 0;
  // 메모를 사용해 하위 중복 문제 제거
  if (memo.containsKey(root))
    return memo.get(root);
  // 꺼내고 난 뒤 두 집 건너 선택 시작
  int do_it = root.val
    + (root.left == null ?
      0 : rob(root.left.left) + rob(root.left.right))
    + (root.right == null ?
      0 : rob(root.right.left) + rob(root.right.right));
  // 꺼내지 않고 다음 집 선택 시작
  int not_do = rob(root.left) + rob(root.right);
  // 이익이 더 큰 것을 선택
  int res = Math.max(do_it, not_do);
  memo.put(root, res);
  return res;
}
```

이것으로 해결되었으며 시간 복잡도는 $O(N)$, N은 트리의 노드 수이다.

2.19 동적 계획법과 역추적 알고리즘의 관계

앞에서 역추적 알고리즘과 재귀 알고리즘은 유사하다고 자주 언급했다. 어떤 문제에 대해 상태 전이 방정식이 생각나지 않으면 역추적 알고리즘을 사용해 무차별 방법으로 해결하는 것도 좋은 방안이다. 작성하지 않는 것보다 훨씬 낫다.

그렇다면 역추적 알고리즘과 동적 계획법은 어떤 관계가 있을까? 알고리즘 템플릿은 매우 유사하며 모두 '선택'을 한다. 그렇다면 구체적으로 구별하는 방법은 무엇일까? 역추적 알고리즘과 동적 계획법은 서로 변환할 수 있을까?

'목표 합' 문제[32]를 통해 역추적 알고리즘과 동적 계획법을 자세히 비교해보자.

문제는 다음과 같다.

음이 아닌 정수 배열 nums와 하나의 목푯값 target이 있다. 각 요소 nums[i]에 정수부호 + 또는 음수부호를 추가할 수 있다. 몇 가지 부호를 조합해 nums 요소의 합 target을 계산해보자.

함수 시그니처는 다음과 같다.

```
int findTargetSumWays(int[] nums, int target);
```

예를 들어 nums = [1,3,1,4,2], target = 5일 때, 알고리즘은 3을 반환한다. 다음 3가지 조합을 통해 target을 5로 만들 수 있기 때문이다.

```
-1+3+1+4-2=5
-1+3+1+4-2=5
+1-3+1+4+2=5
```

nums의 요소는 0을 포함할 수 있으며 0에 정수 부호를 추가할 수 있다.

2.19.1 역추적 아이디어

사실 이 문제를 처음 보았을 때 역추적 알고리즘 작성에 2분이 걸렸다.

---

32 [옮긴이] https://leetcode.com/problems/target-sum/

모든 알고리즘의 핵심은 무차별 탐색으로 역추적 알고리즘은 무차별 대입 알고리즘이다. 1.3절에서 역추적 알고리즘 프레임을 작성했다.

```
def backtrack( 경로 , 선택 리스트 ):
  if 종료 조건 만족:
    result.add( 경로 )
    return
  for 선택 in 선택 리스트:
    선택하기
    backtrack( 경로 , 선택 리스트 )
    선택 해제
```

핵심은 '선택'을 파악하는 것으로 이 문제에 대한 선택은 명확하다. 각 숫자 nums[i]에 대해 양수 기호 + 또는 음수 기호 –를 추가할 수 있도록 하고 역추적 템플릿을 사용해 가능한 모든 결과를 무차별 탐색한다. 몇 가지 조합을 통해 target을 구성할 수 있을지 계산하는 것으로 충분하다.

의사 코드는 다음과 같다.

```
def backtrack(nums, i):
  if i == len(nums):
    if target에 도달:
      result += 1
    return

  for op in { +1, -1 }:
    op * nums[i] 선택
    # nums[i + 1]의 선택 무차별 탐색
    backtrack(nums, i +1)
    선택 해제
```

만약 이전에 역추적 알고리즘 문제를 본 적이 있다면 아래 코드는 간단하게 느껴질 수 있다.

```
int result = 0;

/* 주함수 */
int findTargetSumWays(int[] nums, int target) {
  if (nums.length == 0) return 0;
  backtrack(nums, 0, target);
  return result;
}
```

```
/* 역추적 알고리즘 템플릿 */
void backtrack(int[] nums, int i, int rest) {
  // base case
  if (i == nums.length) {
    if (rest == 0) {
      // target이 계산됨
      result++;
    }
    return;
  }
  // nums[i]에 - 부호
  rest += nums[i];
  // nums[i + 1] 무차별 탐색
  backtrack(nums, i + 1, rest);
  // 선택 해제
  rest -= nums[i];

  // nums[i]에 + 부호
  rest -= nums[i];
  // nums[i + 1] 무차별 탐색
  backtrack(nums, i + 1, rest);
  // 선택 해제
  rest += nums[i];
}
```

일부 독자는 왜 부호를 반대로 하여 −를 선택할 때는 rest += nums[i], +를 선택할 때는 rest -= nums[i]를 사용하는지 의문을 가질 수 있다.

target을 알아내는 것과 target을 0으로 만드는 것은 사실 같은 것이다. 앞의 방법은 backtrack 함수에 매개변수를 하나 더 추가해야 하므로 깔끔하지 않아 뒤의 방법을 사용한 것이다.

```
void backtrack(int[] nums, int i, int sum, int target) {
  // base case
  if (i == nums.length) {
    if (sum == target) {
      result++;
    }
    return;
  }
  // ...
}
```

따라서 nums[i]에 + 부호를 선택하면 rest-num[i]도 반대로 하면 된다.

위 역추적 알고리즘으로 문제를 해결할 수 있으며 시간 복잡도는 $O(2^n)$, N은 nums의 크기이다. 이 복잡도는 어떻게 계산할까? **1.1절**의 내용에서 역추적 알고리즘은 이진 트리 순회 문제라는 것을 확인했다.

```java
void backtrack(int[] nums, int i, int rest) {
  if (i == nums.length) {
    return;
  }
  backtrack(nums, i + 1, rest - nums[i]);
  backtrack(nums, i + 1, rest + nums[i]);
}
```

트리의 높이는 nums의 길이이므로 시간 복잡도는 이진 트리의 노드 수인 $O(N^2)$이며 매우 비효율적이다.

그렇다면 동적 계획법으로 어떻게 최적화할까?

2.19.2 하위 중복 문제 삭제

동적 계획법이 무차별 탐색에 비해 빠른 이유는 하위 중복 문제를 제거하기 때문이다.

하위 중복 문제를 어떻게 찾을 수 있을까? 중복되는 '상태'가 발생하는지 확인한다. 재귀 함수의 경우 함수 매개변수에서 변경 가능한 매개변수가 '상태'이다. backtrack 함수의 경우 i와 rest이다.

이 책에서 동적 계획법의 **편집 거리**는 하위 중복 문제를 한 눈에 보는 방법을 설명하기 위해 먼저 재귀 프레임을 추상화한다.

```java
void backtrack(int i, int rest) {
  backtrack(i + 1, rest - nums[i]);
  backtrack(i + 1, rest + nums[i]);
}
```

간단한 예로, nums[i] = 0이면 어떻게 될까?

```java
void backtrack(int i, int rest) {
  backtrack(i + 1, rest);
  backtrack(i + 1, rest);
}
```

이와 같이 '상태'가 완전히 동일한 재귀 함수가 발생하면 재귀 계산이 중복된다. 이것이 하위 중복 문제로, 하나의 중복 문제를 찾게 되면 더 많은 하위 중복 문제가 있다고 볼 수 있다.

따라서 메모를 사용해 상태(i, rest)를 최적화할 수 있다.

```java
int findTargetSumWays(int[] nums, int target) {
  if (nums.length == 0) return 0;
  return dp(nums, 0, target);
}


// 메모
HashMap<String, Integer> memo = new HashMap<>();
int dp(int[] nums, int i, int rest) {
  // base case
  if (i == nums.length) {
    if (rest == 0) return 1;
    return 0;
  }
  // 해시테이블 키로 사용할 문자열로 변환
  String key = i + "," + rest;
  // 중복 계산 피하기
  if (memo.containsKey(key)) {
    return memo.get(key);
  }
  // 무차별 탐색
  int result = dp(nums, i + 1, rest - nums[i]) + dp(nums, i + 1, rest + nums[i]);
  // 메모에 기록
  memo.put(key, result);
  return result;
}
```

앞에서는 파이썬의 튜플을 해시테이블 dict와 함께 사용해 메모를 작성했다. 다른 언어에는 튜플이 없으므로 '상태'를 문자열로 변환하여 해시테이블의 키로 사용한다. 이것은 자주 사용되는 기법이다.

이 해법은 메모를 통해 하위 중복 문제를 제거하므로 효율성이 향상된다. 시간 복잡도는 '상태' 조합 (i, rest)의 수로, $O(N \times target)$이다.

2.19.3 동적 계획법

사실 이 문제는 하부 집합 분할 문제로 변형될 수 있다. 하부 집합 분할 문제는 마찬가지로 전형적인 배낭 문제이다. 동적 계획법은 정말이지 종잡을 수가 없다.

우선 nums를 두 개의 하부 집합 A와 B로 분할하면 +의 수와 -의 수로 나눌 수 있으며 target과 다음의 관계를 갖는다.

```
sum(A) - sum(B) = target
sum(A) = target + sum(B)
sum(A) + sum(A) = target + sum(B) + sum(A)
2 * sum(A) = target + sum(nums)
```

요약하면 sum(A) = (target + sum(nums)) / 2로 나타낼 수 있다. 따라서 문제를 다음과 같이 변환할 수 있다.

nums에 몇 개의 하부 집합 A가 있을 때 A 요소의 합이 (target+sum(nums)) / 2가 되도록 하는가?

하부 집합 분할 문제와 유사한 문제를 2.16절에서 언급했으며, 다음과 같은 함수를 구현할 수 있다.

```
/* nums의 여러 하부 집합의 합을 sum으로 계산 */
int subsets(int[] nums, int sum) {}
```

이제 다음과 같이 함수를 호출할 수 있다.

```
int findTargetSumWays(int[] nums, int target) {
  int sum = 0;
  for (int n : nums) sum += n;
  // 두 경우 모두 유효한 하부 집합이 존재할 수 없음
  if (sum < target || (sum + target) % 2 == 1) {
    return 0;
  }
  return subsets(nums, (sum + target) / 2);
}
```

그럼 배낭 문제의 표준 형식으로 변경해보자.

sum의 용량을 가진 배낭이 있으며 N개의 물건이 주어진다. i번째 물건의 무게는 nums[i-1](1<= i<= N에 유의)이며 각 물건은 하나씩만 있다. 이때 몇 가지 방법으로 배낭을 가득 채울 수 있을까?

이것은 순수한 동적 계획법 문제로 계속 강조한 동적 계획법의 루틴을 확인해보자.

첫 번째 단계는 '상태'와 '선택'을 명확히 한다.

배낭 문제도 같으며 상태는 '배낭의 용량'과 '선택 가능한 물건'이며 선택은 '물건 넣기' 또는 '물건 넣지 않기'이다.

두 번째 단계는 dp 배열을 명확히 정의한다.

배낭 문제 해결 방법에 따라 다음과 같은 정의가 주어진다.

dp[i][j] = x는 물건이 i개, 배낭 용량은 j일 때 배낭을 정확하게 채울 수 있는 방법은 최대 x개를 의미한다.

현재 다루고 있는 하부 집합 문제로 보면 nums의 i개 요소가 선택 대상이며 목표의 합은 j, 하부 집합을 나눌 수 있는 방법은 최대 x개가 된다.

이 정의에 따르면 dp[0][..]= 0이다. 물건이 없으면 배낭을 채울 수 없기 때문이다. 또한 dp[..][0]= 1이다. 배낭의 최대 용량이 0이면 '아무것도 넣지 않기'의 한 가지 방법만 가능하기 때문이다.

우리가 찾고 있는 해답은 dp[N][sum]이다. N개 물건을 모두 사용해 용량 sum의 배낭에 물건을 가득 넣는 방법은 몇 가지가 있다.

세 번째 단계는 '선택'에 따른 상태 전이 로직을 생각한다.

앞의 dp 배열의 의미를 생각하면 '선택'에 따라 dp[i][j]에 대해 다음과 같은 상태 전이를 얻을 수 있다.

만약 nums[i]를 하부 집합에 포함시키지 않거나 i번째 물건을 배낭에 넣지 않을 때 배낭을 채우는 방법의 수는 앞의 결과를 상속받는 dp[i-1][j] 상태에 따라 달라진다.

nums[i]를 하부 집합에 포함시키거나 i번째 물건을 배낭에 넣으면 i-1개 물건이 j-nums[i-1]의 용량을 몇 가지 방법으로 채울 수 있는지 확인하면 된다. 따라서 dp[i-1][j-nums[i-1]]의 상태에 따라 달라진다.

> **NOTE** i는 1부터 시작하며 배열 nums의 인덱스는 0부터 시작한다. 따라서 nums[i-1]은 i번째 물건의 무게를 나타내고 j-nums[i-1]은 배낭에 물건 i를 넣은 뒤 남는 용량이다.

dp[i][j]는 배낭을 채우는 총 방법의 수이므로 위의 두 선택 결과를 더해서 상태 전이 방정식을 구할 수 있다.

```
dp[i][j] = dp[i-1][j] + dp[i-1][j-nums[i-1]];
```

그 후 상태 전이 방정식에 따라 동적 계획법 알고리즘을 작성한다.

```java
/* nums의 하부 집합의 합을 sum으로 계산 */
int subsets(int[] nums, int sum) {
  int n = nums.length;
  int[][] dp = new int[n + 1][sum + 1];
  // base case
  for (int i = 0; i <= n; i++) {
    dp[i][0] = 1;
  }

  for (int i = 1; i <= n; i++) {
    for (int j = 0; j <= sum; j++) {
      if (j >= nums[i-1]) {
        // 두 선택 결과의 합
        dp[i][j] = dp[i-1][j] + dp[i-1][j-nums[i-1]];
      } else {
        // 배낭 공간 부족, 물건 i를 넣지 않는 것만 선택 가능
        dp[i][j] = dp[i-1][j];
      }
    }
  }
  return dp[n][sum];
}
```

dp[i][j]는 앞의 행 dp[i-1][..]와만 관련이 있는 것을 알 수 있으며 1차 dp로 최적화할 수 있다.

```java
/* nums의 하부 집합의 합을 sum으로 계산 */
int subsets(int[] nums, int sum) {
  int n = nums.length;
  int[] dp = new int[sum + 1];
  // base case
  dp[0] = 1;

  for (int i = 1; i <= n; i++) {
    // j는 뒤에서 앞으로 순회
    for (int j = sum; j >= 0; j--) {
      // 상태 전이 방정식
      if (j >= nums[i-1]) {
        dp[j] = dp[j] + dp[j-nums[i-1]];
      } else {
        dp[j] = dp[j];
      }
    }
  }
}
```

```
    return dp[sum];
}
```

2차 dp와 비교해 dp 배열의 첫 번째 차수만 모두 제거하면 된다. 유일한 차이점은 j를 뒤에서 앞으로 순회하는 것뿐이며 이유는 다음과 같다.

2차원을 1차원으로 압축하는 기본적인 원리는 dp[j]와 dp[j-nums[i-1]]가 새로 변경되지 않으면 2차원 dp의 dp[i-1][j], dp[i-1][j-nums[i-1]]와 동일하다는 것이다.

그리고 새로운 dp[j]를 계산할 때 dp[j]와 dp[j-nums[i-1]]는 앞의 외부 for 루프의 결과이다.

만약 1차 dp 배열을 앞에서 뒤로 순회하면 dp[j]는 분명 문제가 없지만 dp[j-nums[i-1]]은 이미 앞의 외부 for 루프의 결과가 아니므로 잘못된 상태를 사용하게 된다. 따라서 정확한 답을 얻을 수 없다.

CHAPTER

3

데이터 구조

책에서 학습하는 **알고리즘과 문제 프레임 아이디어**는 많은 알고리즘 기법이 기본 데이터 구조에서 파생된다는 것을 알려준다. 따라서 기본 데이터 구조를 마음대로 다룰 수 있으면 복잡한 알고리즘 기법도 본질적으로는 간단하다는 것을 알게 된다.

이번 장에서는 주로 연결 리스트, 이진 트리와 같은 기본 데이터 구조의 사용을 다룬다. 복잡한 문제를 계층별로 나누거나 LRU, LFU 등 기본 알고리즘을 직접 작성해본다. 또한 단조 스택과 단조 큐와 같이 특수한 데이터 구조의 구현 방법과 시나리오의 사용을 소개한다.

알고리즘이 영혼이라면 데이터 구조는 피와 살이라고 볼 수 있다. 데이터 구조의 신비를 함께 알아보자.

3.1 LRU 캐시 제거 알고리즘

LRU 알고리즘은 캐시를 제거하는 것으로 원리는 어렵지 않다. 그러나 면접에서 버그가 없는 알고리즘을 작성하려면 기법이 필요한데 데이터 구조를 계층별로 추상화하고 분해해야 한다. 이번 절에서 아름다운 코드를 작성해보자.

컴퓨터의 캐시 용량은 제한적이므로 캐시가 가득 차면 일부 데이터를 삭제하여 새로운 데이터를 위한 공간을 마련해야 한다. 문제는 어떤 데이터를 삭제할 것인가다. 쓸모없는 캐시 데이터를 삭제하고 필요한 데이터만 남겨 이후에 다시 사용할 수 있도록 하고 싶을 것이다. 그렇다면 어떤 데이터를 유용한 데이터로 볼 수 있을까?

LRU 캐시 제거 알고리즘은 기본적인 방법이다. LRU는 Least Recently Used의 약자로 최근에 사용한 데이터가 유용하고 오랫동안 사용하지 않은 데이터는 불필요한 데이터로 생각할 수 있다. 따라서 메모리가 가득 차면 오랫동안 사용하지 않은 데이터를 먼저 삭제한다.

간단한 예를 들면 휴대폰은 백그라운드에서 앱을 실행할 수 있다. 예를 들어 '설정', '계산기', '캘린더' 앱을 순서대로 열면 백그라운드에서 정렬되는 순서는 다음과 같다.

그러나 계산기를 누르면 계산기가 첫 번째로 오게 되어 다음과 같은 상태가 된다.

폰에서 동시에 3개의 앱만 열 수 있고 이미 가득 찬 상태라고 가정해보자. 만약 새로운 앱인 시계를 열면 시계를 실행하기 위해 하나의 앱을 닫아야 한다. 어떤 앱을 닫을까?

LRU의 방법에 따르면 가장 오랫동안 사용하지 않은 관리자 앱을 닫고 새로 실행하는 앱을 제일 위에 놓는다.

이제 LRU를 이해해보자. 이 방법 이외에도 캐시 제거 방법은 액세스 빈도에 따라 제거를 결정하는 LFU도 있으며 각각의 시나리오가 있다.

이번 절에서는 LRU 알고리즘을 알아보겠다.

3.1.1 LRU 알고리즘 설명

LeetCode 146번 문제[33] 'LRU 캐시'는 데이터 구조를 설계하는 문제다.

먼저 capacity 매개변수를 캐시의 최대 용량으로 받고 두 API를 구현한다. 하나는 put(key, val)로 키와 값 세트를 저장하는 메서드이며 다른 하나는 get(key)로 key에 대응하는 val을 가져오는 메서드이다. key가 존재하지 않으면 -1을 반환한다.

---

33 [옮긴이] https://leetcode.com/problems/lru-cache/

주의할 점은 get과 put 메서드는 반드시 $O(1)$의 시간 복잡도를 가져야 한다는 것이다. 다음의 구체적인 예를 통해 LRU 알고리즘의 동작 방식을 확인해보자.

```
/* 캐시 용량 2 */
LRUCache cache = new LRUCache(2);
// cache를 큐로 생각할 수 있음
// 왼쪽을 큐의 헤드, 오른쪽을 큐의 테일로 가정
// 가장 최근에 사용한 것을 헤드에, 오랫동안 사용하지 않은 것은 테일에
// 괄호는 키-값 세트 (key, val)를 의미

cache.put(1, 1);
// cache = [(1, 1)]

cache.put(2, 2);
// cache = [(2, 2), (1, 1)]

cache.get(1);       // 1 반환
// cache = [(1, 1), (2, 2)]
// 설명: 키1이 가장 최근에 액세스되었으므로 헤드에 위치
// 키1에 해당하는 값 1 반환

cache.put(3, 3);
// cache = [(3, 3), (1, 1)]
// 설명: 캐시 용량이 가득 차면 공간 확보를 위해 데이터 삭제
// 오랫동안 사용하지 않은 데이터인 테일 데이터를 삭제
// 새로운 데이터를 헤드에 삽입

cache.get(2);        // -1 반환 (찾을 수 없음)
// cache = [(3, 3), (1, 1)]
// 설명: 캐시에 키2 데이터 존재하지 않음

cache.put(1, 4);
// cache = [(1, 4), (3, 3)]
// 설명: 키1이 이미 존재하므로 원래 데이터1을 4로 덮어쓰기
// 키-값 세트를 헤드에 위치시키는 것도 잊지 말아야 함
```

3.1.2 LRU 알고리즘 설계

위 과정을 분석하면 put과 get 메서드의 시간 복잡도를 $O(1)$로 만들기 위해서 cache 데이터 구조에 필요한 조건은 다음과 같다.

1. cache의 요소는 최근에 사용한 것과 오랫동안 사용하지 않은 데이터를 구분하기 위해 시간 순서대로 정렬해야 한다. 용량이 가득 차면 오랫동안 사용하지 않은 요소를 삭제한다.

2. cache에 키가 존재하는지 빠르게 탐색하고 해당 val을 가져온다.

3. cache에 있는 키에 액세스할 때마다 이 요소를 최근에 사용한 요소로 변경한다. cache는 어떤 위치의 요소라도 빠르게 삽입과 삭제를 지원해야 한다.

그렇다면 위 조건을 동시에 만족하는 데이터 구조는 무엇일까? 해시테이블은 검색이 빠르지만, 데이터 순서가 고정되어 있지 않다. 연결 리스트는 순서대로 분류되어 있고 삽입과 삭제가 빠르지만, 검색이 느리다. 따라서 이를 결합해 새로운 데이터 구조인 해시 연결 리스트 LinkedHashMap을 만들 수 있다.

LRU 캐시 알고리즘의 핵심 데이터 구조는 해시 연결 리스트로 양방향 연결 리스트와 해시 테이블의 조합이다. 이 데이터 구조는 다음과 같다.

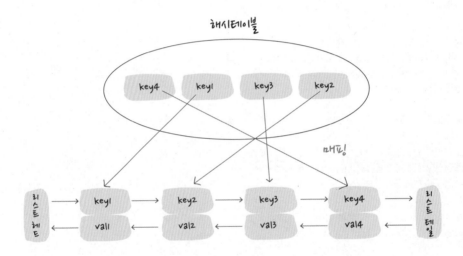

이 구조를 통해 앞의 세 가지 조건을 분석해보자.

1. 연결 리스트 테일 부분에 요소가 추가될 때마다 테일 부분에 더 가까운 요소가 더 최근에 사용된 것이며 헤드에 가까울수록 더 오랫동안 사용되지 않은 것이다.

2. key는 해시테이블을 통해 연결 리스트의 노드를 빠르게 찾고 val을 얻을 수 있다.

3. 연결 리스트는 어떤 위치에서도 빠른 삽입과 삭제를 지원하는데, 이는 포인터만 변경하면 되기 때문이다. 그러나 기존 연결 리스트는 인덱스를 통해 특정 위치의 요소에 빠르게 액세스할 수 없다. 따라서 여기서는 해시테이블을 통해 key를 연결 리스트의 노드에 매핑하여 삽입과 삭제를 진행한다.

독자는 왜 단일 연결 리스트가 아닌 이중 연결 리스트인지 궁금해할 수 있다. 또한 해시테이블에 key가 이미 존재하는데 왜 연결 리스트에 val이 아닌 key와 val을 모두 저장하는지 궁금할 수도 있다.

생각하다 보면 질문이 생기고 풀다 보면 답이 생긴다. 이렇게 설계하는 이유는 LRU 알고리즘을 구현하기 전에는 이해할 수 없으므로 먼저 코드를 살펴보자.

3.1.3 코드 구현

많은 프로그래밍 언어에는 해시 연결 리스트 또는 LRU 기능과 유사한 라이브러리 함수가 내장되어 있다. 그러나 알고리즘의 세부 사항을 이해하기 위해 먼저 LRU 알고리즘을 직접 구현한 뒤 자바에 내장된 LinkedHashMap을 사용해 다시 구현해보자.

먼저 이중 연결 리스트의 노드 클래스를 작성하자. 간단하게 하기 위해 key와 val은 모두 int 형을 사용한다.

```java
class Node {
  public int key, val;
  public Node next, prev;
  public Node(int k, int v) {
    this.key = k;
    this.val = v;
  }
}
```

그 후 Node 유형에 따라 이중 연결 리스트를 작성하여 LRU 알고리즘에 필요한 API를 구현한다.

```java
class DoubleList {
  // 헤드, 테일 가상 노드
  private Node head, tail;
  // 연결 리스트의 요소 수
  private int size;

  public DoubleList() {
    // 이중 연결 리스트 데이터 초기화
    head = new Node(0, 0);
    tail = new Node(0, 0);
    head.next = tail;
    tail.prev = head;
    size = 0;
  }
}
```

```
// 연결 리스트 테일에 노드 x를 추가하면 시간 복잡도는 O(1)
public void addLast(Node x) {
  x.prev = tail.prev;
  x.next = tail;
  tail.prev.next = x;
  tail.prev = x;
  size++;
}

// 연결 리스트의 x 노드 제거 (x가 반드시 존재)
// 이중 연결 리스트며 목표 Node 노드가 주어지므로 시간 복잡도는 O(1)
public void remove(Node x) {
  x.prev.next = x.next;
  x.next.prev = x.prev;
  size--;
}

// 연결 리스트의 첫 번째 노드를 제거하고 해당 노드를 반환. 시간 복잡도는 O(1)
public Node removeFirst() {
  if (head.next == tail)
    return null;
  Node first = head.next;
  remove(first);
  return first;
}

// 연결 리스트의 길이를 반환. 시간 복잡도는 O(1)
public int size() { return size; }
}
```

이제 왜 이중 연결 리스트가 필요한지 대답할 수 있다. 삭제 작업이 필요하기 때문이다. 노드를 삭제하려면 해당 노드의 포인터만이 아니라 선행 노드의 포인터도 조작해야 한다. 이중 연결 리스트는 선행 노드를 직접 검색할 수 있으며, 시간 복잡도가 O(1)로 보장된다.

참고로 구현한 이중 연결 리스트 API는 테일에만 삽입할 수 있다. 테일 부분 데이터가 가장 최근에 사용한 것이며 헤드 부분의 데이터는 오랫동안 사용하지 않은 데이터이다.

이중 연결 리스트를 구현하려면 LRU 알고리즘의 해시테이블과 결합하고 코드의 프레임을 만들면 된다.

```
class LRUCache {
  // key -> Node(key, val)
  private HashMap<Integer, Node> map;
```

```
  // Node(k1, v1) <-> Node(k2, v2)...
  private DoubleList cache;
  // 최대 용량
  private int cap;

  public LRUCache(int capacity) {
    this.cap = capacity;
    map = new HashMap<>();
    cache = new DoubleList();
  }
```

LRU 알고리즘의 get, put 메서드 구현을 서두르지 말자. 이중 연결 리스트 cache와 해시테이블 map 을 동시에 유지해야 하므로 일부 조작을 놓치기 쉽다. 예를 들어 key를 삭제할 때 cache에서 해당 Node를 삭제하고 map에서 key를 제거하는 것을 잊어버리기 쉽다.

이 문제를 해결하는 효과적인 방법은 두 데이터 구조에 추상 API를 제공하는 것이다.

비현실적으로 들릴 수도 있으나 매우 간단하다. LRU의 주 메서드 get, put이 직접 map과 cache의 세부 사항을 조작하는 것을 최대한 피하면 된다. 먼저 다음의 몇 가지 함수를 구현할 수 있다.

```
/* key를 최근에 사용한 것으로 처리하기 */
private void makeRecently(int key) {
  Node x = map.get(key);
  // 연결 리스트에서 노드 제거
  cache.remove(x);
  // 큐의 테일에 다시 삽입
  cache.addLast(x);
}

/* 최근에 사용한 요소 추가 */
private void addRecently(int key, int val) {
  Node x = new Node(key, val);
  // 연결 리스트의 테일은 가장 최근에 사용한 요소
  cache.addLast(x);
  // map에 key 매핑 추가하는 것을 잊지 말자.
  map.put(key, x);
}

/* key 제거 */
private void deleteKey(int key) {
  Node x = map.get(key);
  // 연결 리스트에서 제거
  cache.remove(x);
  // map에서 제거
```

```
    map.remove(key);
}

/* 사용하지 않는 가장 오래된 요소 제거 */
private void removeLeastRecently() {
    // 연결 리스트 헤드의 첫 번째 요소는 가장 오랫동안 사용하지 않는 요소
    Node deletedNode = cache.removeFirst();
    // map에서 key 제거를 잊지 말자.
    int deletedKey = deletedNode.key;
    map.remove(deletedKey);
}
```

여기서 "연결 리스트에 val만 저장하는 것이 아니라 key와 val을 모두 저장하는 이유"에 대한 답을 찾을 수 있다. 참고로 removeLeastRecently 함수는 deletedNode를 사용해 deletedKey를 가져온다.

캐시 용량이 가득 차면 마지막 Node 노드만 아니라 map에 매핑된 해당 노드의 key도 함께 제거해야 하며 이 key는 Node에서만 얻을 수 있다. 만약 Node 구조에 val만 저장되어 있으면 key를 알 수 없으므로 map의 키를 삭제할 수 없어 오류가 발생한다.

위 방법은 간단한 캡슐화로 이러한 함수를 호출하면 cache 연결 리스트와 map 해시테이블의 직접적인 조작을 피할 수 있다. 아래에서 LRU 알고리즘의 get 메서드를 먼저 구현해보겠다.

```
public int get(int key) {
    if (!map.containsKey(key)) {
        return -1;
    }
    // 해당 데이터를 가장 최근에 사용한 것으로 처리
    makeRecently(key);
    return map.get(key).val;
}
```

put 메서드는 조금 더 복잡하다. 먼저 로직의 이해를 위해 그림을 그려보자.

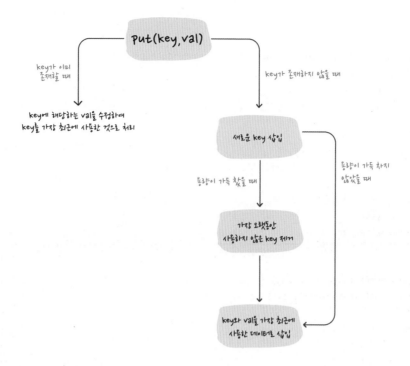

이렇게 하면 put 메서드의 코드를 쉽게 작성할 수 있다.

```
public void put(int key, int val) {
  if (map.containsKey(key)) {
    // 오래된 데이터 제거
    deleteKey(key);
    // 새로 삽입하는 데이터는 가장 최근에 사용된 데이터
    addRecently(key, val);
    return;
  }

  if (cap == cache.size()) {
    // 가장 오랫동안 사용하지 않은 요소 제거
    removeLeastRecently();
  }
  // 최근에 사용한 요소로 추가
  addRecently(key, val);
}
```

이제 LRU 알고리즘의 원리와 구현을 이해했을 것이다. 마지막으로 자바의 내장 LinkedHashMap를 사용해 LRU 알고리즘을 구현해보자. 로직은 완전 동일하므로 설명은 생략한다.

```
class LRUCache {
  int cap;
  LinkedHashMap<Integer, Integer> cache = new LinkedHashMap<>();
  public LRUCache(int capacity) {
    this.cap = capacity;
  }

  public int get(int key) {
    if (!cache.containsKey(key)) {
      return -1;
    }
    // key를 가장 최근에 사용한 것으로 처리
    makeRecently(key);
    return cache.get(key);
  }

  public void put(int key, int val) {
    if (cache.containsKey(key)) {
      // key의 값 변경
      cache.put(key, val);
      // key를 가장 최근에 사용한 것으로 변경
      makeRecently(key);
      return;
    }

    if (cache.size() >= this.cap) {
      // 연결 리스트 헤드 부분은 가장 오랫동안 사용하지 않은 key
      int oldestKey = cache.keySet().iterator().next();
      cache.remove(oldestKey);
    }
    // 연결 리스트 테일에 새로운 key 추가
    cache.put(key, val);
  }

  private void makeRecently(int key) {
    int val = cache.get(key);
    // key 제거, 큐의 테일에 다시 삽입
    cache.remove(key);
    cache.put(key, val);
  }
}
```

이것으로 LRU 알고리즘의 비밀이 풀렸다.

3.2 계층별로 분해하여 LFU 알고리즘 작성하기

앞 절에서는 LRU 캐시 제거 알고리즘을 구현했는데, 이번 절에서는 또 다른 캐시 제거 알고리즘으로 잘 알려진 LFU 알고리즘을 작성해보자.[34]

LRU 알고리즘의 캐시 제거 방법은 가장 오랫동안 사용하지 않은 데이터를 제거한다. 반면에 LFU 알고리즘의 캐시 제거 방법은 Least Frequently Used로 사용 횟수가 가장 적은 데이터를 제거한다.

LRU 알고리즘의 핵심 데이터 구조는 해시 연결 리스트 `LinkedHashMap`으로 연결 리스트의 순서를 사용해 연결 리스트 요소의 삽입 순서를 유지한다. 동시에 해시맵을 사용해 어떤 연결 리스트의 요소라도 $O(1)$의 시간 복잡도로 빠르게 접근할 수 있도록 한다.

구현 난이도는 LFU 알고리즘이 LRU 알고리즘보다 어렵다. LRU 알고리즘은 데이터를 시간에 따라 정렬하는 것이므로 이 요구 사항은 연결 리스트를 통해 자연스럽게 구현할 수 있기 때문이다. 연결 리스트의 헤드부터 계속 요소를 삽입하면 헤드에 가까운 요소는 새로운 데이터, 테일에 가까운 데이터는 오래된 데이터가 된다. 따라서 캐시를 제거할 때는 간단하게 테일 부분의 요소를 제거하면 된다.

LFU 알고리즘은 데이터를 액세스 빈도에 따라 정렬하므로 그렇게 간단하지 않을 수 있다. 만약 같은 액세스 빈도를 갖는 데이터가 많다면 가장 먼저 삽입된 데이터부터 제거해야 한다. 즉, LFU 알고리즘은 빈도가 가장 낮은 데이터부터 제거하는 것이므로 가장 낮은 데이터의 수가 여러 개 존재한다면 가장 오래된 데이터부터 제거해야 한다.

따라서 LFU 알고리즘은 훨씬 복잡하며 면접에서 자주 만나게 된다. LFU 캐시 제거 알고리즘은 엔지니어링 업무에서도 자주 사용된다. 이 유명한 알고리즘은 프레임이 고정되어 있으나 로직이 복잡해 깔끔하고 버그가 없는 코드를 작성하기가 쉽지 않다.

이번 절에서는 LFU 알고리즘을 분해해보자. 하향식, 단계별 개선은 복잡한 문제를 해결하는 유일한 방법임을 잊지 말자.

3.2.1 알고리즘 설명

`capacity` 매개변수를 받는 `get`, `put` 메서드를 구현하기 위해 클래스를 작성해보자.

---

34 [옮긴이] https://leetcode.com/problems/lfu-cache/

```
class LFUCache {
  // capacity 용량의 캐시 구성
  public LFUCache(int capacity) {}
  // 캐시에서 key 조회
  public int get(int key) {}
  // key와 val을 캐시에 저장
  public void put(int key, int val) {}
}
```

get(key) 메서드는 캐시에 있는 key를 조회하여 key가 존재하면 key에 해당하는 val을 반환하고 그렇지 않으면 -1을 반환한다.

put(key) 메서드는 캐시를 삽입하거나 수정한다. key가 존재하면 해당하는 값을 val로 변경하고 key가 존재하지 않으면 키-값 세트(key, val)를 삽입한다.

캐시가 capacity에 도달하면 키-값 세트를 삽입하기 전에 사용 빈도(아래에서 freq로 표시)가 가장 낮은 키-값 세트를 삭제해야 한다. 만약 freq의 가장 낮은 키-값 세트가 여러 개 있는 경우 가장 오래된 것을 제거한다.

```
// 용량이 2인 LFU 캐시 구성
LFUCache cache = new LFUCache(2);

// (key, val) 세트 삽입, freq는 1
cache.put(1, 10);
cache.put(2, 20);

// key가 1인 val 조회
// 10 반환, 키1의 freq를 2로 변경
cache.get(1);

// 용량이 가득 차면 가장 작은 freq의 키 2 제거
// 키-값 세트(3, 30) 삽입. freq는 1
cache.put(3, 30);

// 키 2 제거됨. -1 반환
cache.get(2);
```

3.2.2 아이디어 분석

LFU 알고리즘의 로직에 따라 가장 간단한 것부터 시작한다. 먼저 알고리즘의 실행 과정에서 몇 가지 명백한 사실을 알아보자.

1. get(key) 메서드를 호출할 때 key에 해당하는 val을 반환한다.

2. get 또는 put 메서드로 key에 액세스할 때마다 해당 key의 freq는 1씩 증가한다.

3. 용량이 가득 찬 상태에서 삽입 시 freq가 제일 작은 key를 제거하고 제일 작은 freq가 여러 개인 경우에는 제일 오래된 것부터 제거한다.

$O(1)$의 시간 복잡도 내에서 이 요구를 해결하고 기본 데이터 구조를 사용해 해결할 수 있도록 하자.

1. HashMap을 사용해 key와 val을 매핑하여 저장하면 빠르게 get(key)를 계산할 수 있다.

```
HashMap<Integer, Integer> keyToVal;
```

2. HashMap을 사용해 key와 freq을 매핑하여 저장하면 key에 해당하는 freq를 빠르게 조작할 수 있다.

```
HashMap<Integer, Integer> keyToFreq;
```

3. 이 요구사항은 LFU 알고리즘의 핵심이므로 나누어서 이야기해보자.

3a. freq와 key의 매핑이 필요하다.

3b. freq가 가장 작은 key를 제거하면 현재 모든 key 중에서 가장 작은 freq를 빠르게 얻을 수 있다. 시간 복잡도가 $O(1)$이 되도록 하려면 순회없이 하나의 변수 minFreq를 사용해 현재 최소 freq를 기록하도록 해야 한다.

3c. 동일한 freq를 가진 key가 여러 개인 경우 freq와 key는 일대다의 관계를 가진다. 즉, 하나의 freq는 하나의 key 리스트에 대응한다.

3d. freq에 해당하는 key 리스트는 시간 순서로 정렬하여 가장 오래된 key를 빠르게 찾고 제거할 수 있도록 한다.

3e. 어떠한 key라도 빠르게 리스트에서 제거할 수 있도록 한다. 빈도가 freq인 key에 액세스하면 해당 빈도는 freq+1이 되고 freq의 key 리스트에서 해당 key를 제거하고 freq+1에 해당하는 key 리스트에 key를 추가한다.

```
HashMap<Integer, LinkedHashSet<Integer>> freqToKeys;
int minFreq = 0;
```

3c, 3d, 3e의 요구 사항을 충족하는 LinkedHashSet을 소개한다. 기본 연결 리스트인 LinkedList는 3c, 3d를 만족하는 것을 알 수 있지만 기본 연결 리스트는 노드에 빠르게 액세스할 수 없으므로 3e 는 만족하지 않는다.

이름에서 알 수 있듯이 LinkedHashSet은 연결 리스트와 해시세트의 결합이다. 연결 리스트는 노드 에 빠르게 액세스할 수 없지만 요소 삽입의 순서를 갖는다. 해시세트의 요소는 순서가 없지만 빠른 액세스와 제거가 가능하다.

이 둘의 조합은 해시세트와 연결 리스트의 특성을 갖추고 있으므로 $O(1)$의 시간으로 액세스와 제거 가 가능하며 삽입의 순서가 지켜지므로 효율적으로 3e의 요구 사항을 충족한다.

정리하여 LFU 알고리즘의 기본 데이터 구조를 작성할 수 있다.

```java
class LFUCache {
  // key와 val 매핑. (뒤에서 KV 테이블이라고 함)
  HashMap<Integer, Integer> keyToVal;
  // key와 freq 매핑. (뒤에서 KF 테이블이라고 함)
  HashMap<Integer, Integer> keyToFreq;
  // freq와 key 리스트 매핑. (뒤에서 FK 테이블이라고 함)
  HashMap<Integer, LinkedHashSet<Integer>> freqToKeys;
  // 최소 빈도 기록
  int minFreq;
  // LFU 캐시 최대 용량 기록
  int cap;

  public LFUCache(int capacity) {
    keyToVal = new HashMap<>();
    keyToFreq = new HashMap<>();
    freqToKeys = new HashMap<>();
    this.cap = capacity;
    this.minFreq = 0;
  }

  public int get(int key) {}
  public void put(int key, int val) {}
}
```

3.2.3 코드 프레임

LFU 로직은 이해가 어렵지 않지만, 코드 작성은 어렵다. 특히 오류가 발생하기 쉬운 KV 테이블, KF 테이블, FK 테이블의 세 가지 매핑을 유지해야 하기 때문이다. 이 상황의 몇 가지 기법을 알아보자.

1. 알고리즘의 모든 세부 사항을 한 번에 구현하려 하지 말고 하향식을 통해 점진적으로 개선한다. 먼저 주함수의 로직 프레임을 작성하고 단계별로 세부 사항을 구현한다.

2. 매핑 관계를 파악한다. 만약 어떤 key에 해당하는 freq를 업데이트하면 KF 테이블과 FK 테이블을 동시에 수정해야 문제가 발생하지 않는다.

3. 그리기, 그리기, 그리기. 중요한 부분이므로 세 번 반복했다. 로직의 비교적 복잡한 부분을 순서대로 그리고 그림에 따라 코드를 작성하면 오류의 확률을 줄일 수 있다.

먼저 get(key) 메서드를 구현해보자. 로직은 간단하다. key에 대응하는 val을 반환하고 key에 대응하는 freq를 증가시킨다.

```java
public int get(int key) {
  if (!keyToVal.containsKey(key)) {
    return -1;
  }
  // key에 해당하는 freq를 증가시킴
  increaseFreq(key);
  return keyToVal.get(key);
}
```

key에 해당하는 freq를 증가시키는 것이 LFU 알고리즘의 핵심이다. 따라서 get 메서드를 간결하고 명확하게 하기 위해 increaseFreq 함수로 추상화한다.

put(key, val) 메서드를 구현해보자. 로직이 조금 복잡하므로 직접 그림을 그려보자.

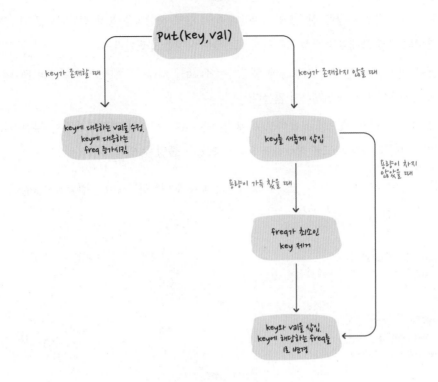

이 그림은 손으로 그린 것으로 정식 순서도가 아니다. 그러나 알고리즘 로직을 한눈에 확인할 수 있고 그림을 보고 put 메서드의 로직을 직접 작성할 수 있다.

```java
public void put(int key, int val) {
  if (this.cap <= 0) return;

  /* key가 존재하면 해당 val만 수정하면 됨 */
  if (keyToVal.containsKey(key)) {
    keyToVal.put(key, val);
    // key에 대응하는 freq에 1 추가
    increaseFreq(key);
    return;
  }

  /* key가 존재하지 않으면 삽입 필요 */
  /* 용량이 가득 차면 freq가 최소인 key 제거 */
  if (this.cap <= keyToVal.size()) {
    removeMinFreqKey();
  }

  /* key와 val 삽입. 해당 freq를 1로 변경 */
  // KV 테이블 삽입
```

```
  keyToVal.put(key, val);
  // KF 테이블 삽입
  keyToFreq.put(key, 1);
  // FK 테이블 삽입
  freqToKeys.putIfAbsent(1, new LinkedHashSet<>());
  freqToKeys.get(1).add(key);
  // 새 key 삽입 후 최소 freq는 1
  this.minFreq = 1;
}
```

increaseFreq와 removeMinFreqKey 메서드는 LFU 알고리즘의 핵심이다. 두 함수를 완성하기 위해 KV 테이블, KF 테이블, FK 테이블의 세 가지 매핑을 사용하는 방법을 알아보자.

3.2.4 LFU 핵심 로직

먼저 removeMinFreqKey 함수를 구현한다.

```
private void removeMinFreqKey() {
  // 최소 freq의 key 리스트
  LinkedHashSet<Integer> keyList = freqToKeys.get(this.minFreq);
  // 먼저 삽입된 key가 제거되어야 하는 key
  int deletedKey = keyList.iterator().next();
  /* FK 테이블 업데이트 */
  keyList.remove(deletedKey);
  if (keyList.isEmpty()) {
    freqToKeys.remove(this.minFreq);
    // 여기서 minFreq를 업데이트 해야할까?
  }
  /* KV 테이블 업데이트 */
  keyToVal.remove(deletedKey);
  /* KF 테이블 업데이트 */
  keyToFreq.remove(deletedKey);
}
```

key를 제거하면 동시에 세 개의 매핑 테이블을 수정해야 한다. minFreq 매개변수를 통해 FK 테이블에서 가장 작은 freq의 keyList를 찾을 수 있다. 시간 순서에 따라 첫 번째 요소는 제거할 deleted-Key이며 세 매핑 테이블에서 이 key를 제거해야 한다.

그러나 세부적인 문제가 있다. 만약 keyList에 요소가 하나만 있고 이 요소가 제거되면 minFreq에 대응하는 key 리스트는 비어 있게 되므로 minFreq 변수를 업데이트해야 한다. 현재 minFreq를 계산하는 방법은 무엇일까?

사실 minFreq를 빠르게 계산하는 방법은 없다. FK 테이블 또는 KF 테이블의 선형 순회를 통해 계산할 수 있으나 시간 복잡도 $O(1)$을 보장할 수 없다.

그러나 여기서 minFreq 변수를 업데이트할 필요는 없다. removeMinFreqKey 함수가 언제 호출되는지 생각해보자. put 메서드에 새 key를 삽입하면 호출된다. 그리고 put 코드를 다시 확인해보면 새로운 key를 삽입할 때 minFreq가 1로 업데이트되므로 여기서 minFreq가 변경되더라도 신경 쓸 필요가 없다는 것을 알 수 있다.

다음으로 increaseFreq 함수를 구현한다.

```
private void increaseFreq(int key) {
  int freq = keyToFreq.get(key);
  /* KF 테이블 업데이트 */
  keyToFreq.put(key, freq + 1);
  /* FK 테이블 업데이트 */
  // freq에 대응하는 리스트에서 key 제거
  freqToKeys.get(freq).remove(key);
  // freq + 1에 대응하는 리스트에 key 추가
  freqToKeys.putIfAbsent(freq + 1, new LinkedHashSet<>());
  freqToKeys.get(freq + 1).add(key);
  // freq에 해당하는 리스트가 비어 있으면 freq 제거
  if (freqToKeys.get(freq).isEmpty()) {
    freqToKeys.remove(freq);
    // freq가 minFreq인 경우 minFreq 업데이트
    if (freq == this.minFreq) {
      this.minFreq++;
    }
  }
}
```

key의 freq 업데이트는 FK 테이블과 KF 테이블을 포함하므로 두 테이블을 각각 업데이트할 수 있다. 앞부분과 유사하게 FK 테이블의 freq에 대응하는 리스트가 삭제되어 비게 되면 FK 테이블의 freq 매핑도 삭제되어야 한다.

만약 freq가 minFreq인 경우 minFreq의 변수가 업데이트되어야 한다.

현재 minFreq를 빠르게 찾을 수 있을까? 여기서는 가능하다. 방금 key의 freq에 1을 추가했으므로 minFreq에도 1을 추가하면 된다.

이제 위 코드를 조합하면 완전한 LFU 알고리즘이 된다.

3.3 이진 탐색 트리 작업 모음

1.1절의 내용을 통해 이진 트리의 순회 프레임을 확인했을 것이다. 이번 절에서는 프레임 사고가 어떻게 활용되는지 이진 트리 문제를 통해 확인해보자.

이진 트리 알고리즘의 전체 경로 설계는 노드가 수행하는 작업만 명확히 하고 나머지는 재귀 프레임에 넘긴다.

```
void traverse(TreeNode root) {
  // root는 무엇을 해야 할까?
  // 다른 건 신경 쓸 필요 없이 재귀로 넘김
  traverse(root.left);
  traverse(root.right);
}
```

두 가지 간단한 예를 통해 아이디어를 이해하고 워밍업을 하자.

1. 이진 트리의 모든 노드 값에 1을 추가하는 방법은 무엇일까?

```
void plusOne(TreeNode root) {
  if (root == null) return;
  root.val += 1;

  plusOne(root.left);
  plusOne(root.right);
}
```

2. 어떻게 두 이진 트리가 완전히 동일한지 판단할 수 있을까?

```
boolean isSameTree(TreeNode root1, TreeNode root2) {
  // 둘 다 비어 있으면 동일
  if (root1 == null && root2 == null) return true;
  // 하나가 비어 있고 하나가 비어 있지 않으면 동일하지 않음
  if (root1 == null || root2 == null) return false;
  // 둘 다 비어 있지 않으나 val이 동일하지 않으면 동일하지 않음
  if (root1.val != root2.val) return false;

  // root1과 root2를 모두 비교해야 함
  return isSameTree(root1.left, root2.left)
    && isSameTree(root1.right, root2.right);
}
```

프레임을 사용하면 두 가지 예의 이해가 어렵지 않을 것이다. 이해가 가능하다면 모든 이진 트리 알고리즘을 해결할 수 있다.

이진 탐색 트리binary search tree, BST는 매우 일반적인 이진 트리이다. 이진 트리에서 노드의 값은 왼쪽 하위 트리의 모든 노드의 값보다 크거나 같아야 하며 오른쪽 하위 트리의 모든 노드의 값보다 작거나 같아야 한다.

다음은 정의를 만족하는 BST이다.

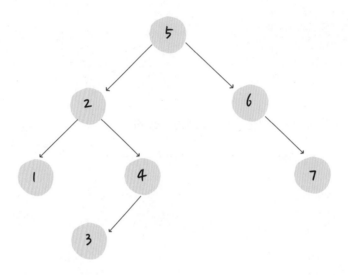

BST의 기본 조작은 BST의 적합성 판단, 탐색, 삽입, 제거이다. 제거와 적합성 판단이 조금 더 복잡하다.

3.3.1 BST의 적합성 판단

이 문제[35]에는 함정이 있다. 앞의 아이디어를 참고하면 각 노드가 할 일은 자신과 왼쪽, 오른쪽의 자식을 비교하는 것이다. 따라서 코드를 다음과 같이 작성해야 할 것 같다.

```java
boolean isValidBST(TreeNode root) {
    if (root == null) return true;
    if (root.left != null && root.val <= root.left.val) return false;
    if (root.right != null && root.val >= root.right.val) return false;
```

---

35 [옮긴이] https://leetcode.com/problems/validate-binary-search-tree/

```
  return isValidBST(root.left)
    && isValidBST(root.right);
}
```

그러나 이 알고리즘에는 오류가 있다. BST의 각 노드는 오른쪽 하위 트리의 모든 노드보다 작아야한다. 다음 이진 트리는 분명 BST가 아니지만 알고리즘은 BST로 판단할 수 있다.

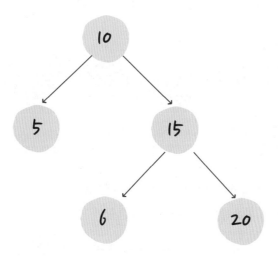

오류가 발생해도 당황할 필요가 없다. 프레임이 잘못된 것은 아니며 세부적인 문제를 눈치채지 못했을 뿐이다. 다시 BST의 정의를 살펴보면 root는 왼쪽과 오른쪽의 하위 노드를 비교할 뿐만 아니라 왼쪽 하위 트리와 오른쪽 하위 트리 전체의 모든 노드와 비교를 해야 한다. 어떻게 모두 해결할 수 있을까?

이 상황에서는 보조함수를 사용해 함수의 파라미터 리스트를 늘리고 파라미터에 추가 정보를 가져올 수 있다. 정확한 코드를 확인해보자.

```
boolean isValidBST(TreeNode root) {
  return isValidBST(root, null, null);
}

boolean isValidBST(TreeNode root, TreeNode min, TreeNode max) {
  if (root == null) return true;
  if (min != null && root.val <= min.val) return false;
  if (max != null && root.val >= max.val) return false;
  return isValidBST(root.left, min, root)
    && isValidBST(root.right, root, max);
}
```

이는 하위 트리의 모든 노드에 min과 max 경계를 추가하여, root의 왼쪽 하위 트리 노드의 값이 root의 값보다 크지 않도록 않고, 오른쪽 하위 트리 노드의 값이 root보다 작지 않도록 하는 것과 같다. BST 정의에도 부합하며 정확한 답을 얻을 수 있다.

3.3.2 BST에서 값 존재 여부 확인

우리가 배운 아이디어에 따르면 다음과 같은 코드를 작성할 수 있다.

```java
boolean isInBST(TreeNode root, int target) {
  if (root == null) return false;
  if (root.val == target) return true;

  return isInBST(root.left, target)
    || isInBST(root.right, target);
}
```

이렇게 써야 옳으며, 이것으로 당신이 프레임 사고에 익숙해졌음을 증명한다. 이제 생각할 수 있는 세부적인 문제는 어떻게 정보를 활용해서 왼쪽이 작고 오른쪽이 큰 BST의 특성을 이용할 수 있을까다.

매우 간단하다. 이진 탐색처럼 target과 root를 통해 재귀적으로 양쪽 끝을 탐색할 필요가 없다. val의 크기를 비교해서 한쪽을 제거할 수 있다. 아이디어를 조금만 변경해보자.

```java
boolean isInBST(TreeNode root, int target) {
  // root가 해야 할 일
  if (root == null) return false;
  if (root.val == target)
    return true;
  // 재귀 프레임
  if (root.val < target)
    return isInBST(root.right, target);
  if (root.val > target)
    return isInBST(root.left, target);
}
```

원래 프레임을 변경하여 BST의 순회 프레임을 추상화한다.

```java
void BST(TreeNode root, int target) {
  if (root.val == target)
    // 목표를 찾아 진행
  if (root.val < target)
```

```
    BST(root.right, target);
  if (root.val > target)
    BST(root.left, target);
}
```

3.3.3 BST에 수 삽입하기

데이터 구조의 조작은 순회와 액세스에 불과하다. 순회는 찾는 것이고 액세스는 수정하는 것이다. 문제[36]에서 수의 삽입은 먼저 삽입할 위치를 찾고 난 뒤에 진행된다.

앞의 문제에서 찾기 문제인 BST의 순회 프레임을 정리했다. 프레임을 직접 설정하고 수정 작업만 추가한다. 수정이 포함되면 함수는 **TreeNode** 유형을 반환하고 재귀 호출의 반환값을 받는다.

```
TreeNode insertIntoBST(TreeNode root, int val) {
  // 새 노드를 삽입할 빈 위치 찾기
  if (root == null) return new TreeNode(val);
  // 이미 존재하는 경우 중복 삽입하지 않고 반환
  if (root.val == val)
    return root
  // val이 크면 오른쪽 하위 트리에 삽입
  if (root.val < val)
    root.right = insertIntoBST(root.right, val);
  // val이 작으면 왼쪽 하위 트리에 삽입
  if (root.val > val)
    root.left = insertIntoBST(root.left, val);
  return root;
}
```

3.3.4 BST에 수 제거하기

이 문제는 조금 더 복잡하지만 프레임을 사용하면 어렵지 않다. 삽입 작업과 유사하게 먼저 찾고 수정을 한다. 먼저 프레임을 작성해보자.

```
TreeNode deleteNode(TreeNode root, int key) {
  if (root.val == key) {
    // 찾으면 삭제
  } else if (root.val > key) {
    // 왼쪽 하위 트리에서 key 찾기
    root.left = deleteNode(root.left, key);
```

---

36 옮긴이 https://leetcode.com/problems/insert-into-a-binary-search-tree/

```
  } else if (root.val < key) {
    // 오른쪽 하위 트리에서 key 찾기
    root.right = deleteNode(root.right, key);
  }
  return root;
}
```

A 노드와 같은 목표 노드를 찾으면 이 노드를 어떻게 제거해야 할까? 이것은 조금 어렵다. 노드를 제거하면서 BST의 특성을 훼손할 수는 없기 때문이다. 세 가지 상황이 있으며 그림으로 설명하겠다.

상황 1: A가 노드의 끝이며 두 자식 노드가 모두 비어 있으면 즉시 종료할 수 있다. 예를 들어 다음 그림은 k = 8인 이진 트리의 노드를 제거한다.

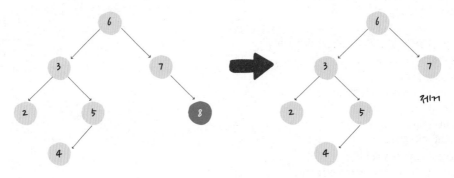

```
if (root.left == null && root.right == null)
  return null;
```

상황 2: A는 비어 있지 않은 자식 노드가 하나만 있으므로 자식 노드가 자신의 자리를 차지하게 한다. 예를 들면 다음 그림에서 key = 7인 노드를 제거한다.

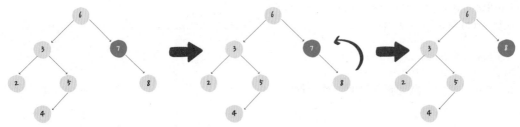

```
// 상황 1 제외 후
if (root.left == null) return root.right;
if (root.right == null) return root.left;
```

상황 3: A는 BST의 특성을 훼손하지 않기 위해 두 개의 자식 노드를 갖는다. A는 왼쪽 자식 트리에서 가장 큰 노드를 찾거나 오른쪽 자식 트리에서 가장 작은 노드를 찾아 자신을 대체한다. 두 번째 방식을 참고해 오른쪽 자식 트리의 최소 노드를 찾아 제거할 노드를 대신한다. 예를 들면 다음 그림에서 key = 3인 노드를 제거한다.

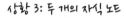

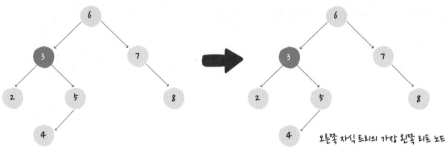

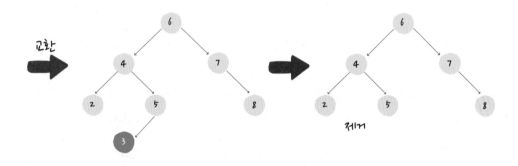

```
if (root.left != null && root.right != null) {
    // 오른쪽 자식 트리의 최소 노드 찾기
    TreeNode minNode = getMin(root.right);
    // root를 minNode로 변경
    root.val = minNode.val;
    // minNode 제거
    root.right = deleteNode(root.right, minNode.val);
}
```

세 가지 상황에 대한 분석 완료 후 프레임을 채우고 코드를 단순화한다.

```java
TreeNode deleteNode(TreeNode root, int key) {
    if (root == null) return null;
    if (root.val == key) {
        // 두 if는 상황 1과 상황 2를 모두 정확하게 처리
        if (root.left == null) return root.right;
        if (root.right == null) return root.left;
        // 상황 3 처리
        TreeNode minNode = getMin(root.right);
        root.val = minNode.val;
        root.right = deleteNode(root.right, minNode.val);
    } else if (root.val > key) {
        root.left = deleteNode(root.left, key);
    } else if (root.val < key) {
        root.right = deleteNode(root.right, key);
    }
    return root;
}

TreeNode getMin(TreeNode node) {
    // 가장 왼쪽의 BST가 가장 작음
    while (node.left != null) node = node.left;
    return node;
}
```

삭제 작업이 완료되었지만 이 작업은 완전하지 않다. 일반적으로 root.val = minNode.val을 통해 내부 값을 수정하여 노드를 교환하는 것이 아니라, 일련의 복잡한 연결 리스트 작업을 통해 root와 minNode 두 노드를 교환하는 것이기 때문이다. 구체적으로 val 영역은 복잡한 데이터 구조이므로 수정이 번거로울 수 있다. 연결 리스트 작업은 내부 데이터를 건드리지 않고 포인터를 변경하는 것에 불과하기 때문이다.

그러나 여기서는 세부 사항은 신경 쓰지 않고 BST 기본 동작의 공통점과 프레임을 통해 문제를 계층별로 세분화하는 사고방식을 목적으로 한다.

이번 절을 통해 BST의 기본 조작과 함께 다음의 기법을 배울 수 있다.

1. 이진 트리 알고리즘 설계의 전체 경로: 현재 노드가 해야 할 작업만 수행하고 다른 것은 재귀 프레임에 넘겨 신경 쓰지 않는다.

2. 현재 노드가 다음 자식 노드 전체에 영향을 미치는 경우, 보조함수를 통해 매개변수 리스트를 늘려 정보의 전달을 돕는다.

3. 이진 트리 프레임에서 BST 순회 프레임 세트를 확장한다.

```
void BST(TreeNode root, int target) {
  if (root.val == target)
    // 목표를 찾고 실행
  if (root.val < target)
    BST(root.right, target);
  if (root.val > target)
    BST(root.left, target);
}
```

3.4 완전 이진 트리의 노드 계산이 어려운 이유

일반 이진 트리의 노드 수를 계산하는 것은 간단하다. 이진 트리의 순회 프레임에 코드만 조금 추가하면 된다.

그러면 완전 이진 트리의 노드 수는 어떻게 계산할 수 있을까? 알고리즘의 시간 복잡도는 어떻게 될까? 알고리즘의 시간 복잡도는 $O(\log N \log N)$이다. 만약 생각한 알고리즘이 이렇게 효율적이지 않다면, 이번 절은 큰 도움이 될 것이다.

먼저 '완전 이진 트리complete binary tree'와 '포화 이진 트리perfect binary tree'의 용어를 명확히 하자.

완전 이진 트리는 다음 그림과 같이 각 층이 왼쪽으로 촘촘히 배열되어 있다.

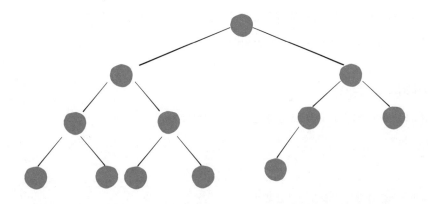

포화 이진 트리는 다음 그림과 같이 특수한 종류의 완전 이진 트리로 각 층이 가득 차 있으며 안정된 삼각형과 같다.

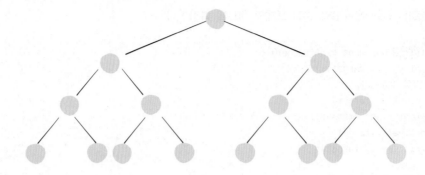

완전 이진 트리는 영어로 Complete Binary Tree이며 포화 이진 트리는 Perfect Binary Tree이다. 그리고 정 이진 트리는 Full Binary Tree로, 모든 노드에 자식 노드가 없거나 또는 두 개의 자식 노드가 있는 것이다.

다음 그림과 같다.

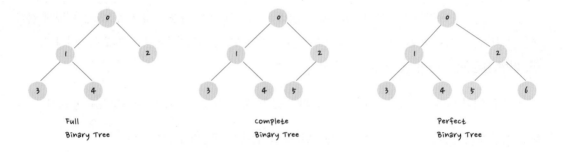

위 정의는 위키피디아를 참고했으며 명칭보다 중요한 것은 알고리즘 연산이다. 이번 절에서는 완전 이진 트리와 포화 이진 트리를 구별하여 사용한다.

3.4.1 아이디어 분석

완전 이진 트리에서 노드의 수를 찾는 방법[37]은 무엇일까?

함수 시그니처는 다음과 같다.

```
// 완전 이진 트리를 입력하고 노드의 총 수를 반환
int countNodes(TreeNode root);
```

37 　[옮긴이] https://leetcode.com/problems/count-complete-tree-nodes/

일반 이진 트리를 입력하면 다음과 같이 순회하면 되며 시간 복잡도는 $O(N)$이다.

```java
public int countNodes(TreeNode root) {
  if (root == null) return 0;
  return 1 + countNodes(root.left) + countNodes(root.right);
}
```

포화 이진 트리인 경우 노드의 총 수는 트리의 높이와 지수 관계에 있다.

```java
public int countNodes(TreeNode root) {
  int h = 0;
  // 트리 높이 계산
  while (root != null) {
    root = root.left;
    h++;
  }
  // 노드 총 수는 2^h - 1
  return (int)Math.pow(2, h) - 1;
}
```

완전 이진 트리는 일반 이진 트리보다 특별하고 포화 이진 트리는 그보다 더 특별하다. 노드의 총 수를 계산하는 것은 일반 이진 트리와 완전 이진 트리의 결합으로 볼 수 있다.

먼저 코드를 확인해보자.

```java
public int countNodes(TreeNode root) {
  TreeNode l = root, r = root;
  // 왼쪽, 오른쪽 자식 트리 높이 기록
  int hl = 0, hr = 0;
  while (l != null) {
    l = l.left;
    hl++;
  }
  while (r != null) {
    r = r.right;
    hr++;
  }
  // 왼쪽, 오른쪽 자식 트리의 높이가 같으면 포화 이진 트리를 의미
  if (hl == hr) {
    return (int)Math.pow(2, hl) - 1;
  }
  // 만약 왼쪽, 오른쪽 높이가 다르면 일반 이진 트리의 로직에 따라 계산
  return 1 + countNodes(root.left) + countNodes(root.right);
}
```

앞의 포화 이진 트리와 일반 이진 트리의 알고리즘을 결합하면 코드의 이해가 어렵지 않을 것이다. 일반 이진 트리와 포화 이진 트리의 결합이지만, 그중 시간 복잡도를 낮추는 기법은 매우 까다롭다.

3.4.2 복잡도 분석

앞에서 말한대로 이 알고리즘의 시간 복잡도는 $O(\log N \log N)$이다. 어떻게 계산하는 것일까?

직관적으로 볼 때 최악의 상황은 $O(N \log N)$이다. 앞의 while은 $\log N$의 시간이 필요하고 마지막으로 왼쪽, 오른쪽 자식 트리의 재귀에 $O(N)$의 시간이 필요하기 때문이다.

```
return 1 + countNodes(root.left) + countNodes(root.right);
```

핵심은 두 재귀 중 실제로 하나만 실행되고 다른 하나는 hl == hr이 되어 재귀를 진행하지 않는다는 점이다.

이유가 무엇일까?

완전 이진 트리의 두 자식 트리(적어도 하나는 포화 이진 트리)는 다음과 같다.

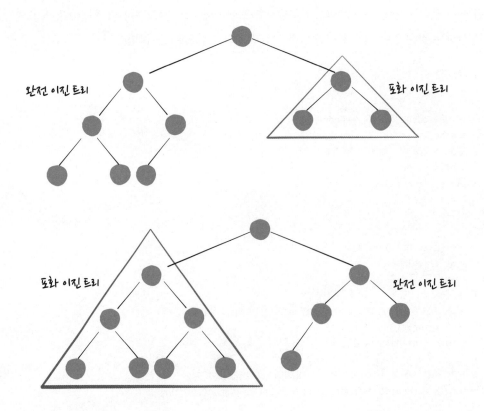

그림에서 알 수 있듯이 완전 이진 트리의 특징으로 인해 자식 트리에는 반드시 포화가 있으므로 hl == hr이 발생한다. 따라서 $O(\log N)$의 복잡도만 소비하고 재귀를 계속 진행하지 않는다.

요약하면 알고리즘의 재귀 깊이는 트리의 높이 $O(\log N)$이며 각 재귀에 소요된 시간은 while 루프로 $O(\log N)$의 시간이 필요하다. 따라서 전체 시간 복잡도는 $O(\log N \log N)$이다.

따라서 완전 이진 트리는 여전히 존재의 이유가 있다. 이진 힙binary heap을 구현하는 배열에 사용할 수 있으며 노드의 총 수를 계산하는 단순한 작업도 효율적으로 알고리즘을 구현할 수 있다.

3.5 다양한 순회 프레임을 사용한 이진 트리 직렬화와 역직렬화

널리 사용되는 JSON의 예를 들어보겠다. 프로그래밍 언어의 구조체를 JSON 문자열로 직렬화하여 캐시를 저장하거나 원격 서버에 전송한다. 소비자는 서버에서 JSON 문자열을 받아 역직렬화를 하여 원본 데이터를 얻는다. 이것이 직렬화와 역직렬화의 목적이며 데이터가 프로그래밍 언어와 독립적일 수 있도록 고정된 형식으로 문자열을 구성한다.

자바로 구현된 이진 트리를 문자열로 직렬화한 뒤 C++를 사용해 이진 트리 구조를 복원하고 싶을 때는 어떻게 해야 할까? 이를 위해서 직렬화와 역직렬화가 필요하다.

3.5.1 문제 설명

'이진 트리의 직렬화와 역직렬화' 문제[38]는 이진 트리의 루트 노드 root를 주고 다음 클래스를 구현하도록 한다.

```
public class Codec {

    // 이진 트리를 문자열로 직렬화
    public String serialize(TreeNode root) {}

    // 문자열을 이진 트리로 역직렬화
    public TreeNode deserialize(String data) {}
}
```

serialize 메서드를 사용해 이진 트리를 문자열로 직렬화하고 deserialize를 사용해 문자열을 이진 트리로 역직렬화할 수 있다. 직렬화와 역직렬화 형식은 모두 직접 결정할 수 있다.

---

[38] [옮긴이] https://leetcode.com/problems/serialize-and-deserialize-binary-tree/

예를 들면 다음과 같은 방식의 이진 트리가 있다.

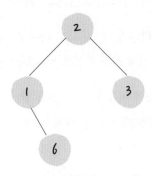

serialize 메서드는 문자열 2, 1, #, 6, 3, #, #으로 직렬화할 수 있다. #은 null 포인터를 나타낸다. 이 문자열을 다시 deserialize에 넣으면 이진 트리로 복원할 수 있다. 이 두 메서드는 세트로 사용하여 일관성을 유지할 수 있다.

이진 트리는 2차원 평면 구조이며 직렬화된 문자열은 선형 1차원 구조라고 생각해보자. 직렬화는 구조화된 데이터를 평탄화하는 것이고 실제로 이진 트리를 순회하는 방법을 살펴보는 것이다.

이진 트리를 순회하는 방법은 무엇이 있을까? 재귀 순회 방법은 전위 순회, 중위 순회, 후위 순회가 있다. 반복적인 방법은 일반적으로 계층 순회이다. 이번 절에서는 이러한 방법을 모두 사용하여 serialize 메서드와 deserialize 메서드를 구현한다.

3.5.2 전위 순회 방법

1.1절에서 이진 트리의 순회 방법을 몇 가지 언급했으며 전위 순회 프레임은 다음과 같다.

```
void traverse(TreeNode root) {
  if (root == null) return;

  // 전위 순회 코드

  traverse(root.left);
  traverse(root.right);
}
```

매우 간단하며 두 자식 트리를 재귀로 순회하는 앞의 코드가 바로 전위 순회이다. 다음 의사 코드를 확인해보자.

```
LinkedList<Integer> res;
void traverse(TreeNode root) {
  if (root == null) {
    // 잠시 -1을 사용해 널 포인터 null을 나타냄
    res.addLast(-1);
    return;
  }

  /****** 전위 순회 위치 ******/
  res.addLast(root.val);
  /*********************/
  traverse(root.left);
  traverse(root.right);
}
```

traverse 함수를 호출한 뒤 res 리스트 요소의 순서는 어떤 상태일까? 예를 들어 다음 이진 트리(#는 널 포인터 null을 의미)는 직관적으로 전위 순회 작업을 볼 수 있다.

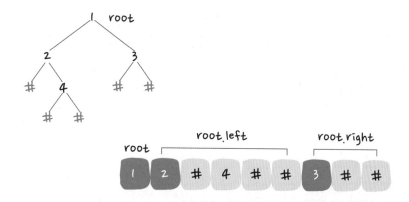

res = [1,2,-1,4,-1,-1,3,-1,-1]의 이진 트리를 리스트로 평탄화하며 -1은 null을 의미한다.

이진 트리를 문자열로 평탄화하는 것은 완전히 동일하다.

```
// 구분 기호를 나타내는 문자
String SEP = ",";
// 널 포인터 null을 나타내는 문자
String NULL = "#";
// 문자열 연결
StringBuilder sb = new StringBuilder();

/* 이진 트리를 문자열로 평탄화 */
void traverse(TreeNode root, StringBuilder sb) {
```

```
   if (root == null) {
     sb.append(NULL).append(SEP);
     return;
   }

   /****** 전위 순회 위치 ******/
   sb.append(root.val).append(SEP);
   /********************/
   traverse(root.left, sb);
   traverse(root.right, sb);
}
```

StringBuilder는 문자열을 효율적으로 연결할 수 있으며 하나의 리스트로 생각할 수 있다. ,는 구분 기호, #는 널 포인터 null을 나타낸다. traverse 함수를 호출하면 StringBuilder의 문자열은 1, 2, #, 4, #, #, 3, #, #이 된다.

이제 직렬화 함수 serialize의 코드를 작성할 수 있다.

```
String SEP = ",";
String NULL = "#";

/* 주함수, 이진 트리를 문자열로 직렬화 */
String serialize(TreeNode root) {
  String Builder sb = new StringBuilder();
  serialize(root, sb);
  return sb.toString();
}

/* 보조함수, 이진 트리를 StringBuilder에 저장 */
void serialize(TreeNode root, StringBuilder sb) {
  if (root == null) {
    sb.append(NULL).append(SEP);
    return;
  }

  /****** 전위 순회 위치 ******/
  sb.append(root.val).append(SEP);
  /********************/

  serialize(root.left, sb);
  serialize(root.right, sb);
}
```

이제 deserialize 함수를 작성하여 문자열을 이진 트리로 역직렬화하는 방법을 생각해보자. 먼저 문자열을 리스트로 변환할 수 있다.

```
String data = "1,2,#,4,#,#,3,#,#,";
String[] nodes = data.split(",");
```

nodes 리스트는 이진 트리 전위 순회의 결과다. 어떻게 이진 트리의 전위 순회 결과를 통해 이진 트리를 복원할 수 있을까?

NOTE 단순히 전위 순회의 결과만으로는 이진 트리 구조를 복원할 수 없다. 널 포인터의 정보가 없기 때문이다. 최소한 전위, 중위, 후위 순회 중 두 가지가 있어야 이진 트리를 복원할 수 있다. 그러나 여기서 node 리스트는 널 포인터의 정보를 포함하므로 node 리스트만 사용해 이진 트리를 복원할 수 있다.

앞의 분석에 따르면 nodes 리스트는 평탄화한 이진 트리이다.

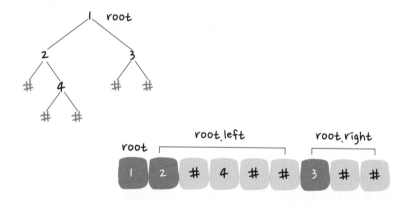

역직렬화의 과정은 동일하다. 먼저 루트 노드 root를 결정하고 전위 순회 규칙에 따라 왼쪽과 오른쪽 자식 트리를 재귀로 생성하면 된다.

```
/* 주함수, 문자열을 이진 트리 구조로 역직렬화 */
TreeNode deserialize(String data) {
  // 문자열을 리스트로 변환
  LinkedList<string> nodes = new LinkedList<>();
  for (String s : data.split(SEP)) {
    nodes.addLast(s);
  }
  return deserialize(nodes);
}
```

```
/* 보조함수, nodes 리스트를 통해 이진 트리 구성 */
TreeNode deserialize(LinkedList<string> nodes) {
  if (nodes.isEmpty()) return null;

  /****** 전위 순회 위치 ******/
  // 리스트의 가장 왼쪽은 루트 노드
  String first = nodes.removeFirst();
  if (first.equals(NULL)) return null;
  TreeNode root = new TreeNode(Integer.parseInt(first));

  /********************/

  root.left = deserialize(nodes);
  root.right = deserialize(nodes);

  return root;
}
```

트리의 재귀적인 특성에 따라 nodes 리스트의 첫 번째 요소는 트리의 루트 노드다. 따라서 리스트의
첫 번째 요소를 루트 노드로 사용하고 나머지는 재귀 함수에 맡겨 해결한다.

3.5.3 후위 순회 방법

이진 트리의 후위 순회 프레임은 다음과 같다.

```
void traverse(TreeNode root) {
  if (root == null) return;
  traverse(root.left);
  traverse(root.right);

  // 후위 순회 코드
}
```

전위 순회 방법을 이해하면 후위 순회를 더 쉽게 이해할 수 있다. 먼저 **serialize** 직렬화 메서드를
구현하고 보조 메서드를 조금만 수정하면 된다.

```
/* 보조함수, 이진 트리를 StringBuilder에 저장 */
void serialize(TreeNode root, StringBuilder sb) {
  if (root == null) {
    sb.append(NULL).append(SEP);
    return;
  }
```

```
  serialize(root.left, sb);
  serialize(root.right, sb);

  /****** 후위 순회 위치 ******/
  sb.append(root.val).append(SEP);
  /**********************/
}
```

StringBuilder의 연결 작업을 후위 순회 위치에 배치하면 후위 순회 결과의 순서가 변경된다.

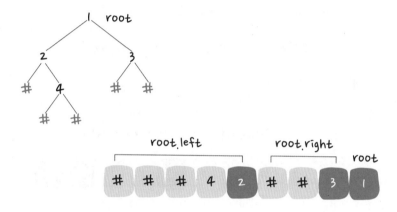

```
null,null,null,4,2,null,null,3,1,
```

어려운 부분은 후위 순회의 deserialize 메서드를 구현하는 방법이다. 간단하게 핵심 코드를 후위 순회의 위치에 넣으면 되지 않을까?

```
/* 보조함수, nodes 리스트를 통해 이진 트리 구성 */
TreeNode deserialize(LinkedList<string> nodes) {
  if (nodes.isEmpty()) return null;

  root.left = deserialize(nodes);
  root.right = deserialize(nodes);

  /****** 후위 순회 위치 ******/
  String first = nodes.removeFirst();
  if (first.equals(NULL)) return null;
  TreeNode root = new TreeNode(Integer.parseInt(first));
  /**********************/

  return root;
}
```

이렇게 간단하지는 않으며 앞의 코드는 잘못되었다. 변수를 선언하지 않고 먼저 사용하고 있으며 단순한 모방은 제대로 작동하지 않는다. 전위 순회 메서드의 deserialize 메서드를 생각해보자. 가장 먼저 무엇을 할까?

deserialize 메서드는 먼저 root 노드의 값을 찾고 왼쪽과 오른쪽 자식 노드를 재귀로 계산한다. 그렇다면 여기서 기본 아이디어를 따라가야 하는데, 후위 순회에서 root 노드의 값을 찾을 수 있을까? 그림을 다시 보자.

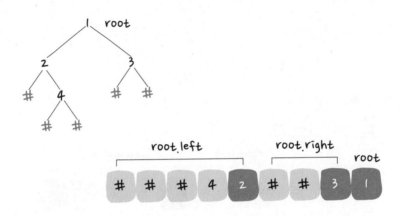

root의 값이 리스트의 마지막 요소인 것을 알 수 있다. 뒤에서 앞으로 리스트 요소를 가져와 먼저 마지막 요소로 root를 구성하고 재귀를 통해 root의 왼쪽과 오른쪽 자식 트리를 생성한다. 참고로 위의 그림에 따라 nodes 리스트의 요소를 뒤에서 앞으로 가져오려면 반드시 root.right 자식 트리를 먼저 생성하고 root.left 자식 트리를 생성한다.

전체 코드를 보자.

```
/* 주함수, 문자열을 이진 트리 구조로 역직렬화 */
TreeNode deserialize(String data) {
  LinkedList<string> nodes = new LinkedList<>();
  for (String s : data.split(SEP)) {
    nodes.addLast(s);
  }
  return deserialize(nodes);
}

/* 보조함수, nodes 리스트를 통해 이진 트리를 구성 */
TreeNode deserialize(LinkedList<string> nodes) {
  if (nodes.isEmpty()) return null;
  // 요소를 뒤에서부터 앞으로 가져오기
```

```
  String last = nodes.removeLast();
  if (last.equals(NULL)) return null;
  TreeNode root = new TreeNode(Integer.parseInt(last));
  // 먼저 오른쪽 자식 트리 생성 후 왼쪽 자식 트리 생성
  root.right = deserialize(nodes);
  root.left = deserialize(nodes);

  return root;
}
```

이것으로 후위 순회의 직렬화와 역직렬화를 모두 구현했다.

3.5.4 중위 순회 방법

결론부터 말하면 중위 순회 방법은 사용할 수 없다. 역직렬화 deserialize 메서드를 구현할 수 없기 때문이다. 직렬화 serialize 메서드는 문자열의 연결 작업을 중위 순회 위치에 배치하면 되므로 쉽게 구현할 수 있다.

```
/* 보조함수, 이진 트리를 StringBuilder에 저장 */
void serialize(TreeNode root, StringBuilder sb) {
  if (root == null) {
    sb.append(NULL).append(SEP);
    return;
  }

  serialize(root.left, sb);
  /****** 중위 순회 위치 ******/
  sb.append(root.val).append(SEP);
  /*********************/
  serialize(root.right, sb);
}
```

그러나 앞에서 말한대로 역직렬화를 구현하기 위해서는 먼저 root 노드를 구성해야 한다. 전위 순회에서 얻은 nodes 리스트의 첫 번째 요소가 root 노드의 값이다. 후위 순회에서 얻은 nodes 리스트는 마지막 요소가 root 노드의 값이다.

위 중위 순회 코드를 보면 root의 값은 두 트리의 가운데 끼어 있고 정확한 인덱스 위치를 알 수가 없다. 따라서 root 노드를 찾을 수 있는 방법이 없으므로 역직렬화를 진행할 수 없다.

3.5.5 계층 순회 방법

먼저 이진 트리의 계층적 탐색을 위한 이진 트리 코드 프레임을 작성한다.

```java
void traverse(TreeNode root) {
  if (root == null) return;
  // 큐를 초기화하고 큐에 root 추가
  Queue<TreeNode> q = new LinkedList<>();
  q.offer(root);

  while (!q.isEmpty()) {
    TreeNode cur = q.poll();
    /* 계층 순회 코드 위치 */
    System.out.println(cur.val);
    /***************/

    if (cur.left != null) {
      q.offer(cur.left);
    }

    if (cur.right != null) {
      q.offer(cur.right);
    }
  }
}
```

위 코드는 이진 트리 계층 순회 프레임의 표준으로 위에서 아래로, 좌에서 우로 이동하며 각 계층별 이진 트리 노드의 값을 프린트한다. 큐인 q에 null 포인터가 없는 것을 알 수 있다.

그러나 역직렬화 과정에서 널 포인터 null을 기록해야 하므로 표준 계층 순회 프레임을 약간 수정한다.

```java
void traverse(TreeNode root) {
  if (root == null) return;
  // 큐를 초기화하고 큐에 root 추가
  Queue<TreeNode> q = new LinkedList<>();
  q.offer(root);

  while (!q.isEmpty()) {
    TreeNode cur = q.poll();

    /* 계층 순회 코드 위치 */
    if (cur == null) continue;
    System.out.println(cur.val);
```

```
    /****************/

    q.offer(cur.left);
    q.offer(cur.right);
  }
}
```

이것으로 계층 순회를 완성할 수 있다. 큐에 요소를 넣을 때 널 포인터를 검사하는 것에서 큐에서 요소를 가져올 때 검사하는 것으로 변경한 것뿐이다.

이 프레임을 모방해 직렬화 메서드를 작성할 수 있다.

```
String SEP = ",";
String NULL = "#";

/* 이진 트리를 문자열로 직렬화 */
String serialize(TreeNode root) {
  if (root == null) return "";
  StringBuilder sb = new StringBuilder();
  // 큐를 초기화하고 큐에 root 추가
  Queue<TreeNode> q = new LinkedList<>();
  q.offer(root);

  while (!q.isEmpty()) {
    TreeNode cur = q.poll();

    /* 계층 순회 코드 위치 */
    if (cur == null) {
      sb.append(NULL).append(SEP);
      continue;
    }
    sb.append(cur.val).append(SEP);
    /****************/

    q.offer(cur.left);
    q.offer(cur.right);
  }

  return sb.toString();
}
```

계층 순회의 직렬화 결과는 다음 그림과 같다.

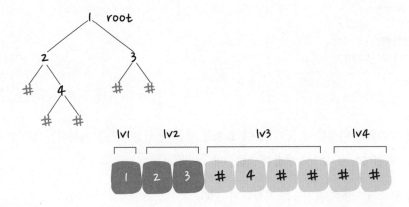

비어 있지 않은 각 노드는 모두 두 개의 자식 노드에 대응하는 것을 알 수 있으므로 역직렬화도 큐를 사용해 계층 순회를 진행할 수 있다. 동시에 인덱스 `i`를 사용해 대응하는 자식 노드의 위치를 기록한다.

```java
/* 문자열을 이진 트리 구조로 역직렬화 */
TreeNode deserialize(String data) {
  if (data.isEmpty()) return null;
  String[] nodes = data.split(SEP);
  // 첫 번째 요소는 root 값
  TreeNode root = new TreeNode(Integer.parseInt(nodes[0]));

  // 큐 q는 부모 노드를 기록하고 root를 큐에 추가
  Queue<TreeNode> q = new LinkedList<>();
  q.offer(root);

  for (int i = 1; i < nodes.length; ) {
    // 모든 부모 노드를 큐에 저장
    TreeNode parent = q.poll();
    // 부모 노드에 대응하는 왼쪽 자식 노드의 값
    String left = nodes[i++];
    if (!left.equals(NULL)) {
      parent.left = new TreeNode(Integer.parseInt(left));
      q.offer(parent.left);
    } else {
      parent.left = null;
    }
    // 부모 노드에 대응하는 오른쪽 자식 노드의 값
    String right = nodes[i++];
    if (!right.equals(NULL)) {
      parent.right = new TreeNode(Integer.parseInt(right));
      q.offer(parent.right);
    } else {
      parent.right = null;
```

```
    }
  }
  return root;
}
```

이 코드는 프레임 사고를 테스트할 수 있다. for 루프 부분의 코드를 자세히 살펴보면 표준 계층 순회 코드에서 파생된 것을 알 수 있다.

```
while (!q.isEmpty()) {
  TreeNode cur = q.poll();

  if (cur.left != null) {
    q.offer(cur.left);
  }

  if (cur.right != null) {
    q.offer(cur.right);
  }
}
```

표준 계층 순회는 이진 트리 노드 TreeNode에서 동작하며 우리의 함수는 nodes[i]에서 작동한다. 이것이 역직렬화의 목적이다.

이제 이진 트리의 직렬화와 역직렬화에 대한 설명이 모두 완료되었다.

3.6 Git 원리, 이진 트리의 최소 공통 조상

채용 과정에서 필기 시험은 동적 계획법, 역추적 등의 어려운 기법에 대해 물어보지만 면접에서는 주로 난이도가 매우 높지 않고 비교적 실용적인 기본 문제를 좋아한다.

이번 절에서는 Git의 rebase가 동작하는 방식에 대한 기본적인 알고리즘 문제인 최소 공통 조상 lowest common ancestor, LCA 문제[39]를 알아보자.

예를 들어 자주 사용하는 git pull 명령은 기본적으로 merge를 사용해 remote에 수정된 사항을 로컬로 가져온다. 만약 git pull -r을 사용하면 rebase 방법을 사용해 remote의 수정 사항을 로컬로 가져온다.

---

39 [옮긴이] https://leetcode.com/problems/lowest-common-ancestor-of-a-binary-tree/

둘의 가장 직관적인 차이점은 merge를 통해 병합하면 많은 브랜치가 있지만 rebase를 통한 병합은 하나의 브랜치만 존재한다.

여러 사람이 협업을 하는 경우 merge는 좋지 않다. 예를 들어 이전에 많은 친구들이 labuladong의 리포지터리 번역 작업에 참여한 적이 있는데 GitHub의 Pull Request 기능은 기본적으로 merge 방식이므로 리포지터리의 Git 히스토리를 볼 수 있다.

화면은 멋있어 보이지만 실제로 이와 같은 상황이 발생하기를 바라지 않는다. 다른 사람의 코드를 병합하는 것은 이렇게 정신이 없다. 만약 로컬에 또 다른 브랜치가 있다면 화면은 더 복잡해질 것이고 복잡하다는 것은 쉽게 문제가 발생할 수 있음을 의미한다. 따라서 기본적으로는 rebase를 통해 코드를 병합하는 것이 좋다.

그렇다면 rebase가 두 개의 다른 브랜치를 어떻게 하나의 브랜치로 병합할까?

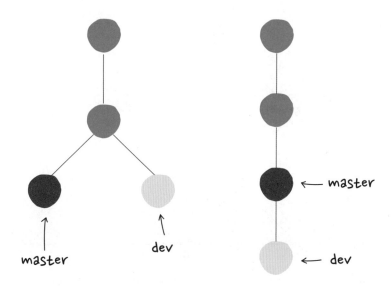

위 그림은 dev 브랜치에서 `git rebase master`를 사용하는 것으로 Git은 dev를 master 브랜치에 연결한다. Git의 작업은 다음과 같다.

먼저 두 브랜치의 최소 공통 조상 LCA를 찾고 master 노드에서 시작해 LCA에서 dev까지 commit의 수정을 반복한다. 수정 사항이 LCA부터 master까지의 commit과 충돌하는 경우 수동으로 충돌을 해결하라는 알림이 뜨며 결과는 마지막으로 dev의 브랜치를 master에 연결한다.

그렇다면 Git은 어떻게 두 브랜치의 최소 공통 조상을 찾을까? 이것은 기본적인 알고리즘 문제로 다음에서 자세히 설명하겠다.

3.6.1 이진 트리의 최소 공통 조상

먼저 문제를 살펴보자.

root를 기본으로 하는 이진 트리와 두 노드 p, q가 주어질 때 두 노드의 최소 공통 조상을 찾는다.

함수 시그니처는 다음과 같다.

```
TreeNode lowestCommonAncestor(TreeNode root, TreeNode p, TreeNode q);
```

예를 들어 root 노드를 갖는 이진 트리는 다음과 같다.

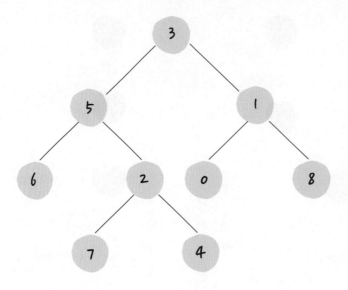

p는 값이 4인 노드, q는 값이 0인 노드일 때 가장 가까운 공통 조상은 값이 3인 노드(root 노드)이다.
p가 값이 4인 노드, q가 값이 6인 노드일 때 최소 공통 조상은 값이 5인 노드이다.

1.1절에서 모든 이진 트리의 비법은 동일하다고 설명했다.

```
void traverse(TreeNode root) {
  // 전위 순회
  traverse(root.left)
  // 중위 순회
  traverse(root.right)
  // 후위 순회
}
```

따라서 이진 트리 문제를 만났을 때는 이 프레임을 사용하면 문제가 없다.

```
TreeNode lowestCommonAncestor(TreeNode root, TreeNode p, TreeNode q) {
  TreeNode left = lowestCommonAncestor(root.left, p, q);
  TreeNode right = lowestCommonAncestor(root.right, p, q);
}
```

이제 몇 가지 세부 사항을 추가하여 해법을 만들어보자.

어떠한 재귀 문제를 만나더라도 다음 세 가지만 생각하면 된다.

1. 함수는 무엇을 하는 것일까?

2. 함수의 매개변수에서 변수는 무엇일까?

3. 함수의 재귀 결과로 무엇을 할까?

동적 계획법에서 먼저 '정의', '상태', '선택'을 명확히 해야 한다고 설명했다. 사실 이 세 가지는 위 세 가지 질문과 본질적으로 같다. 다양한 알고리즘의 해결 방법은 대부분 비슷하다.

다음은 위의 세 가지 질문에 대한 대답이다.

3.6.2 아이디어 분석

먼저 첫 번째 질문을 살펴보자. 이 함수는 무엇을 하는 것일까? lowestCommonAncestor 함수의 '정의'를 설명해보자.

설명: 이 함수에 세 가지 매개변수 root, p, q를 전달하면 노드를 반환한다.

상황 1: p와 q가 모두 root의 트리에 있으면 함수는 p와 q의 최소 공통 조상 노드를 반환한다.

상황 2: p와 q가 모두 root의 트리에 없으면 함수는 null을 반환한다.

상황 3: p와 q 중 하나만 root의 트리에 있으면 함수는 해당 노드를 반환한다.

문제에서는 p와 q가 root의 트리에 반드시 존재한다고 했지만 재귀 과정에서는 위의 모든 상황이 발생할 가능성이 있다. 따라서 정의를 명확히 하고 뒤에서 코드로 구현할 수 있도록 하자.

이제 첫 번째 질문을 해결했다. 이 정의는 재귀 함수의 기본이며 어떤 상황에 대해서도 정확성을 믿을 수 있으므로 기억해두자.

두 번째 질문은 함수의 매개변수에서 변수는 무엇일까? 함수의 '상태'를 설명해보자.

설명: 함수의 매개변수는 root이다. 프레임에 따르면 lowestCommonAncestor(root)가 재귀적으로 root.left와 root.right를 호출할 수 있다. p와 q의 공통 조상이 필요하며 둘은 변하지 않아야 한다.

두 번째 질문도 해결되었으며 이것이 '상태 전이'라는 것도 알 수 있다. 각각의 재귀는 무엇을 할까? root의 트리를 root의 자식 노드 트리로 만들며 문제의 규모를 계속 줄여간다.

마지막으로 세 번째 질문인 함수의 재귀 결과를 얻기 위해서는 무엇을 해야 할까? 또는 재귀 호출 결과를 얻은 뒤에는 어떤 '선택'을 해야 할까?

이것은 선택 방법을 찾고 문제의 특성을 관찰하며 규칙을 찾는 동적 계획법 계열의 문제와 같다. 그리고 '최소 공통 조상 노드'의 특성을 분석해야 한다. 앞에서 함수의 변수는 매개변수 root라고 했으므로 여기서는 root 노드의 상황에 대해 논의해야 한다.

먼저 base case를 생각해보자. root가 빈 경우 null을 반환한다. root 자체가 p 또는 q인 경우도 있다. 만약 root가 p노드인 경우 q가 root의 트리에 존재하면 root가 최소 공통 조상이다. q가 root의 트리에 존재하지 않으면 상황 3에 따라 root 노드를 반환해야 한다.

두 상황의 base case에 대해 코드를 조금 채워 넣어보자.

```
TreeNode lowestCommonAncestor(TreeNode root, TreeNode p, TreeNode q) {
  // 두 상황의 base case
  if (root == null) return null;
  if (root == p || root == q) return root;

  TreeNode left = lowestCommonAncestor(root.left, p, q);
  TreeNode right = lowestCommonAncestor(root.right, p, q);
}
```

이제 도전에 직면했다. 재귀 호출의 결과인 left와 right를 사용해 상황을 처리해야 한다. 첫 번째 질문인 함수의 정의에 따라 상황별로 논의를 해보자.

상황 1은 p와 q가 모두 root의 트리에 존재하면 left와 right는 각각 p와 q가 된다(base case에서 볼 수 있다).

상황 2는 p와 q가 모두 root의 트리에 존재하지 않으면 직접 null을 반환한다.

상황 3은 p와 q 중 하나만 root의 트리에 존재할 경우 함수는 노드를 반환한다.

위의 세 가지를 이해하면 해법 코드를 직접 볼 수 있다.

```
TreeNode lowestCommonAncestor(TreeNode root, TreeNode p, TreeNode q) {
  // base case
  if (root == null) return null;
  if (root == p || root == q) return root;
  TreeNode left = lowestCommonAncestor(root.left, p, q);
  TreeNode right = lowestCommonAncestor(root.right, p, q);
  // 상황 1
  if (left != null && right != null) {
    return root;
  }
  // 상황 2
```

```
  if (left == null && right == null) {
    return null;
  }
  // 상황 3
  return left == null ? right : left;
}
```

상황 1에 대한 의문이 들 수 있다. left와 right가 비어 있지 않고 p와 q일 때 root가 공통 조상인 것은 알 수 있지만 root가 가장 가까운 공통 조상이라고 할 수 있을까?

이것은 이진 트리의 후위 순회 방식을 통해 알 수 있다. 전위 순회는 하향식, 후위 순회는 상향식이므로 p와 q가 상향식으로 이동할 때 서로 만나는 첫 번째 노드가 root일 때 이것을 최소 공통 조상이라고 생각할 수 있다.

따라서 이진 트리의 최소 공통 조상을 계산할 수 있다.

3.7 특수 데이터 구조: 단조 스택

스택은 매우 단순한 데이터 구조로 선입후출의 논리적인 순서를 가지며 함수 호출 스택과 같은 특정 문제의 특성에 부합한다.

단조 스택monotonic stack은 실제로 스택이지만 기술적인 로직을 사용해 새로운 요소를 스택에 넣을 때마다 스택 내부의 요소를 정렬한다(오름차순, 내림차순).

힙heap처럼 들릴 수도 있지만 단조 스택은 널리 사용되지는 않고 Next Greater Element라는 기본 문제의 처리에만 사용한다. 이번 절에서는 단조 큐 알고리즘 템플릿을 사용해 이 유형의 문제를 해결하고 원형 배열을 처리하기 위한 방법을 논의한다.

3.7.1 단조 스택 문제 해결 템플릿

먼저 첫 번째 문제인 '다음의 더 큰 요소 I' 문제[40]를 살펴보자.

하나의 배열에서 길이가 같은 배열을 반환한다. 해당 요소의 인덱스 뒤에 더 큰 요소가 있으면 그 요소를 저장하고 없으면 -1을 저장한다.

---

40 [옮긴이] https://leetcode.com/problems/next-greater-element-i/

예를 들어 nums = [2, 1, 2, 4, 3] 배열이 있으면 [4, 2, 4, -1, -1] 배열을 반환한다.

설명: 첫 번째 요소 2 뒤의 요소 중 2보다 큰 수는 4이다. 요소 1 뒤의 요소 중 1보다 큰 요소는 2이다. 두 번째로 나오는 2의 요소보다 큰 수는 4이다. 요소 4 뒤에 4보다 큰 요소는 없으므로 -1을 넣는다. 요소 3 뒤에 3보다 큰 요소는 없으므로 -1을 넣는다.

함수 시그니처는 다음과 같다.

```
vector<int> nextGreaterElement(vector<int>& nums)
```

이 문제의 무차별 해법은 생각하기 쉽다. 각 요소의 뒤를 탐색하여 해당 요소보다 큰 첫 번째 요소를 찾으면 된다. 무차별 해법의 시간 복잡도는 $O(n^2)$이다.

이 문제는 다음과 같이 추상적으로 생각할 수 있다. 배열의 요소를 사람들이 나란히 서 있다고 상상하고 요소의 크기를 사람의 키로 생각하는 것이다. 사람들이 일렬로 서 있을 때 요소 2를 구하는 Next Greater Number의 방법은 무엇일까?

매우 간단하다. 만약 요소 2를 볼 수 있으면 그 뒤에 보이는 첫 번째 사람이 바로 2의 Next Greater Number이다. 2보다 작은 요소는 키가 작아 가려지므로 첫 번째로 보이는 것이 답이 된다.

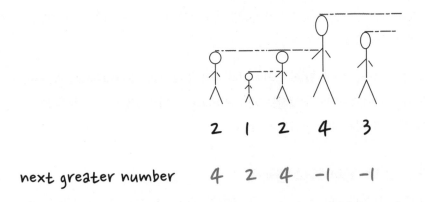

이 상황은 매우 이해하기 쉽다. 이 추상적인 상황을 통해 코드를 확인해보자.

```
vector<int> nextGreaterElement(vector<int>& nums) {
  vector<int> ans(nums.size()); // 답을 보관하는 배열
  stack<int> s;
  for (int i = nums.size() - 1; i >= 0; i--) { // 거꾸로 스택에 넣기
```

```
    while (!s.empty() && s.top() <= nums[i]) { // 키 결정
      s.pop(); // 키가 작아 가려짐
    }
    ans[i] = s.empty() ? -1 : s.top(); // 요소 뒤 첫 번째로 키가 큰 사람
    s.push(nums[i]); // 배열에 넣고 나중에 키를 판단
  }
  return ans;
}
```

이것은 단조 스택 문제를 해결하는 템플릿이다. for 루프는 뒤에서 앞으로 요소를 탐색한다. 거꾸로 넣고 바로 나오는 스택 구조를 사용하기 때문이다. while 루프는 키가 큰 두 요소 사이의 요소를 배제한다. 앞에 이미 더 큰 요소가 있으므로 두 요소 사이는 Next Great Number가 될 수 없기 때문이다.

이 알고리즘의 시간 복잡도는 직관적이지 않다. for 루프에 중첩된 while 루프를 보면 알고리즘의 시간 복잡도는 $O(n^2)$라고 생각할 수 있지만 사실 이 알고리즘의 복잡도는 $O(n)$이다.

시간 복잡도를 분석하려면 전체적으로 살펴봐야 한다. 총 n개의 요소가 있을 때 각 요소는 push가 한 번, pop이 최대 한 번 실행되며 중복 작업이 없다. 따라서 전체 계산의 크기는 요소의 크기 n에 비례하며 복잡도는 $O(n)$이 된다.

이제 단조 스택을 파악했으므로 간단한 변형을 통해 조금 더 깊이 알아보자.

3.7.2 문제 변형

배열 T가 있으며 배열은 최근 며칠 동안의 온도 데이터를 갖고 있다. 알고리즘은 하나의 배열을 반환하며 더 따뜻한 날까지 최소 얼마나 더 기다려야 하는지를 계산한 결과이다.[41] 기다릴 수 없다면 0을 채운다.

예를 들어 T = [73, 74, 75, 71, 69, 72, 76, 73]이 있을 때 알고리즘은 [1, 1, 4, 2, 1, 1, 0, 0]을 반환한다.

설명: 첫째 날이 화씨 73°F(섭씨 22.8℃), 둘째 날이 화씨 74°F면 둘째 날이 더 따뜻하므로 첫째 날은 하루만 더 기다리면 된다. 이와 같은 원리로 마지막까지 이어진다.

---

[41] [옮긴이] https://leetcode.com/problems/daily-temperatures/

Next Greater Number 유형의 문제인 것을 알아챘겠지만 이 문제는 Next Greater Number의 수를 묻는 것이 아니라 인덱스의 거리를 묻는다.

같은 유형의 문제이므로 같은 아이디어로 단조 스택 알고리즘 템플릿을 호출하고 조금만 변경하면 코드를 완성할 수 있다.

```cpp
vector<int> dailyTemperatures(vector<int>& T) {
  vector<int> ans(T.size());
  stack<int> s; // 요소가 아니라 요소의 인덱스를 저장
  for (int i = T.size() - 1; i >= 0; i--) {
    while (!s.empty() && T[s.top()] <= T[i]) {
      s.pop();
    }
    ans[i] = s.empty() ? 0 : (s.top() - i); // 인덱스 거리 가져오기
    s.push(i); // 요소가 아닌 인덱스 추가
  }
  return ans;
}
```

단조 스택의 프레임은 거의 비슷하다. 다음은 순환 배열을 처리하는 방법이다.

3.7.3 순환 배열 처리 방법

순환 배열에서 Next Greater Number를 처리하는 방법은 무엇일까?

[2, 1, 2, 4, 3] 배열에 대해 [4, 2, 4, -1, 4]를 반환한다. 순환 속성에 따라 마지막 요소인 3은 순환하여 자신보다 큰 요소인 4를 찾는다.

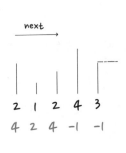

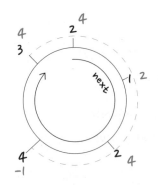

컴퓨터의 메모리는 선형이며 실제 순환 배열을 의미하지는 않지만 순환 배열 효과를 만들 수 있다. 보통 % 연산자를 사용해 모듈로(나머지)를 구하고 링 효과를 얻는다. 간단한 예는 다음과 같다.

```
int[] arr = {1,2,3,4,5};
int n = arr.length, index = 0;
while (true) {
  print(arr[index]);
  index= (index+1)%n;
}
```

Next Greater Number 문제로 돌아가서 순환 속성을 추가하면 Next의 의미는 요소의 오른쪽만이 아니라 왼쪽에도 나타날 수 있다는 점이 어려운 부분이다.

다음과 같이 생각해보자. 원래 배열을 두 배로 하는 것은 뒤에 기본 배열을 추가하는 것이다. 이 경우 앞에서 키 크기를 비교하는 과정은 요소의 오른쪽뿐만 아니라 왼쪽 요소도 비교할 수 있는 것이다.

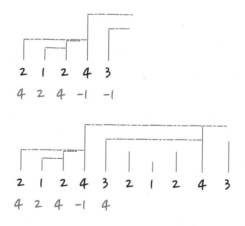

어떻게 구현할 수 있을까? 물론 두 배 길이의 배열을 구성하고 알고리즘 템플릿을 적용하면 된다. 그러나 새로운 배열을 구성하는 대신 순환 배열의 기법을 사용할 수 있다. 코드를 확인해보자.

```
vector<int> nextGreaterElements(vector<int>& nums) {
  int n = nums.size();
  vector<int> res(n); // 결과 저장
  stack<int> s;
  // 배열의 길이가 두 배인 것으로 가장하기
  for (int i = 2 * n - 1; i >= 0; i--) {
    while (!s.empty() && s.top() <= nums[i % n])
      s.pop();
```

```
    // % 모듈로를 사용해 인덱스를 벗어나는 것을 방지
    res[i % n] = s.empty() ? -1 : s.top();
    s.push(nums[i % n]);
  }
  return res;
}
```

이와 같은 방식은 배열을 복사하여 두 배로 만드는 것과 같지만 실제로는 공간을 차지하지 않는다. 이것이 순환나 배열을 처리하는 기법이다.

3.8 특수 데이터 구조: 단조 큐

앞에서는 특수 데이터 구조인 단조 스택에 대해 설명하고 Next Greater Number 문제를 해결했다. 이번 절에서는 유사한 데이터 구조인 단조 큐monotonic queue에 대해 알아보자.

이 데이터 구조를 들어본 적이 없을 수도 있지만 사실 그렇게 어렵지는 않다. 이는 하나의 큐로 약간의 기술을 사용해 큐의 요소를 모두 단조 증가(또는 감소)하게 한다.

이 데이터 구조는 어디에 사용할 수 있을까? 슬라이딩 윈도의 최댓값 구하기와 같은 슬라이딩 윈도 계열의 문제에 사용할 수 있으며 난이도는 Hard이다.[42]

배열 nums와 양의 정수 k를 입력하면 nums의 왼쪽에서 오른쪽으로 이동하는 크기가 k인 윈도가 있다. 각 슬라이딩에 대해 윈도의 최댓값을 구한다.

함수 시그니처는 다음과 같다.

```
int[] maxSlidingWindow(int[] nums, int k);
```

예를 들어 nums = [1, 3, -1, -3, 5,, 3, 6, 7], k = 3일 때 윈도의 슬라이딩 과정은 다음과 같다.

42　옮긴이 https://leetcode.com/problems/sliding-window-maximum/

```
        슬라이딩 윈도 위치                              최댓값
------------------------------                      -----

[1  3  -1]  -3   5   3   6   7                        3

 1  [3  -1  -3]  5   3   6   7                        3

 1  3  [-1  -3  5]  3   6   7                         5

 1  3  -1  [-3  5   3]  6   7                         5

 1  3  -1  -3  [5   3   6]  7                         6

 1  3  -1  -3   5  [3   6   7]                        7
```

따라서 알고리즘은 [3, 3, 5, 5, 6, 7]을 반환해야 한다.

3.8.1 문제 해결 프레임 구축

이 문제는 복잡하지 않으며 어려운 점은 $O(1)$ 시간으로 각 윈도의 최댓값을 구하여 전체 알고리즘이 선형 시간에 완성되도록 하는 것이다. 이러한 문제의 특별한 점은 윈도가 계속 슬라이딩한다는 것이다. 따라서 윈도의 최댓값을 동적으로 계산해야 한다.

이 동적 시나리오는 결론을 쉽게 얻을 수 있다.

최댓값이 A인 한 무리의 숫자에서 숫자 B를 추가하면 A와 B를 비교하여 최댓값을 바로 계산할 수 있다. 그러나 만약 반대로 숫자를 하나 빼면 쉽게 최댓값을 얻을 수 없다. 뺀 값이 A가 될 수도 있으므로 모든 데이터를 순회하여 새로운 최댓값을 찾아야 하기 때문이다.

문제로 돌아가서 각 윈도가 앞으로 이동할 때 하나의 값을 추가하는 동시에 하나의 값을 빼야 한다. 따라서 $O(1)$ 시간 동안 새로운 최댓값을 찾는 것은 쉽지 않으며 단조 스택의 특수한 데이터 구조의 도움을 받아야 한다.

보통 큐는 다음 두 가지 작업을 한다.

```cpp
class Queue {
  // enqueue 작업, 큐의 마지막에 요소 n 추가
  void push(int n);
  // dequeue 작업, 큐의 첫 요소 제거
  void pop();
}
```

단조 큐의 작업도 거의 동일하다.

```java
class MonotonicQueue {
  // 큐의 마지막에 요소 n 추가
  void push(int n);
  // 현재 큐의 최댓값 반환
  int max();
  // 큐의 첫 요소가 n이면 제거
  void pop(int n);
}
```

물론 이러한 API 구현 방식은 일반 큐와는 다르다. 그러나 이와 상관없이 연산의 시간 복잡도가 $O(1)$ 이라고 생각하고 먼저 슬라이딩 윈도 문제의 해결 프레임을 작성해보자.

```java
int[] maxSlidingWindow(int[] nums, int k) {
  MonotonicQueue window = new MonotonicQueue();
  List<Integer> res = new ArrayList<>();

  for (int i = 0; i < nums.length; i++) {
    if (i < k - 1) {
      // 윈도 앞의 k-1을 먼저 채우기
      window.push(nums[i]);
    } else {
      // 윈도가 앞으로 슬라이딩 시작
      // 새 요소 추가
      window.push(nums[i]);
      // 현재 윈도의 최대 요소 기록
      res.add(window.max());
      // 마지막 요소 제거
      window.pop(nums[i - k + 1]);
    }
  }
  // List 타입을 int[] 배열 반환값으로 변환
  int[] arr = new int[res.size()];
  for (int i = 0; i < res.size(); i++) {
    arr[i] = res.get(i);
  }
  return arr;
}
```

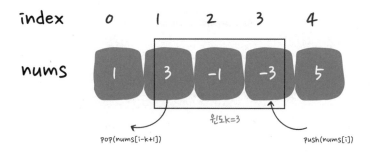

이 아이디어는 매우 간단하므로 쉽게 이해할 수 있을 것이다. 이제 단조 큐를 구현해보자.

3.8.2 단조 큐 데이터 구조 구현

슬라이딩 윈도의 과정을 살펴보면 단조 큐의 구현은 헤드와 테일의 삽입과 삭제를 지원하는 데이터 구조가 필요하며 이중 연결 리스트가 조건을 만족하는 것을 알 수 있다.

단조 큐의 핵심 아이디어는 단조 스택과 유사하다. push 메서드는 여전히 큐의 끝에 요소를 추가하지만 자신보다 작은 앞 요소는 모두 제거한다.

```java
class MonotonicQueue {
// 이중 연결 리스트, 헤드와 테일의 요소 추가/제거 지원
  private LinkedList<Integer> q = new LinkedList<>();
  public void push(int n) {
    // 자신보다 작은 앞의 요소 모두 제거
    while (!q.isEmpty() && q.getLast() < n) {
    q.pollLast();
  }
  q.addLast(n);
}
```

사람의 체중을 나타내는 숫자를 넣는다고 생각해보자. 무게가 더 작으면 앞으로 밀리지만, 무게가 더 크면 밀리지 않아 멈추게 된다.

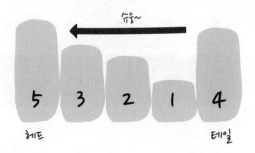

각 요소가 추가될 때마다 이와 같은 작업을 하면 마지막 단조 큐 요소의 크기는 감소하는 순서로 유지되므로 max 메서드는 다음과 같이 작성할 수 있다.

```java
public int max() {
  // 큐의 헤드 요소가 가장 큼
  return q.getFirst();
}
```

큐의 헤드 요소 n을 삭제하는 pop 메서드는 작성도 쉽다.

```java
public void pop(int n) {
  if (n == q.getFirst()) {
    q.pollFirst();
  }
}
```

n == q.getFirst()을 판단하는 이유는 제거하려는 헤드 요소 n이 다른 요소보다 작아서 밀릴 수도 있고 이때는 제거할 필요가 없기 때문이다.

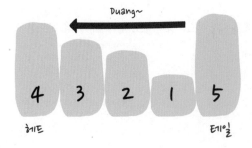

여기까지 단조 큐의 설계 준비가 끝났으므로 완성된 다음 코드를 확인해보자.

```java
/* 단조 큐 구현 */
class MonotonicQueue {
  LinkedList<Integer> q = new LinkedList<>();
  public void push(int n) {
    while (!q.isEmpty() && q.getLast() < n) {
      q.pollLast();
    }
    q.addLast(n);
  }

  public int max() {
    return q.getFirst();
  }

  public void pop(int n) {
    if (n == q.getFirst()) {
      q.pollFirst();
    }
  }
}

/* 문제 해결 함수 구현 */
int[] maxSlidingWindow(int[] nums, int k) {
  MonotonicQueue window = new MonotonicQueue();
  List<Integer> res = new ArrayList<>();

  for (int i = 0; i < nums.length; i++) {
    if (i < k- 1){
      // 윈도의 앞 k-1 먼저 채우기
      window.push(nums[i]);
    } else {
      // 윈도를 앞으로 슬라이딩, 새로운 숫자 추가
      window.push(nums[i]);
      // 현재 윈도의 최댓값 기록
      res.add(window.max());
      // 오래된 숫자 제거
      window.pop(nums[i - k + 1]);
    }
  }
  // int[] 배열로 변환하여 반환
  int[] arr = new int[res.size()];
  for (int i = 0; i < res.size(); i++) {
    arr[i] = res.get(i);
  }
  return arr;
}
```

간과해서는 안 되는 부분이 있다. MonotonicQueue 구현 시 자바의 LinkedList를 사용하는 이유는 연결 리스트 구조가 헤드와 테일의 요소를 빠르게 추가, 제거할 수 있기 때문이다. 해법 코드의 res 는 ArrayList 구조를 사용하는데 나중에 인덱스를 통해 요소를 가져올 수 있기 때문에 더 적합한 배열 구조이다.

3.8.3 알고리즘 복잡도 분석

push 함수에 while 문이 포함되어 있어 시간 복잡도는 $O(1)$이 아니라고 생각할 수 있다. 그렇다면 이 알고리즘의 시간 복잡도는 선형 시간linear time이 아닐까?

push 함수의 복잡도는 실제로 $O(1)$이 아니지만 알고리즘의 전체 시간 복잡도는 여전히 $O(N)$의 선형 시간이다. 이와 같이 생각해보면 nums의 각 요소는 중복 작업없이 최대 pollLast와 addLast가 한 번씩 발생하므로 전체 복잡도는 여전히 $O(N)$이다.

공간 복잡도는 매우 간단하며 윈도의 크기인 $O(k)$이다.

마지막으로 단조 큐와 우선 순위 큐를 혼동하지 말자. 단조 큐는 요소를 추가할 때 요소를 제거하여 큐의 단조성을 유지하므로 함수의 단조 증가(또는 감소) 부분을 추출하는 것과 같다. 우선 순위 큐(바이너리 힙)은 자동 정렬과 동일하다.

3.9 회문 연결 리스트 판단

책의 앞부분에서 회문 문자열과 회문 수열 관련 문제에 대해 설명했다. 회문 문자열을 찾는 핵심 아이디어는 중심에서 양 끝으로 확장하는 것이다.

```
/* s[l]과 s[r]을 중심으로 최장 회귀 문자열을 반환 */
string palindrome(string& s, int l, int r) {
  // 인덱스가 경계를 벗어나는 것을 방지
  while (l >= 0 && r < s.size()
      && s[l] == s[r]) {
    // 양 끝으로 확장
    l--; r++;
  }
  return s.substr(l + 1, r - l - 1);
}
```

회귀 문자열의 길이가 짝수나 홀수일 수 있으며 홀수일 때는 하나의 중심점이 있고 짝수일 때는 두 개의 중심점이 있다. 따라서 함수는 l과 r을 전달해야 한다.

문자열의 회문 여부를 판단하는 것은 훨씬 간단하다. 홀수를 고려할 필요 없이 양 끝에서 중간으로 접근하는 투 포인터만 사용하면 된다.

```
bool isPalindrome(string s) {
  int left = 0, right = s.length - 1;
  while (left < right) {
    if (s[left] != s[right])
      return false;
    left++; right--;
  }
  return true;
}
```

위 코드는 이해하기 쉽다. 회문 문자열은 대칭이므로 앞에서 읽거나 뒤에서 읽어도 같으며 이 특정이 회문 문자열 문제를 해결하는 핵심이다.

다음에서 상황을 확장하여 단일 연결 리스트의 회문 여부를 판단해보자.

3.9.1 단일 연결 리스트의 회문 판단

회문 연결 리스트 문제[43]는 단일 연결 리스트의 헤드 노드를 제공하여 해당 연결 리스트의 숫자가 회문인지 판단하도록 한다.

함수의 시그니처는 다음과 같다.

```
boolean isPalindrome(ListNode head);
```

입력이 1 -> 2 -> null인 경우 false를 반환한다.

입력이 1 -> 2 -> 2 -> 1 -> null인 경우 true를 반환한다.

이 문제의 핵심은 단일 연결 리스트는 반대로 이동할 수 없고 이중 포인터를 사용할 수 없다는 것이다. 따라서 가장 간단한 방법은 연결 리스트를 뒤집어 새로운 연결리스트에 저장한 뒤 두 연결 리스트의 동일 여부를 비교하는 것이다. 연결 리스트의 반전은 **3.10절**을 참고하면 된다.

---

43 [옮긴이] https://leetcode.com/problems/palindrome-linked-list/

사실 이진 트리의 후위 순회 아이디어를 통해 연결 리스트를 뒤집지 않고 반대로 순회할 수 있다. 다음에서 확인해보자.

이진 트리의 몇 가지 순회 방법에 익숙할 것이다.

```java
void traverse(TreeNode root) {
    // 전위 순회 코드
    traverse(root.left);
    // 중위 순회 코드
    traverse(root.right);
    // 후위 순회 코드
}
```

1.1절에서 연결 리스트는 재귀 구조를 가지고 있고 트리 구조는 연결 리스트의 파생이라고 설명했으므로 연결 리스트는 전위 순회와 후위 순회를 모두 가진다.

```java
void traverse(ListNode head) {
    // 전위 순회 코드
    traverse(head.next);
    // 후위 순회 코드
}
```

이 프레임은 어떤 의미를 가질까? 정방향으로 연결 리스트의 **val**값을 프린트하려면 전위 순회 위치에 코드를 작성한다. 역방향으로 연결 리스트를 순회하려면 후위 순회 위치에서 작업한다.

```java
/* 단일 연결 리스트의 요소값을 역방향으로 프린트 */
void traverse(ListNode head) {
    if (head == null) return;
    traverse(head.next);
    // 후위 순회 코드
    System.out.println(head.val);
}
```

조금만 수정하면 이중 포인터 기능을 모방하여 회문 판단 기능을 구현할 수 있다.

```java
// 왼쪽 포인터
ListNode left;

boolean isPalindrome(ListNode head) {
    left = head;
```

```
  return traverse(head);
}

// 재귀를 사용한 역방향 순회 단일 연결 리스트
boolean traverse(ListNode right) {
  if (right == null) return true;
  boolean res = traverse(right.next);
  // 후위 순회 코드
  res = res && (right.val == left.val);
  left = left.next;
  return res;
}
```

이 작업의 핵심 로직은 무엇일까? 연결 리스트의 노드를 스택에 넣었다가 빼는 것이다. 이 방법을 통해 요소의 순서는 반대로 되지만 재귀 함수의 스택을 사용하므로 공간 복잡도는 여전히 $O(N)$이다.

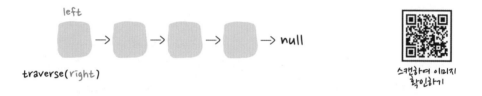

요약하자면 역방향 연결 리스트나 후위 순회에 상관없이 알고리즘의 시간과 공간 복잡도는 모두 $O(N)$이다. 다음에서 여분의 공간을 사용하지 않고 문제를 해결할 수 있을지 생각해보자.

3.9.2 공간 복잡도 최적화

더욱 좋은 아이디어는 다음과 같다.

1. 먼저 이중 포인터의 fast, slow 포인터를 사용해 연결 리스트의 중간점을 찾는다.

```
ListNode slow, fast;
slow = fast = head;
while (fast != null && fast.next != null) {
  slow = slow.next;
  fast = fast.next.next;
}
// slow 포인터는 현재 연결 리스트의 중간점을 가리킴
```

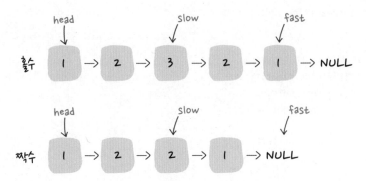

2. 여기서 홀수 상황을 구분해야 한다. fast 포인터가 null을 가리키지 않으면 연결 리스트의 길이가 홀수를 의미하므로 slow는 한 단계 더 움직여야 한다.

```
if (fast != null)
  slow = slow.next;
```

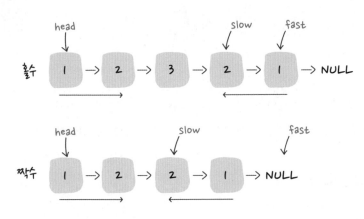

3. slow의 연결 리스트를 뒤집으면 회문 문자열의 비교를 시작할 수 있다.

```
ListNode left = head;
ListNode right = reverse(slow);

while (right != null) {
  if (left.val != right.val)
    return false;
  left = left.next;
  right = right.next;
}
return true;
```

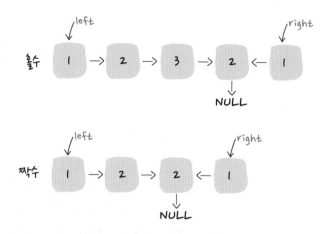

문제를 효율적으로 해결하기 위해 세 가지 코드를 결합했으며 그중 reverse 함수는 연결 리스트를 반전하는 표준 알고리즘이다.

```
// head를 연결 리스트의 헤드로 반전 후 헤드 노드를 반환
ListNode reverse(ListNode head) {
  ListNode pre = null, cur = head;
  while (cur != null) {
    ListNode next = cur.next;
    cur.next = pre;
    pre = cur;
    cur = next;
  }
  return pre;
}
```

알고리즘의 전체 시간 복잡도는 $O(N)$, 공간 복잡도는 $O(1)$으로 이미 최적화가 되었다. 이 해법은 효율적이지만 입력하는 연결 리스트의 원래 구조를 파괴한다. 이 문제를 피할 수 있을까?

slow와 fast를 이동하는 과정에서 포인터 p와 q의 위치를 기록하면 문제를 쉽게 해결할 수 있다.

이 방법으로 함수의 **return** 앞에 코드를 추가하면 원래 연결 리스트의 순서를 복원할 수 있다.

```
p.next = reverse(q);
```

지면의 제약으로 인해 전체 코드는 생략하니 독자가 직접 작성해보자.

3.9.3 마무리

회문 문자열을 찾는 것은 가운데에서 양 끝으로 확장하고 회문 문자열 판단은 양 끝에서 가운데로 축소한다. 단일 연결 리스트를 역방향으로 직접 순회하는 것은 불가하며 새로운 연결 리스트를 생성하거나 연결 리스트의 후위 순회를 사용한다. 또는 스택 구조를 사용해 단일 연결 리스트를 역순으로 처리한다.

회문 연결 리스트 판단 문제는 특수성으로 인해 연결 리스트를 완전히 뒤집을 수는 없지만, 일부를 뒤집어 공간 복잡도를 $O(1)$로 줄일 수 있다.

3.10 순수 재귀의 반전 연결 리스트 조작

반복 작업을 통한 단일 연결 리스트의 반전은 구현은 어렵지 않지만, 재귀를 통한 구현은 조금 어렵다. 난이도를 조금 더 추가하여 단일 연결 리스트의 일부분만 반전시키면 순수 재귀 함수의 구현이 가능할까?

이번 절은 조금 더 깊이 들어가서 단계별로 문제를 해결해보자. 단일 연결 리스트를 재귀로 반전하는 방법을 몰라도 상관없다. 이번 절은 전체 단일 연결 리스트를 재귀로 반전하는 것부터 시작하며 구조를 이해하는 것만으로도 큰 도움이 될 것이다.

```java
// 단일 연결 리스트 노드의 구조
public class ListNode {
  int val;
  ListNode next;
  ListNode(int x) { val = x; }
}
```

단일 연결 리스트의 부분 반전은 무엇을 의미할까? 인덱스 구간을 제공하여 단일 연결 리스트의 해당 부분만 반전하고 다른 부분은 변경되지 않은 상태로 유지하는 것이다. 구체적인 문제는 다음과 같다.

두 인덱스 m과 n(인덱스는 1부터 시작, m과 n은 모두 유효하며 연결 리스트의 길이를 초과하지 않는다고 가정)을 갖는 단일 연결 리스트가 있을 때, 연결 리스트 m에서 n까지 노드를 반전하여 이 연결 리스트를 반환한다.

함수 시그니처는 다음과 같다.

```
ListNode reverseBetween(ListNode head, int m, int n);
```

예를 들어 연결 리스트 1 -> 2 -> 3 -> 4 -> 5 -> NULL, m = 2, n = 4가 있을 때 반전한 연결 리스트는 1 -> 4 -> 3 -> 2 -> 5 -> NULL이다.

만약 반복을 사용하면 아이디어는 다음과 같을 것이다.

먼저 for 루프를 사용해 m번째 위치를 찾고 다시 for 루프를 사용해 m과 n 사이의 요소를 반전한다. 따라서 특별히 어려운 부분은 없다. 이번 절에서는 문제의 요구 사항을 충족하기 위해 for 루프가 없는 순수 재귀 해법을 사용한다.

문제를 해결하는 재귀 방법은 항상 간단하고 깔끔해 때때로 사람들을 놀라게 한다. 먼저 전체 단일 연결 리스트를 반전하는 것부터 시작해보자.

3.10.1 전체 연결 리스트를 재귀로 반전하기

많은 사람이 이 알고리즘에 대해 들어봤을 것이다. 여기서 자세히 설명한다.

구현 코드를 직접 확인해보자.

```
/* 전체 연결 리스트 반전 */
ListNode reverse(ListNode head) {
  if (head == null || head.next == null)
    return head;
  ListNode last = reverse(head.next);
  head.next.next = head;
  head.next = null;
  return last;
}
```

코드가 불명확해서 어떻게 연결 리스트를 반전할 수 있는지 완전히 이해가 가지 않을 수 있다. 이 알고리즘은 재귀의 독창성과 깔끔함을 보여주기 위해 자주 사용된다. 코드를 자세히 알아보자.

재귀 알고리즘에서 가장 중요한 것은 재귀 함수의 동작을 명확히 정의하는 것이다. 구체적으로 reverse 함수의 정의는 다음과 같다.

하나의 노드 head가 있을 때 head를 시작으로 연결 리스트를 반전하고 반전 완료된 연결 리스트의 헤드 노드를 반환한다.

함수의 정의를 이해하고 위 코드를 한 줄씩 분석해보자. 예를 들어 다음 연결 리스트의 반전을 생각해보자.

reverse(head) 입력 후 다음에서 재귀가 수행된다.

```
ListNode last = reverse(head.next);
```

재귀 함수를 보고 앞에서 이야기한 함수의 정의에 따라 코드가 어떤 결과를 만드는지 먼저 분명히 이해하자.

reverse 함수 정의에 따라 reverse(head.next)가 실행되면 반전된 헤드 노드가 반환된다. last 변수에 반환하므로 전체 연결 리스트는 다음과 같다.

다시 다음 코드를 확인해보자.

```
head.next.next = head;
```

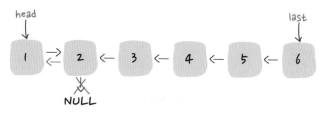

head.next.next=head

계속하면 다음과 같다.

```
head.next = null;
return last;
```

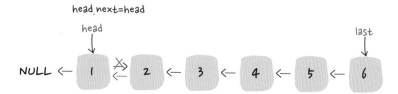

이렇게 하면 전체 연결 리스트가 반전이 된다. 재귀 코드는 이렇게 간단하고 깔끔하지만, 주의해야 할 부분이 있다.

1. 재귀 함수는 다음과 같은 base case가 있어야 한다.

```
if (head == null || head.next == null)
  return head;
```

연결 리스트에 노드가 하나만 있으면 반전하더라도 같은 노드가 되므로 직접 반환하면 된다.

2. 연결 리스트를 재귀로 반전하면 새로운 헤드 노드는 last, 이전의 head는 테일 노드가 되므로 테일의 포인터를 null로 지정해야 한다.

```
head.next = null;
```

두 가지 사항을 이해한 후 더 깊이 들어가보자. 다음 문제는 이 알고리즘의 확장이다.

3.10.2 연결 리스트 앞의 N개 노드 반전하기

이제 다음과 같은 함수를 구현해보자.

```
// 연결 리스트 앞의 n개 노드를 반전(n <= 연결 리스트 길이)
ListNode reverseN(ListNode head, int n)
```

예를 들어 다음 그림과 같은 연결 리스트는 reverseN(head, 3)을 실행한다.

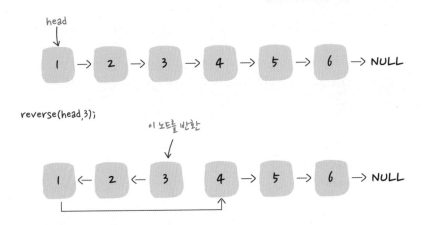

해결 아이디어와 전체 연결 리스트를 반전하는 것은 비슷하므로 조금만 수정하면 된다.

```
// 뒤따르는 노드
ListNode successor = null;

/* head에서 시작해 n 개 노드 반전 후 새 헤드 노드 반환 */
ListNode reverseN(ListNode head, int n) {
  if (n == 1) {
    // 뒤에서 사용할 n+1번째 노드를 기록
    successor = head.next;
    return head;
  }
  // head.next를 시작으로 앞의 n-1개 노드 반전 필요
  ListNode last = reverseN(head.next, n - 1);

  head.next.next = head;
  // 반전 후의 head 노드와 다음 노드를 연결
  head.next = successor;
}
```

```
    return last;
  }
```

앞 N개 노드의 반전과 전체 연결 리스트 반전의 차이점은 다음과 같다.

1. base case는 n == 1이 되어 자신을 반전한다.

2. 뒤따르는 노드 successor 기록이 필요하다.

전체 연결 리스트를 반전할 때 head.next를 직접 null로 설정해야 한다. 전체 연결 리스트를 반전하면 head가 마지막 노드가 되기 때문이다. 그러나 head 노드를 재귀로 반전하면 반드시 마지막 노드가 아니므로 뒤따르는 successor(n+1번째 노드)를 기록하고 반전 후 head를 연결해야 한다.

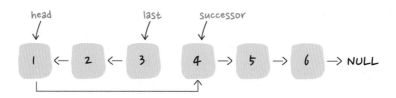

이 함수를 이해할 수 있으면 연결 리스트의 일부분을 반전시키는 것은 어렵지 않다.

3.10.3 연결 리스트 부분 반전

앞에서 제기한 문제를 해결하려면 인덱스 구간 [m,n](인덱스는 1부터 시작)이 있을 때 구간의 연결 리스트 요소를 반전하면 된다.

먼저 m == 1이면 연결 리스트 시작 부분의 n개 요소를 반전하는 것과 같으며 기능의 구현은 다음과 같다.

```
ListNode reverseBetween(ListNode head, int m, int n) {
  // base case
  if (m == 1) {
    // 앞 n개 요소의 반전과 같음
    return reverseN(head, n);
  }
  // ...
}
```

만약 m != 1일때는 어떻게 할까? head의 인덱스를 1로 취급하면 m번째 요소부터 반전을 진행할 수 있다. 만약 head.next의 인덱스가 1이면 어떻게 할까? head.next에 대한 반전 구간은 m - 1번째 요소부터 시작되어야 한다. head.next.next에 대해서도 계속 같은 방식이다.

반복적인 방법과 달리 이것은 재귀적 사고이므로 코드를 완성할 수 있다.

```
ListNode reverseBetween(ListNode head, int m, int n) {
  // base case
  if (m == 1) {
    return reverseN(head, n);
  }
  // head.next는 반전 구간이 [m-1, n-1]
  // 반전의 기점으로 이동하여 base case 트리거
  head.next = reverseBetween(head.next, m - 1, n - 1);
  return head;
}
```

이것으로 가장 어려운 문제가 해결되었다.

3.10.4 마무리

재귀 방법은 반복 방법보다 이해가 조금 더 어려우므로 바로 재귀를 사용하려고 하지 말고, 정의를 명확히 하여 알고리즘 로직을 구현한다.

어려워 보이는 문제를 처리하기 위해서는 전체를 부분으로 나누고, 간단한 해법을 조금씩 수정하여 어려운 문제를 해결할 수 있다.

재귀 방법을 사용해 연결 리스트를 조작하는 것이 효율적이지 않다는 것을 참고하기를 바란다. 반복 방법과 비교하면 시간 복잡도는 모두 $O(N)$이지만, 반복 방법의 공간 복잡도는 $O(1)$인 것에 반해 재귀는 스택이 필요하므로 공간 복잡도는 $O(N)$이다. 따라서 재귀 방법으로 연결 리스트를 조작하는 것은 연습 또는 자랑용으로 사용할 수 있지만, 효율성을 생각하면 반복 방법을 사용하는 것이 더 좋다.

3.11 k개의 반전 연결 리스트

3.10절에서는 연결 리스트의 일부를 재귀로 반전시키는 방법을 알아보았다. 일부 독자는 반복 방법을 사용한 반전에 대해 궁금해할 수 있다. 이번 절에서 해결하는 문제도 연결 리스트를 반전하는 함수가 필요하므로 반복 방법을 사용해서 해결해보자.

이번 절 'k개의 반전 연결 리스트' 문제[44]는 매우 간단하다.

단일 연결 리스트와 하나의 정수 k가 있을 때 각 k개 노드를 하나의 그룹으로 하여 연결 리스트를 반전한 뒤 결과를 반환한다. 만약 연결 리스트의 길이가 k의 정수 배가 아니면 뒤에서부터 k개 미만의 노드는 원래 순서를 유지한다.

함수 시그니처는 다음과 같다.

```
ListNode reverseKGroup(ListNode head, int k);
```

예를 들어 연결 리스트가 1 -> 2 -> 3 -> 4 -> 5이며 k가 2일 때 알고리즘은 2 -> 1 -> 4 -> 3 -> 5의 연결 리스트를 반환한다. 그러나 k가 3이면 알고리즘은 3 -> 2 -> 1 -> 4 -> 5를 반환한다. 이 문제는 면접에 자주 나오는 문제로 LeetCode의 난이도는 Hard이지만 그렇게 어려운지 확인해 보자.

기본 데이터 구조의 알고리즘 문제는 사실 어렵지 않으며 특성을 결합하여 분석해보면 된다. 문제를 분석해보자.

3.11.1 문제 분석

1.1절에서 설명한대로 연결 리스트는 재귀와 반복의 특성을 갖는 데이터 구조이다. 생각해보면 이 문제도 재귀의 특성을 갖고 있다. 무엇이 재귀의 특성일까? 예를 들어 이 연결 리스트에서 reverseKGroup(head, 2)를 호출하면 2개의 노드를 그룹으로 하여 연결 리스트를 반전한다.

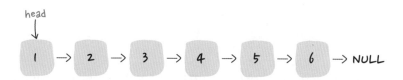

만약 앞의 두 노드를 반전하면 뒤의 노드는 어떻게 처리해야 할까? 뒤의 노드들도 연결 리스트이며 스케일(길이)이 원래 연결 리스트보다 작을 때 이를 하위 문제라고 한다.

---

44 [옮긴이] https://leetcode.com/problems/reverse-nodes-in-k-group/

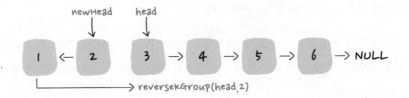

reverseKGroup 함수는 하위 문제와 원래 문제의 구조가 정확히 같기 때문에 처음 k개의 노드를 반전하고 재귀로 자신을 호출하는 방법만 신경 쓰면 된다. 이것이 재귀의 특성이다.

재귀의 특성을 발견하면 대략적인 알고리즘의 흐름을 알 수 있다.

1. 먼저 head로 시작하는 k개 요소를 반전한다.

2. k + 1번째 요소를 head로 사용하여 reverseKGroup 함수를 재귀로 호출한다.

3. 두 결과를 연결한다.

전체 아이디어는 이와 같으며 마지막으로 주의해야 할 것은 재귀 함수에는 모두 base case가 있는 것이다. 이 문제에서는 어떤 것일까?

문제에서 마지막 요소가 k보다 작으면 변경되지 않은 상태로 유지된다고 했으며, 이것이 base case이다. 뒤에서 코드로 구현한다.

3.11.2 코드 구현

먼저 reverse 함수를 구현하여 구간 내 요소를 반전한다. 연결 리스트의 헤드 노드가 주어지면 전체 연결 리스트를 반전하는 방법을 간략하게 만들어보자.

```
// a가 헤드 노드인 연결 리스트 반전
ListNode reverse(ListNode a) {
  ListNode pre, cur, nxt;
  pre = null; cur = a; nxt = a;
  while (cur != null) {
    nxt = cur.next;
    // 노드별로 반전
    cur.next = pre;
    // 포인터 위치 업데이트
    pre = cur;
    cur = nxt;
  }
  // 반전된 헤드 노드 반환
  return pre;
}
```

이것이 반복 방법을 사용하여 구현한 표준 반전 연결 리스트 알고리즘이다. a를 헤드 노드로 하는 연결 리스트를 반전하는 것은 사실 '노드 a에서 null 사이의 노드를 반전하는 것'이다. 만약 'a에서 b 사이의 노드를 반전하려면' 어떻게 해야 할까?

함수 시그니처를 변경하고 위 코드에서 null을 b로 변경하면 된다.

```
/* 구간 [a, b)의 요소를 반전. 왼쪽 닫힘 오른쪽 열림에 주의 */
ListNode reverse(ListNode a, ListNode b) {
  ListNode pre, cur, nxt;
  pre = null; cur = a; nxt = a;
  // while 문의 종료 조건 변경
  while (cur != b) {
    nxt = cur.next;
    cur.next = pre;
    pre = cur;
    cur = nxt;
  }
  // 반전 후 헤드 노드 반환
```

```
    return pre;
  }
```

이미 반복 방법에 의해 연결 리스트의 일부분을 반전하는 기능이 구현되었으므로 다음 단계는 앞의
로직에 따라 reverseKGroup 함수를 작성한다.

```
ListNode reverseKGroup(ListNode head, int k) {
  if (head == null) return null;
  // 구간 [a,b)는 k개의 반전 대기 요소 포함
  ListNode a, b;
  a= b= head;
  for (int i = 0; i < k; i++) {
    // k개를 만족하지 않으면 반전이 필요 없음. base case
    if (b == null) return head;
    b = b.next;
  }
  // 앞 k개 요소 반전
  ListNode newHead = reverse(a, b);
  // 후속 연결 리스트를 재귀로 반전하여 연결
  a.next = reverseKGroup(b, k);
  return newHead;
}
```

for 루프는 길이가 k인 왼쪽 닫힘, 오른쪽 열림 구간 [a, b)를 찾고 reverse 함수를 호출하여 구간
[a, b)를 반전한다. 마지막으로 b가 헤드 노드인 연결 리스트를 재귀로 반전한다.

재귀 부분의 설명은 생략하겠다. 전체 함수가 재귀적으로 완료된 후의 결과는 문제에서 요구되는 것
과 의미와 완전히 일치한다.

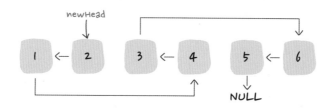

3.11.3 마무리

데이터 관점에서 보면 기본 데이터 구조에 관한 알고리즘과 관련된 글은 읽지 않는 사람이 많은데 이 것은 좋지 않은 습관이다.

사람들은 보통 동적 계획법과 관련된 문제를 보는 것을 좋아한다. 아마도 면접에서 자주 접하는 문 제라 그런 것 같지만, 많은 알고리즘 아이디어는 기본 데이터 구조에서 파생되는 것이 많다고 생각한 다. 앞에서도 언급했지만 동적 계획법, 역추적, 분할 정복 알고리즘은 실제로 트리 순회이다. 트리의 구조는 다중 연결 리스트다. 따라서 기본 데이터 구조 문제를 처리할 수 있으면 일반적인 알고리즘 문 제 해결은 어렵지 않다.

4

알고리즘 사고

이번 장에서는 자주 사용되는 기본적인 알고리즘 문제인 접두어 기법, 역추적 개념, 무차별 탐색 기법 등을 설명한다.

앞에서 이미 많은 알고리즘 프레임에 대해 설명했으므로 데이터 구조에 익숙해졌을 것으로 생각한다. 그렇다면 변형이 많고 복잡한 문제를 어떻게 분해하여 간단한 프레임으로 만들 수 있을까?

4.1 하부 집합, 조합, 순열 문제 해결을 위한 역추적 알고리즘

이번 절에서는 빈도가 높고 헷갈리기 쉬운 하부 집합subset, 조합combination, 순열permutation에 대해 설명한다. 각각 LeetCode의 78번, 77번, 46번 문제다.

이러한 문제는 역추적 알고리즘 템플릿을 사용하여 해결할 수 있으며 하부 집합 문제는 수학적 귀납법도 사용이 가능하다. 몇 가지 역추적 방법을 기억한다면 걱정할 필요가 없다.

4.1.1 하부 집합

하부 집합 문제[45]는 간단하다. 중복이 없는 숫자 배열을 입력하고 알고리즘이 모든 하부 집합을 출력하도록 한다.

---

45 (옮긴이) https://leetcode.com/problems/subsets/

```
vector<vector<int>> subsets(vector<int>& nums);
```

nums = [1,2,3]일 때 알고리즘은 빈 집합과 자신을 포함해 8개의 하부 집합을 출력해야 하며 순서
는 상관없다.

```
[ [],[1],[2],[3],[1,3],[2,3],[1,2],[1,2,3] ]
```

첫 번째 해법은 수학적 귀납법을 사용하는 것이다. 더 작은 하부 집합의 결과를 알고 있다면 문제의
결과를 어떻게 도출할 수 있을까?

구체적으로 [1,2,3]의 하부 집합을 구해보자. 만약 [1,2]의 하부 집합을 알면 [1,2,3]의 하부 집
합을 도출할 수 있을까? 먼저 [1,2]의 하부 집합을 확인해보자.

```
[ [],[1],[2],[1,2] ]
```

다음과 같은 패턴을 찾을 수 있다.

```
subset([1,2,3]) - subset([1,2])
= [3],[1,3],[2,3],[1,2,3]
```

[1,2,3]의 하부 집합은 [1,2]의 하부 집합에서 각 집합에 3을 더한 것이다. 만약 A=
subset([1,2])이면 다음과 같다.

```
subset([1,2,3])
= A + [A[i].add(3) for i = 1..len(A)]
```

이것은 전형적인 재귀 구조로 [1,2,3]의 하부 집합은 [1,2]를 추가해 얻을 수 있고, [1,2]의 하부
집합은 [1]을 추가해서 얻을 수 있다. base case는 입력이 빈 집합일 때 출력하는 하부 집합도 빈 집
합이다. 다음과 같이 코드로 작성하면 이해가 더 쉽다.

```
vector<vector<int>> subsets(vector<int>& nums) {
    // base case,빈 집합 반환
    if (nums.empty()) return {{}};
    // 마지막 요소 가져오기
    int n = nums.back();
```

```
    nums.pop_back();
    // 먼저 앞 요소의 모든 하부 집합을 재귀로 계산
    vector<vector<int>> res = subsets(nums);

    int size = res.size();
    for (int i = 0; i < size; i++) {
        // 이전 결과에 추가
        res.push_back(res[i]);
        res.back().push_back(n);
    }
    return res;
}
```

이 문제의 시간 복잡도는 헷갈리기 쉽다. 앞에서 언급한 재귀 알고리즘의 시간 복잡도를 계산하는 방법은 재귀의 깊이를 찾아 각 재귀에서 반복되는 횟수를 곱하는 것이다. 이 문제에서 재귀의 깊이는 N이지만 각 재귀 for 루프의 반복 횟수는 res의 길이에 따라 달라지므로 고정되어 있지 않다.

이 아이디어에 따르면 res의 길이는 재귀마다 2배가 되어야 하므로 전체 반복 횟수는 2^N이 된다. 또는 크기가 N인 집합의 하부 집합이 모두 몇 개인지 생각해보면 2^N개가 있으므로 최소한 res에 2^N번의 요소를 추가해야 한다.

그렇다면 알고리즘의 시간 복잡도는 $O(2^N)$일까? 그렇지 않다. 2^N개의 하부 집합이 push_back에 의해 res에 추가되므로 push_back 작업의 효율성을 생각해야 한다.

```
for (int i = 0; i < size; i++) {
    res.push_back(res[i]);    // O(N)
    res.back().push_back(n);  // O(1)
}
```

res[i]도 배열이며 push_back은 res[i]를 복사하여 배열의 끝에 추가하는 것으로 한 작업의 시간은 $O(N)$이다.

요약하면 총 시간 복잡도는 $O(2^N N)$이며 여전히 시간이 많이 걸린다.

공간 복잡도는 반환 결과를 저장하기 위한 공간을 계산하지 않으면 $O(N)$의 재귀 스택 공간만 있으면 된다. res를 계산하는 데 필요한 공간은 $O(2^N N)$이다.

두 번째로 자주 사용되는 방식은 역추적 알고리즘이다. 역추적 알고리즘은 앞에서 설명한 대로 의사 결정 트리에 불과하며 템플릿은 다음과 같다.

```
result = []
def backtrack( 경로 , 선택 리스트 ):
  if 종료 조건 만족:
    result.add( 경로 )
    return
  for 선택 in 선택 리스트:
    선택하기
    backtrack( 경로, 선택 리스트 )
    선택 해제
```

모든 하부 집합을 어떻게 완전히 탐색할 수 있을까? 논리적으로 생각해야 한다. nums = [1,2,3]의 예를 확인해보자.

먼저 빈 집합[]은 분명 하나의 하부 집합이다.

1로 시작하는 하부 집합은 어떤 것들이 있을까? [1], [1,2], [1,3], [1,2,3]이 있다.

2로 시작하는 하부 집합은 어떤 것들이 있을까? [2], [2,3]이 있다.

3으로 시작하는 하부 집합은 어떤 것들이 있을까? [3]이 있다.

마지막으로 위의 하부 집합을 모두 더하면 [1,2,3]로 모든 하부 집합이 된다.

물론 이론적으로 하부 집합은 순서가 없는 집합이다. 특정 숫자로 시작한다고 할 수는 없지만 이렇게 생각하면 이해가 쉽다. 예를 들어 2로 시작하는 하부 집합에서 1은 2의 앞에 있으므로 [2,1]의 상황을 포함하지 않는다. 따라서 [1,2]와 중복을 피할 수 있다.

이 방법에 따라 [1,2,3]의 모든 하부 집합은 다음과 같은 재귀 트리의 모든 노드이다.

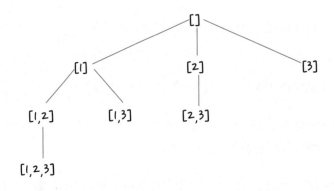

따라서 하부 집합을 생성하는 역추적 알고리즘의 핵심 아이디어는 **start** 매개변수를 사용해 트리를 생성하는 재귀를 제어하는 것으로, 역추적 알고리즘의 템플릿을 조금만 수정하면 된다.

```cpp
// 모든 하부 집합 저장
vector<vector<int>> res;

/* 주함수 */
vector<vector<int>> subsets(vector<int>& nums) {
    // 지난 경로 기록
    vector<int> track;
    backtrack(nums, 0, track);
    return res;
}

/* 역추적 알고리즘 템플릿 설정 */
void backtrack(vector<int>& nums, int start, vector<int>& track) {
    // 전위 순회 위치
    res.push_back(track);
    // start부터 시작하여 중복 하부 집합 생성 방지
    for (int i = start; i < nums.size(); i++) {
        // 선택하기
        track.push_back(nums[i]);
        // 역추적 재귀
        backtrack(nums, i + 1, track);
        // 선택 해제
        track.pop_back();
    }
}
```

start 매개변수를 통해 앞에서 말한 '특정 숫자로 시작하는 하부 집합'을 구현한 것을 볼 수 있다. 또한 res에 대한 업데이트가 전위 순회 위치에 있으므로 res는 트리의 모든 노드, 즉 모든 하부 집합을 기록한다.

4.1.2 조합

조합 문제[46]에서는 두 숫자 n, k가 있을 때 알고리즘은 [1..n]의 k개 숫자의 모든 조합을 출력한다.

```cpp
vector<vector<int>> combine(int n, int k);
```

---

46 옮긴이 https://leetcode.com/problems/combinations/

예를 들어 n = 4, k = 2일 때 다음 결과를 출력한다. 순서는 상관없으며 중복은 불가하다(조합의 정의에 따라 [1,2]와 [2,1]도 중복).

```
[ [1,2], [1,3], [1,4], [2,3], [2,4], [3,4] ]
```

combine(4, 2)를 예로 들어 앞에서 계산한 하부 집합의 분석 방법을 살펴보자.

먼저, 1로 시작하는 길이 2의 조합은 어떤 것이 있을까? [1,2], [1,3], [1,4]가 있다.

2로 시작하는 길이 2의 조합은 [2,3], [2,4]가 있다.

3으로 시작하는 길이 2의 조합은 [3,4]가 있다.

4로 시작하는 길이 2의 조합은 없다. 마지막으로 이 결과를 합하면 combine(4, 2)의 결과가 된다.

앞의 하부 집합을 계산하는 방법과 같이 순서의 구분은 없지만 [1,2], [2,1]과 같은 중복을 피하기 위해 '특정 숫자로 시작하는 조합'을 사용한다.

앞의 분석에 따라 combine(4, 2)의 결과는 실제로 다음 트리의 모든 리프 노드이다.

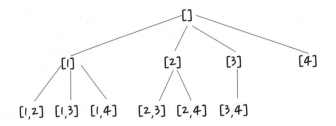

이것 또한 전형적인 역추적 알고리즘이다. k는 트리의 높이, n은 트리의 너비를 제한한다. 계속해서 역추적 알고리즘 템플릿 세트 프레임을 설정하자.

```
// 모든 조합 기록
vector<vector<int>>res;

/* 주함수 */
vector<vector<int>> combine(int n, int k) {
    if (k <= 0 || n <= 0) return res;
    vector<int> track;
    backtrack(n, k, 1, track);
    return res;
```

```
  }

  // 역추적 알고리즘 템플릿 설정
  void backtrack(int n, int k, int start, vector<int>& track) {
    // 리프 노드에 도달하면 res 업데이트
    if (k == track.size()) {
      res.push_back(track);
      return;
    }
    // i는 start부터 증가 시작
    for (int i = start; i <= n; i++) {
      // 선택하기
      track.push_back(i);
      // 역추적 재귀
      backtrack(n, k, i + 1, track);
      // 선택 해제
      track.pop_back();
    }
  }
}
```

세심한 독자는 '조합'이 특정 길이를 갖는 '하부 집합'이라는 것을 알 수 있을 것이다. 예를 들어 combine(3, 2)는 subset([1,2,3])에서 길이가 2인 모든 하부 집합이다.

따라서 조합을 계산하는 backtrack 함수는 하부 집합을 계산하는 함수는 유사하지만, res를 업데이트하는 타이밍은 트리가 제일 아래 리프 노드에 도달할 때라는 점이 다르다.

4.1.3 순열

순열 문제[47]에서는 반복 숫자를 포함하지 않는 nums 배열이 있을 때 숫자의 모든 순열을 반환한다.

```
vector<vector<int>> permute(vector<int>& nums);
```

예를 들어 배열 [1,2,3]이 있을 때 출력 결과는 다음과 같아야 한다. 순서는 중요하지 않지만 반복은 불가하다.

```
[ [1,2,3], [1,3,2], [2,1,3], [2,3,1], [3,1,2], [3,2,1] ]
```

역추적 알고리즘 설명에서 이 문제를 사용해 역추적 템플릿을 설명하고 자세한 분석을 진행했으며

---

47   [옮긴이] https://leetcode.com/problems/permutations/

여기서는 순열과 조합, 하부 집합의 문제를 구분해보겠다.

조합과 하부 집합 문제는 모두 start 변수를 사용해 반복을 방지하지만 순열 문제는 [1,2,3]과 [1,3,2]가 다르기 때문에 중복을 방지할 필요가 없다.

순열 문제의 역추적 트리를 그려서 확인해보자.

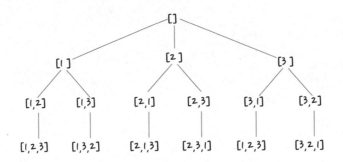

자바를 사용한 해법 코드는 다음과 같다.

```java
List<List<Integer>> res = new LinkedList<>();

/* 주함수. 중복이 없는 숫자 배열을 넣고 전체 순열을 반환 */
List<List<Integer>> permute(int[] nums) {
  // 경로 기록
  LinkedList<Integer> track = new LinkedList<>();
  backtrack(nums, track);
  return res;
}

void backtrack(int[] nums, LinkedList<Integer> track) {
  // 리프 노드 도달
  if (track.size() == nums.length) {
  res.add(new LinkedList(track));
  return;
  }

  for (int i = 0; i < nums.length; i++) {
    // 유효하지 않은 선택 제외
    if (track.contains(nums[i]))
      continue;
    // 선택하기
    track.add(nums[i]);
    // 다음 단계의 의사 결정 트리로 이동
    backtrack(nums, track);
```

```
    // 선택 취소
    track.removeLast();
  }
}
```

순열과 하부 집합, 조합의 차이점으로 순열 문제는 contains 메서드를 사용할 때마다 track에서 이미 선택된 숫자를 제외한다. 조합 문제는 start 매개변수를 전달하여 start 인덱스 앞의 숫자를 제외한다.

이것이 순열, 조합, 하부 집합 문제의 해법으로 종합하면 다음과 같다.

조합 문제는 역추적 아이디어를 사용하고 결과를 트리 구조로 추상화할 수 있다. 핵심은 start를 사용해 이미 선택한 숫자를 제외하고 모든 리프 노드를 결과로 사용하는 것이다.

순열 문제는 역추적 아이디어를 사용하고 역추적 템플릿을 사용하기 위해 트리 구조로 추상화할 수 있다. 핵심은 contains 메서드를 사용해 이미 선택한 숫자를 제외하고 모든 리프 노드를 결과로 사용하는 것이다.

하부 집합 문제는 수학적 귀납법을 사용할 수 있다. 더 작은 문제의 결과를 알고 있다고 가정하여 원래 문제의 결과를 도출할 방법을 찾는다. 역추적 알고리즘을 사용해 트리 구조로 추상화할 수 있으며 start 매개변수를 사용해 이미 선택한 숫자를 제거하고 전체 트리의 노드를 결과로 기록한다.

이러한 몇 가지 트리를 기억해두면 대부분의 역추적 알고리즘 문제에 대응할 수 있으며, start 또는 contains의 가지치기이므로 특별한 기법은 아니다.

4.2 역추적 알고리즘 실전: 스도쿠 문제 풀기

역추적 알고리즘은 종종 예제로 사용되는데 관련 문제는 8퀸 문제와 순열 문제가 있다. 이번 절에서는 실용적이고 흥미로운 예인 역추적 알고리즘을 사용한 스도쿠 문제[48]를 해결해보자.

4.2.1 문제에 대한 생각

어렸을 때 스도쿠를 했지만 한 번도 성공하지 못했다. 스도쿠의 기술을 알려주는 전문적인 소프트웨어가 있었지만, 너무 복잡해서 흥미를 느낄 수 없었다.

---

48 [옮긴이] https://leetcode.com/problems/sudoku-solver/

그러나 알고리즘을 배운 뒤로는 어떤 어려운 문제도 해결할 수 있게 되었다. 컴퓨터는 어떻게 스도쿠 문제를 해결할까? 사실 매우 간단하다. 무차별 탐색을 사용하는 것이다.

알고리즘은 비어 있는 각 그리드를 1부터 9까지 탐색하고 유효하지 않은 숫자(같은 행이나 열 또는 같은 3 × 3 구간에 같은 숫자가 존재)를 발견하면 건너뛴다. 만약 유효한 숫자를 만나면 다음 빈 그리드의 탐색을 계속 진행한다.

스도쿠에 대한 또 다른 오해는 주어진 숫자가 적을수록 해결하기가 더 어려울 것으로 생각하는 것이다.

사람은 그럴지 몰라도 컴퓨터는 숫자가 적을수록 탐색 횟수도 줄어들게 되므로 더 빠르게 답을 찾을 수 있다. 뒤에서 코드를 구현하면서 이유를 알아보겠다.

알고리즘을 사용해 스도쿠 문제를 해결하는 방법을 자세히 알아보자.

4.2.2 코드 구현

스도쿠 문제를 해결하는 알고리즘의 함수 시그니처는 다음과 같다.

```
void solveSudoku(char[][] board);
```

9 × 9 보드의 일부 그리드에는 이미 숫자가 채워져 있고 공백은 마침표를 사용해 표시한다. 알고리즘은 제자리에서 보드를 수정하여 공백에 숫자를 채우고 답을 얻을 수 있다.

스도쿠의 요구 사항에 익숙해져야 하며 각 행과 각 열, 모든 3 × 3의 정사각형에는 같은 숫자가 들어갈 수 없다. 그럼 역추적 프레임을 통해 답을 구해보자.

앞의 역추적 알고리즘 프레임에 따르면 스도쿠를 해결하는 방법은 매우 간단하다. 각 그리드에서 가능한 모든 숫자를 탐색하는 것이다. 각 위치에 대해 어떻게 완전 탐색을 진행하고 또 몇 가지의 선택 사항이 있을까? 매우 간단하다. 1부터 9까지 선택이 가능하므로 모두 한 번씩만 시도하면 된다.

```
// board[i][j]에 무차별 탐색 시도
void backtrack(char[][] board, int i, int j) {
  int m = 9, n = 9;
  for (char ch = '1'; ch <= '9'; ch++) {
    // 선택하기
    board[i][j] = ch;
    // 다음 위치 탐색
```

```
      backtrack(board, i, j + 1);
      // 선택 취소
      board[i][j] = '.';
    }
  }
}
```

계속 세분화하면 1에서 9까지를 모두 사용할 수 있는 것이 아니며 일부 숫자는 조건에 만족하지 않는다. j에 1을 더했을 때 j가 마지막 열이 되면 어떻게 해야 할까?

간단하다. j가 각 행의 마지막 인덱스를 넘으면 i를 증가시켜 다음 행의 탐색을 시작하고 '선택하기' 앞에는 조건에 따라 다음으로 건너뛰는 조건문을 추가하면 된다.

```
void backtrack(char[][] board, int i, int j) {
  int m = 9, n = 9;
  if (j == n){
    // 탐색이 마지막 열에 도달하면 다음 행에서 다시 시작
    backtrack(board, i + 1, 0);
    return;
  }

  // 해당 위치에 숫자가 미리 설정된 경우에는 신경 쓸 필요가 없음
  if (board[i][j] != '.') {
    backtrack(board, i, j + 1);
    return;
  }

  for (char ch = '1'; ch <= '9'; ch++) {
    // 유효하지 않은 숫자를 만나면 건너뛰기
    if (!isValid(board, i, j, ch))
      continue;
    // 선택하기
    board[i][j] = ch;
    // 다음 위치 탐색 시작
    backtrack(board, i, j + 1);
    // 선택 취소
    board[i][j] = '.';
  }
}

// board[i][j]에 숫자 n을 넣을 수 있을지 판단
boolean isValid(char[][] board, int r, int c, char n) {
  for (int i = 0; i < 9; i++) {
    // 행에 중복 존재 판단
    if (board[r][i] == n) return false;
```

```
    // 열에 중복 존재 판단
    if (board[i][c] == n) return false;
    // 3x3 정사각형에 중복 존재 판단
    if (board[(r/3)*3 + i/3][(c/3)*3 + i%3] == n)
      return false;
  }
  return true;
}
```

기본적인 해법은 완성되었으나 한 가지 문제가 남아 있다. 이 알고리즘에는 base case가 없으므로 재귀가 중단되지 않는다는 것이다.

언제 재귀를 종료해야 할까? r == m이면 마지막 행의 탐색이 완료되었다는 것을 의미한다. 따라서 모든 탐색을 완료하는 것이 base case이다.

또한 앞에서 언급한대로 복잡도를 줄이기 위해 backtrack 함수가 boolean을 반환하도록 한다. 사용 가능한 답은 true를 반환하여 계속되는 재귀를 방지하도록 한다. 사용 가능한 하나의 답을 찾는 것이 문제 의도이다.

최종 코드는 다음과 같이 수정하면 된다.

```
boolean backtrack(char[][] board, int i, int j) {
  int m = 9, n = 9;
  if (j == n){
    // 탐색이 마지막 열에 도달하면 다음 행에서 다시 시작
    return backtrack(board, i + 1, 0);
  }
  if (i == m){
    // 사용 가능한 답을 찾으면 base case 트리거
    return true;
  }

  if (board[i][j] != '.') {
    // 숫자가 미리 설정된 경우에는 탐색할 필요가 없음
    return backtrack(board, i, j + 1);
  }

  for (char ch = '1'; ch <= '9'; ch++) {
    // 유효하지 않은 숫자를 만나면 건너뛰기
    if (!isValid(board, i, j, ch))
      continue;

    board[i][j] = ch;
```

```
    // 가능한 답을 만나면 바로 작업을 종료
    if (backtrack(board, i, j + 1)) {
      return true;
    }
    board[i][j] = '.';
  }
  // 1~9 탐색 완료 후에도 가능한 답을 찾지 못하면
  // 앞 그리드의 숫자를 변경하여 탐색
  return false;
}

boolean isValid(char[][] board, int r, int c, char n) {
  // 윗부분 참조
}
```

이제 앞의 질문에 대해 대답할 수 있다. 왜 알고리즘은 실행되는 횟수가 상황에 따라 더 많거나 적을까? 정해진 숫자가 더 적을수록 답을 더 빨리 찾을 수 있는 이유는 무엇일까?

우리는 이미 알고리즘을 한번 구현하고 원리를 이해했다. 역추적은 1부터 시작해 각 그리드를 탐색하고 가능한 답을 찾으면 후속 재귀 탐색을 멈춘다. 따라서 무차별 탐색을 통해 답을 찾는 횟수와 임의로 생성한 보드는 상관관계가 높지만 일정하지는 않다.

주어진 수가 적을수록 제약 조건도 줄어든다. 역추적 알고리즘을 무차별 탐색과 비교했을 때 다음으로의 진행은 더 쉽고 처음부터 다시 시작하는 것은 더 어렵다. 따라서 하나의 답만 구하는 경우에는 무차별 탐색이 속도가 더 빠르다.

물론 가능한 모든 결과를 찾는 것이라면 주어진 수가 적을수록 가능한 답이 더 많아지므로 탐색의 공간이 커질수록 느려진다.

실행 횟수가 일정하지 않은데, 그렇다면 이 알고리즘의 시간 복잡도는 어떻게 될까?

시간 복잡도를 계산했을 때 최악의 경우 $O(9^M)$이 된다. M은 보드의 빈 그리드 수이다. 생각해보면 각각의 빈 그리드에 9개의 수를 무차별로 탐색하면 결과는 기하급수적으로 늘어난다.

복잡도가 매우 크지만 조금만 생각해보면 실제로는 비어 있는 모든 그리드를 9번씩 탐색하지는 않는다. 어떤 숫자는 건너뛰기도 하고 어떤 숫자는 탐색이 필요하지 않을 때도 있다. 따라서 하나의 가능한 답을 얻으면 바로 종료하므로 재귀도 멈춘다.

따라서 $O(9^M)$는 실제로 모든 상황을 탐색하거나 가능한 모든 답을 찾는 복잡도가 된다.

이제 역추적 알고리즘으로 스도쿠 문제를 해결할 수 있다. 무차별 탐색을 재귀로 진행하며 가능한 모든 채우기 방법을 사용한다. 원시적이지만 매우 유용하다. 추가로 X-Chain technique라는 더 똑똑한 알고리즘이 있으므로 관심이 있는 독자는 검색을 통해 확인해보자.

4.3 역추적 알고리즘 실전: 괄호 생성

괄호 문제는 간단하게 두 가지 유형으로 나눌 수 있다. 하나는 괄호의 유효성(5.9절에서 소개)을 판단하는 것이고 다른 하나는 유효한 괄호의 생성이다. 괄호의 유효성 판단은 주로 스택 데이터 구조를 사용하며 괄호의 생성은 보통 역추적 재귀 방법을 사용한다.

역추적 알고리즘은 이미 설명했으며 이번 절을 통해 프레임의 사용 방법을 조금 더 자세히 알아보자.

괄호 생성 문제[49]의 요구 사항은 다음과 같다.

양의 정수 n이 있을 때 n세트의 유효한 조합을 출력하는 알고리즘을 작성한다.

함수 시그니처는 다음과 같다.

```
vector<string> generateParenthesis(int n);
```

n = 3이면 출력은 다음과 같이 5개의 문자열이다.

```
"((()))", "(()())", "(())()", "()(())", "()()()"
```

괄호 문제와 관련해 다음 특성을 기억하면 쉽게 방법을 찾을 수 있다.

1. 유효한 괄호 조합에서 왼쪽 괄호(여는 괄호)의 수는 오른쪽 괄호(닫는 괄호)의 수와 같아야 한다.
2. 유효한 괄호 문자열의 조합 p는 0 <= i < len(p)에 존재해야 한다. 하부 문자열 p[0..i]에서 왼쪽 괄호의 수는 오른쪽 괄호의 수보다 크거나 같다.

첫 번째 특성은 명확하지만 두 번째 특성은 발견하기가 쉽지 않다. 그러나 조금만 생각해보면 이해하기 쉽다. 왼쪽에서부터 오른쪽으로 수를 헤아리므로 왼쪽의 괄호가 더 많다. 좌우의 괄호 수가 같아지면 괄호의 조합이 유효한 것을 알 수 있다.

---

49 [옮긴이] https://leetcode.com/problems/generate-parentheses/

반대로 괄호의 조합이))((이면 앞의 하부 문자열의 오른쪽 괄호가 왼쪽보다 더 많으므로 유효한 조합이 아니다. 다음에서 역추적 알고리즘 프레임을 연습해보자.

❶ 역추적 방법

유효한 괄호의 특성을 이해했다. 이제 어떻게 이 문제를 역추적 알고리즘과 연관시킬 수 있을까?

알고리즘에 정수 n을 입력하면 n세트의 괄호를 구성할 수 있는 유효한 조합의 수를 계산할 수 있으며 다음과 같이 문제를 변경할 수 있다.

2n개의 위치가 있을 때 각 위치에는 (또는) 문자를 배치할 수 있다. 모든 괄호 조합에서 유효한 것은 몇 개일까?

이 명제와 문제의 의미는 완전히 동일하다. 따라서 먼저 2^{2n}개의 조합을 모두 구하는 방법을 생각해보고, 앞에서 정리한 유효 괄호 조합의 특성에 따라 유효한 조합을 고르면 완성된다.

모든 조합을 얻는 방법은 무엇일까? 표준 무차별 탐색 역추적 프레임을 사용하면 되며 **1.3절**에서 정리했다.

```
result = []
def backtrack( 경로, 선택 리스트 ):
  if 종료 조건 만족:
    result.add( 경로 )
    return

  for 선택 in 선택 리스트:
    선택하기
    backtrack( 경로 , 선택 리스트 )
    선택 취소
```

그렇다면 모든 괄호 조합을 프린트하는 방법은 무엇일까? 프레임을 사용하면 된다. 의사 코드는 다음과 같다.

```
void backtrack(int n, int i, string& track) {
  // i는 현재 위치를 의미. 총 2n개의 위치
  // 마지막 위치까지 무차별 탐색. 길이 2n의 조합을 얻음
  if (i == 2 * n) {
    print(track);
    return;
  }
```

```
    // 각 위치는 왼쪽 괄호 또는 오른쪽 괄호 중 선택
    for choice in ['(', ')'] {
        // 선택하기
        track.push(choice);
        // 다음 위치 탐색
        backtrack(n, i + 1, track);
        // 선택 취소
        track.pop(choice);
    }
}
```

이제 모든 괄호 조합을 프린트할 수 있다. 이 중에서 유효한 괄호 조합을 선택하는 방법은 무엇일까? 매우 간단하다. 앞에서 설명한 두 가지 규칙에 따라 몇 가지 조건을 추가하여 가지치기를 진행하면 된다.

2n개의 위치에는 반드시 n개의 왼쪽 괄호와 n개의 오른쪽 괄호가 있어야 한다. 따라서 단순히 탐색 위치 i를 기록하는 것이 아니라 사용할 수 있는 왼쪽 괄호를 left로 기록하고, 사용할 수 있는 오른쪽 괄호를 right로 기록한다. 이렇게 하면 유효한 괄호 규칙으로 선택할 수 있다.

```
/* 주함수 */
vector<string> generateParenthesis(int n) {
    if (n == 0) return {};
    // 유효한 모든 괄호 조합 기록
    vector<string> res;
    // 역추적 과정의 경로
    string track;
    // 사용 가능한 왼쪽 괄호와 오른쪽 괄호의 수를 n으로 초기화
    backtrack(n, n, track, res);
    return res;
}

/* 사용 가능한 왼쪽 괄호 수를 left, 사용 가능한 오른쪽 괄호 수를 right */
void backtrack(
    int left, int right, string& track, vector<string>& res) {
    // 수가 0보다 작으면 유효하지 않음
    if (left < 0 || right < 0) return;
    // 왼쪽 괄호가 남으면 유효하지 않음을 의미
    if (right < left) return;
    // 모든 괄호를 사용하면 유효한 괄호 조합을 얻음
    if (left == 0 && right == 0) {
        res.push_back(track);
        return;
```

```
    }

    // 왼쪽 괄호를 하나 추가
    track.push_back('('); // 선택
    backtrack(left - 1, right, track, res);
    track.pop_back(); // 선택 취소

    // 오른쪽 괄호를 하나 추가
    track.push_back(')'); // 선택
    backtrack(left, right - 1, track, res);
    track.pop_back(); // 선택 취소
}
```

이렇게 하면 알고리즘이 완성된다. 알고리즘 복잡도는 얼마나 될까? 분석이 조금 어렵지만, 시간 복잡도 계산은 다음과 같다.

재귀 횟수 × 재귀 함수의 시간 복잡도

backtrack이 재귀 함수이며 for 루프 코드가 없으므로 재귀 함수 자체의 시간 복잡도는 $O(1)$이다. 중요한 것은 이 함수의 재귀 횟수이다. n이 주어졌을 때 backtrack 함수의 재귀는 몇 번 호출될까?

앞에서 동적 계획법 알고리즘의 재귀 횟수를 분석했으며 주로 '상태'의 수에 따라 달라졌다. 역추적 알고리즘과 동적 계획법은 본질적으로 모두 무차별 탐색이다. 동적 계획법에는 최적화가 가능한 중첩 하위 문제가 존재하지만, 역추적 알고리즘에는 존재하지 않는다.

따라서 '상태'의 개념을 여기서도 사용할 수 있다. backtrack 함수에는 left, right, track의 세 가지 상태가 있으며 세 변수의 모든 조합의 수가 backtrack 함수의 상태의 수(호출 횟수)이다.

left와 right 조합은 다루기 쉬우며 두 값은 0~n의 범위에 있고 조합의 종류는 n^2가지이다. track의 길이는 0~2n의 범위 내에 있지만 각 길이마다 매우 많은 괄호 조합이 있으므로 계산하기 쉽지 않다.

알고리즘의 복잡도는 기하급수적으로 늘어나므로 계산하기가 쉽지 않다. 따라서 추가적인 설명은 생략하도록 하겠으며 관심 있는 독자는 카탈랑 수Catalan number와 관련된 부분을 검색해보면 복잡도의 계산 방법을 확인할 수 있다.

4.4 BFS 알고리즘 무차별 탐색으로 퍼즐 문제 풀기

슬라이딩 퍼즐을 해본 적이 있을 것이다. 다음은 4 × 4 슬라이딩 퍼즐이다.

퍼즐에서는 그리드 하나가 비어 있으며 이 빈 그리드를 사용해 다른 숫자를 이동할 수 있다. 숫자의 이동을 통해 특정 배열의 순서를 만들고 퍼즐을 완성할 수 있다.

중국의 〈삼국화용도〉 퍼즐 게임도 이 슬라이딩 퍼즐과 비슷하다.

이 퍼즐은 어떻게 푸는 것일까? 큐브 퍼즐의 공식과 같이 여기도 풀이 비법이 있다. 그러나 이번 절에서는 해법 연구가 아니라 무차별 탐색 알고리즘을 사용하고 배운 내용을 적용하여 BFS 알고리즘 프레임으로 빠르게 퍼즐을 풀어보자.

4.4.1 문제 해석

슬라이딩 퍼즐 문제[50]를 확인해보자.

2 × 3 슬라이딩 퍼즐을 2 × 3 배열의 board로 표현한다. 퍼즐에는 0~5까지의 숫자가 있으며 0은 빈 그리드를 나타낸다. 숫자를 이동할 수 있으며 board가 [[1,2,3],[4,5,0]]이 되면 퍼즐이 완성된다.

퍼즐을 완성하는데 필요한 최소 이동 수를 계산하고, 완성할 수 없는 경우 -1을 반환하는 알고리즘을 작성해보자.

예를 들어 2차 배열 board = [[4,1,2],[5,0,3]]이 있을 때 알고리즘은 5를 반환한다.

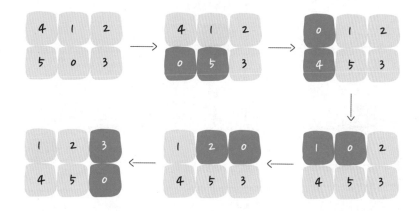

board = [[1,2,3],[5,0,4]]일 때 알고리즘은 -1을 반환한다. 이 상황에서는 완성할 방법이 없기 때문이다.

4.4.2 아이디어 분석

최소 단계 수를 계산하는 문제는 BFS 알고리즘을 생각해야 한다.

이 문제는 BFS 알고리즘으로 변환하는 몇 가지 기법이 있으며 다음과 같은 고려 사항이 있다.

---

50 [옮긴이] https://leetcode.com/problems/sliding-puzzle/

1. 일반적인 BFS 알고리즘은 start에서 시작해 target을 찾지만 퍼즐 문제는 계속 숫자를 교환하는 것이다. 이 문제를 어떻게 BFS 알고리즘 문제로 변환할 수 있을까?

2. 이 문제를 BFS 문제로 변환할 수 있다고 해도 start와 target을 어떻게 처리할까? 배열을 큐에 넣고 BFS 프레임을 사용하는 것은 번거롭고 비효율적이다.

첫 번째 문제는 BFS 알고리즘은 경로를 찾는 알고리즘이 아니라 무차별 탐색 알고리즘이다. 따라서 무차별 탐색이 필요한 문제라면 BFS를 사용하여 빠르게 답을 찾을 수 있다.

컴퓨터가 문제를 해결하는 방법을 생각해보자. 다른 방법이 있는 것이 아니라 기본적으로는 모든 방법을 무차별 탐색하여 최선의 답을 찾는 것이다.

이 사실을 이해하면 문제는 board에서 파생될 수 있는 모든 상황을 탐색하는 것이다. 이는 간단하다. 0의 위치를 상하좌우의 숫자와 교환하는 것이다.

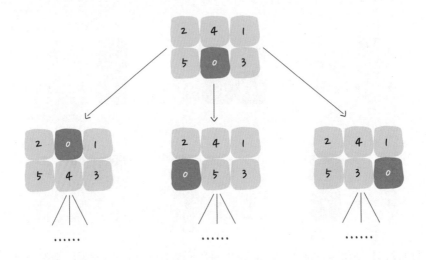

이것은 사실 BFS 문제다. 매번 숫자 0을 찾아 주위의 숫자와 교환하고 새로운 상황을 만들어 큐에 추가한다. 처음으로 target에 도달했을 때 완성까지의 최소 단계 수를 가져오면 된다.

두 번째 문제로 board는 2 × 3의 2차 배열이므로 1차 문자열로 압축할 수 있다. 2차 배열은 상하좌우의 개념이므로 압축 후에는 어떻게 상하좌우의 인덱스를 가져올까?

매우 간단하다. 수동으로 매핑을 진행하면 된다.

```
vector<vector<int>> neighbor = {
  {1,3},
  {0,4,2},
  {1,5},
  {0,4},
  {3,1,5},
  {4,2}
};
```

1차 문자열의 인덱스 i는 2차 배열에서 인접 인덱스 neighbor[i]가 된다.

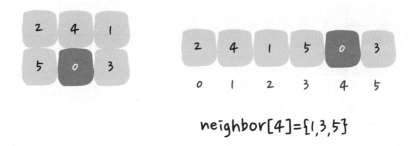

neighbor[4]={1,3,5}

위 그림에서 숫자 0은 1차 배열의 인덱스가 4이다. 1차 배열에서 인접 숫자의 인덱스는 neighbor[4]= {3,1,5}이며 대응하는 숫자는 5, 4, 3으로 2차 배열에서 0에 인접한 숫자이다. 이것으로 이 문제는 완전하게 표준 BFS 문제로 변형되었으며 **1.4절**의 코드를 통해 직접 해법 코드를 작성할 수 있다.

```
int slidingPuzzle(vector<vector<int>>& board) {
  int m = 2, n = 3;
  string start = "";
  string target = "123450";
  // 2x3의 배열을 문자열로 변환
  for (int i = 0; i < m; i++) {
    for (int j = 0; j < n; j++) {
      start.push_back(board[i][j] + '0');
    }
  }
  // 1차 문자열의 인접 인덱스
  vector<vector<int>> neighbor = {
    {1,3},
    {0,4,2},
    {1,5},
    {0,4},
    {3,1,5},
    {4,2}
  };
```

```
/******* BFS 알고리즘 프레임 시작 *******/
queue<string> q;
unordered_set<string> visited;
q.push(start);
visited.insert(start);

int step = 0;
while (!q.empty()) {
  int sz = q.size();
  for (int i = 0; i < sz; i++) {
    string cur = q.front(); q.pop();
    // 목표 도달 여부 판단
    if (target == cur) {
      return step;
    }
    // 숫자 0의 인덱스 탐색
    int idx = 0;
    for (; cur[idx] ! = '0'; idx++);
    // 숫자 0과 인접 숫자의 위치 교환
    for (int adj : neighbor[idx]) {
      string new_board = cur;
      swap(new_board[adj], new_board[idx]);
      // 확인한 부분의 재확인 방지
      if (!visited.count(new_board)) {
        q.push(new_board);
        visited.insert(new_board);
      }
    }
  }
  step++;
}
return -1;
/******* BFS 알고리즘 프레임 종료 *******/
}
```

이것으로 문제가 해결되었다. 사실 프레임은 전혀 바뀌지 않았고 방법도 동일하다. 슬라이딩 퍼즐을
BFS 알고리즘으로 변환하는데 시간이 많이 걸렸을 뿐이다.

많은 퍼즐이 특별한 기법이 필요한 것처럼 보이지만 무차별 탐색으로 대부분 해결할 수 있다. 일반적
으로 역추적 알고리즘 또는 BFS 알고리즘을 사용하며 평소에 어떻게 이런 문제를 해결할 수 있을지
생각해보면 좋다.

4.5 2Sum 문제의 핵심 아이디어

2Sum 종류의 문제는 LeetCode에 여러 가지가 있다. 이번 절에서는 대표적인 문제를 몇 가지만 골라 해결하는 방법을 소개한다.

4.5.1 2Sum I

2Sum 문제[51]의 기본 형식은 다음과 같다.

nums 배열과 정수 target이 있을 때 nums 배열의 두 요소 합이 target인 두 인덱스를 반환한다.

예를 들어 nums = [3,1,3,6], target = 6일 때, 3 + 3 = 6이므로 알고리즘은 [0,2]를 반환한다. 이 문제를 어떻게 해결할까? 먼저 가장 간단한 방법은 무차별 탐색이다.

```java
int[] twoSum(int[] nums, int target) {
  // 두 수의 가능한 모든 방법을 탐색
  for (int i = 0; i < nums.length; i++)
    for (int j = i + 1; j < nums.length; j++)
      if (nums[j] == target - nums[i])
        return new int[] { i, j };

  // 해당하는 두 수가 존재하지 않을 때
  return new int[] {-1, -1};
}
```

이 해법은 아주 직관적이며 시간 복잡도는 $O(N^2)$, 공간 복잡도는 $O(1)$이다.

시간 복잡도를 줄이려면 기본적인 방법은 공간을 시간과 교환하는 것이다. 해시 테이블에 요소의 값과 인덱스를 매핑하여 기록하면 시간 복잡도를 줄일 수 있다.

```java
int[] twoSum(int[] nums, int target) {
  int n = nums.length;
  HashMap<Integer, Integer> index = new HashMap<>();
  // 해시 테이블 구성. 요소를 해당 인덱스에 매핑
  for (int i = 0; i < n; i++)
    index.put(nums[i], i);

  for (int i = 0; i < n; i++) {
    int other = target - nums[i];
```

---

51 [옮긴이] https://leetcode.com/problems/two-sum/

```
    // 만약 other가 존재하고 nums[i] 자체가 아닌 경우
    if (index.containsKey(other) && index.get(other) != i)
      return new int[] {i, index.get(other)};
  }

  return new int[] {-1, -1};
}
```

이렇게 하면 해시 테이블의 쿼리 시간이 $O(1)$이므로 알고리즘의 시간 복잡도는 $O(N)$으로 줄어들지만 해시 테이블을 저장하기 위해서는 $O(N)$의 공간 복잡도가 필요하게 된다. 그러나 전체적으로 보면 무차별 탐색 방법보다 효율이 좋다.

2Sum 종류의 문제는 해시 테이블을 사용해 문제를 해결하는 방법을 알려주기 위한 것이라고 생각한다. 계속 확인해보자.

4.5.2 2Sum II

다음은 앞의 문제를 약간 수정한 것으로 두 개의 API를 갖는 클래스이다.

```
class TwoSum {
  // 데이터 구조에 number 추가
  public void add(int number);
  // 현재 데이터 구조에서 두 수의 합 존재 여부 확인 value
  public boolean find(int value);
}
```

두 API를 어떻게 구현할까? 앞의 문제를 참고하여 해시 테이블을 find 메서드에 사용하여 구현할 수 있다.

```
class TwoSum {
  Map<Integer, Integer> freq = new HashMap<>();

  public void add(int number) {
    // number 발생 횟수 기록
    freq.put(number, freq.getOrDefault(number, 0) + 1);
  }

  public boolean find(int value) {
    for (Integer key : freq.keySet()) {
      int other = value - key;
      // 상황 1
```

```
      if (other == key && freq.get(key) > 1)
        return true;
      // 상황 2
      if (other != key && freq.containsKey(other))
        return true;
    }
    return false;
  }
}
```

find는 다음의 예와 같이 두 가지 상황이 발생할 수 있다.

상황 1: [3, 3, 2, 5]를 add한 후 find(6)을 실행하면 3이 두 번 존재하므로 3 + 3 = 6이 된다. 따라서 true를 반환한다.

상황 2: [3, 3, 2, 5]를 add한 후 find(7)을 실행하면 key가 2, other가 5일 때 알고리즘은 true를 반환한다.

위의 두 상황을 제외하면 find는 false를 반환한다.

이 해답의 시간 복잡도를 살펴보면 add 메서드는 $O(1)$, find 메서드는 $O(N)$, 공간 복잡도는 $O(N)$로 앞의 문제와 비슷하다.

이 클래스는 find 메서드를 매우 자주 사용하므로 매번 $O(N)$의 시간이 걸리는 것은 큰 시간 낭비이다. 이를 최적화할 수 없을까?

find 메서드가 자주 사용되는 상황이므로 해시 집합을 사용하여 find 메서드를 최적화할 수 있다.

```java
class TwoSum {
  Set<Integer> sum = new HashSet<>();
  List<Integer> nums = new ArrayList<>();

  public void add(int number) {
    // 가능한 모든 조합의 합을 기록
    for (int n : nums)
      sum.add(n + number);
    nums.add(number);
  }

  public boolean find(int value) {
    return sum.contains(value);
  }
}
```

이와 같이 sum에 모든 조합의 합을 저장한다. find는 집합 내 존재 여부 판단에 $O(1)$의 시간을 매번 소요하며 이에 따른 비용은 명확하다. 최악의 상황에서 add 후 sum의 크기는 두 배가 되므로 공간 복잡도는 $O(2^N)$이 된다.

따라서 데이터의 크기가 아주 작은 경우를 제외하고는 이 최적화를 수행하지 않는 것이 좋다. 기하급수적으로 증가하는 복잡도는 가능한 피해야 한다.

4.5.3 마무리

2Sum 문제에 대해 어려운 점은 배열이 정렬되어 있지 않다는 것이다. 정렬되지 않은 배열에 대해선 다른 기법 없이 무차별 대입을 통해 진행한다.

일반적인 상황에서는 먼저 배열을 정렬하고 투 포인터를 생각해볼 수 있다. 2Sum은 HashMap 또는 HashSet을 사용하면 정렬되지 않은 배열과 관련한 문제를 처리하는데 도움이 될 수 있다는 것을 알려준다.

또한 설계의 핵심은 절충에 있으며 다른 데이터 구조를 사용해서 목표하는 결과를 더욱 향상시킬 수 있다. 마지막으로 2Sum에 주어진 배열이 정렬되어 있으면 어떻게 알고리즘을 작성해야 할까?

답은 간단하다.

```
int[] twoSum(int[] nums, int target) {
  int left = 0, right = nums.length - 1;
  while (left < right) {
    int sum = nums[left] + nums[right];
    if (sum == target) {
      return new int[]{left, right};
    } else if (sum < target) {
      left++; // sum 1증가
    } else if (sum > target) {
      right--; // sum 1 감소
    }
  }
  // 해당하는 두 수가 존재하지 않을 때
  return new int[]{-1, -1};
}
```

4.6 nSum 문제를 해결하는 함수

LeetCode를 자주 사용하는 독자는 유명한 2Sum 문제를 알고 있을 것이다. 앞의 4.5절에서 2Sum의 변형을 몇 가지 알아보았다.

그러나 2Sum 문제 이외에도 LeetCode에는 3Sum, 4Sum 문제가 있으며 5Sum, 6Sum도 나올 것 같다.

그렇다면 이런 문제를 해결할 수 있는 좋은 방법은 없을까? 이번 절에서는 조금 더 깊이 들어가서 하나의 함수로 모든 nSum 유형의 문제를 해결하는 방법을 알아보자.

4.6.1 2Sum 문제

이번 절에서는 2Sum 문제를 만들어보자.

nums 배열과 목표 값의 합 target이 있을 때 nums에서 두 합이 target이 되는 요소를 반환하도록 하자. 예를 들어 nums = [1,3,5,6], target = 9일 때 알고리즘은 두 요소 [3,6]을 반환한다. target을 구성할 수 있는 요소는 한 세트라고 가정한다.

먼저 nums를 정렬하고 **1.5절**에서 언급한 좌, 우의 투 포인터를 사용하여 양 끝에서 서로를 향해 움직인다.

```cpp
vector<int> twoSum(vector<int>& nums, int target) {
  // 먼저 배열을 정렬
  sort(nums.begin(), nums.end());
  // 좌,우 포인터
  int lo = 0, hi = nums.size() - 1;
  while (lo < hi) {
    int sum = nums[lo] + nums[hi];
    // sum과 target을 비교하여 좌, 우 포인터 이동
    if (sum < target) {
      lo++;
    } else if (sum > target) {
      hi--;
    } else if (sum == target) {
      return {nums[lo], nums[hi]};
    }
  }
  return {};
}
```

이렇게 하면 문제가 해결되지만 조금 더 확장하고 일반화하여 문제를 조금 더 어렵게 만들어보자.

nums에 합이 **target**과 같은 세트가 여러 개 있을 수 있다. 따라서 합이 **target**이 되는 모든 요소 중 중복을 제외한 세트를 반환해보자.

함수 시그니처는 다음과 같다.

```cpp
vector<vector<int>> twoSumTarget(vector<int>& nums, int target);
```

예를 들어 nums = [1,3,1,2,2,3], target = 4일 때 알고리즘은 [[1,3],[2,2]]을 반환한다.

수정된 문제는 두 수의 합이 **target**인 세트가 여러 개 있을 수 있으나 중복은 불가능하다. 예를 들어 [1,3]과 [3,1]은 중복이므로 한 번만 계산해야 한다.

먼저 기본 아이디어는 정렬과 투 포인터다.

```cpp
vector<vector<int>> twoSumTarget(vector<int>& nums, int target) {
  // 먼저 배열을 정렬
  sort(nums.begin(), nums.end());
  vector<vector<int>> res;
  int lo = 0, hi = nums.size() - 1;
  while (lo < hi) {
    int sum = nums[lo] + nums[hi];
    // sum과 target을 비교하여 좌, 우 포인터 이동
    if (sum < target) lo++;
    else if (sum > target) hi--;
    else {
      res.push_back({lo, hi});
      lo++; hi--;
    }
  }
  return res;
}
```

그러나 이렇게 구현하면 nums = [1,1,1,2,2,3,3], target = 4일 때 [1,3]의 결과가 중복된다.

문제는 sum == target인 if 문에서 발생하므로 res에 결과를 추가하고 lo와 hi을 1씩 변경하면서 중복되는 모든 요소를 건너뛰어야 한다.

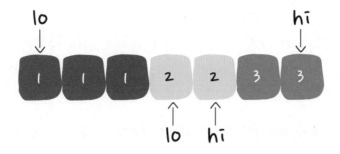

따라서 투 포인터의 while 반복문을 다음과 같이 수정할 수 있다.

```cpp
while (lo < hi) {
  int sum = nums[lo] + nums[hi];
  // 인덱스 lo와 hi의 초기 대응 값을 기록
  int left = nums[lo], right = nums[hi];
  if (sum < target) lo++;
  else if (sum > target) hi--;
  else {
    res.push_back({left, right});
    // 모든 중복 요소 건너뛰기
    while (lo < hi && nums[lo] == left) lo++;
    while (lo < hi && nums[hi] == right) hi--;
  }
}
```

이렇게 하면 답은 한 번만 추가되고 중복은 건너뛸 수 있어 정확한 답을 얻을 수 있다. 이 아이디어를 통해 앞의 두 if 문도 같은 요소를 건너뛰도록 최적화를 진행할 수 있다.

```cpp
vector<vector<int>> twoSumTarget(vector<int>& nums, int target) {
  // nums 배열 정렬 필요
  sort(nums.begin(), nums.end());
  int lo = 0, hi = nums.size() - 1;
  vector<vector<int>> res;
  while (lo < hi) {
    int sum = nums[lo] + nums[hi];
    int left = nums[lo], right = nums[hi];
    if (sum < target) {
      while (lo < hi && nums[lo] == left) lo++;
    } else if (sum > target) {
      while (lo < hi && nums[hi] == right) hi--;
    } else {
      res.push_back({left, right});
```

```
        while (lo < hi && nums[lo] == left) lo++;
        while (lo < hi && nums[hi] == right) hi--;
      }
    }
    return res;
}
```

이것으로 2Sum 함수가 완성되었으며 알고리즘의 로직을 이해했는지 확인해보자. 뒤의 3Sum과 4Sum에서 다시 이 함수를 사용한다.

이 함수의 시간 복잡도는 간단하게 확인할 수 있다. 투 포인터 연산에는 while 반복문이 많지만 시간 복잡도는 $O(N)$이며 정렬의 시간 복잡도는 $O(N \log N)$이다. 따라서 이 함수의 시간 복잡도는 $O(N \log N)$이다.

4.6.2 3Sum 문제

nums 배열이 있을 때 세 요소 a + b + c = 0이 되는 요소의 존재 여부를 판단해보자. 존재 시 중복을 제외하고 만족하는 조건을 모두 찾아보자.

예를 들어 nums = [-1,0,1,2,-1,-4]일 때 알고리즘은 [[-1,0,1],[-1,-1,2]]를 반환한다. 참고로 결과는 중복이 포함될 수 없다.

3Sum 문제[52]의 함수 시그니처는 다음과 같다.

```
vector<vector<int>> threeSum(vector<int>& nums);
```

문제를 일반화하려면 합이 0인 세 요소를 계산하는 것이 아니라 간단하게 합이 target인 요소를 계산하면 된다. 보조함수를 작성하고 매개변수로 target을 사용하자.

```
vector<vector<int>> threeSum(vector<int>& nums) {
  // 합이 0인 세 요소 구하기
  return threeSumTarget(nums, 0);
}

vector<vector<int>> threeSumTarget(vector<int>& nums, int target) {
  // 배열 nums를 입력하고 합이 target인 세 요소를 반환
}
```

---

52 [옮긴이] https://leetcode.com/problems/3sum/

이 문제를 어떻게 해결할까? 간단하게 무차별 탐색을 진행할 수 있다. 합이 target인 세 숫자를 찾아야 한다. 첫 번째 숫자는 무엇이 가능할까? nums의 각 요소 nums[i]가 모두 가능하다.

첫 번째 숫자가 정해지면 가능한 남은 두 숫자는 무엇일까? 사실 합이 target - nums[i]인 두 숫자는 twoSumTarget 함수를 통해 해결할 수 있다.

twoSumTarget 함수를 조금만 수정하면 재사용할 수 있다.

```cpp
/* nums[start]에서 시작해 배열 정렬 계산
 * nums에서 합이 target이 되는 두 요소 */
vector<vector<int>> twoSumTarget(
  vector<int>& nums, int start, int target) {
  // 왼쪽 포인터를 start부터 시작하도록 변경, 나머지는 변경하지 않음
  int lo = start, hi = nums.size() - 1;
  vector<vector<int>> res;
  while (lo < hi) {
    ...
  }
  return res;
}

/* nums 배열에서 합이 target이 되는 세 요소 */
vector<vector<int>> threeSumTarget(vector<int>& nums, int target) {
  // 배열 정렬
  sort(nums.begin(), nums.end());
  int n = nums.size();
  vector<vector<int>> res;
  // threeSum의 첫 번째 수 무차별 탐색
  for (int i = 0; i < n; i++) {
    // target - nums[i]의 twoSum 계산
    vector<vector<int>>
      tuples = twoSumTarget(nums, i + 1, target - nums[i]);
    // 조건을 만족하는 두 요소가 있을 때 nums[i]에 추가하면 세 요소가 됨
    for (vector<int>& tuple : tuples) {
      tuple.push_back(nums[i]);
      res.push_back(tuple);
    }
    // 첫 번째 숫자의 반복을 건너뛰지 않으면 중복 결과가 발생
    while (i < n - 1 &&nums[i] == nums[i + 1])i++;
  }
  return res;
}
```

twoSumTarget과 같이 threeSumTarget의 결과도 중복이 발생할 수 있으므로 주의해야 한다. 예를 들어 nums = [1,1,1,2,3], target = 6일 때 결과가 중복될 수 있다.

핵심은 첫 번째 숫자가 중복되지 않는 것이다. 뒤의 두 수는 twoSumTarget 함수에 의해 중복이 발생하지 않기 때문이다. 따라서 코드에서는 while 문을 사용해 threeSumTarget에서 첫 번째 요소의 중복이 발생하지 않도록 한다.

이것으로 3Sum 문제는 해결되었으며 시간 복잡도 계산은 어렵지 않다. 정렬의 복잡도는 $O(N\log N)$, twoSumTarget 함수의 투 포인터 작업은 $O(N)$, 그리고 threeSumTarget 함수는 for 문에서 twoSumTarget 함수를 호출하므로 총 시간 복잡도는 $O(N\log N + N^2) = O(N^2)$이다.

4.6.3 4Sum 문제

4Sum 문제[53]는 앞의 문제와 유사하다.

nums 배열과 목푯값인 target이 있을 때, nums에서 요소의 합이 target이 되며 중복되지 않는 4개의 요소 a, b, c, d를 찾아보자.

예를 들면 nums = [-1,0,1,2,-1,-4], target = 0일 때 알고리즘은 다음의 결과를 반환한다.

```
[ [-1,0,0,1], [-2,-1,1,2], [-2,0,0,2]]
```

함수 시그니처는 다음과 같다.

```cpp
vector<vector<int>> fourSum(vector<int>& nums, int target);
```

이제 4Sum 문제는 위와 같은 방식으로 해결할 수 있다. 첫 번째 숫자를 탐색하고 3Sum 함수로 나머지 세 숫자를 계산하여 합이 target이 되는 요소를 결합한다.

```cpp
vector<vector<int>> fourSum(vector<int>& nums, int target) {
    // 배열 정렬 필요
    sort(nums.begin(), nums.end());
    int n = nums.size();
    vector<vector<int>> res;
    // fourSum 첫 번째 수 탐색
```

---

53 [옮긴이] https://leetcode.com/problems/4sum/

```
  for (int i = 0; i < n; i++) {
    // target - nums[i]의 threeSum 계산
    vector<vector<int>>
      triples = threeSumTarget(nums, i + 1, target - nums[i]);
    // 조건을 만족하는 세 요소가 있을 때 nums[i]에 추가하면 네 요소가 됨
    for (vector<int>& triple : triples) {
      triple.push_back(nums[i]);
      res.push_back(triple);
    }
    // fourSum의 첫 번째 수는 중복되지 않도록 함
    while (i < n - 1 && nums[i]== nums[i + 1]) i++;
  }
  return res;
}

/* nums[start]부터 시작하여 배열 정렬 계산
 * nums에서 합이 target인 세 요소 */
vector<vector<int>>
  threeSumTarget(vector<int>& nums, int start, int target) {
    int n = nums.size();
    vector<vector<int>> res;
    // i는 start부터 탐색 시작, 나머지는 변경하지 않음
    for (int i = start; i < n; i++) {
      ...
    }
    return res;
```

앞의 문제와 같은 방식으로 4Sum 문제가 해결되었으며 시간 복잡도 계산도 앞의 문제와 유사하다. for문에서 threeSumTarget 함수를 호출하므로 전체 시간 복잡도는 $O(N^3)$이다.

4.6.4 100Sum 문제

일부 플랫폼에서는 4Sum 문제를 사용하지 않지만 앞의 문제를 생각해보면 3Sum과 4Sum의 풀이 과정은 같은 패턴을 따른다. 4Sum 함수를 수정하여 5Sum 문제를 해결할 수 있으며 같은 방식으로 6Sum, 7Sum 문제를 풀 수 있다.

그렇다면 100Sum 문제는 어떨까? 위의 해법을 살펴보면 nSum 함수를 하나로 통합할 수 있다.

```
/* 참고: 함수 호출 전 nums 배열 정렬 필요 */
vector<vector<int>> nSumTarget(
  vector<int>& nums, int n, int start, int target) {

  int sz = nums.size();
```

```
  vector<vector<int>> res;
  // 최소 2Sum, 배열의 크기는 n보다 작을 수 없음
  if (n < 2 || sz < n) return res;
  // 2Sum은 base case
  if (n == 2) {
    // 투 포인터 작업
    int lo = start, hi = sz - 1;
    while (lo < hi) {
      int sum = nums[lo] + nums[hi];
      int left = nums[lo], right = nums[hi];
      if (sum < target) {
        while (lo < hi && nums[lo] == left) lo++;
      } else if (sum > target) {
        while (lo < hi && nums[hi] == right) hi--;
      } else {
        res.push_back({left, right});
        while (lo < hi && nums[lo] == left) lo++;
        while (lo < hi && nums[hi] == right) hi--;
      }
    }
  } else {
    // n > 2일 때 (n-1)Sum 결과를 재귀로 계산
    for (int i = start; i < sz; i++) {
      vector<vector<int>>
        sub = nSumTarget(nums, n - 1, i + 1, target - nums[i]);
      for (vector<int>& arr : sub) {
        // (n-1)Sum을 nums[i]에 추가하면 nSum
        arr.push_back(nums[i]);
        res.push_back(arr);
      }
      while (i < sz - 1 && nums[i] == nums[i + 1]) i++;
    }
  }
  return res;
}
```

매우 길어 보이지만 사실은 앞의 해법의 조합이다. n == 2일 때는 twoSum의 투 포인터 해법이며 n >
2일 때는 첫 번째 숫자를 탐색하고 재귀로 (n-1)Sum을 계산하여 답을 조합한다.

주의할 점은 nSum은 재귀 함수이므로 호출하기 전에 nums 배열을 정렬해야 하며 nSum 함수 내부에
서 정렬 함수를 호출하면 불필요한 정렬을 매번 진행하게 되므로 효율성이 낮아진다.

예로 앞에서 논의한 4Sum 문제의 해법 코드를 작성해보자.

```
vector<vector<int>> fourSum(vector<int>& nums, int target) {
  sort(nums.begin(), nums.end());
  // n은 4, nums[0]부터 시작하여 합이 target이 되는 네 요소
  return nSumTarget(nums, 4, 0, target);
}
```

또 다른 예로 앞에서 논의한 3Sum 문제를 작성하고 `target == 0`인 세 요소를 찾아보자.

```
vector<vector<int>> threeSum(vector<int>& nums) {
  sort(nums.begin(), nums.end());
  // n은 3, nums[0]부터 시작해 합이 0이 되는 세 요소
  return nSumTarget(nums, 3, 0, 0);
}
```

따라서 100Sum 문제는 이 함수를 호출하면 된다.

4.7 복잡한 문제 분해하기: 계산기 구현

표현식 값 찾기 알고리즘은 Hard 난이도 문제로 이번 절에서 다룰 것이다. 다음의 기능을 포함하는 계산기를 구현해보자.

1. + - * /, 숫자, 괄호, 공백을 포함하는 문자열을 입력하면 알고리즘이 연산 결과를 반환한다.
2. 연산 규칙을 준수하기 위해 괄호의 우선순위를 제일 높게 하고, 곱하기/나누기 연산을 먼저 진행하고 더하기/빼기를 연산한다.
3. 나눗셈은 정수로 하여 음수와 양수에 관계없이 0으로 반올림한다(5/2 = 2, -5/2 = -2).
4. 입력 수식은 유효해야 하며 정수의 오버플로가 발생하지 않고 0으로 나누는 예외가 발생하지 않는다고 가정한다.

예를 들어 다음과 같은 문자열을 입력하면 알고리즘은 9를 반환한다.

```
3 * (2-6 /(3 -7))
```

일상생활에서 사용하는 계산기와 매우 유사한 것을 알 수 있다. 누구나 계산기를 사용해본 경험이 있겠지만 알고리즘에 대해 생각해보면 놀랄 수도 있다.

1. 괄호를 처리하려면 먼저 가장 안쪽의 괄호를 처리하고 천천히 바깥쪽으로 줄여나간다. 이 과정은 실수하기 쉽다.

2. 어린이에게 곱셈/나눗셈과 덧셈/뺄셈의 연산 순서를 가르치는 것은 쉽지만 컴퓨터에게 가르치는 것은 어려울 수 있다.

3. 공백을 처리해야 한다. 깔끔함을 위해 습관적으로 숫자와 연산 기호 사이에 공백을 삽입하지만, 계산에서는 이 공백을 무시할 수 있는 방법을 찾아야 한다.

이번 절에서는 앞에서 언급한 기능을 모두 포함하는 계산기를 구현할 것이다. 핵심은 문제를 단계별로 분해하고 조각으로 나누어 하나씩 해결하는 것이다. 이러한 사고방식은 복잡한 문제를 해결하는데 도움이 된다.

가장 간단한 문제부터 시작해보자.

4.7.1 문자열을 정수로 변환

아주 간단한 문제다. 먼저 문자열 형식의 양의 정수를 int 형으로 변환하는 방법을 알아보자.

```
string s = "458";
int n = 0;
for (int i = 0; i < s.size(); i++){
  char c = s[i];
  n = 10 * n + (c-'0');
}
// n은 458과 같음
```

이것은 간단하고 오래된 방법이다. 그러나 여전히 함정이 있다. (c - '0')의 괄호는 생략할 수 없으며 생략하게 되면 정수의 오버플로가 발생할 수 있다.

char 유형의 변수 c는 ASCII 코드이므로 하나의 숫자이다. 따라서 괄호를 추가하지 않으면 먼저 덧셈이 진행된 뒤 뺄셈이 진행된다. s가 INT_MAX에 가까워지면 오버플로가 발생하므로 괄호를 사용해 먼저 빼기 연산을 진행하고 더하기 연산을 진행해야 한다.

4.7.2 덧셈과 뺄셈 처리

더 나아가서 입력 수식에 덧셈과 뺄셈만 있고 공백이 없는 경우에는 어떻게 계산할까? 문자열 수식 1-12+3의 예를 통해 알아보자.

1. 먼저 첫 번째 숫자에 부호 +를 추가하여 +1-12+3으로 만든다.

2. 연산자와 숫자를 한 세트로 하여 +1, -12, +3로 만들고 숫자로 변환한 뒤 스택에 넣는다.

3. 스택의 모든 숫자를 더하면 원래 공식의 결과이다.

직접 코드를 확인해보자.

```cpp
int calculate(string s) {
  stack<int> stk;
  // 수식의 숫자 기록
  int num = 0;
  // num 앞 기호를 기록하고 +로 초기화
  char sign = '+';
  for (int i = 0; i < s.size(); i++){
    char c = s[i];
    // 숫자인 경우 계속 가져오기
    if (isdigit(c))
      num = 10 * num + (c -'0');
    // 숫자가 아닌 경우 다음 기호를 만남
    // 앞의 숫자와 기호는 스택에 저장
    if (!isdigit(c) || i == s.size() - 1) {
      switch (sign) {
        case '+':
          stk.push(num); break;
        case '-':
          stk.push(-num); break;
      }
      // 부호를 현재 부호로 업데이트, 숫자를 0으로 설정
      sign = c;
      num = 0;
    }
  }
  // 스택의 모든 숫자를 더하면 답이 됨
  int res = 0;
  while (!stk.empty()) {
    res += stk.top();
    stk.pop();
  }
  return res;
}
```

중간의 switch 문의 이해가 어려울 수 있다. i는 왼쪽에서 오른쪽으로 스캔하며 sign과 num이 따라온다. s[i]가 연산자를 만나면 다음과 같다.

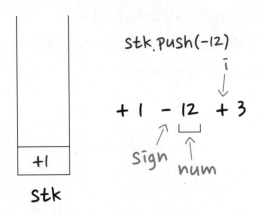

따라서 이때는 sign의 case에 따라 다른 nums의 부호를 선택하여 스택에 넣는다. 그리고 sign을 업데이트하고 nums를 0으로 만들어 다음 세트의 부호와 숫자를 기록한다.

주의해야 할 점은 새로운 부호를 스택에 푸시할 때뿐만 아니라 i가 공식의 끝(i == s.size()-1)에 도달했을 때도 최종 결과를 쉽게 계산할 수 있도록 앞의 숫자를 스택에 넣어야 한다.

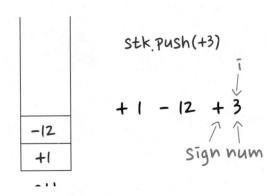

이제 덧셈과 뺄셈의 문자열을 처리하는 알고리즘이 완성되었으니 내용을 이해하도록 하자. 이후의 내용은 이 프레임에 기초하여 수정을 통해 완성할 것이다.

4.7.3 곱셈과 나눗셈 처리

이 문제[54]의 아이디어는 덧셈과 뺄셈의 처리와 다르지 않다. 문자열 2-3*4+5를 예로 들면 핵심 아이디어는 문자열을 부호와 숫자의 조합으로 분해하는 것이다.

---

54 [옮긴이] https://leetcode.com/problems/basic-calculator-ii/

위의 예는 +2, -3, *4, +5의 세트로 분해할 수 있으며 앞의 코드에서는 곱셈과 나눗셈을 처리하지 않았으므로 switch문에 해당 case만 추가해주면 된다.

```
for (int i = 0; i < s.size(); i++){
  char c = s[i];
  if (isdigit(c))
    num = 10 * num + (c -'0');

  if (!isdigit(c) || i == s.size() - 1) {
    switch (sign) {
      int pre;
      case '+':
        stk.push(num); break;
      case '-':
        stk.push(-num); break;
      // 앞의 숫자를 가져와 해당 작업을 진행
      case '*':
        pre = stk.top();
        stk.pop();
        stk.push(pre * num);
        break;
      case '/':
        pre = stk.top();
        stk.pop();
        stk.push(pre / num);
        break;
    }
    // 부호를 현재 부호로 업데이트, 숫자를 0으로 변경
    sign = c;
    num = 0;
  }
}
```

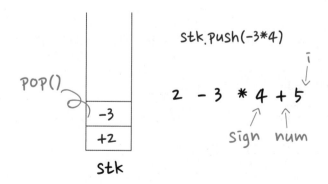

곱셈과 나눗셈은 덧셈과 **뺄셈**보다 우선 순위가 먼저다. 곱셈과 나눗셈은 스택의 제일 위에 있는 수와 결합한 결과를 스택에 넣고, 덧셈과 나눗셈은 자신의 값을 그대로 스택에 넣는다.

이제 문자열의 공백을 처리하는 방법을 생각해보자. 사실 매우 간단하다. 코드의 어느 부분이 공백 문자의 영향을 받을까?

```
// c가 숫자가 아닌 경우
if (!isdigit(c) || i == s.size() - 1) {
  switch (c) {...}
  sign = c;
  num = 0;
}
```

분명 공백은 이 if 문의 조건에 들어가지만 여기서는 sign을 업데이트하고 nums를 0으로 변경해야 한다. 그리고 공백은 연산자가 아니므로 무시해야 한다. 따라서 다음 조건을 하나 더 추가하면 된다.

```
if ((!isdigit(c) && c != ' ') || i == s.size() - 1) {
  switch (c) {...}
  sign = c;
  num = 0;
}
```

이제 알고리즘은 정확한 규칙에 따라 덧셈, 뺄셈, 곱셈, 나눗셈을 할 수 있으며, 자동으로 공백을 무시한다. 남은 것은 알고리즘이 괄호를 인식하는 방법이다.

4.7.4 괄호 처리하기

괄호를 처리하는 문제[55]가 가장 어려워 보일 수 있지만 그렇지 않다. 괄호의 수에 상관없이 재귀를 사용해서 처리할 수 있다.

프로그래밍 언어의 번거로운 세부 사항을 피하기 위해 앞의 해법 코드를 파이썬 버전으로 변경했다.

```
def calculate(s: str) -> int:

  def helper(s: List) -> int:
    stack = []
    sign = '+'
```

---

55 [옮긴이] https://leetcode.com/problems/basic-calculator/

```
    num = 0

    while len(s) > 0:
      #s[0]를 pop으로 가져오기
      c = s.pop(0)
      if c.isdigit():
        num = 10 * num + int(c)

      if (not c.isdigit() and c != ' ') or len(s) == 0:
        if sign == '+':
          stack.append(num)
        elif sign == '-':
          stack.append(-num)
        elif sign == '*':
          stack[-1] = stack[-1] * num
        elif sign == '/':
          # Python에서 나눗셈을 0으로 반올림하는 방법
          # 양수와 음수 모두 0으로 반올림
          stack[-1] = int(stack[-1] / float(num))
        num = 0
        sign = c
    return sum(stack)
  # 작업하기 쉽도록 문자열을 리스트로 변환
  return helper(list(s))
```

이 코드는 앞의 C++ 코드와 거의 동일하며 유일한 차이점은 왼쪽에서 오른쪽으로 문자열을 순회하는 대신 왼쪽에서 계속 pop을 사용해 문자를 가져오는 것이다. 기능은 여전히 동일하다.

그렇다면 괄호의 처리는 왜 보기보다 어렵지 않을까? 괄호는 재귀의 특성을 갖기 때문이다. 문자열 3*(4-5/2)-6을 통해 확인해보자.

```
calculate(3*(4-5/2)-6) = 3 * calculate(4-5/2) - 6 = 3 * 2 - 6 = 0
```

괄호가 중첩된 수에 상관없이 calculate 함수를 통해 재귀로 호출하여 괄호 안의 공식을 숫자로 단순화할 수 있다. 다시 말해 괄호를 포함하는 수식은 하나의 숫자로 볼 수 있다.

그렇다면 재귀의 시작 조건과 종료 조건은 무엇일까? (를 만나면 재귀를 시작하고)를 만나면 재귀를 종료한다.

```
def calculate(s: str) -> int:

  def helper(s: List) -> int:
    stack = []
    sign = '+'
    num = 0

    while len(s) > 0:
      c = s.pop(0)
      if c.isdigit():
        num = 10 * num + int(c)
      # 왼쪽 괄호를 만나면 num 재귀 계산 시작
      if c == '(':
        num = helper(s)

      if (not c.isdigit() and c != ' ') or len(s) == 0:
        if sign == '+':
          stack.append(num)
        elif sign == '-':
          stack.append(-num)
        elif sign == '*':
          stack[-1] = stack[-1] * num
        elif sign == '/':
          stack[-1] = int(stack[-1] / float(num))
        num = 0
        sign= c
      # 오른쪽 괄호를 만나면 재귀 결과 반환
      if c == ')': break
    return sum(stack)

  return helper(list(s))
```

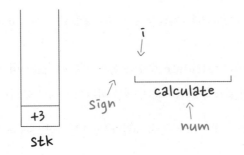

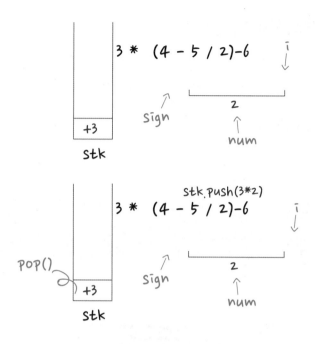

이와 같이 두세 줄의 코드로 괄호를 처리할 수 있다. 이것이 재귀의 매력이다. 이제 계산기의 모든 기능이 구현되었다. 문제를 단계별로 분해하여 살펴보면 문제가 그렇게 복잡하지 않다.

4.7.5 마무리

이번 절의 계산기 구현 문제는 복잡한 문제를 처리하는 아이디어를 표현하기 위한 것이다.

문자열을 숫자로 변환하는 간단한 문제로 시작해, 덧셈, 뺄셈의 수식과 곱셈, 나눗셈의 수식을 계산하고 공백과 괄호가 포함된 수식을 처리했다.

어려운 문제에 대한 해법은 바로 나오는 것이 아니라 단계별로 진행하면서 나선형으로 올라가는 것을 알 수 있다. 문제를 처음 접했을 때 해결하지 못하거나 답을 이해하지 못하는 것은 매우 정상이다. 핵심은 스스로 문제를 단순화하는 것이며 후퇴하고 다시 전진하는 것이다.

후퇴는 현명한 전략이다. 생각해보면 이것이 시험 문제로 나왔을 때, 계산기 문제를 완벽히 구현할 수 없더라도 문자열을 정수로 변환하는 알고리즘을 작성하고 오버플로가 발생하기 쉬운 부분을 지적하면 20점을 얻을 수 있다. 덧셈과 뺄셈 기능을 추가할 수 있으면 40점, 사칙연산을 모두 구현할 수 있으면 70점을 얻을 수 있다. 그리고 공백을 처리하는 기능을 넣으면 총 80점을 얻을 수 있다. 괄호 문제를 해결하지 못하더라도 80점을 받으면 꽤 괜찮은 점수로 볼 수 있지 않을까?

4.8 호떡을 정리하는 재귀 아이디어

호떡의 배열 문제[56]는 흥미로운 실생활 문제다. 접시에 크기가 다른 n개의 호떡이 있을 때 뒤집개를 사용해 일정한 순서(큰 것은 아래로, 작은 것은 위로)를 갖는 배열이 되도록 하는 방법은 무엇일까?

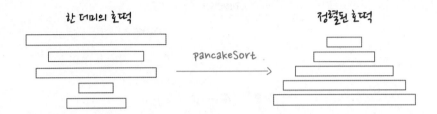

뒤집개를 사용해 호떡 더미를 뒤집는다고 생각해보자. 한 번에 위의 몇 개만 뒤집을 수 있으므로 한계가 있다.

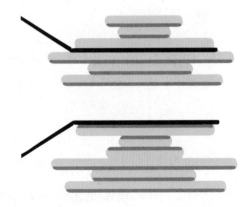

어떤 알고리즘을 사용해 호떡을 정렬할 수 있을까?

먼저 문제를 추상화하고 배열을 사용해 호떡 더미를 표현해보자. 문제는 다음과 같다.

배열 A가 있을 때 여러 번 뒤집을 수 있다. len(A)보다 작거나 같은 정수 k를 선택하고 A 앞의 K개 요소의 순서를 반대로 뒤집는다.

배열 A가 정렬되도록 호떡 뒤집기를 여러 번 진행하면 알고리즘은 연산 결과는 k값을 반환한다.

함수 시그니처는 다음과 같다.

56　[옮긴이] https://leetcode.com/problems/pancake-sorting/

```
List<Integer> pancakeSort(int[] cakes);
```

예를 들어 A = [3,2,4,1]이 있을 때 알고리즘은 [4,2,4,3]을 반환한다. 이유는 다음과 같다.

첫 번째 뒤집기 (k=4): A = [1, 4, 2, 3]

두 번째 뒤집기 (k=2): A = [4, 1, 2, 3]

세 번째 뒤집기 (k=4): A = [3, 2, 1, 4]

네 번째 뒤집기 (k=3): A = [1, 2, 3, 4]

네 번 뒤집으면 A를 완벽하게 정렬할 수 있다.

이 문제를 어떻게 해결할까? 재귀 아이디어가 필요하다.

4.8.1 아이디어 분석

이 문제가 재귀의 특성을 갖는 이유는 무엇일까? 우리는 다음과 같은 함수를 구현해야 한다.

```
// cakes는 호떡 더미, 함수는 앞의 n개 호떡을 정렬
void sort(int[] cakes, int n);
```

앞의 n개 호떡에서 가장 큰 것을 찾으면 이것을 가장 아래쪽으로 뒤집는다.

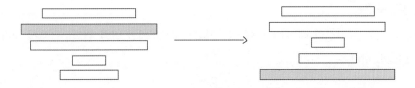

그리고 pancakeSort(A, n-1)을 재귀로 호출하여 원래 문제의 규모를 줄일 수 있다.

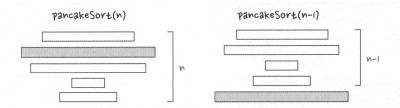

계속해서 앞의 n-1더미에서 같은 방식으로 가장 큰 것을 찾아 가장 아래로 뒤집고 pancakeSort(A, n-1-1)을 재귀로 호출한다.

이것이 재귀의 특성으로 요약하면 다음과 같다.

1. n개의 호떡 중 가장 큰 것을 찾는다.
2. 가장 큰 호떡을 가장 아래로 옮긴다.
3. pancakeSort(A, n-1)을 재귀로 호출한다.

base case: n == 1일 때는 뒤집을 필요가 없다.

어떻게 호떡을 제일 아래로 뒤집을 수 있을까?

사실 매우 간단하다. 예를 들어 3번째 호떡이 제일 클 때 이를 제일 아래, 즉 n번째로 옮기고 싶은 경우 다음과 같이 작업할 수 있다.

1. 뒤집개를 사용해 앞의 3개를 뒤집어 가장 큰 호떡이 제일 위로 오도록 한다.
2. 뒤집개를 사용해 앞의 n개 호떡을 모두 뒤집으면 가장 큰 호떡은 n번째가 되며 이것이 제일 아래의 호떡이 된다.

위 과정을 모두 이해하면 해법을 작성할 수 있다. 문제에서는 뒤집는 순서를 모두 작성하도록 한다. 따라서 뒤집을 때마다 내용을 기록하면 문제를 쉽게 해결할 수 있다.

4.8.2 코드 구현

위 아이디어를 코드로 구현할 때 배열 인덱스는 0부터 시작하지만 반환 결과는 1부터 시작해야 한다는 점에 주의해야 한다.

```
// 뒤집는 작업 순서 기록
LinkedList<Integer> res = new LinkedList<>();

List<Integer> pancakeSort(int[] cakes) {
  sort(cakes, cakes.length);
  return res;
}

// 앞의 n개 호떡 정렬
void sort(int[] cakes, int n) {
  // base case
```

```
    if (n == 1) return;

    // 가장 큰 호떡 인덱스 찾기
    int maxCake = 0;
    int maxCakeIndex = 0;
    for (int i = 0; i < n; i++)
      if (cakes[i] > maxCake) {
        maxCakeIndex = i;
        maxCake = cakes[i];
      }
    // 첫 번째 뒤집기, 가장 큰 호떡을 제일 위로 뒤집기
    reverse(cakes, 0, maxCakeIndex);
    // 뒤집기 기록
    res.add(maxCakeIndex + 1);
    // 두 번째 뒤집기, 가장 큰 호떡을 제일 아래로 뒤집기
    reverse(cakes, 0, n - 1);
    // 뒤집기 기록
    res.add(n);

    // 재귀 호출, 남은 호떡 뒤집기
    sort(cakes, n - 1);
}

/* arr[i..j] 요소 뒤집기 */
void reverse(int[] arr, int i, int j) {
  while (i<j){
    int temp = arr[i];
    arr[i] = arr[j];
    arr[j] = temp;
    i++; j--;
  }
}
```

앞의 설명을 참고하면 코드를 명확히 이해할 수 있을 것이다.

알고리즘의 시간 복잡도는 계산하기 쉽다. 재귀를 호출하는 횟수는 n회이며 재귀 호출은 for 문이 필요하므로 시간 복잡도는 $O(n)$, 총 복잡도는 $O(n^2)$이다.

마지막으로 다음을 생각해볼 수 있다.

아이디어에 따라 얻은 작업 시퀀스의 길이는 2(n-1)이어야 한다. 총 n번의 재귀가 2번씩 뒤집고 작업을 기록하지만 base case는 작업을 하지 않고 결과만 직접 반환하기 때문이다. 따라서 최종 시퀀스의 길이는 2(n-1)로 고정되어야 한다.

분명 이 결과가 최적(최단)은 아니다. 예를 들어 [3,2,4,1]이 있을 때 알고리즘으로 얻는 결과는 [3,4,2,3,1,2]이지만 가장 빠른 방법은 [2,3,4]이다.

초기상태: [3,2,4,1]

앞의 두 개 뒤집기: [2,3,4,1]

앞의 세 개 뒤집기: [4,3,2,1]

앞의 네 개 뒤집기: [1,2,3,4]

최단 순서를 계산하는 알고리즘은 어떻게 작성할까? 최적의 해법을 찾는 핵심 아이디어는 무엇이며 어떤 기법을 사용해야 할까?

4.9 구간 합 기법을 사용한 부분 배열 문제 해결

이번 절은 단순하지만 기술적인 알고리즘 문제인 '합이 k인 부분 배열' 문제[57]에 대해 설명한다.

정수 배열 nums와 정수 k가 있을 때 nums에서 합계가 k가 되는 부분 배열을 계산해보자.

함수 시그니처는 다음과 같다.

```
int subarraySum(int[] nums, int k);
```

예를 들어 nums = [1,1,1,2], k = 2일 때 알고리즘은 [1,1], [1,1], [2]의 3을 반환한다.

간단한 아이디어는 다음과 같다. 모든 부분 배열을 무차별 탐색하여 합계를 계산하고 k와 동일 여부를 확인한다.

핵심은 특정 부분 배열의 합을 빠르게 얻는 방법이다. nums 배열이 있을 때 nums[i..j]의 합을 반환하는 인터페이스 sum(i, j)를 생성하여 여러 번 호출할 수 있게 하려면 어떻게 구현해야 할까?

인터페이스를 여러 번 호출해야 하므로 매번 nums[i..j]를 순회할 수 없다. 그렇다면 $O(1)$ 시간 내 nums[i..j]의 합을 구할 수 있는 방법이 있을까? 이때 구간 합prefix sum 기법이 필요하다.

---

57 옮긴이 https://leetcode.com/problems/subarray-sum-equals-k/

4.9.1 구간 합이 무엇일까?

구간 합 아이디어는 배열 nums에 대해 추가로 구간 합 배열을 생성하여 전처리를 진행하는 것이다.

```
int n = nums.length;
// 구간 합 배열
int[] preSum = new int[n + 1];
preSum[0] = 0;
for (int i = 0; i < n; i++)
preSum[i + 1] = preSum[i] + nums[i];
```

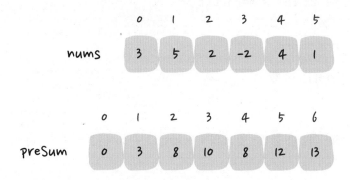

구간 합 배열 preSum의 의미는 이해하기 쉽다. preSum[i]은 nums[0..i-1]의 합이다. nums[i..j]의 합은 preSum[j+1]-preSum[i]을 통해 구할 수 있으므로 배열을 순회할 필요가 없다.

부분 배열 문제로 돌아가서 합이 k인 부분 배열의 수를 찾을 때 구간 합 기법을 사용하면 해법을 쉽게 작성할 수 있다.

```
int subarraySum(int[] nums, int k) {
  int n = nums.length;
  // 구간 합 구성
  int[] sum = new int[n + 1];
  sum[0] = 0;
  for (int i = 0; i < n; i++)
    sum[i + 1] = sum[i] + nums[i];

  int ans = 0;
  // 전체 부분 배열 무차별 탐색
  for (int i = 1; i <= n; i++)
    for (int j = 0; j < i; j++)
      // sum of nums[j..i-1]
      if (sum[i] - sum[j] == k)
```

```
        ans++;

    return ans;
}
```

이 해법의 시간 복잡도는 $O(N^2)$이며 공간 복잡도는 $O(N)$이다. 그러나 구간 합 배열의 동작 원리를 이해하면 시간 복잡도를 더 줄일 수 있다.

4.9.2 해법 최적화

앞의 구간 합 해법에는 for 문이 중첩되어 있다.

```
for (int i = 1; i <= n; i++)
    for (int j = 0; j < i; j++)
        if (sum[i] - sum[j] == k)
            ans++;
```

두 번째 for 문은 어떤 역할을 할까? 몇 개의 j가 sum[i] - sum[j] == k가 되는지 계산하여 결과에 1을 더한다.

if 문의 조건 판단은 다음과 같다.

```
if (sum[j] == sum[i] - k)
    ans++;
```

최적화 아이디어는 다음과 같다. sum[j]와 sum[i] - k가 동일한 값일 때 결과를 업데이트하여 내부 for 문의 작업 없이 해시 테이블을 사용해 구간 합과 발생 횟수를 기록한다.

```
int subarraySum(int[] nums, int k) {
    int n = nums.length;
    // map:구간 합 -> 구간 합 발생 횟수
    HashMap<Integer, Integer>
        preSum = new HashMap<>();
    // base case
    preSum.put(0, 1);

    int ans = 0, sum0_i = 0;
    for (int i = 0; i < n; i++) {
        sum0_i += nums[i];
        // 찾으려는 구간 합 nums[0..j]
```

```
        int sum0_j = sum0_i - k;
        // 앞에 이 구간 합이 있으면 직접 답 업데이트
        if (preSum.containsKey(sum0_j))
            ans += preSum.get(sum0_j);
        // 구간 합 nums[0..i]를 추가하고 발생 횟수를 기록
        preSum.put(sum0_i,
            preSum.getOrDefault(sum0_i, 0) + 1);
    }
    return ans;
}
```

예를 들어 다음과 같은 상황에서 구간 합 8을 찾아 합이 k인 부분 배열을 찾을 수 있다. 앞의 무차별 탐색은 배열을 순회하여 하나씩 찾았지만 최적화 해법은 해시 테이블을 통해 구간 합이 8인 것을 바로 찾을 수 있다.

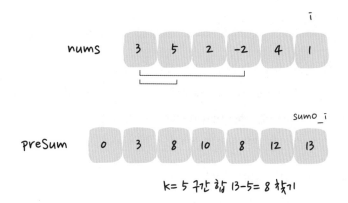

이와 같이 최적의 해법을 통해 시간 복잡도를 $O(N)$으로 낮출 수 있다.

4.9.3 마무리

구간 합 기법은 어렵지 않지만 매우 유용하며 주로 배열의 구간 문제 처리에 유용하다. 예를 들어 학급의 시험 성적 백분율 분포 계산에도 구간 합을 사용할 수 있다.

```
int[] scores; // 학생의 모든 점수 저장
// 150점 만점
int[] count = new int[150 + 1]
// 점수별 학생의 분포 기록
for (int score : scores)
    count[score]++
// 구간 합 구성
```

```
for (int i = 1; i < count.length; i++)
  count[i] = count[i] + count[i - 1];
```

이와 같이 임의의 점수가 주어지면 구간 합의 차를 통해 빠르게 점수 분포 구간을 계산할 수 있고 백분율도 쉽게 구할 수 있다.

그러나 문제가 조금 더 복잡해지면 간단하게 구간 합 기법만으로는 해결이 어렵다. 이번 절의 문제와 같이 구간 합의 아이디어를 통해 최적화를 진행하고 해시 테이블을 통해 불필요한 루프를 제거해야 한다. 알고리즘의 최적화를 위해서는 문제를 이해하고 세부 사항을 분석하는 능력이 중요하다.

4.10 중첩 리스트 평탄화

이번 절에서는 영감을 주는 '중첩 리스트 평탄화' 문제[58]를 다루어 보자. 이것이 왜 영감을 주는 문제인지는 뒤에서 설명하겠다.

4.10.1 문제 설명

NestedInteger 데이터 구조가 있을 때 이 구조의 데이터는 Integer 정수 또는 NestedInteger 리스트일 수 있다. 이 리스트 내부에는 NestedInteger가 포함되어 있으며 이 리스트의 각 요소는 정수 또는 리스트일 수 있으며 이와 같은 구조가 무한으로 반복될 수 있다.

NestedInteger에는 다음과 같은 API가 있다.

```
public class NestedInteger {
  // 정수가 저장되어 있으면 true, 아니면 false 반환
  public boolean isInteger();

  // 정수가 저장되어 있으면 정수, 아니면 null 반환
  public Integer getInteger();

  // 리스트가 저장되어 있으면 리스트, 아니면 null 반환
  public List<NestedInteger> getList();
}
```

---

58 [옮긴이] https://leetcode.com/problems/flatten-nested-list-iterator/

알고리즘은 NestedInteger 리스트를 전달받아 반복자 클래스를 작성하고 반복 구조를 갖는 NestedInteger 리스트를 '평탄화'한다.

```java
public class NestedIterator implements Iterator<Integer> {
  // 생성자에 NestedInteger 리스트 입력
  public NestedIterator(List<NestedInteger> nestedList) {}

  // 다음 정수 반환
  public Integer next() {}

  // 다음 요소 존재 여부 확인
  public boolean hasNext() {}
}
```

작성한 클래스는 먼저 hasNext 메서드를 호출한 뒤 next 메서드를 호출한다.

```java
NestedIterator i = new NestedIterator(nestedList);
while (i.hasNext())
  print(i.next());
```

예를 들어 중첩 리스트 [[1,1],2,[1,1]]를 입력할 때 3개의 NestedInteger, 2개의 리스트형의 NestedInteger, 하나의 정수형 NestedInteger가 있으므로 알고리즘은 평탄화한 리스트 [1,1,2,1,1]을 반환한다.

다른 예로 중첩 리스트 [1,[4,[6]]]를 입력할 때 알고리즘은 평탄화한 리스트 [1,4,6]을 반환한다.

디자인 패턴을 배운 독자는 반복자도 디자인 패턴의 유형인 것을 알아야 한다. 목적은 호출자로부터 기본 데이터 구조의 세부 사항을 보호하고 hasNext와 next 메서드를 통해 순서대로 순회하는 것이다.

이 문제가 영감을 주는 이유는 무엇일까? 최근 노션Notion이라는 메모 앱을 사용하고 있는데 이 앱의 중요한 포인트 중의 하나는 '모든 것이 하나의 블록block'이라는 것이다. 제목, 페이지, 테이블이 모두 블록이다. 어떤 블록은 무한대로 중첩될 수 있으므로 기존의 파일 구조인 '폴더' -> '메모장' -> '메모'와 같은 3층 구조를 깨뜨린다.

알고리즘 문제를 생각해보면 NestedInteger 구조는 실제로 무한 중첩을 지원하는 구조로 정수와 리스트의 두 가지 다른 유형을 동시에 나타낼 수 있다. 노션의 핵심 데이터 구조인 블록도 이와 같은 아이디어라고 생각한다.

그렇다면 이 알고리즘 문제는 어떻게 해결해야 할까? 무한 중첩이 가능한 `NestedInteger` 구조에서 반복자의 호출자로부터 세부 사항을 보호하고 평탄화를 진행하는 방법은 무엇일까?

4.10.2 문제 해결 아이디어

분명히 `NestedInteger`의 신기한 데이터 구조가 문제의 핵심이지만 문제 내에서는 다음을 상기시킨다.

> You should not implement it, or speculate about its implementation.

`NestedInteger` 구조를 구현하거나 구현을 추측하려고 해서 안되는 이유가 무엇일까? 질문에 오해의 소지가 있을까? 추측하면 문제가 풀리지 않을까?

확인하기 위해 `NestedInteger` 구조를 구현해보자.

```java
public class NestedInteger {
  private Integer val;
  private List<NestedInteger> list;
  public NestedInteger(Integer val) {
    this.val = val;
    this.list = null;
  }
  public NestedInteger(List<NestedInteger> list) {
    this.list = list;
    this.val = null;
  }

  // 정수가 저장되어 있으면 true, 아니면 false 반환
  public boolean isInteger() {
    return val != null;
  }

  // 정수가 저장되어 있으면 정수, 아니면 null 반환
  public Integer getInteger() {
    return this.val;
  }

  // 리스트가 저장되어 있으면 리스트, 아니면 null 반환
  public List<NestedInteger> getList() {
    return this.list;
  }
}
```

구현은 어렵지 않고 작성한 뒤에는 N항 트리의 정의와 비교하지 않을 수 없다.

```
class NestedInteger {
  Integer val;
  List<NestedInteger> list;
}

/* 기본 NN항 트리 노드*/
class TreeNode {
  int val;
  List<TreeNode> children;
}
```

이것은 N항 트리로 리프 노드는 Integer 유형이며 val 필드는 비어 있지 않다. 다른 노드는 List<NestedInteger> 유형으로 val 필드는 비어 있지만 list 필드는 비어 있지 않고 자식 노드를 포함한다.

예를 들어 [[1,1],2,[1,1]]는 다음과 같은 트리 구조이다.

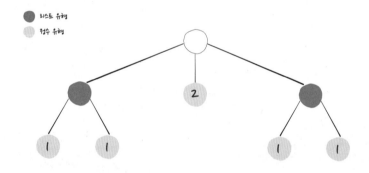

문제인 NestedInteger 평탄화는 N항 트리의 모든 리프 노드와 같다. 리프 노드를 가져와서 반복자로 순회를 진행할 수 있지 않을까?

N항 트리의 순회 구현을 알아보기 위해 **1.1절**에서 프레임을 찾아보자.

```
void traverse(TreeNode root) {
  for (TreeNode child : root.children)
    traverse(child);
```

이 프레임은 모든 노드를 순회할 수 있지만 정수형 NestedInteger만 다루면 되므로 리프 노드만 필요하다. 따라서 traverse 함수는 리프 노드에 도달할 때 val을 결과 리스트에 추가하면 된다.

```java
class NestedIterator implements Iterator<Integer> {

  private Iterator<Integer> it;

  public NestedIterator(List<NestedInteger> nestedList) {
    // nestedList 평탄화 결과 저장
    List<Integer> result = new LinkedList<>();
    for (NestedInteger node : nestedList) {
      // 각 노드를 루트로 하여 순회
      traverse(node, result);
    }
    // result 리스트의 반복자 가져오기
    this.it = result.iterator();
  }

  public Integer next() {
    return it.next();
  }

  public boolean hasNext() {
    return it.hasNext();
  }

  // root를 루트로 하는 N항 트리 순회, 리프 노드의 값을 result 리스트에 추가
  private void traverse(NestedInteger root, List<Integer> result) {
    if (root.isInteger()) {
      // 리프 노드 도달
      result.add(root.getInteger());
      return;
    }
    // 프레임 순회
    for (NestedInteger child : root.getList()) {
      traverse(child, result);
    }
  }
}
```

이와 같은 방법으로 원래 문제를 N항 트리 순회 문제로 변환하고 해법을 얻을 수 있다.

4.10.3 아이디어 심화

이 해법은 문제를 통과할 수 있을지 몰라도 면접에서는 흠이 될 수 있다.

이 해법은 한 번에 모든 리프 노드의 값을 계산하여 result 리스트, 즉 메모리에 로드하고 next와 hasNext 메서드는 result 리스트를 반복할 뿐이다. 따라서 입력의 크기가 매우 커지면 생성자의 계산이 느려지고 메모리를 많이 사용하게 된다.

보통 반복자는 게을러야 한다. 즉, 결과를 원하면 모든 결과를 계산하는 것이 아니라 하나의 결과(또는 일부분)만 계산해야 한다.

만약 이렇게 하려면 재귀 함수를 사용한 DFS 탐색은 불가능할 것이고, 우리는 리프 노드에만 관심이 있으므로 전통적인 BFS 알고리즘도 안된다. 사실 아이디어는 매우 간단하다.

hasNext를 호출할 때 nestedList의 첫 번째 요소가 리스트 유형이라면 첫 번째 요소가 정수 유형이 될 때까지 요소를 계속 확장한다.

next 메서드를 호출하기 전 반드시 hasNext 메서드를 호출하기 때문에 next가 호출될 때마다 첫 번째 요소가 정수 유형이며 직접 첫 번째 요소를 반환하고 삭제할 수 있다.

코드를 확인해보자.

```
public class NestedIterator implements Iterator<Integer> {
  private LinkedList<NestedInteger> list;

  public NestedIterator(List<NestedInteger> nestedList) {
    // 하위 구현을 알 수 없으므로 nestedList의 참조를 직접 사용하지 않음
    // LinkedList가 보장되지 않으면 addFirst가 매우 비효율적이 됨
    list = new LinkedList<>(nestedList);
  }

  public Integer next() {
    // hasNext 메서드는 첫 번째 요소가 정수임을 보장해야 함
    return list.remove(0).getInteger();
  }

  public boolean hasNext() {
    // 리스트 첫 번째 요소가 정수 유형이 될 때까지 리스트 요소 반복
    while (!list.isEmpty() && !list.get(0).isInteger()) {
      // 리스트의 첫 번째 요소가 리스트 유형이면 루프 진행
      List<NestedInteger> first = list.remove(0).getList();
      // 첫 번째 리스트를 평탄화하여 앞에 순서대로 추가
```

```
    for (int i = first.size() - 1; i >= 0; i--){
      list.addFirst(first.get(i));
    }
  }
  return !list.isEmpty();
  }
}
```

이 방법은 게으른 반복자lazy iterator의 특성에도 부합하는 더 나은 해법이다.

면접에 자주 나오는 문제

축하한다! 이제 마지막 단계에 도달했다. 이번 절에서는 면접에서 자주 접하게 되는 기본 문제를 알아보자. 앞에서 배운 알고리즘 아이디어를 사용하면 훨씬 쉽게 해결할 수 있다.

이제 책에서 벗어나 스스로 알고리즘 문제를 해결할 날이 멀지 않았다.

5.1 효율적으로 소수를 찾는 방법

소수의 정의는 간단하다. 1과 자기 자신으로 나누어 떨어지는 수이다. 정의는 간단하지만 소수를 찾는 알고리즘 문제[59]를 효율적으로 작성할 수 있는 사람은 많지 않다.

양의 정수 n을 입력하면 구간 [2,n]에 있는 소수의 수를 반환하는 함수를 구현해보자.

함수 시그니처는 다음과 같다.

```
int countPrimes(int n);
```

n = 10일 때 알고리즘은 4를 반환한다. 2, 3, 5, 7이 소수이기 때문이다.

어떻게 함수를 작성할까? 아마 다음과 같을 것이다.

---

59 [옮긴이] https://leetcode.com/problems/count-primes/

```
int countPrimes(int n) {
  int count = 0;
  for (int i = 2; i < n; i++)
    if (isPrime(i)) count++;
  return count;
}

// 정수 n의 소수 판단
boolean isPrime(int n) {
  for (int i = 2; i < n; i++)
    if (n % i == 0)
      // 나눌 수 있는 다른 수가 있는 경우
      return false;
  return true;
}
```

이와 같이 작성하면 시간 복잡도가 $O(n^2)$이 되며 문제의 사이즈가 커진다. 먼저 isPrime 함수를 사용해 하나씩 소수 여부를 판단하는 것은 효율적이지 않다. 또한 isPrime 함수를 사용하더라도 이와 같은 방식을 사용하면 계산에 중복이 발생한다.

먼저 소수를 판단하는 알고리즘 작성에 대해 간단하게 설명하겠다. 위의 isPrime 코드에서 for 문의 조건을 조금만 수정하면 된다.

```
boolean isPrime(int n) {
  for (int i = 2; i * i <= n; i++)
    if (n % i == 0)
      // 나눌 수 있는 다른 수가 있는 경우
      return false;
  return true;
}
```

i는 n을 순회할 필요 없이 바로 sqrt(n)로 이동하면 된다. n = 12인 예를 통해서 이유를 알아보자.

```
12 = 2 × 6
12 = 3 × 4
12 = sqrt(12) × sqrt(12)
12 = 4 × 3
12 = 6 × 2
```

마지막 두 요소(4 × 3, 6 × 2)는 앞의 두 요소(2 × 6, 3 × 4)의 역순이므로 반전의 임계점은 sqrt(n)임을 알 수 있다. 따라서 [2,sqrt(n)]의 구간에서 나눌 수 있는 인수가 발견되지 않으면 n을 소수로 볼 수 있다. [sqrt(t),n]의 구간에서도 나눌 수 있는 인수를 찾을 수 없기 때문이다.

이제 isPrime 함수의 시간 복잡도는 $O(sqrt(n))$로 줄어들지만 countPrimes 함수 구현에는 이 함수를 사용하지 않는다. 이 함수는 sqrt(n)의 의미를 이해하기 위한 예로 뒤에서 사용하도록 하겠다.

❶ 효율적인 구현

더 효율적인 방법은 위와 반대되는 방법인 에라토스테네스의 체sieve of Eratosthenes 방법이다.

먼저 2는 소수이기 때문에 2 × 2 = 4, 3 × 2 = 6, 4 × 2 = 8... 등 모든 2의 배수는 소수가 될 수 없다.

3도 소수이므로 3 × 2 = 6, 3 × 3 = 9, 3 × 4 = 12... 등 모든 3의 배수도 소수가 될 수 없다.

이를 통해 해당하지 않는 수를 제거하는 로직을 이해할 수 있을 것이다.

첫 번째 코드를 확인해보자.

```java
int countPrimes(int n) {
  boolean[] isPrime = new boolean[n];
  // 배열을 모두 true로 초기화
  Arrays.fill(isPrime, true);
  // 2부터 소수 계산 시작
  for (int i = 2; i < n; i++)
    if (isPrime[i])
    // i의 배수는 소수가 될 수 없음
      for (int j = 2 * i; j < n; j += i)
        isPrime[j] = false;

  int count = 0;
  for (int i = 2; i < n; i++)
    if (isPrime[i]) count++;

  return count;
}
```

위의 코드를 이해할 수 있으면 전체 아이디어를 이해한 것이다. 이제 최적화할 수 있는 작은 두 부분이 남았다.

먼저 소수를 판단하는 isPrime 함수를 생각해보자. 곱셈 인자의 대칭성으로 인해 for 루프는 [2, sqrt(n)]만 탐색하면 된다. 같은 이유로 외부의 for 루프도 sqrt(n)만 탐색하면 된다.

```
for (int i = 2; i * i < n; i++)
  if (isPrime[i])
  ...
```

게다가 내부 for 루프도 최적화할 수 있는 것을 알기 어렵다. 앞에서 사용한 방식은 다음과 같다.

```
for (int j = 2 * i; j < n; j+= i)
  isPrime[j] = false;
```

이와 같은 방식으로 i의 정수 배수는 false로 표시할 수 있지만 여전히 중복 계산이 존재한다.

예를 들어 n = 25, i = 4일 때 알고리즘은 4 × 2 = 8, 4 × 3 = 12 등의 수를 확인하지만, 8과 12 는 이미 i = 2, i = 3일 때 2 × 4와 3 × 4로 확인한 적이 있다.

따라서 j는 2 * i가 아니라 i의 제곱에서부터 순회를 시작하도록 약간의 최적화를 진행할 수 있다.

```
for (int j = i * i; j < n; j += i)
  isPrime[j] = false;
```

이와 같은 방식으로 소수를 계산하는 알고리즘을 효율적으로 구현할 수 있으며 이 알고리즘의 이름 이 에라토스테네스의 체이다.

```
int countPrimes(int n) {
  boolean[] isPrime = new boolean[n];
  Arrays.fill(isPrime, true);
  for (int i = 2; i*i < n; i++)
    if (isPrime[i])
      for (int j = i*i; j < n; j+= i)
        isPrime[j] = false;

  int count = 0;
  for (int i = 2; i < n; i++)
    if (isPrime[i]) count++;

  return count;
}
```

이 알고리즘의 시간 복잡도는 계산하기 어렵다. 시간은 중첩된 두 for 문과 관련이 있으며 작업의 횟 수는 다음과 같다.

$$n/2 + n/3 + n/5 + n/7 + ...$$

$$= n \times (1/2 + 1/3 + 1/5 + 1/7...)$$

괄호 안은 소수의 역수이며 최종 결과는 $O(N\log\log N)$이다. 알고리즘의 시간 복잡도 증명은 검색을 통해 확인할 수 있으므로 여기서는 설명하지 않겠다.

이것이 소수 알고리즘과 관련된 전부다. 간단해 보이는 문제이지만 다듬을 수 있는 세부 사항을 생각해보자.

5.2 효율적인 모듈로 지수 연산

이번 절은 수학 연산과 관련된 '슈퍼 지수' 문제[60]에 대해 알아보자. 큰 지수의 연산을 수행하고 나머지를 구한다.

함수 시그니처는 다음과 같다.

```
int superPow(int a, vector<int>& b);
```

지수 연산 a^b의 결과와 1337 모듈로modulo, mod(나머지)의 결과를 반환하는 알고리즘을 작성해보자. b는 매우 큰 수일 수 있으므로 배열의 형식을 사용해 표현한다.

예를 들어 a = 2, b = [1,2]일 때 2^12와 1337 나머지 연산의 결과는 4096 % 1337 = 85가 반환된다.

이것은 실제로 수학에서 널리 사용되는 이산 수학의 모듈로 지수 알고리즘으로 왜 1337을 사용하는지는 신경 쓰지 않겠다. 이 문제는 다음 세 가지 어려운 점이 있다.

1. 배열을 사용해 지수를 나타낼 때 이를 처리하는 방법은 무엇일까? 현재 b는 배열이며 크기가 매우 커질 수 있고 오버플로가 발생할 수 있어, 직접 정수로 변환할 수 없다. 이 배열을 지수로 사용하여 계산할 수 있는 방법이 무엇일까?

2. 모듈로 연산의 결과를 얻는 방법은 무엇일까? 먼저 지수의 연산 결과를 계산하고 1337로 모듈로 연산을 진행한다. 그러나 문제는 지수 연산의 결과가 매우 큰 경우, 실제 계산 결과를 표현할 방법이 없고 오버플로가 발생한다는 점이다.

---

60 [옮긴이] https://leetcode.com/problems/super-pow/

3. 어떻게 효율적으로 지수 연산을 진행할 수 있을까? 지수 연산도 알고리즘 기법이 있다. 이 알고리즘을 이해하지 못해도 뒤에서 설명하므로 문제없다.

문제들을 해결해보자.

5.2.1 지수의 배열 처리

먼저 문제를 명확히 하자. b는 정수로 표현할 수 없는 배열이다. 배열은 임의의 요소에 액세스할 수 있으며 마지막 요소를 삭제하는 것이 더 효율적이다.

모듈로 연산은 고려하지 않고 b = [1,5,6,4]를 예로 지수 연산 규칙과 결합하면 다음과 같은 규칙을 찾을 수 있다.

$$a^{[1,5,6,4]}$$
$$= a^4 \times a^{[1,5,6,0]}$$
$$= a^4 \times (a^{[1,5,6]})^{10}$$

여기서 문제의 규모가 축소되기 때문에 재귀를 알아차렸을 것이다.

```
    superPow(a, [1,5,6,4])
= > superPow(a, [1,5,6])
```

이 규칙을 발견하면 코드 프레임으로 만들면 된다.

```cpp
// a의 k제곱 결과 계산. 뒤에서 구체적으로 구현
int mypow(int a, int k);

int superPow(int a, vector<int>& b) {
  // 재귀 base case
  if (b.empty()) return 1;
  // 마지막 숫자 가져오기
  int last = b.back();
  b.pop_back();
  // 원래 문제를 단순화하고 규모를 축소하여 재귀로 해결
  int part1 = mypow(a, last);
  int part2 = mypow(superPow(a, b), 10);
  // 병합하여 결과 생성
  return part1 * part2;
}
```

이해는 어렵지 않을 것이다. 이제 b가 배열인 문제를 해결했으니 결과가 매우 클 때 오버플로가 발생하지 않도록 mod를 처리해보자.

5.2.2 mod 연산 처리

먼저 문제를 명확히 하자. 컴퓨터의 코딩 방식으로 인해 (a * b) % base의 연산과 곱셈의 결과로 오버플로가 발생할 수 있으므로 표현식을 단순화하여 오버플로를 방지하자.

이진 탐색과 마찬가지로 중간점 인덱스를 찾을 때 (l+r)/2를 l+(r-l)/2로 변환하여 오버플로를 방지하고 바른 결과를 얻을 수 있다.

모듈로 연산의 경우 알고리즘에서 자주 볼 수 있다.

```
(a * b) % k = (a % k)(b % k) % k
```

증명은 매우 간단하다. 다음과 같이 가정한다.

```
a = Ak + B; b = Ck + D
```

여기서 A, B, C, D는 임의의 상수이다. 따라서 다음과 같다.

```
ab = Ack^2 + Adk + BCk +BD
```

이는 다음과 같다.

```
ab % k = BD % k
```

이유는 다음과 같다.

```
a % k = B; b % k = D
```

따라서 다음과 같다.

```
(a % k)(b % k) % k = BD % k
```

요약하면 간략한 모듈로의 등식을 얻을 수 있다.

곱셈 결과의 모듈로는 먼저 각 요소의 모듈로를 구하고, 요소를 서로 곱한 결과의 모듈로를 다시 구하는 것과 같다.

이 문제를 확장해보면 하나의 수의 제곱을 구하는 것은 이 수를 연속적으로 곱하는 것과 같다. 따라서 이 아이디어를 간단하게 확장하여 지수 연산의 모듈로를 구할 수 있다.

```cpp
int base = 1337;
// a의 k 제곱 계산 후 base로 모듈로 결과 구하기
int mypow(int a, int k) {
    // 요소 모듈로 구하기
    a %= base;
    int res= 1;
    for (int _ = 0; _ < k; _++) {
        // 잠재적으로 오버플로 발생 가능성이 있는 곱셈 연산
        res *= a;
        // 곱셈 결과 모듈로 구하기
        res %= base;
    }
    return res;
}

int superPow(int a, vector<int>& b) {
    if (b.empty()) return 1;
    int last = b.back();
    b.pop_back();

    int part1 = mypow(a, last);
    int part2 = mypow(superPow(a, b), 10);
    // 곱셈 연산마다 모듈로 구하기
    return (part1 * part2) % base;
}
```

a의 모듈로를 구할 때 매번 곱셈 결과인 res의 모듈로를 구한다. 이 작업을 통해 res *= a의 코드를 실행하면 두 요소가 모두 base보다 작고 오버플로가 발생하지 않아 결과가 정확해진다.

이것으로 문제는 모두 해결되었다.

그러나 일부 독자는 지수 알고리즘이 너무 간단해서 for 루프의 곱셈만으로 충분한지 물을 수 있다.

더 복잡하지만 더 효율적인 알고리즘이 있을까?

물론 더 효율적인 알고리즘이 있지만 이 문제는 이것으로도 충분하다.

mypow 함수를 호출할 때 전달하는 k의 최대 크기는 얼마나 될까? k는 배열 b의 상수, 즉 0~9 사이의 값이므로 mypow를 호출할 때마다 시간 복잡도는 $O(1)$라고 할 수 있다. 전체 알고리즘의 시간 복잡도는 $O(N)$이며 N은 b의 길이이다.

그러나 지수에 대해 이야기하고 있으므로 지수를 효율적으로 계산하는 방법에 대해 알아보자.

5.2.3 효율적으로 제곱을 구하는 방법

빠르게 제곱을 구하는 알고리즘은 여러 개가 있지만 이번 절에서는 기본 아이디어부터 알아보겠다. 지수 연산의 특성을 이용해 다음과 같은 재귀 공식을 작성할 수 있다.

$$a^b = \begin{cases} a \times a^{b-1}, & b\text{는 홀수} \\ (a^{b/2})^2, & b\text{는 짝수} \end{cases}$$

이 아이디어는 직접 문제의 크기(b의 크기)를 반으로 줄일 수 있으며 알고리즘의 복잡도는 log 수준이므로 for 루프로 직접 제곱을 구하는 것보다 효율적이다.

앞의 mypow 함수를 수정하여 재귀 공식을 코드로 변환하고 모듈로 연산을 추가한다.

```c
int base = 1337;

int mypow(int a, int k) {
  if (k == 0) return 1;
  a %= base;

  if (k % 2 == 1) {
    // k는 홀수
    return (a * mypow(a, k - 1)) % base;
  } else {
    // k는 짝수
    int sub = mypow(a, k / 2);
    return (sub * sub) % base;
  }
}
```

문제에 대한 최적화는 눈에 띄는 효율성의 향상은 없지만 지수 알고리즘은 업그레이드되었다. 앞으로 지수 알고리즘을 작성할 일이 있으면 이 알고리즘을 작성하면 된다.

이제 '슈퍼 지수'를 모두 해결했다. 이 문제는 재귀로 모듈로 연산과 지수 연산을 다루는 기법을 포함하므로 매우 흥미롭다.

5.3 이진 탐색 알고리즘 사용하기

이진 탐색은 어디에 사용할 수 있을까?

가장 기본적인 것은 정렬된 배열에서 주어진 목푯값의 인덱스를 검색하는 것이다. 조금 더 확장하여 목푯값의 중복이 존재하면, 수정된 버전의 이진 탐색은 목푯값의 왼쪽 경계 인덱스 또는 오른쪽 경계 인덱스를 반환할 수 있다.

앞에서 언급한 세 가지 이진 탐색 알고리즘 형식은 '이진 탐색 상세' 부분에서 확인할 수 있으므로, 아직 읽지 않았다면 먼저 확인해보자.

정렬된 배열의 평범한 데이터 구조를 제외하면 이진 탐색은 실제로 어떤 알고리즘 문제에 사용할 수 있을까? 탐색 공간이 정렬되면 이진 탐색을 사용해 가지치기를 할 수 있으며, 이를 통해 효율을 크게 향상할 수 있다.

이번 절에서는 '바나나 먹는 Koko' 문제[61]의 예를 확인해보자.

5.3.1 문제 분석

문제의 설명은 다음과 같다.

길이가 N인 양의 정수 배열 piles는 N개 묶음의 바나나를 나타내며, piles[i]는 i번째 묶음의 바나나 수량을 나타낸다. Koko는 H시간 내에 이 바나나를 다 먹어야 한다.

Koko는 시간당 K의 비율로 바나나를 먹으며 시간당 최대 한 묶음의 바나나를 먹을 수 있다. 다 먹지 못하면 남겨두고 나중에 다시 먹을 수 있다. 다 먹고도 더 먹고 싶으면 다음 시간을 기다려야 다음 묶음을 먹을 수 있다. 이 조건에서 Koko가 매시간 최소 몇 개의 바나나를 먹어야 H시간 내 바나나를 모두 다 먹을 수 있는지를 계산하는 알고리즘을 작성해보자.

함수 시그니처는 다음과 같다.

---

61 [옮긴이] https://leetcode.com/problems/koko-eating-bananas/

```
int minEatingSpeed(int[] piles, int H);
```

이 상황에 대해 이진 탐색 알고리즘을 생각할 수 있을까? 이와 같은 유형의 문제를 접한 적이 없다면 이 문제를 이진 탐색과 연결하기는 어려울 것이다.

먼저 이진 탐색 기법을 제외하고 무차별 대입을 통한 방법을 생각해보자.

먼저 알고리즘이 요구하는 것은 H시간 동안 바나나를 다 먹는 속도이다. Koko가 바나나를 먹는 속도를 speed라고 할 때 speed의 최대와 최소는 얼마가 될까?

speed의 최소는 1이며 최대는 max(piles)이다. 한 시간 동안 최대 1묶음의 바나나를 먹을 수 있기 때문이다. 따라서 무차별 대입 해법은 매우 간단하다. 1부터 시작해 max(piles)까지 탐색을 진행하여 H시간 내 모든 바나나를 먹을 수 있는 특정 값을 찾으면 이 값이 최소 속도가 된다.

```
int minEatingSpeed(int[] piles, int H) {
    // piles 배열의 최댓값
int max = getMax(piles);
for (int speed = 1; speed < max; speed++) {
    // speed 속도로 H 시간 내 바나나를 다 먹을 수 있을지 여부
if (canFinish(piles, speed, H))
    return speed;
}
return max;
}
```

for 루프는 연속되는 공간을 선형 탐색하므로 이진 탐색이 작동할 수 있다는 것으로 볼 수 있다. 최소 속도가 필요하므로 왼쪽 경계의 선형 탐색을 이진 탐색으로 대체하여 효율을 개선할 수 있다.

```
int minEatingSpeed(int[] piles, int H) {
  // 왼쪽 경계 탐색을 위한 알고리즘 프레임 적용
  int left = 1, right = getMax(piles) + 1;
  while (left < right) {
    // 오버플로 방지
    int mid = left+(right-left)/ 2;
    if (canFinish(piles, mid, H)) {
      right = mid;
    } else {
      left = mid + 1;
    }
  }
}
```

```
    return left;
}
```

NOTE 이진 탐색 알고리즘의 세부 사항에 대한 질문이 있는 경우 '이진 탐색 상세'의 왼쪽 경계 탐색 알고리즘 템플릿을 확인하면 되므로 여기서는 추가로 설명하지 않는다.

남은 보조함수도 간단하며 단계별로 구현할 수 있다.

```
// 시간 복잡도
boolean canFinish(int[] piles, int speed, int H) {

  int time = 0;
  for (int n : piles) {
    time += timeOf(n, speed);
  }
  return time <= H;
}

// speed 속도로 n개 바나나를 먹을 때 시간이 얼마나 걸릴까?
int timeOf(int n, int speed) {
  return (n / speed) + ((n % speed >0) ?1:0);
}

// 배열의 최댓값 계산
int getMax(int[] piles) {
  int max= 0;
  for (int n : piles)
    max = Math.max(n, max);
return max;
}
```

이진 탐색을 통해 알고리즘의 시간 복잡도는 $O(N\log N)$이 된다.

5.3.2 확장

이제 화물 운송 문제[62]를 살펴보자.

---

62 (옮긴이) https://leetcode.com/problems/capacity-to-ship-packages-within-d-days/

양의 정수 배열 weights와 양의 정수 D가 있을 때 weights은 일련의 화물을 나타내며 weights[i]의 값은 i번째 물건의 무게를 나타낸다. 화물은 나눌 수 없고 반드시 순서대로 운송해야 한다.

이때 D일 내에 모든 운송을 완료할 수 있는 화물의 최소 운반 능력을 계산하는 알고리즘을 작성해 보자.

함수 시그니처는 다음과 같다.

```
int shipWithinDays(int[] weights, int D);
```

예를 들어 weights = [1,2,3,4,5,6,7,8,9,10], D = 5일 때 알고리즘은 15를 반환한다.

5일 이내에 배송이 완료되어야 하므로 다음과 같다.

1일차는 5개 화물 1, 2, 3, 4, 5를 운송한다. 2일차는 2개 화물 6, 7을 운송한다. 3일차는 하나의 화물 8을 운송한다. 4일차는 하나의 화물 9를 운송한다. 5일차는 하나의 화물 10을 운송한다.

따라서 선박의 최소 하중은 15가 되어야 하며 더 작으면 5일을 초과하게 된다.

기본적으로 바나나 먹는 Koko 문제와 같다. 먼저 최소 하중(cap)의 최솟값과 최댓값을 max(weights)와 sum(weights)로 구분한다.

무차별 대입 알고리즘이라면 [max(weights), sum(weights)] 구간에서 탐색을 진행할 수 있다.

최소 하중이 필요하므로 왼쪽 경계를 탐색하는 이진 탐색 알고리즘을 통해 선형 탐색을 최적화할 수 있다.

```
// 왼쪽 경계를 찾는 이진 탐색
int shipWithinDays(int[] weights, int D) {
    // 가능한 하중의 최솟값
  int left = getMax(weights);
    // 가능한 하중의 최댓값 + 1
  int right = getSum(weights) + 1;
  while (left < right) {
    int mid= left+(right-left) / 2;
    if (canFinish(weights, D, mid)) {
      right = mid;
    } else {
      left= mid + 1;
    }
```

```
  }
  return left;
}

// 하중이 cap인 경우 D일 이내 운송 완료가 가능할까?
boolean canFinish(int[] w, int D, int cap) {
  int i = 0;
  for (int day= 0; day < D; day++) {
    int maxCap = cap;
    while ((maxCap -= w[i]) >= 0) {
      i++;
      if (i == w.length)
        return true;
    }
  }
  return false;
}
```

두 가지 예를 통해 실제 문제에서 응용되는 이진 탐색을 이해할 수 있을 것이다. 보통 먼저 무차별 탐색 알고리즘을 작성한 뒤 이진 탐색을 통한 최적화의 방법을 찾아 이진 탐색 알고리즘을 작성한다.

5.4 빗물 받는 문제의 효율적인 해결 방법

빗물 받는 문제[63]는 면접에서 자주 등장하는 흥미로운 문제이다. 이번 절에서는 단계별로 최적화하며 문제를 설명한다.

문제는 다음과 같다.

길이가 n인 nums 배열은 2차 평면에서 일렬로 늘어선 너비가 1인 기둥으로 각 요소 nums[i]는 i번째 기둥의 높이를 의미하며 이 수는 음수가 아닌 정수이다. 이때 비가 오면 기둥에 담을 수 있는 빗물의 양을 계산해보자.

단순하게 설명하면 하나의 배열을 사용해 막대 그래프를 표현하며 막대 그래프가 받을 수 있는 최대 물의 양을 계산한다.

함수 시그니처는 다음과 같다.

---

63 옮긴이 https://leetcode.com/problems/trapping-rain-water/

```
int trap(int[] height);
```

예를 들어 height = [0,1,0,2,1,0,1,3,1,1,2,1]이 있을 때 출력은 7이며 다음 그림과 같다.

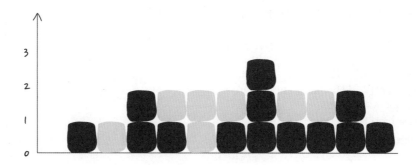

다음에서 무차별 탐색 → 메모 해법 → 투 포인터 해법의 순서로 심화하여 소개하며 $O(N)$의 시간과 $O(1)$의 공간 내에서 이 문제를 해결한다.

5.4.1 핵심 아이디어

처음 이 문제를 접했을 때 아무런 방법과 생각이 떠오르지 않았다. 많은 사람이 그럴 것으로 예상한다. 이와 같은 문제는 전체가 아니라 부분을 생각해야 한다. 문자열 문제를 처리할 때 문자열 전체를 처리할 방법을 생각하는 것이 아니라 하나하나의 문자를 처리할 방법을 찾는 것과 같다.

이와 같은 방식으로 생각해보면 이 문제의 아이디어는 매우 간단하다. 위치 i에 얼마나 많은 물을 담을 수 있을까?

2그리드의 물을 담을 수 있다. 왜 정확히 2그리드일까? height[i]의 높이는 0이므로 최대 2그리드의 물(2-0=2)을 담을 수 있기 때문이다.

위치 i에서 최대 2그리드의 물을 담을 수 있는 이유는 무엇일까? i에서 도달할 수 있는 기둥의 높이는 왼쪽의 최고 높은 기둥과 오른쪽의 최고 높은 기둥과 관련이 있기 때문이다. 두 기둥의 높이를 l_max 와 r_max로 구분했을 때 위치 i의 최대 물기둥의 높이는 min(l_max, r_max)이다.

다시 말해 위치 i에 채울 수 있는 최대 물의 양은 다음과 같다.

```
water[i] = min(
    # 왼쪽의 최고 높은 기둥
    max(height[0..i]),
    # 오른쪽의 최고 높은 기둥
    max(height[i..n-1])
) - height[i]
```

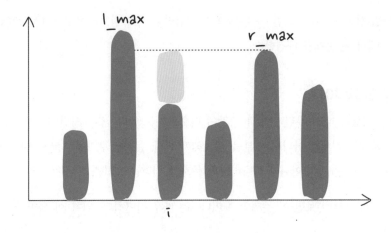

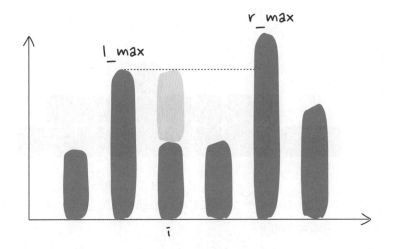

이것이 문제의 핵심으로 간단하게 무차별 대입 알고리즘을 작성할 수 있다.

```cpp
int trap(vector<int>& height) {
  int n = height.size();
  int ans= 0;
  for (int i = 1; i < n - 1; i++) {
    int l_max = 0, r_max = 0;
    // 오른쪽의 가장 높은 기둥 찾기
    for (int j = i; j < n; j++)
      r_max = max(r_max, height[j]);
    // 왼쪽의 가장 높은 기둥 찾기
    for (int j = i; j >= 0; j--)
      l_max = max(l_max, height[j]);
    // 담을 수 있는 물의 양 계산
    ans += min(l_max, r_max) - height[i];
  }
  return ans;
}
```

이 아이디어에 따르면 해법의 시간 복잡도는 $O(N^2)$, 공간 복잡도는 $O(1)$이다. 그러나 이와 같이 r_max와 l_max를 계산하는 것은 완벽하지 않으므로 쉽게 생각할 수 있는 최적화 방법은 메모memoization이다.

5.4.2 메모 최적화

앞의 무차별 대입은 각 위치 i에서 r_max와 l_max를 계산한다. 결과를 직접 캐시에 넣고 각 위치마다 계산을 수행하는 시간을 줄이면 시간 복잡도를 줄일 수 있다.

동적 계획법에서 다루어 본 부분으로 두 배열 r_max와 l_max를 메모로 사용한다.

l_max[i]는 nums[0..i]에서 가장 높은 기둥의 높이이며 r_max[i]는 nums[i..n-1]에서 가장 높은 기둥의 높이이다.

반복 계산을 피하기 위해 두 배열을 미리 계산한다.

```cpp
int trap(vector<int>& height) {
  if (height.empty()) return 0;
  int n = height.size();
  int ans = 0;
  // 배열을 메모로 사용
  vector<int> l_max(n), r_max(n);
```

```
  // base case 초기화
  l_max[0] = height[0];
  r_max[n - 1] = height[n - 1];
  // 왼쪽에서 오른쪽으로 l_max 계산
  for (int i = 1; i < n; i++)
    l_max[i] = max(height[i], l_max[i - 1]);
  // 오른쪽에서 왼쪽으로 r_max 계산
  for (int i = n-2; i >= 0; i--)
    r_max[i] = max(height[i], r_max[i + 1]);
  // 답 계산
  for (int i = 1; i < n-1; i++)
    ans += min(l_max[i], r_max[i]) - height[i];
  return ans;
}
```

이 최적화는 무차별 대입의 반복 계산을 피하고 시간 복잡도도 $O(N)$로 최적화했으나 공간 복잡도는 $O(N)$이다. 다음에서 공간 복잡도를 $O(1)$로 줄이는 해법을 알아보자.

5.4.3 투 포인터 해법

이 해법의 아이디어는 앞의 해법과 완전히 동일하지만 구현 방법이 영리하다. 여기서는 메모를 사용하지 않고 투 포인터를 사용하여 공간 복잡도를 줄여보자.

먼저 부분 코드를 확인해보자.

```
int trap(vector<int>& height) {
  int n = height.size();
  int left = 0, right = n - 1;

  int l_max = height[0];
  int r_max = height[n - 1];

  while (left <= right) {
    l_max = max(l_max, height[left]);
    r_max = max(r_max, height[right]);
    left++; right--;
  }
}
```

이 코드에서 l_max와 r_max는 무엇을 의미할까?

간단하다. l_max는 height[0..left]에서 가장 높은 기둥의 높이이며, r_max는 height [right..
n-1]의 가장 높은 기둥의 높이이다.

이것을 이해한 뒤 해법을 직접 확인해보자.

```cpp
int trap(vector<int>& height) {
  if (height.empty()) return 0;
  int n = height.size();
  int left = 0, right = n - 1;
  int ans = 0;

  int l_max = height[0];
  int r_max = height[n - 1];

  while (left <= right) {
    l_max = max(l_max, height[left]);
    r_max = max(r_max, height[right]);

    // ans += min(l_max, r_max) - height[i]
    if (l_max < r_max) {
      ans += l_max - height[left];
      left++;
    } else {
      ans += r_max - height[right];
      right--;
    }
  }
  return ans;
}
```

핵심 아이디어는 이전과 동일하며 형식만 변경하고 내용은 변경하지 않는다. 그러나 주의 깊은 독자
는 이 해법이 세부적으로 조금 다른 것을 알 수 있다.

앞의 메모 해법에서 l_max[i]와 r_max[i]는 height[0..i]와 height[i..n-1]의 최고 기둥 높이를
의미한다.

```cpp
ans += min(l_max[i], r_max[i]) - height[i];
```

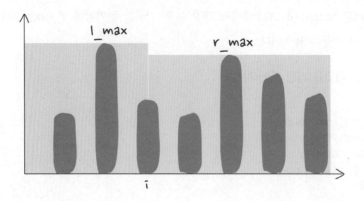

그러나 투 포인터의 l_max와 r_max는 height[0..left]와 height[right..n-1]의 가장 높은 기둥을 의미한다. 예를 들면 다음과 같다.

```
if (l_max < r_max) {
  ans += l_max - height[left];
  left++;
}
```

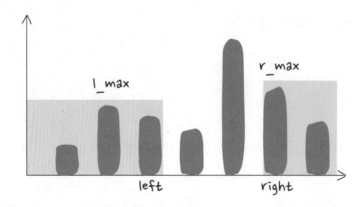

이때 l_max는 left 포인터의 왼쪽에서 가장 높은 기둥이지만 r_max는 반드시 left 포인터의 오른쪽의 가장 큰 포인터는 아니다. 이것으로 정확한 답을 얻을 수 있을까?

사실 이 문제는 생각해보면 min(l_max, r_max)만 신경 쓰면 된다. 위 그림의 상황에서 이미 l_max < r_max인 것을 알고 있으므로 r_max가 오른쪽에서 가장 큰 값인지의 여부는 중요하지 않으며 height[i]가 담을 수 있는 물의 양이 l_max와 관련이 있는 것이 중요하다.

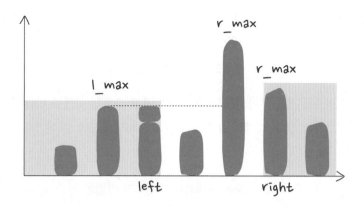

투 포인터 해법이 완성되었으며 시간 복잡도는 $O(N)$, 공간 복잡도는 $O(1)$이 된다.

5.5 정렬된 배열의 중복 요소 제거

배열은 끝에 요소를 삽입하거나 삭제하는 것이 더 효율적이며 시간 복잡도는 $O(1)$이다. 배열의 처음이나 중간에 요소를 삽입하거나 삭제하는 경우에는 데이터의 이동이 필요하므로 효율이 낮고 시간 복잡도는 $O(N)$이 된다.

따라서 일반적인 배열 처리 알고리즘 문제는 시간 복잡도의 증가를 피하고자 최대한 배열 끝의 요소를 조작하도록 한다.

먼저 정렬된 배열의 중복을 제거하는 방법에 대해 알아보자. 문제[64]는 다음과 같다.

정렬된 배열을 입력하면 중복 요소를 제거하여 각 요소는 하나씩만 존재하도록 하고 중복이 제거된 배열의 길이를 반환한다.

함수 시그니처는 다음과 같다.

```
int removeDuplicates(int[] nums);
```

예를 들어 nums = [0,1,1,2,3,3,4]가 있을 때 알고리즘은 5를 반환한다. nums의 앞 5개 요소는 [0,1,2,3,4]가 되며 뒤의 요소는 신경 쓸 필요가 없다.

---

64 [옮긴이] https://leetcode.com/problems/remove-duplicates-from-sorted-array/

배열은 이미 정렬되어 있으므로 중복 요소는 연달아 존재하고 이를 찾기는 어렵지 않다. 중복 요소를 발견하면 즉시 삭제를 진행하지만, 배열의 중간 요소를 삭제하므로 전체 시간 복잡도는 $O(N^2)$이 된다. 문제에서는 보조함수 없이 바로 수정을 요구하므로 공간 복잡도는 $O(1)$이 되어야 한다.

사실 배열 관련 알고리즘 문제는 통용되는 기법이 있다. 중간 요소의 삭제를 피하려면 요소를 끝으로 이동하는 방법을 생각해야 한다. 삭제할 요소들을 하나씩 배열의 끝으로 옮기면 각 조작의 시간 복잡도는 $O(1)$로 낮아진다.

이 아이디어에 따르면 유사한 요구 사항을 해결하는 일반적인 방법인 이중 포인터 기법을 사용할 수 있다. 구체적으로 말하면 fast, slow 포인터이다.

slow 포인터는 뒤에서 이동하고 fast 포인터는 앞에서 탐색하며 중복되지 않는 요소를 찾으면 slow의 위치에 요소를 채워 넣고 slow는 한 단계 앞으로 이동한다. fast 포인터가 nums 배열의 순회를 완료하면 nums[0..slow]는 중복되지 않는 요소이며 뒤의 요소는 모두 중복되는 요소가 된다.

```
int removeDuplicates(int[] nums) {
  int n = nums.length;
  if (n == 0) return 0;
  int slow = 0, fast = 1;
  while (fast < n) {
    if (nums[fast] != nums[slow]) {
      slow++;
      // 중복 없이 nums[0..slow] 유지
      nums[slow] = nums[fast];
    }
    fast++;
  }
  // 길이는 인덱스+1
  return slow + 1;
}
```

알고리즘의 실행 과정을 확인해보자.

qr코드 스캔

만약 정렬된 연결 리스트가 주어지는 경우에는 어떻게 중복을 제거할까? 배열과 완전히 똑같으며 유일한 차이점은 배열의 할당 작업이 포인터 조작으로 바뀐다는 점이다.

```
ListNode deleteDuplicates(ListNode head) {
  if (head == null) return null;
  ListNode slow = head, fast = head.next;
  while (fast != null) {
    if (fast.val != slow.val) {
      // nums[slow] = nums[fast];
      slow.next = fast;
      // slow++
      slow = slow.next;
    }
    // fast++
    fast = fast.next;
  }
  // 다음 반복 요소의 연결 끊기
  slow.next = null;
  return head;
}
```

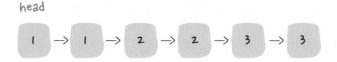

qr코드 스캔

5.6 최장 회문 부분 문자열 찾기

회문 문자열은 면접에서 자주 접하는 문제다(문제 자체에 큰 의미는 없다). 이번 절에서는 회문 문자열 문제의 핵심 아이디어를 알아보자.

먼저 회문 문자열이 무엇일까? 회문 문자열은 바르게 읽거나 거꾸로 읽어도 모두 같은 문자열이다. 예를 들어 문자열 aba와 abba는 모두 회문이다. 문자열이 대칭이며 거꾸로 뒤집어도 기존의 문자열과 같다. abac는 회문이 아니다.

회문 문자열의 길이는 짝수 또는 홀수일 수 있으며 이에 따라 난이도가 높아진다. 이 유형의 문제를 해결하는 핵심은 투 포인터이다.

문제[65]는 매우 간단하다. 문자열 s가 있을 때 문자열의 최장 회문 부분 문자열을 반환한다.

함수 시그니처는 다음과 같다.

```
string longestPalindrome(string s);
```

예를 들어 s = acaba일 때 알고리즘은 aca를 반환하거나 aba를 반환한다.

5.6.1 아이디어

먼저 문자열 s가 주어졌을 때 s에서 회문 부분 문자열을 찾는 방법에 대해 생각해보자.

회문 문자열은 흥미로운 주제이다. 정방향과 역방향 모두 같은 문자열이므로 s를 뒤집었을 때를 s'로 칭하겠다. s와 s'의 최장 긴 공통 문자열이 최장 회문 부분 문자열이라고 볼 수 있다.

예를 들어 s = abacd가 있을 때 뒤집으면 dcaba가 된다. 두 문자열의 최장 공통 문자열은 aba이므로 이것이 최장 회문 부분 문자열이 된다고 생각할 수 있다.

그러나 이는 잘못된 생각이다. 예를 들어 aacxycaa가 있을 때 뒤집으면 aacyxcaa가 된다. 두 문자열에서 가장 긴 공통 문자열은 aac이지만 최장 회문 부분 문자열은 aa이기 때문이다.

비록 해결하는 아이디어는 옳지 않지만, 문제를 다른 형식으로 변환하는 사고 방식은 좋게 볼 수 있다. 이제 투 포인터를 사용해 정확한 답을 구하는 방법을 알아보자.

회문 문자열을 찾는 핵심 아이디어는 중간에서 시작하여 양끝으로 확산하면서 회문을 판단하는 것이다. 최장 회문 부분 문자열은 다음의 의미를 갖는다.

```
for 0 <= i < len(s):
    s[i]를 중심으로 회문 문자열을 탐색
    탐색한 회문 문자열의 길이를 기반으로 답 업데이트
```

그러나 앞에서 언급한 대로 회문 문자열의 길이는 짝수 또는 홀수일 수 있다. 만약 abba의 경우와 같이 중심이 되는 문자가 없으면 앞의 알고리즘이 작동하지 않는다. 따라서 다음과 같이 수정할 수 있다.

---

65   [옮긴이] https://leetcode.com/problems/longest-palindromic-substring/

```
for 0 <= i < len(s):
    s[i]를 중심으로 회문 문자열 탐색
    s[i]와 s[i+1]를 중심으로 회문 문자열 탐색
    답 업데이트
```

s[i+1]에서 인덱스가 범위를 벗어날 수 있으므로 특정 코드 구현에서 이를 처리한다.

5.6.2 코드 구현

위 아이디어에 따르면 최장 회문 부분 문자열을 찾는 함수를 먼저 구현하며 이 함수는 약간의 기술이 필요하다.

```
// s[l]과 s[r]부터 양 끝으로 확장
// s[l]과 s[r]을 중심으로 최장 회문 부분 문자열 반환
string palindrome(string& s, int l, int r) {
    // 인덱스 범위 벗어남 방지
    while (l >= 0&&r<s.size()&&s[l]== s[r]){
        l--; r++;
    }
    return s.substr(l + 1, r - l - 1);
}
```

왜 두 인덱스 포인터 l과 r을 전달할까? 이를 통해 홀수와 짝수의 경우를 모두 처리할 수 있기 때문이다.

```
for 0 <= i < len(s):
    # s[i]를 중심으로 회문 문자열 탐색
    palindrome(s, i, i)
    # s[i]와 s[i+1]을 중심으로 회문 문자열 탐색
    palindrome(s, i, i + 1)
    답 업데이트
```

l과 r이 같으면 홀수의 회문 문자열을 찾고 다르면 짝수의 회문 문자열을 찾는다.

그럼 longestPalindrome의 전체 코드를 확인해보자.

```
string longestPalindrome(string s) {
    string res;
    for (int i = 0; i < s.size(); i++){
        // 길이가 홀수인 회문 문자열 탐색
```

```
    string s1 = palindrome(s, i, i);
    // 길이가 짝수인 회문 문자열 탐색
    string s2 = palindrome(s, i, i + 1);
    // res = longest(res, s1, s2)
    res = res.size() > s1.size() ? res : s1;
    res = res.size() > s2.size() ? res : s2;
  }
  return res;
}
```

이것으로 최장 회문 부분 문자열 문제가 해결되었으며 시간 복잡도는 $O(N^2)$, 공간 복잡도는 $O(1)$이다.

간단한 최적화가 하나 더 있다. 앞의 해법에서는 palindrome 함수가 직접 문자열을 반환하지만 문자열을 구성하는 작업에는 시간과 공간이 필요하다. 따라서 전역 변수를 사용해 결과 문자열의 start와 end 인덱스를 기록해두면 palindrome 함수는 직접 문자열을 반환하지 않고 start와 end 값을 업데이트하여 최종적으로 결과를 얻을 수 있다. 그러나 Big O 표기법에 따른 시간 복잡도는 동일하다.

이 문제는 동적 계획법을 사용해도 해결할 수 있다. 시간 복잡도는 동일하지만 DP table을 저장하기 위한 공간 복잡도는 최소 $O(N^2)$이 필요하다. 이 문제는 동적 계획법이 최적의 해법이 아닌 드문 문제 중 하나이다.

그리고 이 문제의 또 다른 해법이 있다. 이 해법의 시간 복잡도는 $O(N)$이지만 더 복잡하므로 반드시 확인해야 할 필요는 없다. 하지만 흥미가 있는 독자는 매니커 알고리즘Manacher's Algorithm[66]을 찾아보길 바란다.

5.7 탐욕 알고리즘을 활용한 점프 게임

탐욕 알고리즘은 특수한 동적 계획법 문제의 하나로 이해될 수 있으며, 특수한 속성을 갖고 있어 동적 계획법 알고리즘의 시간 복잡도를 더욱 줄일 수 있다. 이번 절은 기본적인 탐욕 알고리즘인 점프 게임 I과 점프 게임 II에 대해 설명한다.

두 가지 문제는 동적 계획법과 탐욕 알고리즘을 사용해 해결할 수 있다. 실습을 통해 탐욕 알고리즘과 동적 계획법의 차이점과 연관성에 대해 더 깊이 이해해보자.

---

66 [옮긴이] 다음 문서 참고. https://en.wikipedia.org/wiki/Longest_palindromic_substring#Manacher's_algorithm

5.7.1 점프 게임 I

이 문제[67]의 난이도는 Medium이지만 실제로는 간단하다. 문제는 다음과 같다.

음수가 아닌 정수의 배열 nums가 있다. 배열의 요소 nums[i]는 위치 i에 서 있을 때 앞으로 이동할 수 있는 최대 점프의 수를 나타낸다. 첫 번째 위치 nums[0]에 서 있을 때 nums의 마지막 요소로 점프할 수 있을지 확인한다.

함수 시그니처는 다음과 같다.

```
bool canJump(vector<int>& nums);
```

예를 들어 nums = [2,3,1,1,4]일 때 알고리즘은 true를 반환한다. nums[0]에서 앞으로 1번 점프하면 nums[1]로 이동하게 되고, 여기서 3번 점프하면 마지막 위치에 도달할 수 있다(물론 다른 점프 방법도 있다).

다른 예로 nums = [3,2,1,0,4]일 때 알고리즘은 false를 반환한다. 어떤 위치에서도 알고리즘은 nums[3]으로 점프하게 되는데 이 위치에서는 앞으로 이동할 수 없기 때문이다. 따라서 이 상황에서는 마지막 위치로 이동할 수 없다.

독자가 느꼈을지 모르지만 동적 계획법과 관련된 문제는 최장 증가 수열, 최소 편집 거리, 최장 공통 부분 수열 등 대부분이 최댓값을 요구하는 문제다. 이는 동적 계획법 자체가 운영 연구에서 최댓값을 찾는 알고리즘이기 때문이다.

탐욕 알고리즘 또한 특수한 동적 계획법의 한 종류이므로 최댓값을 요구한다. 이 문제는 표면적으로는 최댓값을 요구하는 것은 아니지만 고쳐볼 수 있다.

문제의 점프 규칙에 따르면 얼마나 멀리 뛰어넘을 수 있을까? 만약 마지막 위치를 뛰어넘었을 때는 true를 반환할까? 아니면 false를 반환할까?

이와 같이 이 문제는 동적 계획법을 사용해 해결할 수 있다. 그러나 이는 간단하기 때문에, 동적 계획법과 탐욕 알고리즘의 방법을 함께 비교해보자.

먼저 탐욕 알고리즘greedy algorithm의 아이디어를 살펴보자.

---

67 [옮긴이] https://leetcode.com/problems/jump-game/

```
bool canJump(vector<int>& nums) {
  int n = nums.size();
  int farthest = 0;
  for (int i = 0; i < n - 1; i++) {
    // 점프할 수 있는 가장 먼 거리를 계속 계산
    farthest = max(farthest, i + nums[i]);
    // 0을 만나면 움직일 수 없음
    if (farthest <= i) return false;
  }
  return farthest >= n - 1;
}
```

만약 비슷한 문제를 풀어본 적이 없다면 이 해법을 어렵다고 생각할 수도 있다. 그러나 단계마다 현재 위치에서 가장 멀리 점프할 수 있는 값을 계산하고 전역의 최적 해인 `farthest`와 비교하여 전역의 최적의 해를 업데이트하는 것이 바로 탐욕 알고리즘이다.

이것은 매우 간단하다. 그러나 이 문제를 보고 다음 문제를 보게 되면 그렇게 간단하지 않다는 것을 알 수 있다.

5.7.2 점프 게임 II

점프 게임 II[68]도 배열을 점프하는 문제이지만 난이도는 Medium이다.

입력은 같은 nums 배열이며 nums[i]는 여전히 위치 i에서 이동할 수 있는 최대 점프의 최대 수를 의미한다. 추가로 마지막까지 도착할 수 있는 상황에서는 최소 몇 번을 점프해야 도착할 수 있을지 계산한다.

함수 시그니처는 다음과 같다.

```
int jump(vector<int>& nums);
```

예를 들어 nums = [2,3,1,1,4]일 때 알고리즘은 2를 반환한다. 먼저 nums[0]에서 1번 점프하면 nums[1]이 되고 다시 3번 점프하면 마지막 위치에 도착한다. 물론 다른 방법도 있지만, 다른 방법은 모두 움직임이 더 많아진다. 점프가 많을수록 좋은 것은 아니다.

---

68 [옮긴이] https://leetcode.com/problems/jump-game-ii/

이런 문제를 만나게 되면 동적 계획법을 생각해야 한다. **1.2절**의 프레임에 따라 이 문제의 '상태'는 현재 서 있는 인덱스의 위치 p이며, '선택'은 점프할 수 있는 수로 0에서 nums[p]이다.

하향식 재귀 동적 계획법을 사용하는 경우에는 다음과 같이 dp 함수를 정의할 수 있다.

```
// 정의: 인덱스 p에서 마지막으로 이동하려면 최소 dp(nums, p) 단계가 필요
int dp(vector<int>& nums, int p);
```

원하는 결과는 dp(nums, 0)이며 base case는 p가 마지막 위치를 초과할 때 점프가 필요하지 않다는 것이다.

```
if (p >= nums.size() - 1) {
  return 0;
}
```

무차별 탐색으로 가능한 모든 점프를 탐색하고 memo를 통해 하위 중복 문제를 제거하여 최솟값을 답으로 정한다.

```
// 메모
vector<int> memo;
/* 주함수 */
int jump(vector<int>& nums) {
  int n = nums.size();
  // 메모를 n으로 초기화, INT_MAX와 같음
  // 0에서 n-1로 점프는 n-1을 초과하지 않음
  memo = vector<int>(n, n);
  return dp(nums, 0);
}

/* 인덱스 p에서 마지막으로 점프할 때 필요한 최소 수 반환 */
int dp(vector<int>& nums, int p) {
  int n = nums.size();
  // base case
  if (p >= n - 1){
    return 0;
  }
  // 하위 문제는 이미 계산함
  if (memo[p] != n) {
    return memo[p];
  }
  int steps = nums[p];
```

```
// 각 선택의 무차별 탐색
// 1점프, 2점프, ...nums[p]점프 선택 가능
for (int i = 1; i <= steps; i++) {
  // 각 하위 문제 결과 계산
  int subProblem = dp(nums, p + i);
  // 최솟값을 최종 결과로 가져오기
  memo[p] = min(memo[p], subProblem + 1);
}
return memo[p];
}
```

이 알고리즘의 시간 복잡도는 재귀 깊이 × 각 재귀의 시간 복잡도로, $O(N^2)$이다. LeetCode에 제출하면 시간 초과로 일부 케이스를 통과할 수 없을 것이다.

탐욕 알고리즘은 동적 계획법과 다른 속성이 하나 더 있으며 바로 탐욕 선택 속성이다. 딱딱한 수학적 정의는 좋아하지 않을 테니 속성을 확인할 수 있는 직관적인 문제를 살펴보자.

앞의 동적 계획법 아이디어는 모든 하위 문제를 무차별 탐색하여 최솟값을 결과로 사용한다. 핵심 코드 프레임은 다음과 같다.

```
int steps = nums[p];
// 1점프, 2점프 선택 가능
for (int i = 1; i <= steps; i++) {
  // 각 하위 문제 결과 계산
  int subProblem = dp(nums, p + i);
  res = min(subProblem + 1, res);
}
```

for 루프에 하위 문제의 재귀 계산이 있어 동적 계획법의 시간 복잡도가 증가하는 원인이 된다. 그렇다면 각 하위 문제의 결과를 반드시 재귀적으로 계산한 뒤 최댓값을 구해야 할까?

직관적으로 생각해보면 재귀 없이도 어떤 선택이 가장 잠재력이 있는지 판단할 수 있으면 된다.

예를 들어 다음과 같은 상황에서 인덱스 0의 위치에 있을 때 1, 2 또는 3의 위치를 선택할 수 있다. 어떤 것을 선택해야 할까?

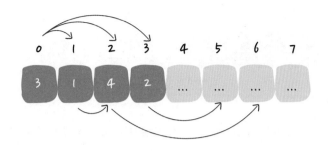

동적 계획법 알고리즘의 전략은 세 가지 '선택'의 모든 결과를 재귀적으로 계산하여 최솟값을 선택하는 것이다.

그러나 조금만 살펴보면 nums[2]로 이동해야 하는 것을 알 수 있다. nums[2]는 점프 가능한 인덱스 구간 [3..6]을 포함해서 다른 위치보다 크기 때문이다. 만약 최소 점프 수를 찾으려면 인덱스 2로 점프하는 것이 최선의 선택이다.

이것이 탐욕 선택의 특성이다. '재귀적'으로 모든 선택의 결과를 계산한 뒤 최댓값을 구하는 것이 아니라 가장 '잠재력'이 큰 것을 선택하여 최적으로 보이는 것을 선택하면 된다.

이제 코드를 작성해보자.

```cpp
int jump(vector<int>& nums) {
  int n = nums.size();
  // 인덱스 i에 서서 최대 인덱스 end로 점프할 수 있음
  int end = 0;
  // 인덱스 [i..end]에서 가장 먼 거리 점프
  int farthest = 0;
  // 점프 횟수 기록
  int jumps = 0;
  for (int i = 0; i < n - 1; i++) {
    farthest = max(nums[i] + i, farthest);
    if (end== i){
      jumps++;
      end = farthest;
    }
  }
  return jumps;
}
```

앞의 그림과 이 그림을 결합하면 짧고 간결한 코드의 의미를 알 수 있다.

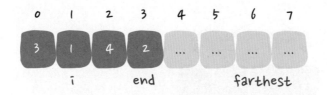

i와 end는 선택할 수 있는 점프의 수를 제한하고 farthest는 모든 선택 [i..end]에서 가장 멀리 점프할 수 있는 거리를 표시하며 jumps는 점수 횟수를 기록한다.

이 알고리즘의 시간 복잡도는 $O(N)$, 공간 복잡도는 $O(1)$로 매우 효율적이라고 할 수 있으며 동적 계획법 알고리즘과 비교할 수 없이 좋다.

이것으로 두 가지 점프 문제는 모두 탐욕 알고리즘을 통해 해결되었다.

탐욕 선택 속성에 대한 수학적 증명에 흥미가 있는 독자는 《Introduction to Algorithms, 3판》(한빛아카데미, 2014)의 16장에서 탐욕 알고리즘을 소개하고 있으므로 참고하자. 지면의 제약으로 여기서는 설명하지 않는다.

실제로 탐욕 알고리즘을 사용하는 곳이 많다. 예를 들어 허프먼 코딩Huffman coding도 기본적인 탐욕 알고리즘을 응용한다. 탐욕 알고리즘은 최적의 해법 탐색에 사용되는 것보다 여행하는 세일즈맨 문제와 같이 시간을 절약하는 차선의 해법을 찾는 데 사용된다.

그러나 우리가 자주 접하는 탐욕 알고리즘 문제는 이번 절과 같이 대부분 한눈에 알 수 있다.

동적 계획법을 사용해 먼저 해법을 구하고 시간 초과가 발생하면 문제가 탐욕 선택 특성이 있다고 보면 된다.

5.8 탐욕 알고리즘을 사용한 시간 관리

탐욕 알고리즘이 무엇일까? 탐욕 알고리즘은 동적 계획법의 특수한 경우로 볼 수 있다. 동적 계획법과 비교하면 탐욕 알고리즘은 더 많은 조건(탐욕 선택 속성)을 충족해야 하지만 효율은 더 높다.

예를 들어 알고리즘 문제에 무차별 대입을 사용하면 지수 수준의 시간이 소요된다. 만약 동적 계획법을 사용해 하위 중복 문제를 제거할 수 있으면 시간은 다항식 수준으로 줄어든다. 만약 탐욕 선택 속성을 만족하면 시간 복잡도를 더 줄일 수 있으며 선형 수준으로 감소한다.

탐욕 선택 속성이 무엇일까? 간단하게 말하면 각 단계는 부분으로 최적의 선택을 하고 최종 결과는 전역으로 최적의 선택을 하는 것이다. 이것은 특수한 속성으로 일부 문제만 이 속성을 갖는다.

예를 들어 100장의 지폐가 있을 때 10장만 가져갈 수 있다고 하면 어떤 선택이 가장 많은 금액을 가져갈 수 있을까? 물론 남은 지폐 중 매번 가장 큰 금액의 지폐를 선택해야 하므로 결국 선택은 최선일 것이다.

그러나 대부분의 문제는 탐욕 선택 속성이 없다. 예를 들어 카드 게임에서 내야 할 카드를 선택할 때는 탐욕 알고리즘이 아니라 동적 계획법을 사용해야 한다.

5.8.1 문제 설명

이번 절에서는 기본적인 탐욕 알고리즘 문제인 Interval Scheduling(구간 배치 문제)에 대해 알아보자. [start, end] 형식의 닫힌 구간이 있을 때 이 구간에서 서로 교차되지 않는 구간이 몇 개인지 계산하는 알고리즘을 작성한다.

함수 시그니처는 다음과 같다.

```
int intervalSchedule(int[][] intvs);
```

예를 들어 intvs = [[1,3], [2,4], [3,6]]이 있을 때 이 구간에서 [[1,3],[3,6]]의 2개 구간이 서로 교차하지 않으므로 알고리즘은 2를 반환한다. 참고로 동일한 경계는 교차로 계산하지 않는다.

이 문제는 생활 속에서 널리 사용된다. 예를 들어 하루에 여러 활동을 할 때 각 활동은 구간 [start, end]를 사용해 시작과 종료 시간을 표시할 수 있다. 하루에 최대 몇 가지 활동을 할 수 있을까? 동시에 두 가지 활동은 참여할 수 없으므로 이 문제는 서로 교차하지 않는 하부 집합을 찾는 것이다.

5.8.2 탐욕 알고리즘

이 문제는 많은 아이디어가 있지만 모두 정확한 답을 구할 수 없다. 예를 들면 선택 가능한 구간 중 가장 먼저 시작하는 구간을 선택할까? 어떤 구간은 일찍 시작하지만 시간이 길어서 짧은 구간을 놓칠 수도 있다. 또는 선택할 수 있는 구간 중 가장 짧은 구간을 선택할까? 또는 충돌이 가장 적은 구간을 선택할까? 이 방법들은 반대 사례를 쉽게 들 수 있으므로 정확한 방법이 될 수 없다.

정확한 아이디어는 사실 간단하며 다음 세 단계로 나눌 수 있다.

1. 구간 집합 intvs에서 하나의 구간 x를 선택한다. 이 x는 현재 모든 구간에서 종료가 가장 **빠르다** (최소 end).

2. 구간 집합 intvs에서 x구간과 교차하는 모든 구간을 제거한다.

3. intvs가 빌 때까지 1단계와 2단계를 반복한다. 앞에서 선택한 x는 교차하지 않는 최대 하부 집합이다.

이 아이디어를 알고리즘으로 구현하면 각 구간의 end값을 오름차순으로 정렬할 수 있으며 이 작업을 진행한 뒤 1단계와 2단계를 구현하면 훨씬 편리하다.

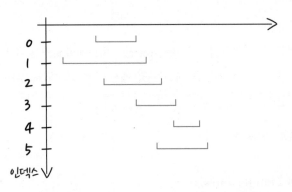

알고리즘의 구현을 위해 1단계에서 end는 가장 작은 x를 선택하는 것이 쉽다. 핵심은 x의 교차 구간을 제거하고 다음 순환의 x를 선택하는 것이다.

정렬을 먼저 진행했으므로 x와 교차하는 모든 구간이 x의 end와 교차하는 것을 찾는 것은 어렵지 않다. 만약 구간이 x의 end와 교차하지 않으려면 start는 반드시 x의 end보다 크거나 같아야 한다.

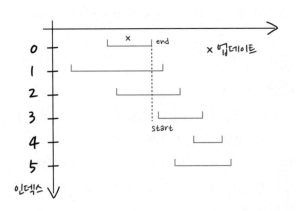

코드를 확인해보자.

```java
int intervalSchedule(int[][] intvs) {
  if (intvs.length == 0) return 0;
  // end로 오름차순 정렬
  Arrays.sort(intvs, new Comparator<int[]>() {
    public int compare(int[] a, int[] b) {
      return a[1] - b[1];
    }
  });
  // 최소 하나 이상의 구간이 교차하지 않음
  int count = 1;
  // 정렬 후 첫 번째 구간이 x
  int x_end = intvs[0][1];
  for (int[] interval : intvs) {
    int start = interval[0];
    if (start >= x_end) {
      // 다음 선택 구간 찾기
      count++;
      x_end = interval[1];
    }
  }
  return count;
}
```

5.8.3 응용 예시

다음은 구간 배치 알고리즘의 응용을 위한 몇 가지 구체적인 문제다.

먼저 중첩되지 않는 구간 문제[69]를 보자.

구간의 집합이 있을 때 구간이 겹치지 않으려면 최소한 몇 개의 구간을 제거해야 하는지 계산한다.

함수 시그니처는 다음과 같다.

```java
int eraseOverlapIntervals(int[][] intvs);
```

입력 구간의 끝점은 항상 시작점보다 크며, 경계가 같은 구간은 서로 닿아 있지만 겹치지 않는다고 가정한다.

---

69 (옮긴이) https://leetcode.com/problems/non-overlapping-intervals/

예를 들어 intvs = [[1,2],[2,3],[3,4],[1,3]]일 때 알고리즘은 1을 반환한다. [1,3]만 제거하면 남은 구간은 겹치지 않기 때문이다.

앞의 구간 배치 문제의 분석을 통해 '최대 몇 개의 구간이 중복되지 않는지' 구할 수 있다. 그렇다면 최소 몇 개의 구간을 제거해야 할까?

intervalSchedule 함수를 재사용해서 해법을 얻을 수 있다.

```
int eraseOverlapIntervals(int[][] intervals) {
  int n = intervals.length;
  return n - intervalSchedule(intervals);
}
```

그렇다면 이제 '가장 적은 화살을 사용해 풍선 터트리기' 문제[70]를 알아보자.

2차 평면에 많은 원형 풍선이 있다고 가정했을 때 이 풍선을 x축에 투영해서 하나의 구간을 만들 수 있다. 이때 x축을 따라 앞으로 나아가면서 수직으로 화살을 쏠 수 있다. 이때 적어도 몇 번을 쏘아야 풍선을 모두 터트릴 수 있을까?

함수 시그니처는 다음과 같다.

```
int findMinArrowShots(int[][] intvs);
```

예를 들어 [[10,16],[2,8],[1,6],[7,12]]가 있을 때 알고리즘은 2를 반환한다. x가 6일 때 화살을 쏘아 [2,8]과 [1,6]의 풍선을 터트릴 수 있으며 x가 10, 11, 12 중의 하나일 때 화살을 쏘아 [10,16], [7,12]의 풍선을 터트릴 수 있기 때문이다.

사실 조금만 생각해보면 이 문제는 구간 배치 알고리즘과 같다는 것을 알 수 있다. 중첩되지 않는 구간이 n개일 때 모든 구간을 뚫으려면 최소 n개의 화살이 필요하다.

---

70 [옮긴이] https://leetcode.com/problems/minimum-number-of-arrows-to-burst-balloons/

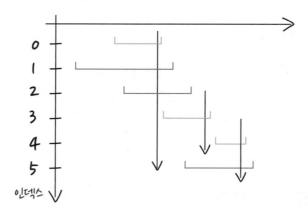

한 가지 차이점으로 intervalSchedule 알고리즘은 두 구간의 경계가 닿아 있어도 겹치는 것으로 간주하지 않는다. 그러나 이 문제는 풍선의 경계에 화살이 닿아도 풍선이 터지므로 구간의 경계도 겹치는 것으로 간주한다.

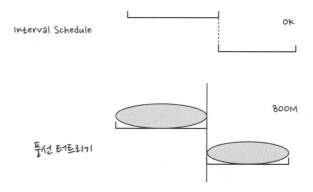

따라서 앞의 IntervalSchedule 알고리즘을 약간 수정하면 문제의 해답이 된다.

```java
int findMinArrowShots(int[][] intvs) {
  if (intvs.length == 0) return 0;
  Arrays.sort(intvs, new Comparator<int[]>() {
    public int compare(int[] a, int[] b) {
      return a[1] - b[1];
    }
  });

  int count = 1;
  int end = intvs[0][1];
  for (int[] interval : intvs) {
    int start = interval[0];
```

```
    // >= 를 >로 변경
    if (start > x_end) {
      count++;
      x_end = interval[1];
    }
  }
  return count;
}
```

5.9 괄호의 유효성 판단

'괄호의 유효성 판단' 문제[71]는 매우 기본적이면서 실용적인 문제다. 예를 들어 작성하는 코드에서 편집기와 컴파일러는 괄호가 제대로 닫혔는지 확인한다. 또한 코드에서는 조금 더 어려운 [] () {}의 세 종류의 괄호를 포함한다.

이번 절에서는 괄호의 유효성을 판단하는 알고리즘에 대해 확인하고 스택의 데이터 구조에 대해 더 깊이 알아보자.

[] () {}의 총 6가지 괄호를 포함하는 문자열이 있을 때 이 문자열을 구성하는 괄호의 유효성을 확인한다.

함수 시그니처는 다음과 같다.

```
bool isValid(string s);
```

예를 들어 s = "()[]{}"일 때 함수는 true를 반환한다. s = "([)]"일 때는 괄호가 유효하지 않으므로 false를 반환한다.

문제를 풀기 전에 난이도를 낮춰서 괄호가 ()의 한 종류만 있을 때 유효성을 판단하는 방법을 먼저 알아보자.

5.9.1 한 가지 유형의 괄호 처리

문자열에 소괄호만 있을 때 문자열의 괄호를 유효하게 하려면 다음과 같이 진행해야 한다.

---

71 (옮긴이) https://leetcode.com/problems/valid-parentheses/

모든) 소괄호는 반드시 왼쪽의 (괄호와 짝을 맞춰야 한다.

예를 들어 문자열 ()))((이 있을 때) 괄호가 세 개 연속으로 있지만 (괄호와 짝이 맞지 않으므로 이 괄호의 조합은 유효하지 않다.

이제 이 아이디어에 따라 알고리즘을 작성할 수 있다.

```
bool isValid(string str) {
  // 짝을 맞출 왼쪽 괄호 '(' 의 수
  int left = 0;
  for (char c : str){
    if (c == '(')
      left++;
    else // 오른쪽 괄호 ')' 만남
      left--;

    if (left < 0)
      return false;
  }
  return left == 0;
}
```

소괄호만 있으면 유효성을 정확하게 판단할 수 있다. 괄호의 유형이 세 개인 경우에는 이 아이디어를 모방해 세 개의 변수 left1, left2, left3을 정의하여 각 괄호를 처리하고, if else문을 여러 번 사용하면 문제를 해결할 수 있다고 생각할 수도 있다.

하지만 사실 이 아이디어를 그대로 복사하는 것은 불가능하다. 예를 들어 괄호가 한 가지 유형인 경우 (())의 상황은 유효하다. 그러나 [(])는 명백하게 유효하지 않은 것을 알 수 있다.

괄호마다 왼쪽 괄호 존재의 수를 기록하는 것만으로는 정확한 판단을 내릴 수 없다. 저장되는 정보의 양을 늘리고 스택을 사용해야 아이디어를 모방할 수 있다.

5.9.2 다양한 괄호 처리

스택은 괄호를 다룰 때 특히 유용한 데이터 구조이다.

이 문제에서는 left 스택을 사용해 앞의 left 변수를 대체한다. 왼쪽 괄호를 만나면 스택에 넣고 오른쪽 괄호를 만나면 스택으로 이동하여 최근에 넣은 왼쪽 괄호를 찾아 짝을 맞춘다.

```
bool isValid(string str) {
  stack<char> left;
  for (charc:str){
    if (c == '(' || c == '{' || c == '[') {
      // 왼쪽 괄호를 스택에 넣기
      left.push(c);
    } else {
      // 문자 c는 오른쪽 괄호
      if (!left.empty() && leftOf(c) == left.top())
        left.pop();
      else
        // 가장 가까운 왼쪽 괄호와 일치하지 않음
        return false;
    }
  }

  // 모든 왼쪽 괄호가 짝을 이루는지 여부
  return left.empty();
}

// 해당하는 왼쪽 괄호 유형 반환
char leftOf(char c) {
  if (c == '}') return '{';
  if (c == ')') return '(';
  return '[';
}
```

이와 같은 방식을 통해 여러 유형의 존재 여부와 상관없이 괄호의 유효성을 판단할 수 있다.

5.10 수험생의 좌석 배치

1 855. 시험장 좌석

이 문제는 LeetCode 855. 시험장 좌석 문제[72]로 재미있고 기술적이다. 이 유형의 문제는 동적 계획법과 같은 알고리즘이 아니라 데이터 구조에 대한 이해와 코딩 능력을 확인한다.

알고리즘 프레임은 사실 세부 사항을 조금씩 파고드는 것이다. 알고리즘 아이디어를 이해하더라도 스스로 연습하여 지식을 실천해야 내 것으로 만들 수 있다.

먼저 문제는 다음과 같다.

---

72 [옮긴이] https://leetcode.com/problems/exam-room/

N개의 좌석이 있는 시험장이 있으며 인덱스는 [0..N-1]이 된다. 수험생은 차례대로 입장하며 언제든지 시험장을 떠날 수 있다.

시험관은 자리 배치 시 응시자가 들어올 때마다 다른 사람과의 거리를 최대한 멀게 해야 한다.

만약 배치할 자리가 여러 개라면 인덱스가 가장 작은 위치를 선택한다.

이제 다음 클래스를 구현해보자.

```
class ExamRoom {
  // 생성자 함수, 전체 좌석 수 N 전달
  public ExamRoom(int N);
  // 응시자가 도착 시 지정된 자리 반환
  public int seat();
  // p 위치에 앉은 응시자가 떠남
  public void leave(int p);
}
```

예를 들어 시험장에 5개의 좌석이 있을 때 [0..4]로 분류한다.

첫 번째 응시자가 들어갈 때(seat() 호출) 어떤 자리라도 가능하지만 가장 작은 인덱스 위치로 배정하고 위치 0을 반환한다.

두 번째 응시자가 들어갈 때(seat() 다시 호출) 옆 사람과의 거리가 가장 멀어야 하므로 위치 4를 반환한다.

세 번째 응시자가 들어갈 때 옆 사람과 거리가 가장 멀어야 하므로 중간 위치인 좌석 2를 선택한다.

응시자가 한 명 더 들어오면 좌석1과 좌석3을 선택할 수 있으며 더 작은 인덱스인 1을 선택한다.

이를 통해 유추해보자.

앞에서 설명한 상황에서 leave 함수는 호출되지 않았지만 확실한 패턴을 찾을 수 있을 것이다.

만약 인접한 두 응시자를 선의 양 끝점으로 보면 새로 입장하는 응시자의 자리는 가장 긴 선을 찾아 이를 반으로 나눈 중간점으로 지정한다. leave(p)는 끝점인 p를 제거하는 것으로 인접한 두 선을 하나의 선으로 합치는 것이다.

핵심 아이디어는 간단하다. 따라서 이 문제는 데이터 구조에 대한 이해도를 확인하는 것으로 볼 수 있다. 앞의 논리를 구현하려면 어떤 데이터 구조를 사용해야 할까?

5.10.1 아이디어 분석

앞의 분석에 따라 먼저 시험장에 앉은 응시자를 선으로 추상화하여 크기가 2인 배열에 양 끝점의 인덱스를 저장한다.

또한 가장 긴 선을 찾고 제거하거나 추가한다.

보통 동적 계획법에서 최댓값을 구할 때 정렬된 데이터 구조를 사용해야 하며, 일반적으로 사용되는 데이터 구조는 이진 힙과 균형 이진 탐색 트리이다. 이진 힙에 의해 구현된 우선순위 큐의 최댓값을 구하는 시간 복잡도는 $O(\log N)$지만 최댓값만 삭제할 수 있다. 균형 이진 트리도 최댓값을 구하고 수정하거나 삭제할 수 있으며 시간 복잡도는 $O(\log N)$이다.

종합하면 이진 힙은 leave 작업을 만족할 수 없으므로, 균형 이진 트리를 사용해야 한다. 따라서 여기서는 자바의 데이터 구조인 TreeSet을 사용한다. TreeSet은 정렬된 데이터 구조로 기본 순서는 레드-블랙 트리(균형 이진 탐색 트리의 한 종류)에 의해 유지된다.

참고로 Set이나 Map을 당연하게 HashSet, HashMap으로 여길 수 있는데 이렇게 이해하면 약간 문제가 있을 수 있다.

HashSet/HashMap의 기본은 해시 함수와 배열로 구현되기 때문에 순회 순서가 고정되어 있지 않다. 그러나 효율이 좋아 시간 복잡도가 $O(1)$인 것이 특징이다.

Set/Map은 다른 기본 데이터 구조에 의존할 수 있다. 자주 볼 수 있는 것은 레드-블랙 트리로 자동으로 요소의 순서를 유지한다. 작업의 효율은 $O(\log N)$이다. 이것을 일반적으로 정렬된 Set/Map이라고 한다.

이번 절에서 사용하는 TreeSet은 정렬된 Set로, 선의 길이의 순서를 유지하고 빠르게 최대 선을 찾아 삭제하고 추가하는 것이 목적이다.

5.10.2 문제 단순화

먼저 선택 가능한 좌석이 여러 개라면 인덱스가 가장 작은 좌석을 선택한다. 문제를 단순화하여 잠시 이 요구 사항은 접어둔 상태로 아이디어를 구현해보자.

문제는 자주 사용되는 프로그래밍 기법인 '가상 라인'을 사용해 알고리즘이 정확하게 작동하도록 한다. 이는 연결 리스트와 관련된 알고리즘으로 '가상 헤드 노드'가 필요하다.

```java
// 끝점 p를 선의 왼쪽 끝점 p에 매핑
private Map<Integer, int[]> startMap;
// 끝점 p를 선의 오른쪽 끝점 p에 매핑
private Map<Integer, int[]> endMap;
// 선의 길이에 따라 선을 모두 저장
private TreeSet<int[]> pq;
private int N;

public ExamRoom(int N) {
  this.N = N;
  startMap = new HashMap<>();
  endMap = new HashMap<>();
  pq = new TreeSet<>((a, b) -> {
    // 두 선의 길이 계산
    int distA = distance(a);
    int distB = distance(b);
    // 길이가 더 긴 것이 더 크므로 뒤에 배치
    return distA - distB;
  });
  // 정렬된 Set에 가상 라인 넣기
  addInterval(new int[] {-1, N});
}

/* 선 제거 */
private void removeInterval(int[] intv) {
  pq.remove(intv);
  startMap.remove(intv[0]);
  endMap.remove(intv[1]);
}

/* 선 추가 */
private void addInterval(int[] intv) {
  pq.add(intv);
  startMap.put(intv[0], intv);
  endMap.put(intv[1], intv);
}

/* 선의 길이 계산 */
private int distance(int[] intv) {
  return intv[1] - intv[0] - 1;
}
```

'가상 라인'은 실제로 전체 좌석을 선으로 나타내기 위한 것이다.

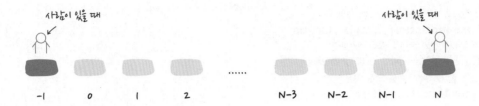

위의 설명을 통해 주요 API인 seat과 leave를 작성할 수 있다.

```java
public int seat() {
    // 정렬된 Set에서 가장 긴 선을 가져오기
    int[] longest = pq.last();
    int x = longest[0];
    int y = longest[1];
    int seat;
    if (x == -1) {
        // 상황 1, 제일 왼쪽에 아무도 없으면 제일 왼쪽에 앉아야 함
        seat = 0;
    } else if (y == N) {
        // 상황 2, 제일 오른쪽에 아무도 없으면 제일 오른쪽에 앉아야 함
        seat = N - 1;
    } else {
        // 상황 3, 경계가 아닌 경우 중간에 앉아야 함
        // (x+y)/2 오버플로 방지
        seat = (y - x) / 2 + x;
    }
    // 가장 긴 선을 반으로 나눔
    int[] left = new int[] {x, seat};
    int[] right = new int[] {seat, y};
    removeInterval(longest);
    addInterval(left);
    addInterval(right);
    return seat;
}

public void leave(int p) {
    // p 좌우의 선 찾기
    int[] right = startMap.get(p);
    int[] left = endMap.get(p);
    // 두 선을 하나의 선으로 합치기
    int[] merged = new int[] {left[0], right[1]};
    // 기존의 선 삭제, 새로운 선 삽입
    removeInterval(left);
    removeInterval(right);
    addInterval(merged);
}
```

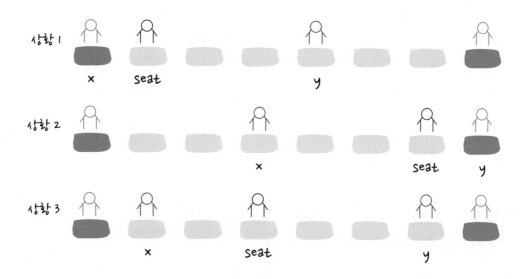

이것으로 알고리즘의 기본은 구현되었다. 코드의 양은 많지만 아이디어는 매우 간단하다. 가장 긴 선을 찾아 두 부분으로 나누며 중간점은 seat()의 반환값이다. p좌우의 선을 찾아 하나의 선으로 합치는 것이 leave(p)의 로직이다.

5.10.3 심화 문제

문제에서 선택할 자리가 많으면 가장 작은 인덱스의 좌석을 선택한다는 사항이 있었으나 이 부분은 해결하지 않았다. 따라서 다음과 같은 상황에서 문제가 발생할 수 있다.

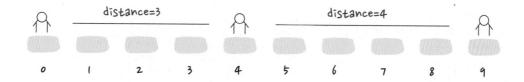

정렬된 Set에서 [0,4]와 [4,9]가 있을 때 가장 긴 선 longest는 후자가 된다. seat의 로직에 따르면 [4,9]를 분할하여 6을 반환한다. 그러나 정확한 답은 2이다. 2와 6은 모두 최대 거리 조건을 만족하지만 더 작은 인덱스를 선택해야 하기 때문이다.

이러한 요구 사항이 발생하면 해결 방법은 정렬된 데이터 구조의 정렬 방식을 수정하는 것이다. 구체적으로 이 문제에서는 TreeMap의 비교 함수 논리를 수정한다.

```
pq = new TreeSet<>((a, b) -> {
  int distA = distance(a);
  int distB = distance(b);
  // 길이가 같으면 인덱스 비교
  if (distA == distB)
    return b[0] - a[0];
  return distA - distB;
});
```

또한 distance 함수도 수정이 필요하다. 선의 양 끝 사이의 길이를 계산하는 것이 아니라 선의 중간점과 양 끝 사이의 길이를 계산하도록 한다.

```
private int distance(int[] intv) {
  int x = intv[0];
  int y = intv[1];
  if (x == -1) return y;
  if (y == N) return N - 1 - x;
  // 중간점과 양 끝점 사이의 길이
  return (y - x) / 2;
}
```

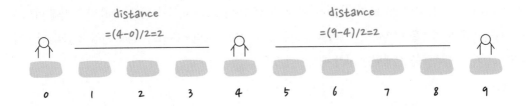

이와 같은 방법으로 [0,4]와 [4,9]의 distance 값은 같지만, 알고리즘은 둘의 인덱스를 비교하여 더 작은 선을 분할한다. 이것으로 문제가 완전히 해결되었다.

5.10.4 마무리

이번 절의 문제는 어렵지 않지만 코드가 많다. 문제의 핵심은 정렬된 데이터 구조의 이해와 사용이므로 이를 정리해보자.

동적 문제를 처리하기 위해서는 보통 균형 이진 탐색 트리와 이진 힙 등 정렬된 데이터 구조를 사용한다. 둘의 시간 복잡도는 비슷하지만, 균형 이진 탐색 트리가 더 많은 작업을 지원한다.

균형 이진 탐색 트리가 이렇게 유용한데 이진 힙이 왜 필요할까? 이진 힙은 배열을 기초로 하므로 구현이 간단하다. 그러나 레드-블랙 트리를 구현해보면 내부의 유지가 복잡해 소비되는 공간이 상대적으로 더 많다. 따라서 문제에 따라 간단하고 효율적인 데이터 구조를 선택해야 한다.

5.11 Union-Find 알고리즘 상세

이번 절은 Union-Find 알고리즘, 즉 서로소 집합disjoint set에 대해 알아보자. 주로 그래프 이론에서 동적 연결성 문제를 해결한다. 이름 자체는 어렵게 느낄 수 있겠으나 이해하기는 쉽다. 뒤에서 설명하겠지만 이 알고리즘의 응용은 매우 흥미롭다.

먼저 동적 연결성이 무엇인지 알아보자.

5.11.1 문제 설명

간단히 말해서 동적 연결성은 그래프의 선을 연결하는 것으로 추상화할 수 있다. 다음 그래프에는 서로 연결되지 않은 10개의 노드가 있으며 0~9로 표시한다.

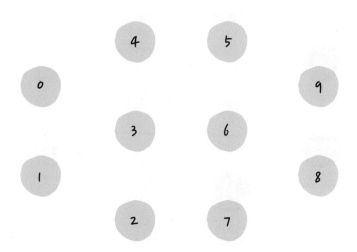

Union-Find 알고리즘은 주로 두 가지 API를 구현한다.

```
class UnionFind {
  /*p와 q 연결*/
  public void union(int p, int q);
  /*p와 q의 연결 여부 확인*/
  public boolean connected(int p, int q);
  /* 그림에서 구성 요소의 수 반환 */
  public int count();
}
```

여기서 말하는 연결은 등가 관계로 다음의 세 가지 속성을 갖는다.

1. 반사성: 노드 p와 q가 연결된다.

2. 대칭성: 노드 p와 q가 연결되면 q와 p도 연결된다.

3. 전이성: 노드 p와 q가 연결되고 q와 r이 연결되면 p와 r도 연결된다.

예를 들어 앞의 그래프와 같이 0~9의 임의의 다른 두 점이 연결되어 있지 않을 때 connected를 호출하면 false를 반환하며 구성 요소는 10개가 된다.

만약 union(0,1)을 호출하면 0과 1이 연결되므로 연결할 요소는 9개로 줄어든다.

union(1,2)를 호출하면 0,1,2가 연결되므로 connected(0,2)를 호출하면 true를 반환하고 구성 요소는 8이 된다.

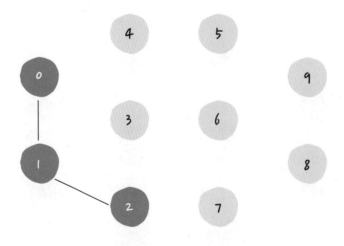

이 등가 관계를 판단하는 것은 매우 실용적이다. 예를 들어 컴파일러가 같은 변수의 다른 참조를 판단하거나 SNS에서 친구 그룹을 계산할 때 유용하다.

동적 연결성이 무엇인지 이해해야 한다. Union-Find 알고리즘의 핵심은 union과 connected 함수의 효율성이다. 그렇다면 어떤 모형을 사용해 이 그래프의 연결 상태를 나타내고 어떤 데이터 구조를 사용해 코드를 구현할까?

5.11.2 기본 아이디어

앞에서 모형과 구체적인 데이터 구조를 분리해서 이야기하는 것은 이유가 있다. 그래프의 동적 연결성을 나타내기 위해 숲(여러 트리)을 사용했으며 배열을 사용해 숲을 구체적으로 구현했기 때문이다.

숲을 사용해 어떻게 연결성을 나타낼까? 트리의 각 노드에는 부모 노드에 대한 포인터가 있으며 루트 노드의 포인터는 자신을 가리킨다. 예를 들어 앞의 10개의 노드 그래프는 처음에는 서로 연결되어 있지 않으므로 다음과 같다.

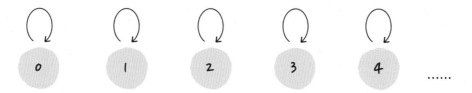

```
class UnionFind {
  // 연결 요소 기록
  private int count;
  // 노드 x의 부모 노드는 parent[x]
  private int[] parent;

  /* 생성자 함수, n은 그래프 노드의 총 수 */
  public UnionFind(int n) {
    // 처음에는 서로 연결되어 있지 않음
    this.count = n;
    // 부모 노드 포인터는 처음에는 자신을 가리킴
    parent = new int[n];
    for (int i = 0; i < n; i++)
      parent[i] = i;
  }

  /* 다른 함수 */
}
```

두 개의 노드 연결은 (임의의) 노드의 루트 노드를 다른 노드의 루트 노드에 연결한다.

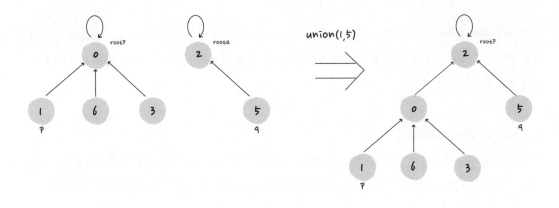

```
public void union(int p, int q) {
  int rootP = find(p);
  int rootQ = find(q);
  if (rootP == rootQ)
    return;
  // 두 트리를 하나로 합치기
  // parent[rootQ] = rootP도 가능
  parent[rootP] = rootQ;
  // 두 요소를 하나로 결합
  count--;
}

/* 노드 x의 루트 노드 반환 */
private int find(int x) {
  // 루트 노드 parent[x] == x
  while (parent[x] != x)
    x = parent[x];
  return x;
}

/* 현재 연결 요소의 수 반환 */
public int count() {
  return count;
}
```

노드 p와 q가 연결되어 있으면 둘은 동일한 루트 노드를 가진다.

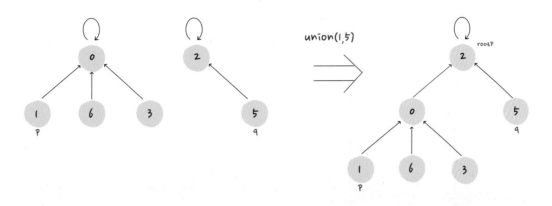

```
public boolean connected(int p, int q) {
  int rootP = find(p);
  int rootQ = find(q);
  return rootP == rootQ;
}
```

이것으로 Union-Find 알고리즘은 완성되었다. 배열을 사용해 숲을 시뮬레이션하여 복잡한 문제를 우아하게 해결했다.

그렇다면 이 알고리즘의 복잡도는 어떻게 될까? connected와 union의 복잡도는 find 함수에 의해 발생하므로 복잡도는 find 함수와 동일한 것을 알 수 있다.

find의 주요 기능은 특정 노드에서 루트 노드까지 순회하는 것으로 시간 복잡도는 트리의 높이가 된다. 습관적으로 트리의 높이는 $\log N$이 된다고 생각하지만, 반드시 그런 것은 아니다. $\log N$의 높이는 균형 이진 트리에만 존재하며, 일반 트리는 연결 리스트의 수준으로 퇴화하는 극단적인 불균형이 발생할 수 있다. 따라서 최악의 경우 트리의 높이는 N이 될 수 있다.

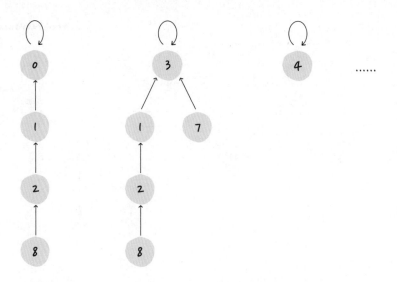

따라서 위의 해법인 find, union, connected의 최악의 시간 복잡도는 모두 $O(N)$이다. 이 복잡도는 이상적이지 않다. 그래프 이론은 SNS와 같은 거대한 데이터 규모의 문제를 해결하지만, union, connected의 호출이 매우 빈번하게 발생하고 호출할 때마다 선형의 시간이 필요하므로 감당할 수 없다.

문제의 핵심은 트리의 불균형을 피하는 방법을 찾는 것이다. 이를 위한 작은 기법이 있다.

5.11.3 균형 최적화

불균형이 발생할 상황을 알 수 있는 것은 union 과정이다.

```java
public void union(int p, int q) {
  int rootP = find(p);
  int rootQ = find(q);
  if (rootP == rootQ)
    return;
  // 두 트리를 하나로 합치기
  parent[rootP] = rootQ;
  count--;
```

앞에서와 같이 p가 있는 트리를 q가 있는 트리의 루트 노드 아래에 바로 연결하면 '머리가 무거워지고 다리가 가벼워지는' 불균형이 발생할 수 있다. 예를 들면 다음과 같은 상황이다.

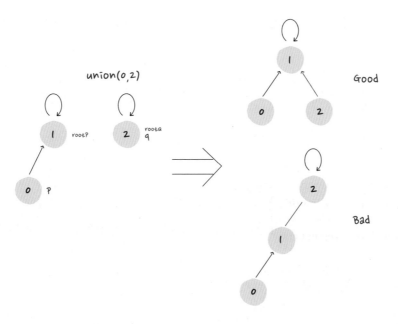

시간이 지날수록 이 트리는 불균형하게 자랄 수 있다. 우리가 원하는 것은 작은 트리가 큰 나무의 아래에 연결되어 균형을 잡는 것이다. 해결 방법은 추가로 size 배열을 사용해 가중치라고 부를 수 있는 각 트리에 포함된 노드의 수를 기록하는 것이다.

```java
class UnionFind {
  private int count;
  private int[] parent;
  // 트리의 가중치를 기록하는 배열 추가
  private int[] size;

  public UnionFind(int n) {
    this.count = n;
    parent = new int[n];
    // 처음에는 각 트리마다 하나의 노드만 존재
    // 가중치는 1로 초기화
    size = new int[n];
    for (int i = 0; i < n; i++) {
      parent[i] = i;
      size[i] = 1;
    }
  }
  /* 다른 함수 */
}
```

size[3] = 5는 노드3을 루트로 하는 트리에 총 5개의 노드가 존재하는 것을 의미한다. union 메서드를 수정해보자.

```
public void union(int p, int q) {
  int rootP = find(p);
  int rootQ = find(q);
  if (rootP == rootQ)
    return;

  // 작은 트리를 큰 트리 아래 연결하여 균형을 잡음
  if (size[rootP] > size[rootQ]) {
    parent[rootQ] = rootP;
    size[rootP] += size[rootQ];
  } else {
    parent[rootP] = rootQ;
    size[rootQ] += size[rootP];
  }
  count--;
}
```

이와 같이 트리의 가중치를 비교하면 트리가 성장할 때 균형을 보장할 수 있으며, 트리의 높이가 대략 $\log N$인 것을 확인할 수 있으므로 효율이 크게 향상된다.

이때 find, union, connected의 시간 복잡도는 모두 $O(\log N)$으로 줄어들며 데이터의 규모가 수억 개에 달할지라도 소요되는 시간은 매우 적다.

5.11.4 경로 압축

각 트리의 높이가 일정하도록 높이를 더 압축할 수 있을까?

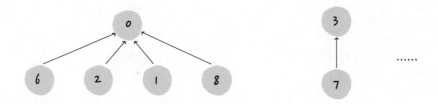

이와 같은 방식으로 find는 $O(1)$의 시간으로 노드의 루트 노드를 찾을 수 있으며 connected와 union의 복잡도가 모두 $O(1)$로 줄어든다.

이와 같은 방식은 매우 간단하면서도 매우 기술적이다. find에서 코드만 한 줄 추가하면 된다.

```
private int find(int x) {
  while (parent[x] != x) {
    // 경로 압축 진행
    parent[x] = parent[parent[x]];
    x = parent[x];
  }
  return x;
}
```

이 작업은 이해하기 어려울 수도 있지만 GIF를 통해 쉽게 이해할 수 있을 것이다(이 트리는 명확하게 설명하기 위해 극단적으로 표현한다).

스캔하여 확인

find 함수를 호출할 때마다 트리의 루트를 순회하면서 트리의 높이가 줄어들고 최종적으로는 모든 트리의 높이가 3을 초과하지 않는 것을 알 수 있다(union은 트리 높이가 3이 될 수 있음).

이 GIF 이미지에서는 find 과정이 끝나면 트리의 높이는 정확히 3이지만, 더 높은 트리라면 압축 후 높이가 3보다 더 클 것이라고 생각할 수 있다. 그러나 그렇지 않다. GIF는 경로 압축을 쉽게 이해할 수 있도록 만든 것으로, 실제 find는 매번 압축을 진행하여 트리의 높이는 항상 작게 유지되므로 걱정할 필요가 없다.

이미 경로 압축이 있는데 size 배열의 가중치가 필요한지도 의문을 가질 수 있다. 흥미로운 질문이다. 경로 압축은 트리의 높이가 일정(3을 초과하지 않음)한 것을 보장하므로 트리가 불균형해도 경로 압축 진행에 따라 결국 트리 높이는 일정하게 압축되므로, 반드시 가중치의 균형을 잡을 필요가 없다.

시간 복잡도를 따지면 가중치의 균형을 잡지 않아도 $O(1)$이 되지만 size 배열을 통해 효율을 조금 더 높일 수 있다. 예를 들면 다음과 같은 상황이다.

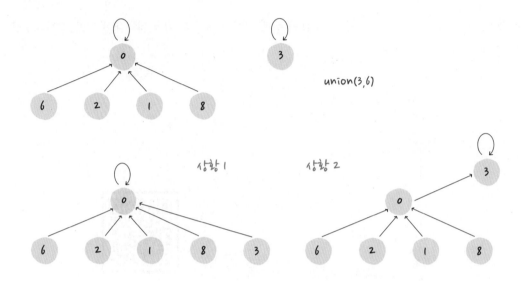

가중치 균형을 최적화하면 상황 1, 가중치 최적화가 없으면 상황 2가 발생한다. 높이가 3일 때만 경로 압축이 실행되므로 상황 1은 경로 압축을 수행하지 않지만, 상황 2는 경로 압축을 여러 번 수행하여 세 번째 층의 노드를 두 번째 층으로 압축한다.

가중치 균형을 제거하면 find 함수 호출의 시간 복잡도는 여전히 $O(1)$이지만 API 호출의 전체 과정에서는 효율이 다소 떨어진다. 물론 약간의 공간을 줄이는 장점이 있지만 $BigO$ 표기법에서 시간 복잡도는 변하지 않으므로 경로 압축과 가중치 균형을 모두 사용하는 것이 최선의 선택이다.

5.11.5 마무리
먼저 전체 코드를 확인해보자.

```
class UnionFind {
  // 요소의 수
  private int count;
  // 각 노드의 부모 노드 저장
```

```
private int[] parent;
// 각 트리의 가중치 기록
private int[] size;

public UnionFind(int n) {
  this.count = n;
  parent = new int[n];
  size = new int[n];
  for (int i = 0; i < n; i++) {
    parent[i] = i;
    size[i] = 1;
  }
}

public void union(int p, int q) {
  int rootP = find(p);
  int rootQ = find(q);
  if (rootP == rootQ)
    return;

  // 작은 트리를 큰 트리 아래 연결하여 균형을 잡음
  if (size[rootP] > size[rootQ]) {
    parent[rootQ] = rootP;
    size[rootP] += size[rootQ];
  } else {
    parent[rootP] = rootQ;
    size[rootQ] += size[rootP];
  }
  count--;
}

public boolean connected(int p, int q) {
  int rootP = find(p);
  int rootQ = find(q);
  return rootP == rootQ;
}

private int find(int x) {
  while (parent[x] != x) {
    // 경로 압축 진행
    parent[x] = parent[parent[x]];
    x = parent[x];
  }
  return x;
}

public int count() {
```

```
        return count;
    }
}
```

Union-Find 알고리즘의 복잡도는 다음과 같이 분석할 수 있다.

생성자 함수는 데이터 구조의 초기화를 위해 $O(N)$의 시간 복잡도와 공간 복잡도가 필요하다. 두 노드를 연결하는 union과 두 노드의 연결성을 판단하는 connected, 요소의 연결을 계산하는 count의 전체 시간 복잡도는 모두 $O(1)$이다.

5.12 Union-Find 알고리즘 응용

이번 절에서는 Union-Find 알고리즘의 기법을 응용한 몇 가지 문제를 살펴보자.

먼저 Union-Find 알고리즘으로 그래프의 동적 연결성 문제 해결을 복습해보자. 이 알고리즘은 어렵지 않으며 문제를 추상화하는 능력과 원래 문제를 추상화하여 그래프 이론과 연관시킬 수 있는지에 따라 응용 가능 여부가 결정된다.

알고리즘은 3가지 핵심 사항이 있다.

1. parent 배열을 사용해 각 노드의 부모 노드를 기록한다. 이는 부모 노드를 가리키는 포인터와 같으므로 parent 배열에는 실제로 숲(여러 다항 트리)이 저장된다.

2. size 배열을 사용해 각 트리의 가중치를 기록한다. 이를 통해 union 호출 시 균형을 유지하여 연결 리스트로 퇴화하지 않도록 하여 작업 효율에 영향을 준다.

3. find 함수에서 경로 압축을 진행한다. 모든 트리의 높이가 일정하도록 보장하고 union과 connected API의 시간 복잡도를 $O(1)$로 만든다.

이제 이 알고리즘의 실제 응용을 확인해보자.

5.12.1 DFS의 대안

DFS 깊이 우선 알고리즘 문제[73]는 Union-Find 알고리즘으로도 해결할 수 있다. 예를 들면 다음 문제와 같다.

---

73 (옮긴이) https://leetcode.com/problems/surrounded-regions/

문자 X와 O를 포함하는 $M \times N$ 이차 행렬이 있을 때 X로 둘러싸인 O를 찾아 X로 변경한다.

함수 시그니처는 다음과 같다.

```
void solve(char[][] board);
```

예를 들어 다음과 같은 board 배열을 입력하면 알고리즘은 board에서 조건에 부합하는 O를 X로 직접 변경한다.

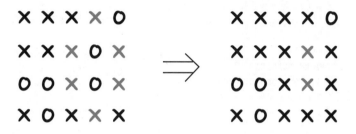

참고로 네 면이 모두 O로 둘러싸여야 X로 변경할 수 있으며 모서리의 O는 둘러싸일 수 없다. 추가로 모서리의 O에 연결된 O는 X로 둘러싸여 있지 않으므로 변경할 수 없다.

이것은 어렸을 때 하던 오셀로 게임을 생각나게 한다. 두 개의 말로 상대방 말을 사이에 끼우면 상대방 말은 우리 말로 대체된다. 네 모서리를 차지하는 말은 무적이며 인접한 말도 무적이 된다(중간에 끼울 방법이 없기 때문).

이 문제를 해결하는 전통적인 방법은 DFS 알고리즘이다. 먼저 O를 #으로 변경할 수 있는 dfs 함수를 구현하자.

```
/* board[i][j] 에서 DFS 시작, 문자 O를 문자 #으로 변경 # */
void dfs(char[][] board, int i, int j) {
  int m = board.length, n = board[0].length;
  // 범위를 벗어나면 직접 반환
  if (i < 0 || i >= m || j< 0 || j >= n){
    return;
  }
  if (board[i][j] != 'O') {
    return;
  }
  // 변경 진행
```

```
    board[i][j] = '#';
    // DFS로 네 방향 탐색
    dfs(board, i + 1, j);
    dfs(board, i, j + 1);
    dfs(board, i - 1, j);
    dfs(board, i, j - 1);
  }
```

그 후 for 루프를 사용해 보드의 네 방향을 순회하고 DFS 알고리즘을 사용해 경계와 연결된 0를 특수한 문자, 예를 들어 #으로 변경한다. 그리고 전체 보드를 한 번 더 순회하여 남은 0를 X로 변경한다. 마지막으로 모든 #을 0로 되돌린다.

```
void solve(char[][] board) {
  if (board.length == 0) return;
  int m = board.length, n = board[0].length;
  // 첫 번째 행, 마지막 행과 연관된 0를 #으로 변경
  for (int i = 0; i < m; i++) {
    dfs(board, i, 0);
    dfs(board, i, n - 1);
  }
  // 첫 번째 열, 마지막 열과 관련된 0를 #으로 변경
  for (int j = 0; j < n; j++) {
    dfs(board, 0, j);
    dfs(board, m - 1, j);
  }
  // 남은 0는 모두 변경해야 함
  for (int i = 1; i < m - 1; i++) {
    for (int j = 1; j < n - 1; j++) {
      if (board[i][j] == '0') {
        board[i][j] = 'X';
      }
    }
  }
  // 모든 문자 #을 0로 복원
  for (int i = 0; i < m; i++) {
    for (int j = 0; j < n; j++) {
      if (board[i][j] == '#') {
        board[i][j] = '0';
      }
    }
  }
}
```

이와 같이 DFS 알고리즘을 사용해 문제의 요구 사항을 해결할 수 있다. 시간 복잡도는 (MN)이며 M과 N은 board의 길이와 너비이다.

이 문제를 Union-Find 알고리즘으로도 해결할 수 있다. 비록 구현이 조금 더 복잡하고 효율은 조금 더 낮지만, Union-Find 알고리즘을 사용하는 방법은 익혀둘 가치가 있다.

가장자리의 0는 변경할 수 없고 이 0와 연결된 0도 변경할 수 없다. 따라서 dummy 노드를 추상화하고 0를 dummy 노드의 하위 노드로 추상화할 수 있다.

그리고 Union-Find 알고리즘을 사용해 dummy 노드에 연결된 모든 노드가 교체되지 않고 필요한 노드만 교체되는 그림을 상상해보자.

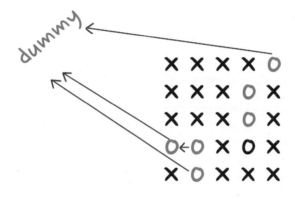

이것이 Union-Find의 핵심 아이디어이다. 이 그림을 이해하면 코드를 쉽게 이해할 수 있다.

구현에 따르면 해결해야 할 첫 번째 문제는 Union-Find가 기본적으로 1차 배열을 사용하는 것이다. 생성자 함수는 배열의 크기를 전달해야 하며, 문제는 2차원의 보드를 제공한다.

이 문제는 매우 간단하다. m이 보드의 행의 수, n이 열의 수라고 할 때 2차원 좌표 (x,y)를 x * n + y로 변환할 수 있다. 참고로 이것은 2차원 좌표를 1차원으로 매핑하는 일반적인 기법이다.

다음으로 앞에서 설명한 dummy 노드는 가상이므로 이를 위한 장소가 필요하다. 인덱스 [0.. m * n - 1]는 모두 2차원 보드 좌표의 1차원 매핑이므로, 가상 dummy 노드가 인덱스 m * n을 차지하도록 한다.

```
void solve(char[][] board) {
  if (board.length == 0) return;

  int m = board.length;
  int n = board[0].length;
  // dummy에 추가 자리 남기기
  UF uf = new UnionFind(m * n + 1);
  int dummy = m * n;
  // 첫 번째 열과 마지막 열의 0와 dummy 연결
  for (int i = 0; i < m; i++) {
    if (board[i][0] == '0')
      uf.union(i * n, dummy);
    if (board[i][n - 1] == '0')
      uf.union(i * n + n - 1, dummy);
  }
  // 첫 번째 행과 마지막 행의 0와 dummy 연결
  for (int j = 0; j < n; j++) {
    if (board[0][j] == '0')
      uf.union(j, dummy);
    if (board[m - 1][j] == '0')
      uf.union(n * (m - 1) + j, dummy);
  }
  // 방향 배열 d는 상하좌우 네 방향을 탐색하는 기본적인 방법
  int[][] d = new int[][]{{1,0}, {0,1}, {0,-1}, {-1,0}};
  for (int i = 1; i < m - 1; i++) {
    for (int j = 1; j < n - 1; j++) {
      if (board[i][j] == '0') {
        // 0와 상하좌우의 0 연결
        for (int k = 0; k < 4; k++) {
          int x= i+d[k][0];
          int y= j+d[k][1];
          if (board[x][y] == '0')
            uf.union(x*n+y, i*n+j);
        }
      }
    }
  }
  // X로 둘러싸여 있지 않은 0는 모두 dummy와 연결
  // dummy와 연결되어 있지 않은 0는 모두 변환
  for (int i = 1; i < m - 1; i++)
    for (int j = 1; j < n - 1; j++)
      if (!uf.connected(dummy, i * n + j))
        board[i][j] = 'X';
}
```

코드는 길지만 앞의 아이디어를 구현한 것에 불과하다. 경계 0에 연결된 0만 dummy와 연결성을 가지며 이들은 변환되지 않는다.

간단한 문제를 Union-Find 알고리즘을 사용해서 해결하는 것은 마치 닭 잡는데 소 잡는 칼을 사용하는 것과 같다. 간단한 해법을 두고 더 복잡하고 더 기술적인 방법으로 해결하는 것이다. 핵심 아이디어는 적시에 가상 노드를 추가하고 요소를 유형별로 분류하여 동적 연결 관계를 설정하는 것이다.

5.12.2 유효한 등식 판단

등식 방정식의 유효성을 판단하는 문제[74]는 Union-Find 알고리즘으로 깔끔하게 해결할 수 있다. 문제는 다음과 같다.

문자열로 표현된 계산식을 요소로 갖는 equations 배열이 있다. 각 계산식 equations[i]의 길이는 4이며 a==b 또는 a!=b의 두 가지 경우만 있다. a와 b는 임의의 소문자이다. 이때 equations의 모든 계산식이 서로 충돌하지 않으면 true, 아니면 false를 반환한다.

예를 들어 ["a==b", "b!=c", "c==a"]가 있을 때 알고리즘은 false를 반환한다. 세 가지 식을 동시에 만족할 수 없기 때문이다.

다른 예로 ["c==c", "b==d", "x!=z"]가 있으면 알고리즘은 true를 반환한다. 세 가지 식이 서로 논리적으로 충돌하지 않으므로 동시에 만족하기 때문이다.

앞에서 설명한 대로 동적 연결성은 등가 관계로 반사성, 이동성, 대칭성을 갖는다. == 관계도 등가 관계이므로 이러한 속성을 갖는다. 따라서 이 문제는 Union-Find 알고리즘을 사용하는 것이 자연스럽다.

문제의 핵심 아이디어는 equations의 식을 ==와 !=에 따라 두 부분으로 나누고 먼저 == 식을 처리하여 동등 관계를 통해 서로 연결되도록 하여 처리한다. 그리고 != 식을 처리하여 부등 관계가 동등관계의 연결성을 끊는지 확인한다.

```
boolean equationsPossible(String[] equations) {
    // 26개 알파벳
    UF uf = new UnionFind(26);
    // 같은 알파벳을 먼저 연결 요소로 형성
    for (String eq : equations) {
```

---

74 [옮긴이] https://leetcode.com/problems/satisfiability-of-equality-equations/

```
    if (eq.charAt(1) == '=') {
      char x = eq.charAt(0);
      char y = eq.charAt(3);
      uf.union(x - 'a', y - 'a');
    }
  }
 // 부등 관계가 동등 관계의 연결성을 끊는지 확인
  for (String eq : equations) {
    if (eq.charAt(1) == '!') {
      char x = eq.charAt(0);
      char y = eq.charAt(3);
   // 동등 관계가 성립되면 로직 충돌
      if (uf.connected(x - 'a', y - 'a'))
        return false;
    }
  }
  return true;
}
```

이것으로 계산식의 유효성 판단 문제는 Union-Find를 사용하여 매우 간단하게 해결되었다.

5.12.3 마무리

Union-Find 알고리즘을 사용하는 핵심은 원래 문제를 그래프의 동적 연결성 문제로 변환하는 방법이다. 알고리즘의 유효성 문제는 직접 등가 관계를 사용할 수 있으며 보드 문제는 가상 노드를 사용해 동적 연결성을 생성할 수 있다.

또한 2차원 배열을 1차원으로 매핑하고 방향 배열 d를 사용하여 코드의 양을 줄일 수 있다. 모두 알고리즘 작성 시 흔히 볼 수 있는 기법이므로 참고하도록 하자.

훨씬 더 복잡한 DFS 알고리즘 문제도 Union-Find 알고리즘을 사용해 더 깔끔하게 해결할 수 있다.

5.13 한 줄의 코드로 풀 수 있는 알고리즘 문제

이번 절은 문제를 푸는 과정에서 요약한 흥미로운 퀴즈 문제다. 알고리즘을 사용해도 해결할 수 있지만 조금만 생각해보면 규칙을 찾고 직접 답을 생각해낼 수 있을 것이다.

5.13.1 Nim 게임

게임의 규칙은 다음과 같다. 돌무더기가 있을 때 두 사람이 번갈아 가면서 돌을 가져간다. 한 번에 최소 1개, 최대 3개의 돌을 가져갈 수 있으며 마지막 돌을 가져가는 사람이 이긴다.

두 사람이 모두 매우 똑똑하다고 가정하고 게임을 시작하며, 양의 정수 n을 입력했을 때 먼저 시작한 사람의 승리 여부(true 또는 false)를 반환하는 알고리즘을 작성해보자.

예를 들어 4개의 돌이 있을 때 알고리즘은 false를 반환한다. 먼저 1, 2, 3개 어떤 선택을 하더라도 나머지를 상대가 모두 가져가서 게임에 승리할 수 있기 때문이다.

먼저 Nim 게임 문제[75]는 동적 계획법을 사용할 수 있다. 원래 문제에는 하위 문제가 있으며 하위 문제에 중복이 존재하기 때문이다. 그러나 둘 다 똑똑하다고 가정하며 상대방의 상황도 생각해야 하므로 동적 계획법은 더 복잡해질 수 있다.

이 문제를 해결하기 위한 아이디어는 반대로 생각하는 것이다.

먼저 시작한 사람이 이기는 상황은 마지막 차례가 되었을 때 남은 돌이 1~3개가 되어야 한다. 이런 상황을 만들려면 어떻게 해야 할까? 상대방의 차례에 4개의 돌이 남으면 어떤 상황이라도 1~3개의 돌이 남게 되므로 이길 수 있다.

상대방에게 4개의 돌을 남기는 방법은 무엇일까? 5~7개의 돌에서 선택할 때 상대방에게 4개만 남겨주는 방법을 생각하면 된다.

5~7개의 돌을 만드는 방법은 무엇일까? 상대방에게 8개의 돌을 남기면 어떤 상황에서도 5~7개의 돌을 선택하는 상황이 되니 이길 수 있는 상황이 된다.

이 방법을 계속 반복하면 4의 배수가 되는 것을 알 수 있다. 4의 배수의 올가미에 빠지면 반드시 지게 된다. 따라서 이 문제를 푸는 방법은 매우 간단하다.

```
bool canWinNim(int n) {
    // 4의 배수에 빠지게 되면 패배
    // 반대로 4의 배수를 통제할 수 있으면 승리
    return n % 4 != 0;
}
```

---

75 [옮긴이] https://leetcode.com/problems/nim-game/

5.13.2 돌 게임

돌 게임의 규칙은 다음과 같다.

한 줄의 돌 더미는 piles 배열로 표시되며 piles[i]는 i번째 더미의 돌의 수를 의미한다. 두 사람이 한 번에 한 더미의 돌을 가져가지만 가장 왼쪽 또는 가장 오른쪽에 있는 더미만 가져갈 수 있다. 모든 돌을 가져간 후 더 많은 돌을 가진 사람이 승리한다.

둘 다 똑똑하다고 가정하고 piles 배열을 입력할 때 먼저 시작한 사람의 승리 여부(true 또는 false)를 반환하는 알고리즘을 작성해보자.

참고로 돌 더미의 수가 짝수면 돌을 가져가는 횟수는 시작 순서에 상관없이 동일하다. 돌의 수가 홀수면 최종적으로 같은 수의 돌을 가질 수 없으므로 승패가 갈린다. 예를 들어 piles = [2,1,9,5]가 있을 때 먼저 가져가는 사람이 2 또는 5를 가져갈 수 있다. 먼저 2를 가져간다고 해보자.

piles = [1,9,5]에서 상대는 1 또는 5를 가져갈 수 있다. 5를 선택한다고 하자.

piles = [1,9]에서 9를 선택한다고 하자.

마지막으로 상대는 1을 선택하게 된다.

먼저 시작한 사람이 2 + 9 = 11을 가져가고 상대는 5 + 1 = 6을 가져가게 되므로 먼저 시작한 사람이 이기게 된다. 따라서 알고리즘은 true를 반환한다.

돌 게임 문제[76]는 단순히 큰 숫자를 선택하는 것이 아니다. 처음에 5가 아닌 2를 선택한 이유는 5를 선택하면 9가 노출되기 때문이다. 일시적인 욕심으로 5를 선택하면 9가 상대방에게 노출되므로 패배하게 된다.

이는 둘 다 똑똑하다는 것을 강조하는 이유이기도 하며, 알고리즘은 최적 의사 결정 과정에서 승리의 가능성을 구한다.

이 문제는 두 명의 게임이므로 동적 계획법으로 무차별 탐색을 시도할 수 있지만 번거롭다. 그러나 규칙에 대해 이해하고 충분히 똑똑하다면 먼저 시작하는 사람이 반드시 이길 수 있다.

---

76 [옮긴이] https://leetcode.com/problems/stone-game/

```
boolean stoneGame(int[] piles) {
  return true;
}
```

왜 먼저 시작하는 사람이 반드시 이길 수 있을까? 문제에서는 두 가지 조건이 중요하기 때문이다.

1. 돌 더미가 짝수

2. 돌의 전체 수가 홀수

게임의 공정성을 높이는 것처럼 보이는 두 조건은 실제로 게임을 기울어진 운동장 게임으로 만든다. piles = [2, 1, 9, 5]를 각각 1, 2, 3, 4의 인덱스로 가정해서 설명하겠다.

4개의 돌 더미를 인덱스의 짝수/홀수에 따라 두 그룹 1,3과 2,4를 나누면 두 그룹의 돌의 수는 달라 진다. 하나의 더미는 더 많고 하나의 더미는 더 적다. 전체 돌의 수가 홀수이므로 정확하게 반으로 나 눌 수 없기 때문이다.

돌을 먼저 가져가는 사람은 모든 짝수 더미 또는 모든 홀수 더미를 가져갈 수 있도록 상황을 제어할 수 있다.

처음에 1 또는 4를 선택할 수 있으며 짝수를 선택하려면 4를 선택하면 된다. 이렇게 하면 1, 3을 상대 방에게 남겨주므로 상대방이 어떤 것을 가져가더라도 2가 노출되므로 2를 가져올 수 있다. 같은 원리 로 홀수 더미를 가져오려면 처음에 1을 선택하고 2,4를 상대방에게 남겨주면 된다. 상대방이 어떤 것 을 가져가더라도 3이 노출되므로 3을 가져올 수 있다.

따라서 첫 번째 단계에서 홀수가 돌이 더 많은지 짝수가 돌이 더 많은지 관찰하여 단계적으로 진행 하면 된다.

이 방법을 알면 이 방법을 모르는 누구라도 이길 수 있다.

5.13.3 전등 스위치 문제

전등 스위치 문제[77]는 다음과 같다.

n개의 전등이 있으며 처음에는 모두 꺼져 있다. 이제 n회 작업을 진행한다.

---

77 [옮긴이] https://leetcode.com/problems/bulb-switcher/

첫 번째 작업은 각 전등의 전원 스위치를 누른다(모두 켜진다).

두 번째 작업은 두 번째마다 스위치를 누른다(2, 4, 6...의 스위치를 누르며 켜져 있는 불은 꺼진다).

세 번째 작업은 세 번째마다 스위치를 누른다(3, 6, 9...의 스위치를 누르며 켜져 있는 것은 꺼지고 꺼져 있는 것은 켜진다).

계속해서 n번 작업을 진행하여 n번째 스위치를 누른다.

작업의 수를 의미하는 양의 정수 n을 입력하면 n번의 작업 후에는 몇 개의 전등이 켜질까?

Boolean 배열을 이용해 전등의 켜짐과 꺼짐을 표시하고 이 과정을 시뮬레이션하여 마지막 결과를 계산할 수 있다. 그러나 이렇게 하면 너무 평범하다. 최선의 해법은 다음과 같다.

```
int bulbSwitch(int n) {
  return (int)Math.sqrt(n);
}
```

이 문제가 제곱근과 무슨 상관일까? 사실 이 문제는 해석이 없으면 이해하기가 어렵다.

먼저 처음에는 조명이 꺼져 있으므로 마지막에 조명을 켜려면 홀수 번 작동을 해야 한다.

6개 전등이 있다고 가정하고 6번째 전등을 생각해보자. 조작을 6번 할 때 6번 전등은 스위치가 몇 번 눌러질까? 어렵지 않다. 1번째, 2번째, 3번째, 6번째 작업 시 스위치가 눌러진다.

그렇다며 왜 1, 2, 3, 6번째에 스위치가 눌러질까? 6 = 1 × 6 = 2 × 3이기 때문이다. 요인은 세트(앞의 1과 6, 2와 3처럼)로 나타나며 스위치를 누르는 횟수는 보통 짝수가 된다. 특별한 경우도 있는데 16번째 조명의 경우에는 몇 번 눌러질까?

```
16 = 1 × 16 = 2 × 8 = 4 × 4
```

여기서는 4가 중복되므로 16번째 전등은 5번 눌러지며 홀수 번이 된다. 이제 이 문제가 제곱근과 관련 있는 이유를 알 수 있을 것이다.

그러나 찾고 싶은 것은 마지막에 켜져 있는 전등의 수이다. 이렇게 제곱근을 구하는 것은 무슨 의미일까? 조금만 더 생각해보자.

현재 총 16개의 전등이 있으며 제곱근을 구하면 4가 된다. 이는 마지막에 4개의 전등이 켜진다는 의미로 1 × 1 = 1, 2 × 2 = 4, 3 × 3 = 9, 4 × 4 = 16의 전등이다.

어떤 n의 제곱근의 결과가 소수이면 int 형으로 강제 형 변환을 하더라도 최대 정수의 상한값이 된다. 이 정수보다 작은 모든 정수, 제곱 후의 인덱스는 모두 마지막에 켜진 전등의 인덱스다. 따라서 제곱근을 정수로 전환하면 이 문제의 답이 된다.

A

한국어판 부록: LeetCode 가이드

현재(22년 8월) 리트코드는 2,370개(Easy 588개, Medium 1262개, Hard 520개)의 연습 문제를 제공하고 있으며, 지원하는 프로그래밍 언어는 총 19가지다. 인터페이스도 복잡하지 않으므로 다음의 가이드를 참고하면 어렵지 않게 적응할 수 있을 것이다. 일반(무료) 회원과 프리미엄(유료) 회원으로 구분되어 있지만 일반 회원도 대부분의 문제를 이용할 수 있고, 문제별로 다른 유저들의 풀이를 확인할 수 있는 것이 리트코드의 큰 장점이다. 프리미엄 회원에게는 모든 문제에 대한 이용권과 문제별 해법 솔루션, 디버거, 기업별 인터뷰 문제를 제공하는데, 이 인터뷰 문제는 적중률이 꽤 높은 것으로 알려져 있다.

다만 언어가 영어(또는 중국어)로만 제공되고 있어 영어에 익숙하지 않은 독자라면 넘어야 할 산이 하나 더 있는 것처럼 느껴질 수 있다. 하지만 알고리즘과 마찬가지로 처음에는 어렵게 느껴질지 몰라도 조금씩 익숙해지면 문제의 의미를 파악하는 요령이 생긴다. 문제 해석이 막히는 경우 샘플에서 제시하는 input과 output의 분석을 통해서도 어느 정도는 문제가 요구하는 바를 알아챌 수 있다.

https://leetcode.com에 접속해보자.

427

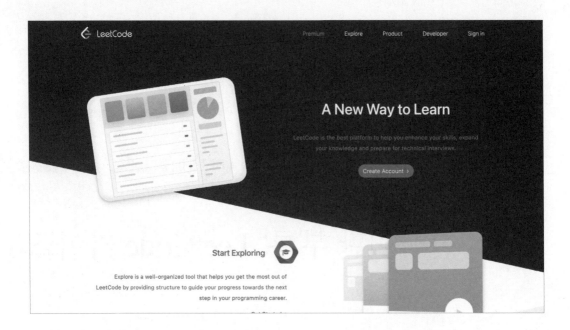

Create Account를 눌러 계정을 생성하고 로그인하면 다음 메인 화면을 볼 수 있다.

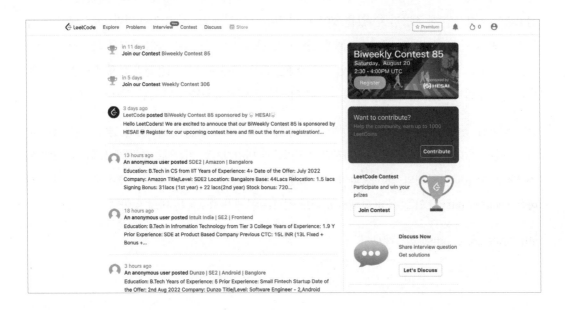

Explore는 둘러보기, Problems는 문제 풀이, Interview는 인터뷰 문제 확인, Contest는 유저 간 콘테스트, Discuss는 질의/토론 게시판, Store는 관련 제품이나 아이템 등을 구매할 수 있다.

Problems에서 문제 풀이 방법을 확인해보자.

Problems에 들어오면 다음과 같이 문제들이 순서대로 나열되어 있다.

Search questions 검색을 통해 책에서 제시하는 문제 번호를 검색하거나 난이도, 태그 등으로 원하는 문제를 찾을 수 있다.

Acceptance는 테스트를 제출하고 통과한 유저의 비율, Frequency는 실제 면접에서 출제 빈도를 나타 낸다(해당 기능은 프리미엄 회원만 확인 가능하도록 잠겨있다).

그럼 난이도가 Easy인 1. Two Sum 문제를 클릭해보자.

구성은 다음과 같다.

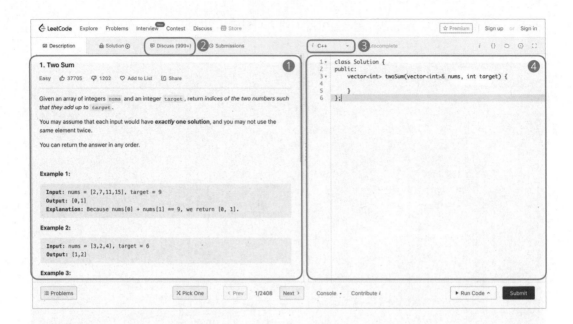

❶ ❶번의 박스 부분에서 문제의 내용과 결과 예시 샘플, 그리고 제약 사항과 힌트 등을 제시한다.

❷ Discuss에서는 다른 유저들의 풀이를 확인할 수 있으며, Most Votes 순으로 나열하면 참고할 만한 좋은 풀이가 많다.

❸ 언어를 변경할 수 있으며 현재 19가지 종류의 언어로 문제 풀이가 가능하다.

❹ 여기서 코드를 작성한 뒤 아래 Run Code 버튼으로 테스트하거나 Submit 버튼으로 문제를 제출할 수 있다. Console 버튼은 Test Case와 테스트 결과를 확인할 수 있으며, 프리미엄 회원은 디버거debugger 기능도 사용할 수 있다. Pick One 버튼은 랜덤으로 다른 문제를 선택한다.

Submit에 성공하면 다음과 같은 결과 화면을 확인할 수 있고 이 기록은 저장된다.

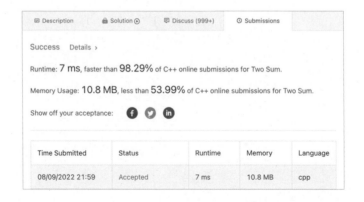

결과 화면에서 Details 또는 Accepted를 누르면 상세 내역을 볼 수 있는데, 문제 풀이에 성공한 다른 유저들의 코드와 효율성을 비교하여 표로 보여준다. 상위에 위치할수록 짜릿함을 느낄 수 있다.

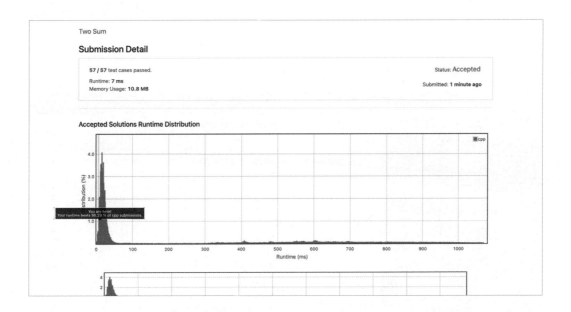

Contest 메뉴는 매주 리트코드가 제시하는 문제를 풀면 랭킹에 오르거나 상점에서 사용할 수 있는 코인을 얻을 수 있으니 관심 있는 독자는 참고하자.

문제 목록

찾아보기